Anja Busch
Die Frauen der theodosianischen Dynastie

**HISTORIA** Zeitschrift für Alte Geschichte | Revue d'histoire ancienne | Journal of Ancient History | Rivista di storia antica

**EINZELSCHRIFTEN** Herausgegeben von Kai Brodersen, Erfurt | Mortimer Chambers, Los Angeles | Mischa Meier, Tübingen | Bernhard Linke, Bochum | Walter Scheidel, Stanford

Band 237

Anja Busch

# Die Frauen der theodosianischen Dynastie

Macht und Repräsentation
kaiserlicher Frauen im 5. Jahrhundert

Franz Steiner Verlag

Umschlagabbildung:
Abbildung der Eudoxia als von Gottes Hand gekrönte Kaiserin, Solidus ca. 403–408 n. Chr.
Münzkabinett der Staatlichen Museen zu Berlin, Objektnummer 18200314, Aufnahme
von Jens-Jürgen Lübke.

Siegelziffer D.30

Bibliografische Information der Deutschen Nationalbibliothek:
Die Deutsche Nationalbibliothek verzeichnet diese Publikation in der Deutschen
Nationalbibliografie; detaillierte bibliografische Daten sind im Internet über
<http://dnb.d-nb.de> abrufbar.

© Franz Steiner Verlag, Stuttgart 2015
Satz: DTP +TEXT, Eva Burri
Druck: AZ Druck und Datentechnik, Kempten
Gedruckt auf säurefreiem, alterungsbeständigem Papier.
Printed in Germany.
ISBN 978-3-515-11044-0 (Print)
ISBN 978-3-515-11050-1 (E-Book)

# VORWORT UND DANKSAGUNG

Die vorliegende Monographie ist die überarbeitete Version meiner Dissertation, die im Rahmen des Internationalen Graduiertenkollegs „Politische Kommunikation von der Antike bis ins 20. Jahrhundert" entstanden ist und im Wintersemester 2012/13 vom Promotionsausschuß des Fachbereichs für Philosophie und Geschichtswissenschaften in Frankfurt am Main angenommen wurde.

Den Verantwortlichen des IGK und nicht zuletzt seiner Sprecherin Luise Schorn-Schütte möchte ich hiermit für die Aufnahme in das Kolleg und die damit verbundene Möglichkeit einer binationalen Promotion an den Universitäten Frankfurt am Main und Bologna danken. Ganz besonderer Dank gilt allen voran Hartmut Leppin, der die Abfassung meiner Dissertation jederzeit mit gutem Rat und Zuspruch begleitet hat. Neben ihm sei Carla Salvaterra für die Betreuung meiner Dissertation und ihre Unterstützung während meines Aufenthalts an der Universität Bologna gedankt. Auch Reinhold Bichler von der ebenfalls im genannten IGK vertretenen Universität Innsbruck bin ich besonders für gemeinsame Reflexionen über die Gliederung der Arbeit sehr verbunden wie in gleichem Maße Wolfram Brandes vom Max Planck-Institut für europäische Rechtsgeschichte für viele interessante Denkanstöße. Karsten Dahmen von den Staatlichen Museen zu Berlin hat sich überaus hilfreich bei der Einholung der Bildrechte erwiesen, wofür ihm Dank gebührt. Kai Brodersen und den übrigen Beteiligten gilt mein Dank für die Aufnahme der vorliegenden Monographie in die Historia Einzelschriften. Meiner ehemaligen Lehrerin Almut Mezger von der Bertolt-Brecht-Schule in Darmstadt danke ich für ihre spontane und freundliche Bereitschaft, den kompletten Text auf Tippfehler und Lesbarkeit zu überprüfen. Schließlich sollen sich an dieser Stelle all die wichtigen und lieben Menschen angesprochen fühlen, die mich bei der Abfassung und späteren Überarbeitung meiner Dissertation durch nicht selten nötige Aufmunterungen und vor allem durch ihre Geduld sehr unterstützt haben: Auch euch meinen herzlichsten Dank.

Zeitlich parallel zu dieser Arbeit ist in Frankfurt am Main eine weitere Dissertation über kaiserliche Frauen in der Spätantike entstanden, die sich mit den baulichen Stiftungen kaiserlicher Frauen befaßt, deren Publikation derzeit vorbereitet wird. Mit ihrer Verfasserin Michaela Dirschlmayer fanden regelmäßig gewinnbringende Gespräche statt, so daß ich sie an dieser Stelle nicht unerwähnt lassen möchte, auch wenn hier noch nicht im Detail auf ihre Arbeit verwiesen werden kann. Übersetzungen aus dem Lateinischen und Griechischen stammen von mir. Anderssprachige Quellen wurden in der je angegebenen Übersetzung verwendet. Die seit dem Datum der Abgabe im Oktober 2012 erschienene Literatur konnte – mit wenigen Ausnahmen – bei der Überarbeitung leider nicht mehr berücksichtigt werden.

*Bonn, im Dezember 2014*

# INHALTSVERZEICHNIS

# ABBILDUNGSVERZEICHNIS

# ABKÜRZUNGSVERZEICHNIS

| | |
|---|---|
| ACO | E. Schwarz (Hg.), Acta Conciliorum Oecumenicorum |
| AJPh | American Journal of Philology |
| AnBoll | Analecta Bollandiana |
| BBKL | Biographisch-bibliographisches Kirchenlexikon |
| ByzSlav | Byzantinoslavica |
| ByzZ | Byzantinische Zeitschrift |
| CIG | Corpus Inscriptionum Graecarum |
| CIL | Corpus Inscriptionum Latinarum |
| CPh | Classical Philology |
| CQ | The Classical Quaterly |
| DNP | Der neue Pauly |
| DOP | Dumbarton Oaks Papers |
| GRBS | Greek, Roman and Byzantine Studies |
| HZ | Historische Zeitschrift |
| IE | Inschriften von Ephesus |
| IG | Inscriptiones Graecae |
| ILS | H. Dessau (Hg.), Inscriptiones Latinae Selectae |
| JAOS | Journal of the American Oriental Society |
| JbAC | Jahrbuch für Antike und Christentum |
| JÖB | Jahrbuch der österreichischen Byzantinistik |
| JRS | Journal of Roman Studies |
| MGH | Th. Mommsen (Hg.), Monumenta Germaniae Historica |
| PG | J.-P. Migne (Hg.), Patrologia Graeca |
| PL | J.-P. Migne (Hg.), Patrologia Latina |
| PLRE | The Prosopography of the Later Roman Empire |
| PO | R. Graffin/F. Nau (Hgg.), Patrologia Orientalis |
| RAC | Reallexion für Antike und Christentum |
| RBK | Reallexion zur Byzantinischen Kunst |
| RE | Paulys Realencyclopädie der classischen Altertumswissenschaft |
| RH | Revue Historique |
| RIC | Mattingly, Harold u. a. (Hgg.), Roman Imperial Coinage |
| ROC | Revue de l'Orient Chrétien |
| SEG | Supplementum Epigraphicum Graecum |
| TRE | Theologische Realenzyklopädie |

# I EINLEITUNG:
# DIE KAISERLICHEN FRAUEN IM 5. JAHRHUNDERT

Es war ein Tag großer Spannung: Dicht gedrängt standen die Bürger von Konstantinopel im Hippodrom versammelt, um den Auftritt der Kaiserin zu erwarten. Nur einen Tag zuvor war der ungeliebte Kaiser Zeno verstorben und viele von ihnen dürfte diese Nachricht gerade erst erreicht haben. Einen Sohn hatte Zeno nicht hinterlassen. Aber sein Bruder Longinus, hieß es, mache sich bereits Hoffnung auf den Thron. Was würde nun die Kaiserin in ihrer Ansprache verkünden? Es war schon immer schleierhaft gewesen, wie es um ihre Loyalität zu ihrem Mann Zeno gestanden hatte. Welche Haltung würde sie gegenüber Longinus einnehmen? Endlich trat Zenos Witwe, die *Augusta* Ariadne, auf die kaiserliche Tribüne im Hippodrom und vor die wartende Menge. Jubel brach unter den Anwesenden aus. Es war jetzt der Moment, der Kaiserin zu huldigen. Dann aber würde die *Augusta* auch die Forderungen ihrer Untertanen anhören und es gebot sich doch, daß sie angemessen darauf reagierte. So jubelte die Menge ihrer Kaiserin zu, um sogleich auch deutlich zu machen, welches dringende Anliegen unter den Einwohnern Konstantinopels verbreitet war:

„Ἀριάδνη Αὐγούστα, σὺ νικᾷς· […]" καὶ πολλάκις τὸ „Κύριε, ἐλέησον" εἶπον, „πολλὰ τὰ ἔτη τῆς Αὐγούστης· ὀρθόδοξον βασιλέα τῇ οἰκουμένῃ. […] Ῥωμαίων βασιλέα τῇ οἰκουμένῃ."[1]

„Siegreich bist du, Ariadne Augusta! […]", und „Herr, erbarme dich", riefen sie wiederholt, „viele Jahre der Augusta: Einen orthodoxen Kaiser für die Ökumene! […] Einen Kaiser der Römer für die Ökumene!"

Ein neuer und vor allem orthodoxer Kaiser war die erste Forderung der Massen, auf die Ariadne in diesem Moment vor den Augen der hauptstädtischen Öffentlichkeit als Vertreterin des oströmischen Kaisertums zu reagieren hatte – und schnell mußte dies geschehen, denn die Jahre der Herrschaft Zenos waren von undurchsichtigen Thronstreitigkeiten geprägt gewesen, die zu einer allgemeinen Verunsicherung beigetragen haben mußten. Anders als sein Vorgänger Zeno, der isurischer Herkunft war, sollte dieser neue Kaiser aber zweifellos römisch und orthodox sein, lautete der ausdrückliche Wunsch der Menge. Es war nun an Ariadne, die Anwesenden zu beruhigen und die Furcht vor einer möglichen Thronvakanz gar nicht erst aufkommen zu lassen: Die nötigen Schritte seien schon in die Wege geleitet, sprach sie beruhigend zu der Menge, und die Würdenträger der Stadt bereits unterwiesen. Gemeinsam mit dem konstantinopolitanischen Bischof Euphemius würden sie einen neuen Kaiser wählen, versicherte sie ihren Untertanen,[2] die unter weiterem Jubel ihre Zustimmung bekundeten.[3] Schon bald begannen nun unter Ausschluß der

---

1    Const. Porph., *de cer.* 1,92 (Reiske, 418,17–419,7).
2    Const. Porph., *de cer.* 1,92 (Reiske, 419,7–12).
3    Const. Porph., *de cer.* 1,92 (Reiske, 421,4–6).

Öffentlichkeit die Verhandlungen der von Ariadne im kaiserlichen Palast versammelten Würdenträger. Da diese jedoch zu keiner Entscheidung kamen, sollen sie schließlich die *Augusta* selbst darum gebeten haben, einen geeigneten Kandidaten zu nennen, und als daraufhin der Name Anastasius fiel, sich dem Votum Ariadnes angeschlossen haben.[4]

Tatsächlich war wohl die Wahl schon auf Anastasius gefallen, als Ariadne am 10. April 491 vor das Volk von Konstantinopel trat: Auf ihre besondere Rolle in dieser Situation, in der es galt, ein Machtvakuum zu verhindern, hat jüngst Mischa Meier verwiesen.[5] Die Erhebung eines neuen römischen Kaisers durch die *Augusta* 491 war kein Ereignis, das ohne Vorbild gewesen wäre. Vier Jahrzehnte zuvor hatte Marcian den oströmischen Kaiserthron bestiegen, nachdem er sich mit Pulcheria, der Schwester des verstorbenen Kaisers, verheiratet hatte. Marcians Erhebung war jedoch eine politisch heikle Angelegenheit gewesen: Als der amtierende Kaiser des Oströmischen Reiches Theodosius II. am 28. Juli 450 verstorben war, wäre es eigentlich Vorrecht seines weströmischen Kollegen und Schwiegersohns Valentinian III. gewesen, die Thronfolge im Osten zu regeln. In Konstantinopel wartete man aber nicht einmal einen Vorschlag aus Rom ab, sondern in Absprache miteinander erhoben der Heermeister Aspar und die Kaiserschwester Pulcheria am 25. August 450, vier Wochen nachdem Theodosius II. verstorben war, einen neuen Kaiser.

Wie Ariadne durch die Heirat mit Anastasius hatte auch Pulcheria Marcians Kaisertum dynastisch abgesichert, indem sie sich mit ihm vermählte. Obwohl es bei Marcians Inthronisierung nicht ganz mit rechten Dingen zugegangen war, scheint ihre Legitimität in der oströmischen Hauptstadt nicht hinterfragt worden zu sein. Die relevanten Akzeptanzgruppen dürften im Gegenteil zufrieden gewesen sein: Hinter Marcian standen Aspar und mit diesem das oströmische Heer, und Pulcheria, die die Bevölkerung und den Klerus Konstantinopels auf ihrer Seite hatte. Aus Sicht der konstantinopolitanischen Stadtbevölkerung wird Marcians Erhebung daher vollkommen akzeptabel und unproblematisch erschienen sein, zumal ein Kandidat Pulcherias in der oströmischen Hauptstadt ohnehin eher willkommen gewesen sein dürfte als ein möglicherweise aus dem Westen gesandter Thronfolger und Exponent des weströmischen Kaisers.

Was die Situation von 491 demgegenüber besonders und einstweilen singulär macht, ist die oben geschilderte Szene im Hippodrom: Die hauptstädtische Öffentlichkeit läßt die Erhebung eines neuen Kaisers nicht stillschweigend geschehen, und es wird nicht nur erwartet, daß die *Augusta* die Wahl eines neuen Kaisers in Gang bringt, sondern sie wird vielmehr sogar öffentlich dazu aufgefordert dies zu

---

4     Const. Porph., *de cer.* 1,92 (Reiske, 421,20–422,6).

5     Meier, Mischa: „Ariadne – Der ‚Rote Faden' des Kaisertums", in: Anne Kolb (Hg.), *Augustae. Machtbewußte Frauen am römischen Kaiserhof? Herrschaftsstrukturen und Herrschaftspraxis II*, Berlin 2010, besonders 287–291. Es ist dies m. W. die bisher einzige Studie zu politischen Rolle der Kaiserin Ariadne während der Regierungszeit Zenos und im Kontext der Kaisererhebung des Anastasius. In Auseinandersetzung mit der gegen das Krönungsprotokoll vorgebrachten Kritik, weist Meier (289, Anm. 68) auf die hinsichtlich Ariadnes Bedeutung bei der Kaiserwahl in den Grundzügen übereinstimmende Parallelüberlieferung bei Theod. Lect. 446, Evagr. 3,29; Jord., *Rom.* 354; Theoph. AM 5983; Zon., *Epit.* 14,3,1 hin.

tun. Ariadne wird in diesem Moment vor ihrem Publikum zur Entscheidungsträgerin. Obwohl es offensichtlich nicht denkbar ist, daß sie selbst das Herrscheramt ausüben könnte, hängt von ihr die personelle Entscheidung und damit die zukünftige politische Richtung des Kaiserhofes ab. Selbst wenn sie die Wahl des neuen Kaisers nicht alleine getroffen haben sollte, kann die legitime Kaisererhebung nicht ohne sie vonstatten gehen: Sie muß mit der Wahl einverstanden sein und die Entscheidung mittragen.

Am 11. April 491, nur zwei Tage nach Zenos Tod, wurde der neuer Herrscher Anastasius gekrönt.[6] In dieser kritischen Zeit, in der auch Zenos Bruder Longinus schon als Kaiseranwärter bereitgestanden haben soll, war sicherlich besondere Eile geboten,[7] um eine längere Thronvakanz zu verhindern. Um Anastasius aber dynastisch zu legitimieren, bedurfte es seiner Vermählung mit Ariadne, der Witwe seines Vorgängers – eine Verbindung, mit der sich darüber hinaus die Absichten des Longinus vereiteln ließen.[8] Die Hochzeit, die Anastastius' Kaisertum gegen dessen Ansprüche als Bruder des verstorbenen Kaisers absicherte, erfolgte nach einer vierzigtägigen Trauerzeit Ariadnes am 20. Mai desselben Jahres.

Ariadne war um 450 geboren worden, in einer Zeit, die von denjenigen kaiserlichen Frauen geprägt wurde, mit denen sich der erste Teil der vorliegenden Arbeit im Detail beschäftigen wird. Ihr Vater Leo war damals noch als Militär im Dienst des oströmischen Kaisertums. Da die Ehe des 450 auf den Thron von Konstantinopel erhobenen Marcian mit der zum Zeitpunkt der Eheschließung 51jährigen Pulcheria dazu bestimmt war, kinderlos zu bleiben (zumal Pulcheria die Jungfräulichkeit geschworen hatte), konnte Ariadnes Vater nach dem Tode Marcians – abermals durch die Unterstützung des *magister militum* Aspar – auf den oströmischen Kaiserthron gelangen. Auf diese Weise rückte Ariadne ins Zentrum der Macht und sollte in der Folge politisch eine nicht unbedeutende Rolle spielen. 466/7 wurde sie mit dem isaurischen General Zeno verheiratet, den Leo I. nun gegen seinen Heermeister Aspar aufbaute, ohne ihn aber als Nachfolger zu bestimmen. Es war der 467 geborene Sohn Zenos und Ariadnes, Leo II., der Anfang 474 minderjährig seinem Großvater auf den Thron folgen sollte. Dieser aber ernannte seinen Vater Zeno zu seinem Mitkaiser und wohl zeitgleich stieg Ariadne in den Rang einer *Augusta* auf.

Leo II. verstarb noch als Kind nach nur zehnmonatiger Herrschaft, und damit war für Zeno die Zeit seiner Regentschaft angebrochen. Es sind die folgenden knapp zwei Jahrzehnte seines Kaisertums die vielleicht turbulentesten gewesen, die die oströmische Reichshälfte im 5. Jahrhundert erlebte: Das weströmische Kaisertum, schon seit längerer Zeit in einem Prozeß der Auflösung begriffen, war 476 weggebrochen, und Zeno sah sich nun zum einen mit Konflikten mit gotischen Verbänden konfrontiert, die auch untereinander konkurrierten, zum anderen mit Intrigen und Usurpatoren aus seinem persönlichen Umfeld. Nicht einmal der Loyalität seiner eigenen Familie konnte er sich sicher sein: Seine Schwiegermutter Verina

---

6   Zur Datierung s. *PLRE* 2, s. v. „Anastasius 4", 79.
7   Vgl. Meier, Ariadne, 283 f.
8   Ebd. 289.

beteiligte sich an den beiden Usurpationen von 476 und 484.[9] Dazwischen, 479, unternahm sein Schwager Marcianus, Ehemann von Ariadnes Schwester Leontia und Sohn des 467 von Leo I. auf den weströmischen Kaiserthron gehobenen Anthemius (467–472), den Versuch Zeno zu stürzen. Auf welcher Seite seine Frau Ariadne dabei jeweils stand, war keineswegs immer eindeutig.[10]

Auf das erstaunlich selbständige Handeln der *Augustae* Verina und Ariadne während der Regierungszeit Zenos hat bereits Meier hingewiesen.[11] Mit ihren Handlungsmöglichkeiten standen Verina und Ariadne in einer Tradition kaiserlicher Frauen, die bereits auf die Zeit des frühen Prinzipats zurückgeht. Die Handlungsspielräume der jeweiligen Frauen aus dem unmittelbaren familiären Umfeld des Kaisers gestalteten sich zwar individuell und in Abhängigkeit von bestimmten politischen Ereignissen, von personellen Konstellationen und persönlichen Hintergründen. Dennoch hatten sie sich in der ersten Hälfte des 5. Jahrhundert anscheinend soweit ausgedehnt, daß die kaiserlichen Frauen dieser Zeit zunehmend selbständig in Erscheinung traten.

In dieser Zeit wandelten sich zugleich das Bild der kaiserlichen Frauen in der öffentlichen Wahrnehmung sowie ihre Rolle im politischen Diskurs der Spätantike. Daher ist die Funktion, die Ariadne am 10. April 491 vor der hauptstädtischen Öffentlichkeit übernahm, als Höhepunkt einer Entwicklung zu verstehen. Dieser Entwicklung wird die vorliegende Arbeit am Beispiel der kaiserlichen Frauen der theodosianischen Dynastie nachgehen, die dem Kaisertum von Ariadnes Vater Leo I. vorausging. Untersucht werden soll die Genese eines Diskurses, in dem die kaiserlichen Frauen zunehmend als Inhaberinnen von βασιλεία wahrgenommen wurden, bis hin zu der Frage, welchen Anteil die *Augusta* nicht nur an der βασιλεία,[12] sondern auch an der Herrschaft (ἀρχή) selbst hatte. Beeinflußt und geprägt wurde dieser Diskurs nicht allein durch persönliches Agieren und Interagieren kaiserlicher Frauen im öffentlichen Raum, sondern auch durch manifeste Formen offizieller Repräsentation (Münzen, Statuen, Inschriften), deren Wirkung auf die öffentliche Wahrnehmung dadurch bestätigt wird, daß ihre bildlichen Elemente und deren Bedeutung in den literarischen Quellen reflektiert wurden. Dabei sollte von einer Interdependenz auszugehen sein: In dem Maße, in dem sich das Konzept der βασιλεία in Bezug auf die kaiserlichen Frauen in der öffentlichen Wahrnehmung konkretisierte, werden sich wiederum die Handlungsspielräume kaiserlicher Frauen vergrößert haben, deren eigenständiges Handeln auf eine zunehmend breitere Akzeptanz stieß.

---

9  476 gelangte mit Verinas Hilfe, die Zeno zur Flucht aus Konstantinopel getrieben haben soll, ihr Bruder Basilicus auf den Thron. 484 beteiligte Verina sich an der Erhebung des Leontius. Dazu ausführlicher Leszka, Miroslaw Jerzy: „Empress-Widow Verina's Political Activity during the reign of emperor Zenon", in: Waldemar Ceran (Hg.), *Mélanges d'histoire byzantine offerts à Oktawiusz Jurewicz à l'occasion de son soixante-dixième anniversaire*, Łódź 1998, 128–136; außerdem mit detaillierter Analyse der literarischen Quellen zu Herkunft und persönlichen Beziehungen der Beteiligten s. Brandes, Wolfram: „Familienbande? Odoaker, Basiliskos und Harmatios", in: *Klio* 75(1993), 407–437.

10 Für einen kurzen Abriß der Machtkämpfe um Zenos Thron s. Meier, Ariadne, 280–284.

11 Ebd. 288.

12 Vgl. Holum, Kenneth G.: *Theodosian Empresses. Women and Imperial Dominion in Late Antiquity*, Berkeley/Los Angeles/London, 1982, 3.

Nach dem Tode ihres Gatten Zeno war es die *Augusta* Ariadne, der es oblag, über die politische Zukunft des Reiches zu entscheiden, und dazu sogar öffentlich aufgefordert wurde. Als Frau konnte Ariadne die Herrschaft als Amt nicht selbst, das heißt aufgrund eigener Legitimation ausüben, aber als *Augusta* konnte sie Herrschaft kraft ihrer βασιλεία legitimieren und sie konnte das Herrscheramt mittels ihres dynastischen Potentials übertragen. Es drängt sich hier vielleicht die Frage auf, ob eine *Augusta* auch einen Kaiser hätte legitimieren können, ohne sich mit diesem zu vermählen: Ariadnes Mutter Verina war zweimal an der Erhebung von Usurpatoren beteiligt, ohne daß es zu einer Eheschließung kam. Während die Usurpation von 484 ohnehin schnell scheiterte und Verina bei der Flucht ums Leben kam, handelte es sich bei der Usurpation von 476 um die Erhebung ihres Bruders Basiliscus. Es bestand also eine enge verwandtschaftliche Nähe, die eine Ehe einerseits nicht möglich, aus persönlicher Sicht für Verina aber auch nicht nötig gemacht hätte. Die literarischen Quellen sind sich allerdings nicht darüber einig, ob Verina tatsächlich Basiliscus hatte zum Kaiser machen wollen,[13] oder ursprünglich lediglich gehofft hatte, mit dessen Hilfe ihren Liebhaber Patricius auf den Thron zu bringen.[14] Falls es ihr darum gegangen war politischen Einfluß auszuüben, wäre das aber ebensogut über ihren Bruder möglich gewesen.

## Repräsentation und Öffentlichkeit

Ausgehend von den Vorarbeiten Steffen Diefenbachs zum städtischen Kaisertum in Konstantinopel und angelehnt an Egon Flaigs Untersuchungen zum Prinzipat wird das spätantike Kaisertum hier als ‚Akzeptanzsystem' aufgefaßt. Wie Flaig in seinen Arbeiten betont,[15] sicherte sich das römische Kaisertum durch verschiedene Formen politischer Kommunikation den Konsens unterschiedlicher ‚Akzeptanzgruppen', besonders derer innerhalb des hauptstädtischen Kommunikationsraums. Im interaktiven Austausch mit relevanten Gruppierungen – Heer, Senat und Volk – ließ der Kaiser sein Kaisertum immer wieder aufs neue bestätigen.[16] Wie Diefenbach

---

13  Theod. Lect. 401; *V. Dan. Stylit.* 69; Jord., *Rom.* 341; Malal. 15,3; *Chron. pasch.* 600; Theoph. AM 5967; *Suda,* β 263.

14  So Cand. fr. 1 (Blockley); Joh. Ant. fr. 302 (Roberto, = fr. 233 Mariev, = fr. 210 Müller).

15  Grundlegend Flaig, Egon: *Den Kaiser herausfordern. Die Usurpation im Römischen Reich,* Frankfurt/New York 1992.

16  Diefenbach, Steffen: „Frömmigkeit und Kaiserakzeptanz im frühen Byzanz", in: *Saeculum* 47(1996), 35–66; ders.: „Zwischen Liturgie und *civilitas.* Konstantinopel im 5. Jahrhundert und die Etablierung eines städtischen Kaisertums", in: ders. (Hg.), *Bildlichkeit und Bildorte von Liturgie. Schauplätze in Spätantike, Byzanz und Mittelalter,* Wiesbaden 2002, 21–49; jüngst dazu auch Pfeilschifter, Rene: *Der Kaiser und Konstantinopel. Kommunikation und Konfliktaustrag in einer spätantiken Metropole,* Berlin/New York 2013. Wenngleich Flaig selbst seinerzeit der Ansicht war, daß die von ihm aufgestellten Kriterien nicht auf die Spätantike anwendbar seien (Den Kaiser herausfordern, 78; 90 f.), zeigt Pfeilschifter in seiner Monographie, daß sich die Kommunikationsformen des spätantiken Kaisertums in Konstantinopel kaum von denen des römischen Prinzipats unterschieden, wie auch die Akzeptanzgruppen prinzipiell die gleichen waren.

gezeigt hat, bediente sich das spätantike Kaisertum in Konstantinopel vergleichba-
rer Interaktionsformen, wie Flaig sie für den römischen Prinzipat beschrieben hat.
Ebenfalls hat Diefenbach darauf hingewiesen, daß die kaiserlichen Frauen im spätantiken Kommunikationssystem zwischen Kaisertum und Öffentlichkeit eine entscheidende Rolle spielten.[17]

Seinem Ansatz entsprechend werden die Frauen der theodosianischen Dynastie
als Repräsentantinnen des Kaisertums betrachtet, die in dieser Funktion im offiziellen Bildprogramm des Kaiserhauses ihren Platz fanden, die die Herrschaft des jeweiligen Kaisers aber ebenso durch persönliches Auftreten nach außen hin reprä-
sentierten: Sie bewegten sich im selben Kommunikationsraum wie der Kaiser und
konnten ihrerseits wie dieser mittels bestimmter Gesten und Formen politischer
Kommunikation den Konsens relevanter Gruppierungen mit dem Kaisertum sichern. Gleichzeitig förderte ihr Auftreten und öffentliches Agieren auch die Akzeptanz ihrer eigenen Person und ihrer Rolle als Repräsentantinnen der kaiserlichen
Herrschaft, indem sie etwa auf bestimmte Erwartungshaltungen ihrer Untertanen
reagierten. Es wird in dieser Arbeit daher davon auszugehen sein, daß die verstärkte
Präsenz kaiserlicher Frauen und ihre häufig positive Wahrnehmung in der Öffentlichkeit ihre eigenen Handlungsspielräume erweiterten, wenn es auch nie zu einem
vollständigen Wandel ihrer „strukturellen Rolle"[18] kam: Auch im 5. Jahrhundert
‚regierte' keine kaiserliche Frau in eigenem Namen.

Zu beachten ist daneben die Einbindung kaiserlicher Frauen in unterschiedliche
Formen der offiziellen Repräsentation des Kaisertums und ihrer Kommunikations-
medien (Münzen, Inschriften, panegyrische Texte).[19] Ob die intendierten Botschaften offizieller Repräsentationsformen tatsächlich meinungsbildend waren, ist nicht
immer festzustellen, da nicht in schriftlicher Form überliefert ist, wie die breite
Masse von Rezipienten die von kaiserlicher Seite kommunizierten Botschaften auf-
nahm. Weber und Zimmermann weisen auf die dialogische Entwicklung von „Herrschaftsrepräsentation" und Reaktion der Rezipienten in Form von „Kaiserehrun-
gen" hin.[20] Es ist demnach davon auszugehen, daß nicht nur das Publikum auf die
verschiedenartigen Formen und Medien kaiserlicher Repräsentation reagierte, sondern diese von kaiserlicher Seite her auch an die Erwartungen und an frühere Reaktionen der Rezipienten in ähnlichen Kommunikationssituationen angepaßt wurden.
Das Fortleben und Weiterverfolgen bestimmter Interaktionsformen läßt demnach
auf ihren Erfolg, das heißt ihre grundsätzlich positive Aufnahme durch die Rezipienten schließen.

Es ist schwierig, in diesem Zusammenhang von einer Öffentlichkeit zu sprechen, da mit dem Begriff im modernen Verständnis meist eine breite Bevölkerungs-
mehrheit assoziiert wird, die sich durch allgemein verfügbare Kommunikations-

---

17  Diefenbach, Liturgie und *civilitas*, 31 f.; 36–39.
18  Pfeilschifter, Kaiser und Konstantinopel, 491, Anm. 93.
19  Dazu auch Weber, Gregor/Martin Zimmermann: „Propaganda, Selbstdarstellung und Reprä-
    sentation. Die Leitbegriffe des Kolloquiums in der Forschung zur frühen Kaiserzeit", in: dies.
    (Hgg.), *Propaganda – Selbstdarstellung – Repräsentation im römischen Kaiserreich des 1. Jhs.
    n. Chr.*, Stuttgart 2003, 33–40.
20  Ebd. 28 f.

und Informationsmedien jederzeit und an jedem Ort Wissen aneignen und eine Meinung bilden kann. In der Spätantike aber, in der entsprechende meinungsbildende Diskussionsmedien nicht verfügbar waren, spielten in den spezifischen, räumlich und zeitlich bedingten Kommunikationskontexten verschieden große Gruppen eine Rolle, die sich zudem sozial und hinsichtlich ihrer politischen Relevanz sehr von einander unterscheiden konnten. Daher ist es sinnvoll, von verschiedenen, situations- oder kontextgebundenen beziehungsweise situativ relevanten Öffentlichkeiten auszugehen, die sich für den hier betrachteten Zeitraum mit den von Flaig herausgearbeiteten Akzeptanzgruppen teilweise überschneiden: Hierzu zählen insbesondere die städtischen Eliten und die einfache (Stadt-)Bevölkerung. Das Heer, als wichtige Akzeptanzgruppe sowohl des *princeps* als auch des spätantiken Kaisers,[21] spielte für die Selbstdarstellung kaiserlicher Frauen in der Spätantike dagegen keine Rolle mehr, nachdem besonders bei den Severerinnen die Titulatur kaiserlicher Frauen als *matres castrorum* noch darauf hindeutet, daß auch sie im militärischen Kontext akzeptanzfördernd beziehungsweise herrschaftsstabilisierend wirken konnten.

Im 5. Jahrhundert aber konzentrierte sich ihre persönliche Interaktion auf die Stadtbevölkerung und ansässige Eliten, religiöse Gruppierungen und den Klerus. Letzterer spielte als Akzeptanzgruppe eine ganz erhebliche Rolle für das spätantike Kaisertum, das seine Legitimation im Wesentlichen auf die Gnade des Christengottes zurückführte. Der Geistlichkeit sowie christlichen Gruppierungen, die außerhalb der spätantiken Kirchenhierarchie standen – wie etwa den Mönchen, war erst mit der fortschreitenden Etablierung des Christentums eine politische Relevanz zugekommen.[22] Sie gehörten zusammen mit den städtischen Öffentlichkeiten zu denjenigen Gruppierungen, mit denen die kaiserlichen Frauen der theodosianischen Dynastie als Repräsentantinnen des Kaisertums oder zum Zwecke persönlicher Selbstdarstellung in besonderem Maße in Kontakt traten.

## βασιλεία und ἀρχή – Macht und Herrschaft

Dieser Arbeit liegt als Kerngedanke eine Überlegung zugrunde, die seit Jahrzehnten in der Forschung kaum bestritten wird: Kaiserliche Frauen – worunter alle weiblichen Angehörigen des amtierenden Kaisers zu verstehen sind – konnten durch ihre persönliche Nähe zum Kaiser politischen Einfluß nehmen. Dennoch soll die Macht kaiserlicher Frauen, die sie aufgrund ihrer familiären Bindung zum Kaiser hatten, hier nicht als gegebene Tatsache vorausgesetzt werden: Zum einen soll untersucht werden, in welchen konkreten Situationen oder Handlungen sich diese

---

21  Dazu bei Pfeilschifter, Kaiser und Konstantinopel v. a. das Kapitel „Der Kaiser und die Soldaten", 211–251.

22  Pfeilschifter, der für die Spätantike die gleichen Akzeptanzgruppen identifiziert, die Flaig zuvor für den Prinzipat herausgestellt hatte, erklärt demgegenüber, daß die Geistlichkeit der Spätantike nicht als Akzeptanzgruppe zu verstehen sei (Kaiser und Konstantinopel, besonders das Kapitel „Der Kaiser und die Geistlichkeit", 355–451; 606 f.).

Macht äußerte, zum anderen wie das Verhalten kaiserlicher Frauen in der Darstellung spätantiker Autoren reflektiert und begrifflich gefaßt wurde.

Es ist dabei besonders auf diejenigen Begriffe zu achten, die unmittelbar mit ihrer Rolle als Gattinnen oder enge Verwandte des Kaisers zusammengebracht werden, sie also als Angehörige des Herrscherhauses kennzeichnen sowie zum Ausdruck bringen, was diese Rolle im Verständnis der Zeitgenossen politisch beinhaltete. Konkret geht es um das, was sich mit den modernen Begriffen „Macht" und „Herrschaft" vorsichtig und nur bedingt übersetzen läßt. Macht und Herrschaft sind als „soziologische Grundbegriffe" im heutigen Verständnis nachhaltig durch Max Weber geprägt. Webers Konzepte von Macht, verstanden als „jede Chance, innerhalb einer sozialen Beziehung den eigenen Willen auch gegen Widerstreben durchzusetzen", und Herrschaft, als „die Chance, für einen Befehl bestimmten Inhalts bei angebbaren Personen Gehorsam zu finden",[23] dienen hier als heuristische Werkzeuge. Auch wenn es sich um moderne soziologische Konzepte handelt, können diese Weber'schen Definitionen doch helfen, bestimmte Verhaltensmuster, die sich aus den antiken Quellen herauslesen lassen, exakt nachzuzeichnen; das heißt, Handeln und Verhalten kaiserlicher Frauen im politischen Kontext und die Reaktionen ihrer Interaktionspartner, soweit diese in den literarischen Quellen beschrieben werden, zu verstehen und zu bewerten.

Was die Schlüsselbegriffe angeht, βασιλεία und ἀρχή, wie sie in den griechischsprachigen Quellen in Bezug auf die kaiserlichen Frauen häufiger erscheinen und überdies im Deutschen nur behelfsweise mit „Macht" und „Herrschaft" wiedergegeben werden können,[24] bleiben sie im Kontext dieser Arbeit aufgrund ihrer semantischen Breite, die Lesbarkeit des Textes nicht beeinträchtigt, unübersetzt. Verstanden werden diese Termini in ihren lexikographischen meist an den klassischen Autoren orientierten Bedeutung, wie sie sich in den einschlägigen Wörterbüchern und Thesauri finden. Ἀρχή, von den englischsprachigen Wörterbüchern in seiner zweiten Bedeutung mit Wörtern wie „rule", „authority", „sovereignty" umschrieben,[25] läßt sich dabei bezugnehmend auf einen weltlichen Herrscher als institutionalisierte Macht verstehen und kann – insofern dem lateinischen *imperium,* wie es seit der Kaiserzeit zu verstehen ist, nicht unähnlich – auch das Herrscheramt als solches bedeuten. Der Begriff der βασιλεία, definiert als „reign", „sovereignty", „kingdom", „dominion", auch die ‚Majestät' des Herrschers,[26] ist mit dem Begriff des βασιλεύς, mit dem die ‚klassizierenden' griechischsprachigen Autoren der Spätantike in der Regel den Kaiser bezeichnen, aufs engste verwandt und in seiner Bedeutungsvielfalt noch weniger greifbar als ἀρχή. So bedeutet βασιλεία dem Ursprung

---

23    Weber, Max: *Soziologische Grundbegriffe,* 6. Aufl., Tübingen 1984, 89.

24    Zu folgendem s. besonders auch Sinogowitz, Bernhard: „Die Begriffe Reich, Macht und Herrschaft im byzantinischen Kulturbereich", in: *Saeculum* 4(1953), 450–455.

25    Vgl. z. B. Liddell, Henry G. / Robert Scott / Henry St. Jones (Hgg.): *A Greek-English Lexicon,* 9. Aufl., Oxford 1996, s. v. ἀρχή, 252 (nachfolgend: *LSJ*); Sophocles, Evangelinus A. (Hg.): *Greek Lexicon of the Roman and Byzantine Periods from B. C. 146 to A. D. 1100,* Bd. 1, 3. Aufl., New York 1957, s. v. ἀρχή, 256 (nachfolgend: *Sophocles*); Lampe, Geoffry W. H. (Hg.): Patristic Greek Lexicon, Oxford 1961, s. v. ἀρχή, 235 (nachfolgend: *Lampe*).

26    *LSJ,* s. v. βασιλεία, 309; *Sophocles,* s. v. βασιλεία, 301; *Lampe,* s. v. βασιλεία, 289.

des Wortes nach zunächst einmal schlicht das ‚Königsein‘, während ἀρχή eher den Charakter eines konkreten Amtes hat.[27] Deutlich seltener als in den griechischsprachigen Quellen tauchen in Bezug auf die kaiserlichen Frauen die korrespondierenden lateinischen Begriffe wie *regnum* (als Pendant zu griechisch βασιλεία) oder das bereits angesprochene *imperium* auf, was mit der ohnehin geringeren Präsenz kaiserlicher Frauen der theodosianischen Dynastie in den zeitgenössischen lateinischen Quellen zu tun haben mag. Dies läßt sich auch als Hinweis darauf lesen, daß den kaiserlichen Frauen im lateinischsprachigen Westen im Kontext des spätantiken Herrschaftsdiskurses eine geringere Bedeutung beigemessen wurde, während sie bei den griechischsprachigen Autoren häufiger Beachtung finden.

Neben der Tatsache, daß die genannten Begriffe nicht ohne weiteres ins Deutsche zu übersetzen sind, besteht damit zusammenhängend die generelle Schwierigkeit, daß Sprache sich immer im Wandel befindet und daher βασιλεία und ἀρχή im 5. Jahrhundert n. Chr. nicht mehr so verstanden worden sein müssen, wie wir es von klassischen Autoren kennen. Zwar orientiert sich die Mehrheit der hier vorrangig herangezogenen griechischsprachigen Quellenautoren des 5. Jahrhunderts an den klassischen Geschichtsschreibern. Dennoch ist es aus moderner Sicht kaum nachzuvollziehen, welche Konnotationen ein Begriff bei einem zeitgenössischen Rezipienten hervorrufen konnte. Die Frage nach den Termini, welche die spätantiken Autoren verwendeten, um die soziale und politische Bedeutung kaiserlicher Frauen im Kontext des spätantiken Kaisertums zu beschreiben, ist daher in einen größeren Untersuchungskomplex zu stellen. In diesem sind nicht nur öffentliches Auftreten und politisches Handeln kaiserlicher Frauen zu betrachten, sondern auch die bildlichen und literarischen Formen ihrer Repräsentation als Angehörige des Herrscherhauses sowie deren Rezeption in den literarischen Quellen.

## Zur Konzeption der Arbeit

Seit Kenneth Holum 1982 seine Studie über die oströmischen *Augustae* vorgelegt hat, ist es verbreitete Forschungsmeinung, daß die kaiserlichen Frauen der theodosianischen Dynastie über eine große Machtfülle und weitreichende politische Handlungsmöglichkeiten verfügten[28] – wenn auch die von ihm vertretene Ansicht, daß die *Augustae* politisch autonom handelten und eigenmächtig ‚regierten‘, teils vehement zurückgewiesen wurde.[29] Einleitend hielt Holum seinerzeit fest, daß kai-

---

27  Bauer, Walter / Kurt Aland / Barbara Aland (Hgg.): *Wörterbuch zum Neuen Testament*, 6. Aufl., Berlin/New York 1988, s. v. ἀρχή, 225; s. v. βασιλεία, 270 f.

28  Holums Argumentation deutlich folgend etwa James, Liz: *Empresses and Power in Early Byzantium*, London/New York 2001; für eine deutschsprachige, an ein breiteres Publikum gerichtete Abhandlung s. Clauss, Manfred: „Die Frauen der theodosianischen Familie“, in: Hildegard Temporini-Gräfin Vitzthum (Hg.), *Die Kaiserinnen Roms. Von Livia bis Theodora*, München 2002, 340–436.

29  Vgl. etwa die Rezensionen von Clark, Elizabeth A., in: *Church History* 53(1984), 82 f.; Demandt, Alexander, in: *Gnomon* 57(1985), 487–489; Liebeschuetz, John H. W. G., in: *The Classical Review* 35(1985), 146 f.; Teitler, Hans C., in: *Mnemosyne* 39(1986), 533–538.

serliche Frauen über βασιλεία verfügten, und erklärte, mit seiner Studie das Phänomen einer spezifisch weiblichen βασιλεία („female basileía"), definiert als „the imperial dominion of women", untersuchen zu wollen.[30] Zu diesem Zweck unternahm Holum insbesondere den Versuch, das aktive politische Handeln der von ihm betrachteten *Augustae* zu rekonstruieren. Dabei neigte er bisweilen dazu, die literarischen Quellen einerseits sehr wörtlich zu nehmen, andererseits aber das Wirken und den Einfluß der *Augustae* auch dort zu vermuten, wo dieselben Quellen keinerlei unmittelbare Rückschlüsse auf eine direkte Beteiligung kaiserlicher Frauen zulassen. Unabhängig davon, ob man Holums Schlußfolgerungen im einzelnen zustimmen möchte oder nicht, besticht seine Arbeit durch ihre reiche und vielfältige Quellenauswahl, wie auch durch die Integration ihres eigentlichen Gegenstandes, den theodosianischen *Augustae*, in einen umfassenden Überblick über die politische und die Kirchengeschichte des 5. Jahrhunderts.

Waren die Studien über kaiserliche Frauen der theodosianischen Dynastie vor Holum noch häufig durch eine romantisierende Darstellungsweise geprägt, ist es nicht zuletzt Holums Verdienst, daß sie seit dem Erscheinen seines Buches im Kontext der politischen Geschichte des 5. Jahrhunderts verstärkt als politisch handelnde Figuren wahr- und ihre politischen Handlungsmöglichkeiten ernst genommen wurden. In den seither vergangenen drei Jahrzehnten folgten vor allem Detailstudien, die sich mit einzelnen Frauengestalten oder dem Vergleich verschiedener Aspekte beschäftigen, die ihre vermeintlich spezifische Rolle als Angehörige des Kaiserhauses beinhaltete. Letztere bauen in der Regel auf Holums Prämissen auf, ob sie diese nun übernehmen oder aber seine Thesen gänzlich zu widerlegen bestrebt sind.

Eine neue Studie über die kaiserlichen Frauen der theodosianischen Dynastie läßt sich dennoch leicht rechtfertigen: Auch wenn Holum einleitend einige durchaus interessante Überlegungen zu Honoria, der Schwester Valentinians III., formuliert,[31] fokussiert er seinen Blick doch auf die oströmischen *Augustae*. Ein direkter Vergleich zwischen individuellen Rollen und Handlungsspielräumen kaiserlicher Frauen im Osten einerseits und im Westen andererseits steht bisher aus. Die vorliegende Arbeit untersucht daher zunächst chronologisch in Einzelfallstudien die kaiserlichen Frauen – nicht alle von ihnen waren *Augustae* – der theodosianischen Dynastie in beiden Reichsteilen. Auch hier können freilich nicht alle berücksichtigt werden: Über die Schwestern Pulcherias und die Töchter Licinia Eudoxias geben die literarischen Quellen so wenig her, daß im Rahmen dieser Arbeit keine gesonderte analytische Aufarbeitung ihrer Rollen vorgenommen werden muß.

Am Beispiel der kaiserlichen Frauen der theodosianischen Dynastie untersucht die vorliegende Arbeit, welche politische und soziale Rolle ihnen im spätantiken Herrschaftsdiskurs zukam und wie sich ihre Funktion in Bezug auf die Dynastie und im Kontext der spätantiken Öffentlichkeit gestaltete. Dabei werden in chronologischer Reihenfolge, und nicht – wie man es bei einer solchen Studie, die eine je unterschiedliche historische Entwicklung der beiden Reichshälften beachten muß,

---

30  Holum, Theodosian Empresses, 3.
31  Holum, Theodosian Empresses, 1–5.

auch erwarten könnte – geordnet nach ihrem geographischen Wirkungsbereich, namhafte Frauen der theodosianischen Dynastie porträtiert.

In einem zweiten Teil werden allgemein relevante Aspekte aufgegriffen und systematisch betrachtet. Es wird in diesem zweiten Teil stärker aufs Detail fokussiert zu untersuchen sein, wie kaiserliche Frauen in die offizielle Repräsentation des Kaisertums einbezogen wurden und wie dies in den literarischen Quellen reflektiert wurde. Auf diese Weise läßt sich aufzeigen, wie die Repräsentation von Status und Macht kaiserlicher Frauen den politischen Diskurs beziehungsweise die politische Realität beeinflußte.

Auch wenn dabei zeitweise auf die Tradition verwiesen wird oder bisweilen ein Ausblick auf spätere Entwicklungen möglich ist, stehen auch hier die theodosianischen Kaiserfrauen im Mittelpunkt des Interesses. Dies geschieht nicht etwa, weil alles, was Gegenstand dieser systematischen Betrachtung sein soll, erstmals bei den theodosianischen Kaiserfrauen zu beobachten wäre oder weil sich mit ihnen gar ein dramatischer Wandel vollzogen hätte. Nicht zu leugnen ist allerdings der Zuwachs an politischer Einflußnahme der kaiserlichen Frauen im 5. Jahrhundert während der theodosianischen Dynastie, die mit ihrer gleichzeitigen verstärkten Einbindung in verschiedene Formen kaiserlicher Herrschaftsrepräsentation einherging.

Diese Monographie versteht sich dabei als Überblicksdarstellung, die dem Leser auch eine Lektüre ermöglichen soll, die sich lediglich auf einzelne Frauengestalten konzentriert. Einem solchen Anspruch gemäß sind Wiederholungen nicht immer zu vermeiden und tragen der Absicht Rechnung, diejenigen Kapitel, die sich einzelnen kaiserlichen Frauen widmen, für sich genommen lesbar zu machen. Auch wenn diese Kapitel in den Zügen biographisch angelegt sind, kann es nicht darum gehen, vollständige Biographien der jeweiligen Frauenfiguren wiederzugeben, sondern in fokussierter Herangehensweise ihre politisch-dynastische Repräsentation nach den literarischen, epigraphischen und ikonographischen[32] Quellen zu rekonstruieren.

---

32  Einschränkend ist darauf hinzuweisen, daß erhaltene Statuenfragmente oder auch Bleigewichte in Büstenform nicht berücksichtigt werden, da sie keine eindeutige Identifikation erlauben und sich in der Regel auch nicht zweifelsfrei der theodosianischen Zeit zuordnen lassen.

# II DIE FRAUEN DER THEODOSIANISCHEN DYNASTIE

## 1 AELIA FLAVIA FLACCILLA

> *„Sie war ihm Helferin zu allem Guten."*
> *(Greg. Nyss., in Flacillam 479,1)*

Der Blick in die Geschichtswerke des 5. und 6. Jahrhunderts läßt Flaccilla, die erste Frau Theodosius' I. und Mutter seiner beiden Söhne und Nachfolger, Arcadius und Honorius, kaum herausragend erscheinen. Verglichen mit mancher ihrer Nachfolgerinnen ist es nicht viel, was die spätantiken Geschichtsschreiber über sie zu berichten wußten: Die Autoren der literarischen Quellen lobten sie für ihre Frömmigkeit und ihre Fürsorgetätigkeiten für die Armen, aber darüber hinaus bleibt das literarische Bild Flaccillas unscharf: Über ihre repräsentative und karitative Tätigkeit hinaus scheint die Gattin Theodosius' I. vergleichsweise wenig Eigeninitiative an den Tag gelegt zu haben. Dennoch steht diese Frau am Anfang der Reihe individueller Betrachtungen kaiserlicher Frauen der theodosianischen Dynastie.

Kenneth Holum geht davon aus, daß Flaccillas Auftreten und ihre Repräsentation maßgeblich das öffentliche Bild kaiserlicher Frauen des 5. Jahrhunderts prägten;[1] und zumindest für ihre bildliche Repräsentation ist diese Feststellung durchaus zutreffend. Allerdings war Flaccilla weder Referenz, auf welche die spätantiken Quellenautoren in ihren Berichten über ihre Nachfolgerinnen verwiesen hätten, noch scheinen diese Frauen selbst sich im Rahmen ihrer Selbstdarstellung in nennenswerter Weise auf sie berufen zu haben. Wenn ein Vorbild gewählt wurde, so war dies Constantins Mutter Helena, als deren Nachfolgerin sich wenigstens Pulcheria Mitte des 5. Jahrhunderts feiern lassen würde,[2] und an deren Reise ins Heilige Land Eudocias Pilgerfahrt 439 die Zeitgenossen immerhin erinnert haben könnte.[3] Doch begegnet manches, was die Repräsentation und Selbstdarstellung kaiserlicher Frauen des 5. Jahrhunderts betrifft, auch bei Flaccilla, so daß mit ihr als Gattin desjenigen Kaisers, der die Dynastie begründete, die das 5. Jahrhundert dominieren würde, und deren Frauen hier in den Blick genommen werden, begonnen werden muß.

Aelia Flavia Flaccilla, wie ihr Ehemann iberischer Herkunft,[4] war bereits mit Theodosius verheiratet, als dieser am 19. Januar 379 von Kaiser Gratian (375–383) zum *Augustus* erhoben und mit der Regierung der östlichen Reichshälfte beauftragt wurde. Bereits sieben Jahre zuvor hatte sie ihm einen ersten Sohn Arcadius, den

---

1    Holum, Theodosian Empresses, 21–44.
2    S. 130 f. dieser Arbeit.
3    Hunt, Edward D.: *Holy Land Pilgrimage in the Later Roman Empire AD 312–460*, Oxford 1982, 231.
4    Claud., *Laus Serenae* 69; Flaccillas vollständiger Name ist einer Inschrift aus Aphrodisias zu entnehmen: *ILS* 9466.

späteren Nachfolger seines Vaters im Osten, geboren. Auch die 386 noch als Kind verstorbene Tochter Pulcheria dürfte vor Theodosius' Regierungsantritt zur Welt gekommen sein. Im Jahre 383 verlieh Theodosius Flaccilla den *Augusta*-Titel, nachdem er bereits seinen Sohn Arcadius zu seinem Mitkaiser im Osten gemacht hatte.[5] Mit der Erhebung seiner Gattin schloß Theodosius an Constantin den Großen an, der im Jahre 325 als vorerst letzter Kaiser, der sich dieser Praxis bediente, seine Mutter Helena und seine Gattin Fausta zu *Augustae* hatte erheben lassen:[6] Flaccilla war nun seit etwa 40 Jahren die erste kaiserliche Frau, die mit diesem Titel geehrt wurde.

Auch war sie die erste Frau seit Helena und Constantins Gattin Fausta, in deren Namen wieder Münzen geprägt wurden (s. Abbildung 1). Diese nennen neben ihrem Namen auch ihren Titel ‚Augusta', sowie das *nomen* ‚Aelia', das später auf ihre Nachfolgerinnen übertragen und so zu einem eigenen „dynastischen Namen" der Kaiserinnen werden sollte.[7] Bemerkenswert ist die Darstellungsweise der Kaiserin auf diesen Münzen. Sie ist ein sichtbarer Beleg für die veränderte Repräsentation der kaiserlichen Frauen ausgehend von Theodosius I. Auffällig sind insbesondere die Insignien, die Flaccillas Münzporträt schmücken: Neben kostbarem Schmuck trägt sie in ihrer aufwendig arrangierten Frisur – je nach Münztyp – ein Rosetten- oder Perlendiadem mit Stirnjuwel, das am Hinterkopf verknotet ist. Bekleidet ist Flaccilla mit dem *paludamentum*, das auf der rechten Schulter drapiert mit einer edelsteinverzierten Fibel zusammengehalten wird. Die Darstellung der Kaiserin auf den Münzen entspricht damit in wesentlichen Details derjenigen ihres Ehemannes, so daß hier eine Angleichung der symbolischen Repräsentation der kaiserlichen Frauen an die des Kaisers zu konstatieren ist.[8] Die Art der Darstellung wurde zum Vorbild für die bildliche Repräsentation kaiserlicher Frauen des 5. Jahrhunderts, zunächst im Osten, seit Galla Placidia aber auch im Westen des römischen Reiches.[9]

Der numismatische Befund sagt zunächst wenig über Flaccilla selbst, einiges jedoch über Theodosius' Konzept der Repräsentation seines Kaisertums aus: Wie bereits bei der Verleihung des *Augusta*-Titels an seine Frau, orientierte sich Theodosius I. bei der Repräsentation seiner Gattin an Constantin dem Großen, wie weiter unten auszuführen sein wird. Dieser hatte nach der Erhebung seiner Mutter Helena und seiner Frau Fausta zu *Augustae* ebenfalls in deren Namen Münzen prägen lassen. An sich war die Münzprägung zu Ehren kaiserlicher Frauen nichts Neues; seit der ersten *Augusta* Livia wurden kaiserliche Frauen traditionell, wenn auch nicht regelmäßig, mit Münzporträts geehrt. Neuerungen betrafen bei der constantinischen zum einen und der theodosianischen Münzprägung zum anderen vor allem die ikonographische Darstellung kaiserlicher Frauen: Seine Mutter Helena hatte Constantin mit einem Diadem abbilden lassen, das erst unter seiner Herrschaft zum

---

5   Zur Datierung s. Holum, Theodosian Empresses, 29, Anm. 85.
6   Leppin, Hartmut: Theodosius der Große, Darmstadt 2003, 129
7   Holum, Theodosian Empresses, 23.
8   Vgl. ebd. 32–34; sowie Teja, Ramón: „Figure di imperatrici fra Oriente e Occidente", in: *Ravenna da capitale imperiale a capitale esarcale. Atti del XVII Congresso internazionale di studio sull'alto medioevo. Ravenna 6–12 giugno 2004*, Spoleto 2005, 89 f.
9   Hierzu Kapitel III.1.2 dieser Arbeit.

*Abb. 1: AEL(ia) FLACCILLA AVG(usta) // SALVS REI PVBLICAE.*
Solidus der Flaccilla, dargestellt mit Rosettendiadem und paludamentum; auf dem Revers Victoria
sitzend, die das Chi-Rho auf ein Rundschild zeichnet, Konstantinopel 383–386, RIC 9,72
(Münzkabinett, Staatliche Museen zu Berlin, 18201376).

distinktiven Kopfschmuck des Kaisers geworden war.[10] Daneben wurde das *paludamentum* unter Constantin zum Erkennungszeichen des Kaisers,[11] allerdings blieb es, anders als das Diadem, ihm als Kaiser exklusiv vorbehalten. Theodosius wich von dieser ikonographischen Tradition ab, indem er seine Frau Flaccilla mit beiden Kaiserinsignien, Diadem und *paludamentum*, auf Münzen abbilden ließ. Die Münzprägungen im Namen kaiserlicher Frauen und die Art ihrer bildlichen Repräsentation weisen darauf hin, daß den kaiserlichen Frauen des 5. Jahrhunderts (wieder) eine gewichtigere Rolle in der herrschaftlichen Selbstdarstellung zugestanden wurde,[12] nachdem sie in der spätantiken kaiserlichen Repräsentation bei den Tetrarchen sowie bei Constantins Nachfolgern keinen Platz gefunden hatten.

Im Rahmen der Repräsentation seines Kaisertums ließ Theodosius I. auch Statuen seiner Gattin an prominenten Plätzen errichten, über die wir aus den literarischen Quellen informiert sind: Der Rhetor Themistius erwähnte ihre Statue im Senatsgebäude von Konstantinopel;[13] daneben ist aus verschiedenen Quellen bekannt, daß Theodosius auch in Antiochia eine Statue Flaccillas hatte aufstellen lassen.[14] Auch mehren sich seit der Zeit Theodosius' I. Berichte über öffentliches Auftreten und politisches Handeln kaiserlicher Frauen. Flaccilla scheint hierbei noch eher zurückhaltend gewesen zu sein: Ihr kommt in den literarischen Quellen besonders die Rolle einer frommen und demütigen Christin zu,[15] die sich vor allem durch Wohltätigkeit und Milde auszeichnete, politisch zwar verständig, aber eher im Hintergrund agierend und ihrem Mann zuarbeitend.

10  Alföldi, Andreas: *Die monarchische Repräsentation im römischen Kaiserreiche*, Darmstadt 1970, 140; Kolb, Frank: *Herrscherideologie in der Spätantike*, Berlin 2001, 78; Angelova, Diliana: „The Ivories of Ariadne and Ideas about Female Imperial Authority in Rome and Early Byzantium", in: *Gesta* 18(2004), 3.
11  Kolb, F., Herrscherideologie, 78.
12  Holum, Theodosian Empresses, 33 f.
13  Them., *orat.* 19,288a.
14  Lib., *orat.* 20,3–4; 22,8; Soz., 7,23,1; Theodt. 5,20,2; *Suda*, π 1685.
15  Flaccillas Frömmigkeit wird außerdem in Ehreninschriften in Aphrodisias (*ILS* 9466) und Ephesus (*IEph* 315, = *AE* 1966,434) erwähnt.

Flaccilla starb im Jahre 386 während einer Reise in der thrakischen Stadt Skotumis.[16] Eindrucksvoll faßte Gregor von Nyssa ihre Selbstdarstellung in Worte, als er anläßlich ihrer Bestattung vor der breiten Öffentlichkeit Konstantinopels seine Rede auf die Gattin Theodosius' I. hielt:

> οἴχεται τῆς βασιλείας τὸ ἐγκαλλώπισμα, τὸ τῆς δικαιοσύνης πηδάλιον, ἡ τῆς φιλανθρωπίας εἰκών, μᾶλλον δὲ αὐτὸ τὸ ἀρχέτυπον. ἀφῃρέθη τῆς φιλανδρίας ὁ τύπος, τὸ ἁγνὸν τῆς σωφροσύνης ἀνάθημα, ἡ εὐπρόσιτος σεμνότης, ἡ ἀκαταφρόνητος ἡμερότης, ἡ ὑψηλὴ ταπεινοφροσύνη, ἡ πεπαρρησιασμένη αἰδώς, ἡ σύμμικτος τῶν ἀγαθῶν ἁρμονία. οἴχεται ὁ τῆς πίστεως ζῆλος, ὁ τῆς ἐκκλησίας στῦλος, ὁ τῶν θυσιαστηρίων κόσμος, ὁ τῶν πενομένων πλοῦτος, ἡ πολυαρκὴς δεξιά, ὁ κοινὸς τῶν καταπονουμένων λιμήν.[17]

> Der Schmuck des Kaisertums ist [von uns] gegangen, das Steuer der Gerechtigkeit, das Abbild der Menschenliebe, viel eher ihr Archetyp. Genommen wurde uns das Vorbild der Gattenliebe, die reine Weihgabe der Mäßigung, die leicht zugängliche Hoheit, die unverächtliche Milde, die erhabene Demut, die freimütige Ehrfurcht, der vermischte Einklang der guten Dinge. [Von uns] gegangen ist das Streben nach Glaube, die Säule der Kirche, der Schmuck der Altäre, der Reichtum der Armen, die segensreiche rechte Hand, der gemeinsame Zufluchtsort der Geplagten.

In diesen hier zitierten Zeilen bündelt Gregor in prägnanten Metaphern und Oxymora all das, was die Persönlichkeit der verstorbenen Kaiserin ausgemacht habe und sie zum „Schmuck" oder „Prunkstück" der βασιλεία hatte werden lassen. Die δικαιοσύνη, die Gerechtigkeit, eine traditionelle Herrschertugend, brachte auch der pagane Rhetor Themistius mit Flaccilla in Verbindung, als er im Jahre 384 vor Kaiser und Senat eine Rede hielt. In dieser zeigt Themistius sich geehrt, mit der Erziehung des Arcadius beauftragt worden zu sein und erklärte, sich an den Kaisersohn richtend, er werde seiner Mutter eine besondere Freude machen, wenn er sich „die Gerechtigkeit zur Gefährtin" mache, „mit der sie selbst als Erste den Palast ausfüllte" (καὶ τότε σοι ἐπιχαιρήσει ἡ μήτηρ [...] τὴν δίκην πάρεδρον ποιουμένῳ, ἧς πρώτη αὕτη ἐμπίπλησι τὰ βασίλεια).[18]

Freilich handelt es sich bei Themistius' Rede um eine Form des Herrscherlobes, in der es vornehmlich um Theodosius' von der Philosophie geleiteten Regierungsstil geht.[19] Bemerkenswert erscheint dabei dennoch, daß hier primär Flaccilla als Trägerin der Gerechtigkeit genannt ist und nicht der Kaiser; das „Steuer der Gerechtigkeit" sei sie gewesen, würde auch Gregor von Nyssa in seiner Trauerrede erklären. Nach Gregors Rede ist also Flaccilla diejenige, die ihren Mann dazu antrieb, Gerechtigkeit zu üben, und die – um die Steuermetaphor aufzugreifen – sein politisches Handeln in gerechte Bahnen lenkte. Wir sind wenig darüber informiert, inwieweit Flaccilla in die Politik ihres Mannes eingegriffen haben könnte, und andere Quellen legen nahe, daß politische Beratung eher das Betätigungsfeld der Adoptivtochter Serena gewesen sei.[20] Dennoch gibt es spätere Hinweise darauf, daß auch Flaccilla eine beeinflussende Rolle zugeschrieben wurde. So erklärte auch der

16   Greg. Nyss., *in Flacillam* 480,11–13.
17   Greg. Nyss., *in Flacillam* 480,15–23.
18   Themist. 18,225 b-c.
19   Leppin, Hartmut / Werner Portman (Hgg.): *Themisitos. Staatsreden*, Stuttgart 1998 (Bibliothek der griechischen Literatur 46), 12 f.
20   Vgl. etwa Claud., *Laus Serenae* 134–139.

Kirchenhistoriker Theodoret im 5. Jahrhundert, Theodosius sei, nachdem bei seinem Bußakt 390 eine Läuterung erfahren habe, durch seine Frau zusätzlich zu gerechtem Handeln angespornt worden: Unentwegt habe Flaccilla ihren Mann an die göttlichen Gesetze erinnert, in denen sie selbst sich gründlich ausgebildet hatte (ἡ γὰρ τοῦ γάμου τὸν ζυγὸν σὺν αὐτῷ δεξαμένη τῶν θείων αὐτὸν συνεχῶς ἀνεμίμνησκε νόμων, ἑαυτὴν τούτους πρῶτον ἀκριβῶς ἐκπαιδεύσασα).[21]

Zwar ist die Darstellung des Theodoret anachronistisch, da Flaccilla zum Zeitpunkt der Auseinandersetzung ihres Mannes mit dem Mailänder Bischof Ambrosius bereits verstorben und Theodosius inzwischen mit Galla verheiratet war. Diese zweite Gattin Theodosius' I. ignorierte der Kirchenhistoriker Theodoret allerdings völlig, vielleicht weil Galla als Tochter der Justina im Verdacht stand, wie ihre Mutter Homöerin gewesen zu sein, und sicher auch, weil diese zweite Eheschließung des Kaisers aus christlicher Sicht anstößig war. Das tugendhafte Bild Flaccillas wirkte noch in seiner Zeit nach, zumal Flaccilla die Großmutter des zu seinen Lebzeiten regierenden Kaisers Theodosius II. war. Daher mag es Theodoret passend erschienen sein, sie in diesem Kontext zu nennen. Ihren Mann Theodosius habe sie regelmäßig darauf hingewiesen, daß er nur dann ein gerechter Herrscher sein könne, wenn er sich stets der göttlichen Gnade bewußt wäre, der er seine Herrschaft zu verdanken habe.[22]

Dem christlichen Gebot der Nächstenliebe folgend habe Flaccilla ihre Demut vor dem Christengott bewiesen und sich nicht durch ihre Position als Kaiserin korrumpieren lassen, heißt es bei Gregor.[23] Nach traditionellem Verständnis ein Zeichen von Schwäche, erwuchs nach Gregor gerade aus dieser karitativen Form der Hingabe Flaccillas Größe: „ἡ ὑψηλὴ ταπεινοφροσύνη", die „erhabene", oder die „hohe Demut" sei sie gewesen, schrieb der Kappadokier frei nach *Lk.* 14,11: Bereits auf Erden habe sie „als Preis der Tugend den an die Spitze der Welt gestellten" erhalten (ἡ μὲν ἀρετῆς ἆθλον εἶχε τὸν τῆς οἰκουμένης προτεταγμένον),[24] nach ihrem Tode wurde sie „Empfängerin der Seligpreisung […], durch vergängliche Demut ist sie die wahrhaftige Höhe emporgestiegen" (τοῦ μακαρισμοῦ γίνεται κληρονόμος διὰ τῆς προσκαίρου ταπεινοφροσύνης τὸ ἀληθινὸν ὕψος ἐμπορευσαμένη).[25]

Vor allen Tugenden hob der Kirchenlehrer Gregor Flaccillas Frömmigkeit hervor. Flaccilla war eine Verfechterin des *Nicaenums* und der Trinität und habe mit gleicher Leidenschaft die Anhänger des ‚arianischen Glaubens' wie diejenigen der paganen Kulte verachtet.

[…] ἀλλ᾽ ἐκείνης ἐξαίρετον τὸ τὴν Ἀρειανὴν ἀπιστίαν ὁμοίως τῇ εἰδωλολατρίᾳ βδελύττεσθαι. τοὺς γὰρ ἐν τῇ κτίσει τὸ θεῖον εἶναι νομίζοντας οὐδὲν ἔλαττον ἀσεβεῖν ᾤετο τῶν εἰδωλοποιούντων τὰς ὕλας, […] μίαν προσεκύνει θεότητα τὴν ἐν πατρὶ καὶ υἱῷ καὶ πνεύματι ἁγίῳ δοξαζομένην.[26]

---

21 Theodt. 5,19,1.
22 Theodt. 5,19,4 f.: „ἀεί […] λογίζεσθαι τί μὲν ἦσθα πάλαι, τί δὲ γέγονας νῦν· ταῦτα γὰρ διηνεκῶς ἐνθυμούμενος οὐκ ἔσῃ περὶ τὸν εὐεργέτην ἀχάριστος, ἀλλ᾽ ἣν ἐδέξω βασιλείαν κυβερνήσεις ἐννόμως, καὶ ταύτῃ θεραπεύσεις τὸν δεδωκότα."
23 Greg. Nyss., in Flacillam 488,1–12.
24 Greg. Nyss., in Flacillam 479,11 f.
25 Greg. Nyss., in Flacillam 488,12–14.
26 Greg. Nyss., in Facillam 489,6–14; Soz. 7,6,3. Nach Gennad., de vir. ill. 16 richtete der Presbyter Faustinus seine Abhandlung *Adversum Arianos et Macedonianos* an Flaccilla.

[…] besonders galt ihre Abscheu dem arianischen Unglauben, der dem Götzendienst gleich ist. Sie glaubte nämlich, daß diese im Glauben, daß das Göttliche bei der Schöpfung sei, nicht weniger unfromm seien, als die Götzendiener hinsichtlich des Kreuzes, […] sie verehrte eine Gottheit, die sich im Vater, Sohn und heiligen Geist rühmt.

Gregor hebt hier besonders Flaccillas Vorbildlichkeit in Glaubensfragen hervor, da, wie der Kappadokier die Trauergemeinde am Ende seiner Rede ermahnte, nur das Bekenntnis zur Trinität den Weg ins Paradies ebne.[27]

Zu den sowohl nach paganem als auch christlichen Verständnis wichtigsten weiblichen Tugend zählte die φιλανδρία, die Liebe zum Ehemann. Diese habe Flaccilla dadurch erwiesen, daß sie bei ihrem Tode die beiden Söhne Arcadius und Honorius dem Vater als Erben seines Kaisertums zurückgelassen, die Tochter Pulcheria (die nicht lange vor ihr verstorben war) mit sich genommen hatte:

τριῶν ὄντων τέκνων (ταῦτα γὰρ τῶν ἀγαθῶν τὰ κεφάλαια) τοὺς ἄρρενας τῷ πατρὶ προσκατέλιπεν, ὥστε εἶναι αὐτοὺς τῆς βασιλείας ἐρείσματα, τῆς δὲ ἰδίας μερίδος μόνην τὴν θυγατέρα πεποίηται. ὁρᾷς πῶς εὐγνώμων τε καὶ φιλόστοργος […] τὸ πλέον τῷ ἀνδρὶ συγχωρήσασα.[28]

Nachdem es drei Kinder waren (dies nämlich war die Vollendung des Guten) hinterließ sie dem Vater die männlichen, auf daß sie die Stützen seines Kaisertums seien, zum eigenen Teil machte sie sich allein die Tochter. Du siehst, wie einsichtig und liebevoll sie war […] und den größeren Teil dem Manne überließ.

Im Zusammenhang mit ihrer φιλανδρία wird die Flaccilla von Gregor zugeschriebene σωφροσύνη im Sinne von Mäßigung oder Selbstbeherrschung auch hinsichtlich der Sexualität entsprechend dem lateinischen Begriff *castitas* verständlich: Zu den Aufgaben einer Ehefrau, zumal der eines Kaisers, gehörte es, daß sie ihrem Mann legitime, idealerweise männliche Erben gebar. Sie mußte daher über jeden Verdacht erhaben sein. Flaccilla hatte ihre Aufgabe insgesamt drei mal erfüllt und mit der Geburt der beiden Söhne, Arcadius im Jahre 377 (und damit noch vor der Erhebung ihres Mannes zum *Augustus*) und Honorius 384, die Begründung der theodosianischen Dynastie ermöglicht. Darüber hinaus beschreibt der Kappadokier ein über eheliche Treue und Loyalität hinausgehendes Verhältnis Flaccillas zu ihrem Mann:

καὶ τῷ κατὰ θείαν ψῆφον τῆς οἰκουμένης ἁπάσης προτεταγμένῳ εἰς βίου τε καὶ βασιλείας κοινωνίαν συναρμοσθεῖσα μακαριστὸν ἐποίει δι' ἑαυτῆς τὸ ὑπήκοον, ὄντως, καθώς φησιν ἡ γραφή, βοηθὸς αὐτῷ πρὸς πᾶν ἀγαθὸν γινομένη.[29]

Und weil sie mit dem, der nach göttlichem Beschluß Vorsteher der ganzen Welt ist, in der Gemeinschaft des Lebens und des Kaisertums verbunden war, machte sie die Untertanen selig, indem sie ihm, wie die Schrift sagt, Helferin zu allem Guten war.

Das von Gregor verwendete Stichwort lautete κοινωνία – ein Begriff, auf den noch an anderer Stelle einzugehen sein wird umso mehr, als Gregor hier die κοινωνία nicht allein auf die Ehegemeinschaft Flaccillas und Theodosius' – „κοινωνία του βίου" –, sondern auch auf die βασιλεία bezieht – „τε καὶ βασιλείας" – und hiermit andeutet,

---

27  Greg. Nyss., *in Flacillam* 489,15–490,2.
28  Greg. Nyss., *in Flacillam* 488,17–489,3.
29  Greg. Nyss., *in Flacillam* 478,20–479,1: καθώς φησιν ἡ γραφή […] bezieht sich auf 1. *Mose* 2,18, die Erschaffung Evas als Gefährtin Adams.

was bei Flaccillas Nachfolgerinnen in stärkerem Maße zu Tage treten würde, nämlich die ‚Teilhaberschaft' der kaiserlichen Frauen an der βασιλεία des Kaisers.[30] Wenige Zeilen später deutet Gregor überdies an, daß Flaccilla nicht nur die βασιλεία, sondern auch die Herrschaft (ἀρχή) ihres Mannes teilte (ἥτις συνηνιοχοῦσα τῷ μεγάλῳ βασιλεῖ τὴν τοσαύτην ἀρχὴν πάσης δυναστείας ὑποκυπτούσης [...]).[31]

Eine tatsächliche Herrschaftsbeteiligung im Sinne politischer Machtausübung läßt sich für Flaccilla nicht feststellen, wie sie auch bei den späteren *Augustae* selten greifbar ist. Das Verhältnis von βασιλεία und ἀρχή der kaiserlichen Frauen sollte wenige Jahrzehnte später Gegenstand eines politischen Diskurses werden, in dem die Frage nach ihrer Teilhabe an der kaiserlichen Herrschaft aufgeworfen wurde.[32] Zunächst kann an dieser Stelle festgehalten werden, daß offensichtlich bereits Gregor der Gedanke nicht fremd war, daß auch kaiserliche Frauen oder wenigstens die *Augusta* über ἀρχή (im Sinne legitimer Herrschaftsausübung) verfügen konnten, wobei der Kappadokier hier in Bezug auf Flaccilla besonders die Gemeinsamkeit der Herrschaft hervorhob: Flaccilla – „συνηνιοχοῦσα [...] τὴν τοσαύτην ἀρχὴν" – herrschte nicht alleine, sondern zusammen mit ihrem Gatten Theodosius „hielt sie die Zügel der Herrschaft in der Hand."[33]

Seite an Seite strebten Flaccilla und ihr Mann demnach nach Frömmigkeit, Fürsorge, Gerechtigkeit und Wohltätigkeit. Von einem freundschaftlichen Wettstreiten ist die Rede, in dem keiner je dem anderen unterlegen gewesen sei.[34] Das Konzept der Philanthropie zieht sich als roter Faden durch Gregors gesamte Rede. Flaccillas Wohltätigkeit und Milde werden auch von anderen Autoren geschildert.[35] Noch in der *Suda* heißt es: „Sie war fromm und liebte die Armen, und eigenständig versorgte sie die Kranken und Versehrten" (ἥτις εὐσεβὴς καὶ φιλόπτωχος ἦν καὶ δι' ἑαυτῆς τοῖς νοσοῦσι καὶ τοῖς λελωβημένοις ὑπηρέτει).[36] Ausführlicher beschrieb Theodoret Flaccillas Bereitschaft, sich persönlich der Armenfürsorge zu widmen:

> [...] τῶν τὸ σῶμα πεπηρωμένων καὶ ἅπαντα τὰ μέλη λελωβημένων παντοδαπὴν ἐποιεῖτο φροντίδα, οὐκ οἰκέταις οὐδὲ δορυφόροις ὑπουργοῖς κεχρημένη, ἀλλ' αὐτουργὸς γιγνομένη καὶ εἰς τὰς τούτων καταγωγὰς ἀφικνουμένη καὶ ἑκάστῳ τὴν χρείαν πορίζουσα. οὕτω καὶ τῶν ἐκκλησιῶν τοὺς ξενῶνας περινοστοῦσα τοὺς κλινοπετεῖς δι' ἑαυτῆς ἐνοσήλευεν, αὐτὴ καὶ χύτρας ἁπτομένη καὶ ζωμοῦ γευομένη καὶ τρύβλιον προσφέρουσα καὶ ἄρτον κλῶσα καὶ ψωμοὺς ὀρέγουσα καὶ κύλικα ἀποκλύζουσα καὶ τὰ ἄλλα πάντα ἐργαζομένη ὅσα οἰκετῶν καὶ θεραπαινίδων ἔργα νενόμισται.[37]

---

30    Hierzu Kapitel III.2.4. dieser Arbeit.
31    Greg. Nyss., *in Flacillam* 488,7–9.
32    Vgl. Kapitel II.4 dieser Arbeit.
33    Greg. Nyss., *in Flacillam* 488,7 f.
34    Greg. Nyss., *in Flacillam* 479,6–10.
35    Besonders Greg. Nyss., *in Flacillam* 487,13–17: [...] ἀριθμήσατε, εἴπερ δυνατόν ἐστιν ἐξαριθμήσασθαι, πόσοι τοῖς ἐνδύμασι τοῖς παρ' αὐτῆς ἐσκεπάσθησαν, πόσοι τῇ μεγάλῃ ἐκείνῃ δεξιᾷ διετράφησαν, πόσοι τῶν κατακλείστων οὐκ ἐπισκέψεως μόνον, ἀλλὰ καὶ παντελοῦς ἀφέσεως ἠξιώθησαν ([...] bedenkt, ob es möglich ist aufzuzählen, wie viele von ihr mit Mänteln geschützt wurden, wie viele durch jene große rechte Hand genährt wurden, wie viele Gefangene nicht nur ihres Besuchs, sondern auch einer vollständigen Entlassung würdig wurden).
36    *Suda*, π 1685.
37    Theodt. 5,19,2 f.

[…] sie versorgte die Körper der Gelähmten und alle Gliedmaßen der Verletzten in vielfacher Weise, wobei sie sich weder ihrer Dienerschaft noch der ihr zu Diensten stehenden Leibwache bediente, sondern persönlich tätig wurde und in ihre Wohnungen ging und jedem Hilfe gewährte. So ging sie auch durch die Gästezimmer der Kirchen und pflegte von sich aus die Bettlägerigen, auch kochte sie selbst Speisen, kostete Suppen und brachte Schüsseln, brach Brot und reichte Bissen, spülte Becher und tat alles andere, was als Werk der Hausbediensteten und Dienerinnen gilt.

Die Kaiserin scheute sich diesem Bericht zufolge nicht, den Prunk ihres kaiserlichen Palastes zu verlassen und die Wohnungen der Benachteiligten aufzusuchen, um sich in die Rolle einer Dienerin der Armen zu begeben, während sie zugleich selbst auf ihre Dienerschaft verzichtet habe. Leicht zugänglich sei sie für die Sorgen und Nöte ihrer Untertanen gewesen (ἡ εὐπρόσιτος σεμνότης) und habe gar die Freilassung Gefangener erwirkt, wie wiederum bereits Gregor an anderer Stelle angedeutet hatte.[38] Vielleicht ist in diesem Zusammenhang mit der Rolle Flaccillas als Fürsprecherin auch Gregors Hinweis auf ihr freimütiges Sprechen zu verstehen, das nach traditionellem Verständnis kein idealtypisch weiblicher Topos war: „ἡ πεπαρρησιασμένη αἰδώς", die „Ehrfurcht" oder auch die „Scham, die freiheraus zu sprechen pflegte" lautet die hier von Gregor verwendete Formel: Flaccillas Freimut entsprach dabei nicht dem negativen Topos der Geschwätzigkeit, sondern war nach Gregor vielmehr Ausdruck ihrer Ehrfurcht vor Gott und seiner Schöpfung, die es zu schützen galt: Wenn es darum gegangen sei, Philanthropie zu üben, habe sie daher mit ihrem Gatten in der Regel übereingestimmt und sei ihm bisweilen gar vorausgeeilt.[39]

Die Tugenden, die Gregor der Flaccilla zuschrieb, sind nicht spezifisch spätantik-christlich. Vielmehr handelte es sich um traditionelle weibliche und antike Herrschertugenden, die zwar in einen christlichen Kontext gesetzt, dennoch aber weitgehend auch von Nicht-Christen verstanden und akzeptiert werden konnten: So müsse allen Untertanen das große Glück offenbar gewesen sein, daß Flaccilla als „überragendes Abbild der Tugend" (τὰ προλαβόντα τῆς ἀρετῆς ὑποδείγματα)[40] den kaiserlichen Thron bestiegen und wie die Sonne „mit ihren Strahlen der Tugend die ganze Welt erhellt" habe (ἐπὶ τὸν ὑψηλὸν θρόνον τῆς βασιλείας ἀνάγεται, ὅπως ἡλίου δίκην ἐκ τοῦ ὑψηλοῦ ἀξιώματος πᾶσαν τὴν οἰκουμένην ταῖς ἀκτῖσι τῶν ἀρετῶν καταλάμψειεν).[41]

Auch die von Gregor verwendete Sonnenmetapher dürfte von Christen wie Nicht-Christen verstanden worden sein. Es wäre zu weit gegriffen, von einer Absicht Gregors auszugehen, seiner Rede durch dieses Element einen integrativen Charakter zu verleihen und auch die Anhänger der traditionellen Kulte als gleichberechtigt Trauernde anzusprechen. Gregor betonte aber die emotionale Nähe zwischen der kaiserlichen Familie und der Gesamtbevölkerung, die sich in der Trauer um die verstorbene Kaiserin vereint habe: Bewohner jeden Alters und Ranges seien aus der Stadt geströmt, um die Bahre der verstorbenen Flaccilla zu empfangen, als

38  Greg. Nyss., *in Flacillam* 487,16 f. (vgl. oben Anm. 35).
39  Greg. Nyss., *in Flacillam* 479,2 f., letztlich habe aber ein Gleichgewicht zwischen beiden bestanden, ebd. 479,4.
40  Greg. Nyss., *in Flacillam* 478,14.
41  Greg. Nyss., *in Flacillam* 478,16–20.

ihr Leichnam mit Gold und Purpur bedeckt nach Konstantinopel rücküberführt wurde. Der Anblick habe jedem der Anwesenden die Tränen in die Augen getrieben und selbst die Natur in Trauerstimmung versetzt.[42]

Trotz dieser allgemeinverständlichen Motive ist der Tenor von Gregors Rede unbestreitbar nicänisch-christlich: Die sozialen Gruppen, die Gregor unter den Trauernden besonders hervorhob, sind Jungfrauen, Witwen und Waisen – Personengruppen, denen innerhalb des Christentums eine besondere Aufmerksamkeit zukommt –, und daneben die Priesterschaft.[43] Flaccillas Abneigung gegen Heiden und Arianer wird, wie oben gezeigt, ebenso betont, wie ihr Bekenntnis zur Trinität.[44]

Es bedürfte einer eingehenderen philologischen Analyse der Rede, um sämtliche Motive zu beleuchten und zu analysieren, derer Gregor sich zum Lob der Kaiserin bediente. Aus dem Bisherigen lassen sich dennoch einige Rückschlüsse darauf ziehen, wie sie ihren Zeitgenossen präsentiert werden sollte; als Vorbild hinsichtlich des christlichen Glaubens, als Repräsentantin und Stütze eines christlichen Kaisertums im allgemeinen und der Dynastie ihres Mannes im speziellen, als Kaiserin, der vor allem am Wohlergehen ihrer Untertanen gelegen war, und die dies persönlich zu garantieren bestrebt war.

Während es nur schwer möglich ist, Flaccilla als politisch aktiv handelnde Persönlichkeit zu fassen, ist aus Gregors Rede doch ersichtlich, daß sie als Gattin des Kaisers in einer Form präsentiert wurde, welche die Sympathie der zuhörenden Öffentlichkeit für den Trauerfall in der Familie ihres Kaisers wecken mußte umso mehr, als sie – nach Gregor – auch selbst den Verlust ihrer Wohltäterin zu betrauern hatte. Als Teilhaberin an βασιλεία und ἀρχή ihres Mannes konzentrierten sich auf Flaccilla nicht nur weibliche Tugenden, sondern auch diejenigen des Kaisertums, in einem ebenso christlichen wie auch traditionellen Sinne: So war es nach dem Urteil der literarischen Quellen in besonderem Maße die kaiserliche *civilitas*, welche Flaccilla vertrat.

Wenn Gregor auch die Gelegenheit nutzte, um in seiner Predigt – wenn auch in vorsichtigen Worten formuliert – Kritik an der kaiserlichen Politik zu äußern,[45]

---

42  Greg. Nyss., *in Flacillam* 481,19–482,25.

43  Greg. Nyss., *in Flacillam* 480,24–481,2.

44  Vgl. oben Anm. 26.

45  So wagte es Gregor in seiner Trauerrede auch, nach möglichen Gründen für das Unglück zu fragen und deutete an, daß Flaccillas Tod vielleicht sogar die Strafe Gottes für den nach seinem Befinden zu laxen Umgang des Kaisers mit häretischen Strömungen und den Heiden gewesen sei (Greg. Nyss., *in Flacillam* 481,4–12: ποίων ἁμαρτημάτων τὰς δίκας ἐκτιννύομεν; ὑπὲρ τίνος ταῖς ἐπαλλήλοις τῶν συμφορῶν μαστιζόμεθα; ἢ τάχα διὰ τὸ πλεονάσαι τὴν ἀσέβειαν τῶν ποικίλων αἱρέσεων αὕτη καθ᾽ ἡμῶν ἡ ψῆφος ἐκράτησεν; [„Welchen Frevel gegen die Gerechtigkeit verbüßen wir? Zu welchem Nutzen werden wir mit einem Unglück nach dem anderen geschlagen? Oder traf uns vielleicht die Strafe wegen der anwachsenden Gottlosigkeit der vielfältigen Häresien?"]. Das andere Unglück, von dem Gregor hier spricht, war der nur wenige Wochen zurückliegende Tod der Kaisertochter Pulcheria, für die er ebenfalls die Trauerrede gehalten hatte. Das im Alter von etwa sieben Jahren verstorbene Mädchen hatte noch keine eigenen Leistungen für die konstantinopolitanische Bevölkerung oder die Dynastie erbringen können. Dennoch stellte Gregor auch ihren Tod als allgemeines Unglück dar, das die gesamte Stadt gemeinsam mit dem Kaiserpaar beweinte [Greg. Nyss., *in Pulcheriam* 461,9–14; 463,15–21 beschreibt die in Trauer um den Verlust der Kaisertochter vereinte Gemeinde]: „σεισμός τις ἦν

entsprach die Rede im Ganzen doch Theodosius' Herrschaftsverständnis. Seit 383, das heißt spätestens mit der Erhebung seines Sohnes Arcadius zum *Augustus*, zeigte Theodosius deutlich seine dynastische Absichten. In diesem Zusammenhang stärkte er im Rahmen seiner kaiserlichen Selbstdarstellung auch Flaccillas Rolle: Symbolisch schloß Theodosius, der bisher über keine dynastische Verbindung verfügte, an Constantin den Großen an und bezog Flaccilla in seine Münzprägung ein. Als Vorbild für ihre Darstellung wird Helena gedient haben, wobei Theodosius Flaccillas Münzporträt seinem eigenen angleichen ließ. Dies alles waren Maßnahmen, um sein Kaisertum und seine Dynastie im Osten zu etablieren, wo er seit 379 als Kaiser eingesetzt, aber bis zu seiner Erhebung durch Gratian ein Unbekannter gewesen war. Seine dynastischen Interessen versuchte Theodosius daher zusätzlich über die weibliche Linie zu legitimieren, indem er seine Frau Flaccilla, als Mutter seiner künftigen Nachfolger, in besonderem Maße in die Repräsentation seines Kaisertums miteinbezog und ihre Bedeutung ikonographisch betonte.[46]

Den Makel einer fehlenden echten dynastischen Verbindung würde Theodosius bald nach dem Tode Flaccillas durch die Vermählung mit Galla ausgleichen können, der Schwester seines Mitkaisers und (wenigstens der Hierarchie nach) *senior-Augustus*.[47] Von der durch Theodosius im Interesse seiner Selbstdarstellung veränderten Tradition der Repräsentation der *Augustae* und der damit sich wandelnden öffentlichen Wahrnehmung der kaiserlichen Frauen sollten vor allem die Frauen aus dem engeren familiären Umfeld seiner Erben in Konstantinopel profitieren, die zumeist ein schärferes Profil zeigen würden als ihre dynastische Vorgängerin.

ἄντικρυς", ein Unglück gleich einem Erdbeben [Greg. Nyss., *in Pulcheriam* 462,24–26]; hierzu auch Leppin, Hartmut: „Das Bild der kaiserlichen Frauen bei Gregor von Nyssa", in: Hubertus R. Drobner / Albert Viciano [Hgg.], *Greogry of Nyssa. Homilies on the Beatitudes. An English Version with Commentary and Supporting Studies. Proceedings of the Eighth International Colloquium on Gregory of Nyssa,* Leiden/Boston 2000, 491–494 [zu Pulcheria]; 496 f. [zur Kaiserkritik]).

46    Vgl. auch Teja, Figure di imperatrici, 88 f.

47    Ob es eine Verbindung zwischen der Kaiser-Mutter Justina und der constantinischen Dynastie gegeben hatte, wird diskutiert bei Woods, David: „The Constantinian Origin of Justina (Themistius, Or. 3.34b)", in: *CQ* 54(2004), 325–327.

## 2 GALLA

*„Justina wußte um die Neigung des Kaisers zu*
*erotischen Freuden."*
*(Zos. 4,44,2)*

Nicht lange nach dem Tode Flaccillas nahm Theodosius I. im Jahre 387 die noch
sehr junge Galla zur Frau.[1] Als Kaisergattin wurde Galla nicht nur in der modernen
Forschung, sondern bereits von den spätantiken Autoren so weit ignoriert, daß es
fast aussichtslos scheint, sich ein Bild von dieser Frau zu machen und ihre Rolle
und Funktion am Hofe begreifen zu können.

Galla war die Tochter der Justina aus ihrer Ehe mit Kaiser Valentinian I. und
damit eine Schwester Valentinians II.[2] Dieser war nach dem Tod seines Vaters 375,
angeblich durch den Einfluß seiner Mutter,[3] vierjährig zum Kaiser im Westen erhoben worden. Im Zuge der Usurpation des Maximus 383–388 fürchtete Valentinian um sein Leben und floh gemeinsam mit seiner Mutter Justina und seiner
Schwester Galla auf dem Seeweg nach Thessalonike: Dort angelangt ließ Justina
nach Theodosius schicken, um ihn zu bitten, den Schaden, den die Familie erlitten
hatte, zu rächen und den Usurpator Maximus zu töten.[4] Theodosius zeigte sich jedoch zunächst unwillig, einen Krieg gegen Maximus zu führen.

Da der Senat es nicht gewagt habe, dem Kaiser in dieser Sache zu widersprechen, sei es schließlich Justina gewesen, der es gelang, Theodosius von der Notwendigkeit eines Feldzuges gegen den Usurpator im Westen zu überzeugen. So erklärt Zosimus, denn

Ἰουστῖνα δὲ οὔτε πραγμάτων ἄπειρος οὖσα οὔτε πρὸς τὴν τοῦ συμφέροντος εὕρεσιν ἄπορος,
ἐπισταμένη τὸ Θεοδοσίου περὶ τὰς ἐρωτικὰς ἐπιθυμίας ἐπιρρεπές.[5]

weder war Justina in politischen Angelegenheiten unbedarft, noch fiel es ihr schwer, den eigenen Vorteil zu erkennen, und sie wußte um die Neigung des Kaisers zu erotischen Freuden.

Daher habe Justina dem unwilligen Kaiser ihre außergewöhnlich schöne Tochter
Galla präsentiert und ihn selbst mit flehentlichen Worten bekniet, den Tod seines
Gönners Gratian zu sühnen. Die schöne Galla soll währenddessen dabei gestanden
und bittere Tränen um das Leid ihrer Familie vergossen haben.[6] Tief beeindruckt von
der Schönheit des Mädchens, erbittet Theodosius für sich eine Bedenkzeit, doch ist
er Galla bereits verfallen. Justina hatte auf genau diese Wirkung ihrer Tochter gesetzt; und tatsächlich ersucht Theodosius sie wenig später um die Hand ihrer Tochter.
Bevor Justina sich aber bereit erklärt, in die Vermählung einzuwilligen, muß der
Kaiser ihr das Versprechen geben, den Krieg gegen Maximus zu unternehmen.[7]

---

1   Marc. com. a. 386.
2   Namentlich sind zwei weitere Töchter der Justina aus ihrer Ehe mit Valentinian I. bekannt, Justa
    und Grata, über die wir jedoch lediglich wissen, daß sie unverheiratet blieben: Socr. 4,31,17.
3   Philost. 9,16; Zos. 4,19,1.
4   Zos. 4,43,1–3.
5   Zos. 4,44,2.
6   Zos. 4,44,1 f.
7   Zos. 4,44,3 f.

Der Darstellung Zosimus' folgend ist es vor allem ein politisches Ziel der Justina, das sich durch die Heirat bald erfüllen sollte. Dabei vernachlässigt Zosimus die Tatsache, daß die Ehe mit Galla auch für Theodosius eine Chance bot, da er sich auf diese Weise mit der valentinianischen Dynastie verbinden[8] und seiner eigene Dynastie ein sicheres Fundament schaffen konnte.[9] Sollte darüber hinaus Justina, wie Woods vermutet, eine Tochter des ältesten Sohnes Constantins, Crispus, gewesen sein,[10] untermauerte dies die dynastischen Ansprüche Theodosius' I. zusätzlich, der bisher nur ikonographisch an Constantin anzuschließen vermocht hatte. Daß der pagane Historiker Zosimus sich nicht über diese politischen Motive des Theodosius ausläßt, paßt zu seinem Bild des Kaisers, den er allgemein als kopflosen Herrscher darstellt, der mit Vorliebe seinen Leidenschaften frönte. So ist es auch schiere Passion für die Schönheit der jungen Galla, die den Kaiser dazu verführt, die Mutter des Mädchens um seine Hand zu bitten und sich im gleichen Zuge deren Willen zu fügen. Zu offensichtlich verwendete Zosimus das Motiv eines Kaisers, der sich leicht von weiblichen Reizen verführen läßt, als daß hier nicht von einem Topos auszugehen wäre.[11]

Von der Verbindung des Kaisers mit Galla profitierten laut Zosimus zuallererst die Soldaten, denen Theodosius auf Veranlassung seiner jungen Frau die Verpflegungsration erhöht habe.[12] Gemeinsame Zeit blieb dem frisch vermählten Paar allerdings kaum, und so dürfte Gallas persönlicher Einfluß auf den Kaiser insgesamt eher gering gewesen sein: Bereits 387 brach Theodosius zum Krieg gegen Maximus in den Westen auf,[13] den er im darauffolgenden Jahr bei Aquileia erfolgreich beendete.[14] Galla und Theodosius' älterer Sohn Arcadius waren in Konstantinopel zurückgeblieben.[15] Begleitet wurde der Kaiser von seiner Nichte Serena. Auch seinen jüngeren Sohn Honorius hatte der Kaiser bei sich, den er 389 bei einem Besuch in Rom präsentierte.[16]

Während der Abwesenheit des Kaisers kam es um 390 wohl zu einem Streit zwischen Galla und Arcadius in Konstantinopel. So zumindest wird man den Eintrag des Marcellinus unter diesem Datum deuten müssen, Galla sei von ihrem Stief-

---

8  Joh. Ant. fr. 280 (Roberto, = fr. 212 Mariev, = fr. 186 Müller): ὥστε ὑπῆρχεν αὐτῷ πρὸς τὰ κοινὰ τῆς βασιλείας καὶ ἡ τῆς κηδείας συνάφεια.

9  Holum, Theodosian Empresses, 46; Leppin, Theodosius der Große, 132 f.; daß Theodosius dieses Ziel zum Zeitpunkt der Eheschließung mit Galla längst verfolgte, ist schon daraus ersichtlich, daß sein älterer Sohn Arcadius bereits seit 383 den *Augustus*-Titel trug.

10  Woods, David: „The Constantinian Origin of Justina (Themistius, OR. 3.43b)", in: *CQ* 54(2004), 326.

11  Vgl. die Darstellung zur Vermählung des Arcadius mit Eudoxia: Zos. 5,3.

12  Zos. 4,44,3.

13  Marc. com. a. 387.

14  Marc. com. a. 388.

15  Zosimus' Hinweis, 4,45,4, der Kaiser habe nach seinen Vereinbarungen mit Justina diese gemeinsam mit Sohn und Tochter nach Rom zurückgeschickt, dürfte sich daher nicht auf Galla beziehen. Wahrscheinlicher ist es, daß hier eine (oder auch beide, wenn man einen Fehler annimmt) ihrer Schwestern, Justa und Grata, gemeint ist. Von beiden wissen wir zwar nicht mit Gewißheit, ob sie mit nach Thessalonike gereist waren, es ist allerdings davon auszugehen, daß man sie nicht der Gefahr ausgesetzt hatte, im Westen zurückzubleiben.

16  Marc. com. a. 389.

sohn hinausgeworfen worden (gemeint ist vermutlich „aus dem Palast geworfen": *Galla Theodosii uxor ab Arcadio privigno suo eiecta est*).[17] Worum es bei diesem Streit gegangen sein könnte, wird sich kaum ermitteln lassen. Verschiedene Szenarien sind denkbar: Naheliegend ist die Vermutung, daß das Verhältnis zwischen dem pubertierenden Thronfolger und der ebenfalls noch jugendlichen zweiten Gattin seines Vaters schon deshalb problematisch war, da die Eheschließung so bald auf den Tod der Mutter des jungen Kaisers gefolgt war. Ebenso möglich wären dynastische Konflikte,[18] falls Galla dem Theodosius zu diesem Zeitpunkt bereits einen Sohn, Gratian, geboren hatte.[19] Oder aber Galla, die immerhin von einer politisch machtbewußten Mutter primärsozialisiert worden war und zudem durch ihre Abstammung aus der valentinianischen Familie über großes dynastisches Potential verfügte, hatte in Abwesenheit ihres Gatten damit begonnen, sich am Hof von Konstantinopel in einer Weise zu gebärden, die dem jungen Thronfolger unheimlich wurde.

Erst 391 kehrte Theodosius nach Konstantinopel zurück,[20] mußte sich aber schon bald auf einen erneuten Krieg vorbereiten; wenn es nach Zosimus geht, wieder auf Betreiben Gallas: Nach der Ermordung (oder wahrscheinlicher dem Selbstmord)[21] ihres Bruders Valentinian II. und im Verlauf der darauffolgenden Usurpation des Eugenius zögerte Theodosius lange hinsichtlich seines Vorgehens. So ist es einmal mehr Galla, die ihn abermals durch Tränenvergießen dazu bringt, den Krieg gegen den Usurpator aufzunehmen.[22] Wenigstens bei Zosimus deutet sich also ein gewisser Einfluß Gallas auf ihren Gatten an. Allerdings dürfte Zosimus kaum darauf abgezielt haben, ein authentisches Bild Gallas und ihrer Rolle am Kaiserhof zu vermitteln, sondern eher wird es dem paganen Historiker darum gegangen sein, eine Motivation für Theodosius' militärische Aktivitäten zu konstruieren, den er ansonsten als feige, untätig und lediglich an der Befriedigung seiner eigenen Lüste interessiert schildert.[23] Freilich läßt Zosimus dabei nicht unerwähnt, welcher Gefahr der Kaiser das Reich durch seinen blinden Aktionismus ausgesetzt habe.[24]

---

17  Marc. com. a. 390.
18  Leppin, Theodosius der Große, 152.
19  Wieder ist hier auf die schwierige Quellenlage zu verweisen: Die Geburten Gallas werden in den einschlägigen Chroniken nicht erwähnt. Was die Datierung anbelangt, scheinen mir jedoch die Ausführungen Rebenichs schlüssig und überzeugend, daß es sich bei dem ersten gemeinsamen Kind, das 388/9 während Theodosius' Abwesenheit von Konstantinopel geboren wurde um den in Ambros., *Epist. extra. coll.* 11,17 sowie *De ob. Theod.* 40 und einer Ravennater Inschrift (= *CIL* 11,276) genannten Gratian handeln muß: Rebenich, Stefan: „Gratian, a Son of Theodosius, and the Birth of Galla Placidia", in: *Historia* 34(1985), 381, sowie ders.: „Gratianus Redivivus", in: *Historia* 38(1989), 376–379. Galla Placidia, die gemeinsame Tochter, kann daher erst nach der Rückkehr Theodosius' nach Konstantinopel, also nach 391, geboren sein.
20  Marc. com. a. 391.
21  Zur Frage Mord oder Selbstmord s. Croke, Brian: „Arbogast and the Death of Valentinian II.", in: *Historia* 25(1976), 235–244.
22  Zos. 4,55,1; vgl. Joh. Ant. fr. 280 (Roberto, = fr. 212 Mariev, = fr. 186 Müller) erwähnt ebenfalls Gallas Kummer.
23  Vgl. besonders Zos. 4,50.
24  Zos. 4,55,2.

Gallas Rolle als Nachfolgerin Flaccillas ist angesichts dieser sehr geringen Informationen und der zu vermutenden Absicht hinter Zosimus' Ausführungen schwer zu bestimmen. Näheres erfahren wir aus keiner der spätantiken Quellen: Galla starb jung im April 394, anscheinend bei den Komplikationen einer Geburt, bei der auch das Kind verstarb.[25] Der Schmerz darüber sollte Theodosius jedoch nicht davon abhalten, einen Tag später gegen den Usurpator Eugenius ins Feld zu ziehen, und damit wenigstens noch dem Wunsch seiner verstorbenen zweiten Gattin gerecht zu werden.[26] Ihrem Mann hinterließ Galla eine Tochter, Galla Placidia, die einmal *Augusta* des Westreiches werden und als Vormund ihres minderjährigen Sohnes Valentinian III. für diesen stellvertretend die Regierungsgeschäfte im Westen übernehmen sollte.

Außerhalb der Zosimus'schen Darstellung ist es schwierig, Informationen über die zweite Gemahlin Theodosius' I. zu finden. Als Tochter der Justina, die man als leidenschaftliche Gegnerin des Mailänder Bischofs Ambrosius kennt,[27] stand Galla im Verdacht wie ihre Mutter „Arianerin" gewesen zu sein.[28] Dies könnte eine Erklärung für ihre Abwesenheit in den literarischen Quellen sein. Ebensogut könnte die Tatsache der aus christlicher Sicht problematischen zweiten Ehe des Kaisers der Grund dafür sein, daß Galla als zweite Gattin des Theodosius von den überwiegend christlichen Autoren der Spätantike nahezu völlig übergangen wurde.

Über Gallas Glauben erfahren wir aus den zeitgenössischen Quellen tatsächlich nichts. Jedoch scheint es bezeichnend, daß bereits Ambrosius in seiner Leichenpredigt auf Theodosius im Jahre 395, die gerade einmal ein Jahr zuvor verstorbene zweite Gattin des Kaisers mit keinen Wort erwähnt, während er die tugendhafte Flaccilla namentlich nennt; und sogar den gemeinsamen Sohn Gallas mit Theodosius, Gratian, im gleichen Zuge mit der Tochter Pulcheria aus erster Ehe anführt – die beiden früh verstorbenen Kinder, welche den kaiserlichen Vater im Himmel empfangen.[29] Der vermeintlichen Homöerin Galla aber wäre aus Ambrosius' Perspektive der Weg dorthin versperrt geblieben. Ein weiteres Motiv, die zweite Gemahlin Theodosius' in seiner Rede zu übergehen, könnte für Ambrosius allerdings auch einfach deren Abkunft von seiner persönlichen Erzfeindin Justina-„Isebel" gewesen sein.[30] Vermutlich aus ähnlichen Motiven schreiben die spätantiken und byzantinischen Autoren kaum mehr über Galla, als daß Theodosius sie nach dem

---

25  Zos. 4,57,3; möglicherweise handelte es sich bei diesem Kind um den ebenfalls in *CIL* 11,276 erwähnten Johannes; vgl. Joh. Ant. fr. 280 (Roberto, = fr. 212 Mariev, = fr. 186 Müller), nach dem Galla verstarb während Theodosius sich bereits im Krieg befand.

26  Zos. 4,57,3 f.

27  *PLRE* 1, s. v. „Iustina", 488–489; etwa: Ambros., *Epp.* 20; 53 (PL 16, 994–1002; 1165–1167); Aug. *Conf.* 9,7; Gaud., *praef.* 5; Socr. 5,11,4–11; Soz. 7,13,2–7. Der Chronist Malalas und ihm folgend der anonyme Autor der Osterchronik hätten es vielleicht lieber gesehen, der große Theodosius hätte sich zuerst mit einer mutmaßlichen Homöerin vermählt und dann die orthodoxe Flaccilla geheiratet; wenigstens nennen sie Galla als erste Frau Theodosius' I. (s. Malal. 13,37; *Chron. pasch.* 563 f.).

28  *Chron. pasch.* 563.

29  Ambros., *De ob. Theod.* 40 (PL 16, 1385–1406, hier 1399).

30  Ambros., *Ep.* 20,12; 16–18 (PL 16, 997–999).

Tode Flaccillas zur Frau genommen habe, und daß sie die Mutter der späteren weströmischen *Augusta* Galla Placidia war.[31]

Anders als ihre Vorgängerin Flaccilla erhielt Galla nie den *Augusta*-Titel. Sollte
sie Homöerin gewesen sein, könnte dies ein Grund sein, warum Theodosius ihr
diese Rangerhöhung verwehrte. Insgesamt scheint Theodosius nicht darum bemüht
gewesen zu sein, Galla in seine Selbstdarstellung miteinzubeziehen: So ließ er
keine Münze mit Gallas Porträt schlagen und Berichte über die Errichtung von
Ehrenstatuen in den literarischen Quellen oder gar erhaltene bildliche Darstellungen, wie sie von anderen kaiserlichen Frauen der theodosianischen Dynastie bekannt sind, fehlen gänzlich. Wie oben bereits angedeutet dürfte es Theodosius bei
seiner Vermählung mit Galla ohnehin nicht darum gegangen sein, einen Ersatz für
seine verstorbene erste Gattin zu finden. Galla war Mittel zum Zweck: Sehr wahrscheinlich ging Theodosius die Ehe mit ihr ein, um seine eigene Legitimation als
Kaiser über die familiäre Anbindung an die valentinianischen Dynastie zu stärken;
umso mehr, als er sich im Westen des Reiches nach dem Tod des jungen Valentinians II. erst einmal zu etablieren hatte. Rechter Glaube und besondere Tugendhaftigkeit dürften daher bei der Wahl seiner Braut zweitrangig gewesen sein. Daß Galla
neben ihrer besonderen Qualifikation, Mitglied des valentinianischen Herrscherhauses zu sein, vielleicht auch eine außergewöhnliche – und, wie weiter unten zu
zeigen sein wird, qualifizierende[32] – Schönheit mitbrachte, wie Zosimus behauptete, ist freilich nicht auszuschließen. Das dynastische Potential Gallas sollte später
ihre Tochter Galla Placidia erkennen und sich zunutze machen. Sie gab nicht nur
ihrer eigenen Tochter Honoria die Namen ihrer beiden verstorbenen Tanten, Justa
und Grata, den Schwestern ihrer Mutter und Valentinians II., um mit mit dieser
Namenswahl an die beiden Dynastien, denen sie selbst angehörte, zu erinnern (der
Rufnahme Honoria war die Reminiszenz an Galla Placidias Halbbruder Honorius),
sondern im Rahmen ihrer eigenen Selbstdarstellung als Mutter eines minderjährigen Regenten verzichtete sie auch auf den dynastischen Namen der theodosianischen *Augustae* ‚Aelia‘ zugunsten des Namens ihrer Mutter Galla.

---

31  Socr. 4,31,17; Jord., *Rom.* 311; Paul. Diac., *Hist. Rom.* 12,7; Theod. Lect,. *Epit.* 212; Zon. *Epit.*
    13,18,18; auch Philost. 10,7; Sozomenus etwa verschweigt sie gar gänzlich.
32  Die Schönheit der Kaisergattin scheint jedoch in den literarischen Quellen eher dann von Be-
    deutung zu sein, wenn nicht familiäre Herkunft sie für ihre Rolle an der Seite des Kaisers
    qualifizierte; vgl. Kapitel III.1.3 dieser Arbeit.

## 3 SERENA

*„Sie nahm sich nicht in acht und gab ihren*
*Hals dem Strang hin. "*
(Zos. 5,38,4)

Serena, 408 vom römischen Senat zum Tode verurteilt, war eine jener Frauen aus dem Umfeld des Kaisers, der schon aufgrund ihrer persönlichen Verbindungen am Hofe gewisse Einflußmöglichkeiten zugetraut werden können. Die Quellenlage zu Serena ist vergleichsweise schwierig: Claudian, Dichter am Hof ihres Stiefbruders und zugleich Schwiegersohns, Honorius, und Protegé ihres Gatten Stilicho, erwähnte sie in verschiedenen seiner Gedichte und verfaßte ihr zu Ehren sogar ein *Elogium*, das allerdings unvollendet geblieben ist. Als zeitlich relativ unmittelbare literarische Darstellungen bleiben daneben lediglich die Fragmente des Historikers Olympiodor und eine längere Passage in der *Vita Melaniae*, die über Serena berichten.[1] Der nächste und letzte, der sich in seinem Werk mit Serena befaßte, war der pagane Historiker Zosimus, der sich ein gutes Jahrhundert später – wohl auf Basis der Erzählungen Olympiodors – recht ausführlich zu Serena äußerte. Die Glaubwürdigkeit seines Werkes ist umstritten, da kaum zu klären ist, wie genau Zosimus sich an seine Quellen hielt. Dennoch ist seine *Historia Nea* die einzige Überlieferung zu jenen Ereignissen in den ersten Jahren des 5. Jahrhunderts, die zu Serenas Sturz führten. Es ist an dieser Stelle angebracht, gleich *in medias res* zu gehen, denn Verwunderung bereitet vor allem Serenas Ende:

Ἤδη δὲ Ἀλαρίχου περὶ τὴν Ῥώμην ὄντος καὶ καταστήσαντος εἰς τὴν πολιορκίαν τοὺς ἔνδον, ἐν ὑποψίᾳ ἔλαβε τὴν Σερῆναν ἡ γερουσία, οἷα τοὺς βαρβάρους κατὰ τῆς πόλεως ἀγαγοῦσαν, καὶ ἐδόκει κοινῇ τῇ τε γερουσίᾳ πάσῃ καὶ Πλακιδίᾳ τῇ ὁμοπατρίᾳ τοῦ βασιλέως ἀδελφῇ ταύτην ἀναιρεθῆναι τῶν περιεστώτων κακῶν οὖσαν αἰτίαν.[2]

Als Alarich nämlich schon rings um Rom war und die Einwohner unter Belagerung gesetzt hatte, da schöpfte der Senat Verdacht gegen Serena, sie hätte die Barbaren gegen die Stadt geführt, und es schien dem ganzen Senat gemeinschaftlich mit Placidia, der Schwester des Honorius vom selben Vater, richtig, daß sie als Schuldige an dem bestehenden Übel getötet werden müsse.

Seit langem schon hatte das römische Reich sich mit Barbaren unterschiedlicher Herkunft auseinandersetzen müssen, welche immer häufiger die Grenzen des Rö-

---

1  Der ursprüngliche Text der *Vita Melaniae* ist verloren, überliefert ist die Lebensbeschreibung Melanias in einer lateinischen und einer griechischen Fassung, die prinzipiell zwar die gleiche Geschichte erzählen, im Detail aber bisweilen von einander abweichen. Hierzu s. die als neueren Kommentar mit Übersetzung des griech. Textes Clark, Elisabeth A. (Hg.): *The life of Melania, the Younger. Introduction, Translation, and Commentary,* Lewiston/Lampeter/Queenstone 1984 (Studies in Women and Religion 14) sowie Viaggini, Maria Carmen: „La Vita di S. Melania iuniore di Geronzio. Tra storia e agiografia", in: *Maia* 61(2009), 324–344 (zur Überlieferungsgeschichte 324 f.). Die Edition von Rampolla, die m. W. einzige Edition, die sowohl den lateinischen als auch den griechischen Text enthält und untersucht, war mir nicht zugänglich, so daß ich hier die Edition des griechischen Textes von Gorce und die neue Edition des lateinischen Textes von Laurence verwende.
2  Zos. 5,38,1; vgl. Olymp. fr. 6, nennt, wenn auch weniger ausführlich, ebenfalls den gegen Serena gehegten Verdacht als Grund für ihre Hinrichtung.

mischen Reichs überschritten und sich in seinem Inneren niederließen. Im Jahre 408 aber standen die Westgoten so dicht vor Rom, wie es zuletzt den Kelten zu Beginn des 4. vorchristlichen Jahrhunderts gelungen war. Es mag sein, daß Rom sich in dieser Situation an jenen im kulturellen Gedächtnis als ‚schwarzer Tag' verankerten Moment erinnerte, als die Gallier nach ihrem Sieg über die römischen Legionen an der Allia um 387 v. Chr. Rom überfallen hatten. Jahrhunderte lang hatte man die Barbaren in Schach gehalten, nun aber waren sie abermals tief ins Innere des Reiches vorgedrungen: Die Westgoten waren nicht mehr eine Bedrohung am Rande des Imperiums, sondern sie belagerten die Ewige Stadt, das traditionelle und ideologische Zentrum des scheinbar unbesiegbaren Reiches: Vielleicht war es eben diese Ungeheuerlichkeit, welche die Suche nach einen Sündenbock erforderte, und ein solcher war schnell gefunden.

Wer aber war Serena, von der die Senatoren glaubten, sie trage die Schuld an der unmittelbaren Bedrohung der Stadt Rom, die zwar nicht mehr Sitz des Kaiserhofes, aber noch immer manifestes Symbol der Größe des Imperiums war; wer war die Person, von der man annahm, nur ihr Tod könne Alarich zum Rückzug bewegen? – Schließlich gäbe es ohne sie doch niemanden mehr, der die Stadt an ihn verraten könnte ([ἐδόκει] καὶ Ἀλάριχον γὰρ αὐτὸν Σερήνας ἐκποδὼν γενομένης ἀναχωρήσειν τῆς πόλεως).[3]

Auskünfte über Serenas Herkunft finden sich am ausführlichsten im *Laus Serenae,* des Hofdichters Claudian:[4] So erfahren wir von Claudian, daß Serena die Tochter des älteren Honorius war, Bruder des späteren Kaisers Theodosius I.[5] Geboren wurde sie wohl um 370 und stammte aus der Provinz Hispanien.[6] Nach dem Tod ihres Vaters wurde sie von ihrem Onkel Theodosius adoptiert (*defuncto genitore tuo sublimis adoptat*)[7] und gemeinsam mit ihrer älteren Schwester Thermantia wurde sie nach Theodosius' Thronbesteigung 379 an den Hof von Konstantinopel geholt.[8] Beide Töchter seines Bruders habe Theodosius väterlich geliebt, Serena allerdings klar bevorzugt (*ambas ille quidem patrio complexus amore, / sed merito pietas in te* [gemeint ist Serena] *proclivior ibat*).[9] Serena, so heißt es bei Claudian weiter, sei die einzige gewesen, die in der Lage gewesen sei, Theodosius zu beruhigen, wenn dieser

3   Zos. 5,38,1.
4   Grundlegend dazu s. Cameron, Alan: *Claudian. Poetry and Propaganda at the Court of Honorius*, Oxford 1970; speziell zu Claudians *Laus Serenae* s. Moroni, Brunella: „Tituli Serenae. Motivi di un encomio femminile in Claudiano", in: *Graeco-Latina Mediolanensia*, Mailand 1985 (Quaderni di Acme, 5), 137–160; sowie Consolino, Franca Ela: „‚Sur des pensers nouveaux faisons des vers antiques': Claudiano e il Panegirico di Serena", in: dies. (Hg.), *Claudiano. Elogio di Serena*, Venedig 1986 (Collana di Classici Greci e Latini), 9–38.
5   Claud., *Laus Serenae* (= *Carm. min.* 30) 96 f.; Zos. 4,57,1; 5,4,1.
6   Claud., *Laus Serenae* 50 f. Ihr Geburtsdatum ist unbekannt. Da sie aber wohl 384 mit Stilicho verheiratet wurde und das Heiratsalter römischer Mädchen üblicherweise bei etwa 14 Jahren lag, ist 370 als ungefähres Geburtsjahr Serenas anzunehmen (vgl. *PLRE* 1, s. v. „Serena", 824; Seeck, Otto: „Serena", in: *RE* II A,2[1923], 1072).
7   Claud., *Laus Serenae* 104, Serena wird hier direkt angesprochen.
8   Claud., *Laus Serenae* 111–114; namentliche Erwähnung Thermantias als ältere Schwester Serenas (ebd. 118).
9   Claud., *Laus Serenae* 132 f.

niedergeschlagen oder verärgert von seinen Geschäften nach Hause kam und selbst seine Söhne und seine Gattin Flaccilla ihn gemieden hätten:

> et quotiens, rerum moles ut publica cogit, / tristior aut ira tumidus flagrante redibat, / cum patrem nati fugerent atque ipsa timeret / commotum Flaccilla virum, tu sola frementem / frangere, tu blando poteras sermone mederi. / adloquiis haerere tuis, secreta fateri.[10]

Nach Claudian war Serena so etwas wie eine emotionale Stütze für den Kaiser, vielleicht sogar eine Art Beraterin. So begleitete sie ihren Onkel und ihren Mann Stilicho 389 nach dem Sieg über den Usurpator Maximus dann auch nach Rom, wo ihr zweites Kind, ihr Sohn Eucherius, geboren wurde.[11] Theodosius selbst aber, so Claudian weiter, habe Stilicho als Ehemann für Serena erwählt, der wegen seines Mutes, den er auf dem Schlachtfeld bewiesen habe, Serenas würdig gewesen sei.[12] Seit etwa 384 war Serena mit dem *magister militum* ihres Onkels verheiratet,[13] die gemeinsame erste Tochter Maria, die wohl bald nach der Hochzeit geboren worden war, wurde 398 mit dem Nachfolger des Theodosius, seinem Sohn Honorius, vermählt. Über den, so heißt es an verschiedenen Stellen, hätten Stilicho und Serena nach dem Tode des Theodosius die Vormundschaft inne gehabt,[14] und in einem anderen Gedicht erklärt Claudian, Serena habe Honorius als Kind zweimal von Konstantinopel zu seinem Vater in den Westen begleitet, wo dieser 395 den Kaiserthron bestieg.[15]

Es war also nicht irgendeine Frau, die der römische Senat 408 hinrichten ließ, sondern ein fest integriertes Mitglied des theodosianischen Kaiserhauses und einstmals vielleicht zuverlässige Vertraute des Dynastiegründers. Als Schwiegermutter des Honorius sollte sie schließlich großen politischen Einfluß erlangen. Bedenkt man die Art ihrer literarischen Repräsentation und den ihr zugeschriebenen Einfluß am weströmischen Kaiserhof, war sie gegen Ende des 4. und zu Beginn des 5. Jahrhunderts die wohl führende Frau des Weströmischen Reiches:[16] Schließlich war sie Ehefrau des Heermeisters Stilicho und Vormund des weströmischen Kaisers Honorius und seiner Schwester Galla Placidia. Allerdings erhielt Serena weder den *Augusta*-Titel, noch war sie etwa mit einem Kaiser verheiratet. Als mächtigste Frau des weströmischen Reiches wurde sie wenigstens von einigen ihrer Zeitgenossen tatsächlich als Repräsentantin des Kaisertums wahrgenommen: Claudian nennt sie „regina";[17] ebenso bezeichnete die lateinische Vita Serena als „piissima regina",[18]

---

10   Claud., *Laus Serenae* 134–139.
11   Claud., *De Cons. Stil. III* 186–188.
12   Claud., *Laus Serenae* 177–185; *De cons. Stil. I* 72–76.
13   Olymp. fr. 1; Zos. 4,57,1; 5,4,1; Joh. Ant. fr. 280 (Roberto, = fr. 212 Mariev, = fr. 187 Müller).
14   Ambros., *De ob. Theod.* 5; Claud., *De nupt. Hon.* 41–45; Olymp. fr. 1; Joh. Ant. fr. 281 (Roberto, = fr. 213 Mariev, = fr. 188 Müller) nennt Stilicho als ἐπίτροπος des Honorius.
15   Claud., *De VI cons. Hon.* 97–101.
16   Sirago, Vito Antonio: „Funzioni di Serena nella *Vita Melaniae*", in: *Vetera Christianorum* 22(1995), 381; Demandt, Alexander/G. Brummer: „Der Prozeß gegen Serena im Jahre 408 n. Chr.", in: *Historia* 26(1977), 479–502 gehen ausführlich der Frage nach Serenas Hinrichtung nach.
17   Claud., *Laus Serenae* 5; *Ep. ad. Serenam* (= *Carm. min.* 31) 57.
18   *V. Mel.* 11; in 12 auch „religiosissima regina" beziehungsweise „εὐσεβὴς βασίλισσα".

in der griechische Fassung entsprechend „βασίλισσα", womit in den literarischen
Quellen üblicherweise die *Augusta* bezeichnet wurde.

Claudians panegyrisch anmutendes Gedicht auf Serena beginnt mit einem Lob
ihrer Tugendhaftigkeit, wobei der Dichter zunächst die traditionellen weiblichen
Tugenden anspricht (die aber auch zum christlichen Kanon weiblicher Tugenden
gehören): Keine der klassischen römischen und griechischen Heldinnen, Alkestis,
Cloelia, Claudia, Penelope, alle bekannt für *castitas* beziehungsweise *pudicitia*,
könne sich mit Serena messen (*non tamen audebunt titulis certare Serenae*).[19]
*Castitas* und *pudicitia* als Attribute Serenas spielen in dem *Elogium* durchgehend
eine Rolle, daneben wird vor allem ihre kaiserliche Abstammung betont: Geburt
und Kindheit Serenas seien bereits voller Vorzeichen für ihr späteres Leben gewesen.[20]

Die Repräsentation der kaiserlichen Frauen des Westens im späten 4. und frühen 5. Jahrhundert ist kaum vergleichbar mit derjenigen der oströmischen *Augustae*. So setzte sich die neue, theodosianische Form der Repräsentation kaiserlicher
Frauen im Westen unter der verhältnismäßig langen Regierungszeit des Honorius
erst gegen deren Ende durch: Erst mit Galla Placidias Erhebung zur *Augusta* 421
wurden im Westen ähnliche Formen der Repräsentation (Münzprägungen, Titulaturen) wieder aufgenommen. Nach dem Tod seines Onkel Honorius hatte Theodosius
II. Galla Placidia 424 als Vormund ihres minderjährigen Sohnes, des künftigen
Westkaisers Valentinian III., und damit als *de facto*-Regentin des weströmischen
Reiches eingesetzt. Bis dahin hatten die kaiserlichen Frauen in der Repräsentation
des weströmischen Kaisertums des 4. und 5. Jahrhunderts quasi keine Rolle mehr
gespielt. Bedenkt man nun, daß Serena nicht einmal Kaisergattin war, nahm sie eine
verhältnismäßig starke Position in der Repräsentation des Kaiserhauses ein, die allerdings nicht an diejenige kaiserlicher Frauen im Osten heranreichte.[21]

Erwähnenswert scheinen mir in diesem Zusammenhang die Überlegungen
Brunella Moronis: Claudians *Laus Serenae* sei als Versuch des Dichters zu lesen,
das neue, theodosianische Verständnis der kaiserlichen Frau durch die besondere
Betonung der traditionellen weiblichen Tugenden, nämlich die der römischen *matrona*, an ein Publikum anzupassen, das kaum bereit war, das neue Bild der kaiserlichen Frauen als Teilhaberinnen an der kaiserlichen Macht zu akzeptieren.[22] Zu
Claudians Lebzeiten, argumentiert Moroni, habe es im Westen des römischen Reiches starke Vorbehalte gegen die politische Funktion kaiserlicher Frauen gegeben[23] und so habe Claudian in seinem *Elogium* zwar Serenas kaiserliche Herkunft
betont,[24] zugleich aber immer wieder ihre traditionellen Tugenden hervorgehoben
und sie vor allem in den letzten Zeilen (das heißt bevor das Gedicht unvollendet

---

19  Claud., *Laus Serenae* 11–33.
20  Claud., *Laus Serenae* 70–106.
21  Teja, Figure di imperatrici, 87–99, vergleicht die Repräsentation Serenas mit der Eudoxias als
    Ehefrau des Arcadius im Osten und bezieht sich dabei vor allem auf das Diptychon von Monza,
    das Serena lediglich als „nobile matrona romana" darstellte (ebd. 90 f.).
22  Moroni, *Tituli Serenae*, 158.
23  Ebd. 156–58.
24  Claud., *Laus Serenae* 34–49.

abbricht) als vorbildliche römische Ehefrau präsentiert, die zu Hause die Rückkehr ihres Mannes aus dem Krieg erwartend seine Position am Hofe gegenüber seinen Feinde verteidigt.[25] Claudians *Laus Serenae* ist zum einen als Zeugnis der Repräsentation Serenas im theodosianischen Sinne als „*regina*", zum anderen aber auch als Zugeständnis an den noch eher traditionalistischen stadtrömischen Senatsadel zu lesen, der nicht dazu bereit war, eine zu einflußreiche Stellung der kaiserlichen Frauen hinzunehmen.[26] In diesem Zusammenhang stellt sich die Frage, inwieweit es akzeptabel war, daß der Hofpanegyriker die Schwiegermutter des Kaisers und Frau eines Heermeisters als „*regina*" bezeichnete. Dabei ist nicht zu beantworten, ob es sich um eine reine Fremdbezeichnung handelte, oder ob Serena sich sogar selbst so nannte.

Claudians Gedicht ließe sich als Versuch werten, durch die besondere Hervorhebung derjenigen Tugenden, welche die Schnittmenge zwischen traditionell-römischen und christlichem Frauenideal bildeten (besonders *castitas* und *pudicitia*), die theodosianische Vorstellung der kaiserlichen Frau im Westen zu etablieren. Auf die traditionell-römische Vorstellung spielt Claudian auch in anderen Gedichten an, so besonders in drei kleineren Gedichten, die wohl Geschenken Serenas an Honorius beigelegt worden waren. In diesen Gedichten wies Claudian darauf hin, daß es sich bei diesen Geschenken – Schmuckzaumzeug für die Pferde des Kaisers beziehungsweise ein Gewand für den Kaiser selbst – um Handarbeiten Serenas handelte; eine Beschäftigung, die zum Bild der adeligen Römerin paßte.[27] Daneben rühmt Claudian Serena in einem seiner Gedichte als *docta*,[28] eine weiteres Attribut, das sowohl der traditionell-römischen als auch der christlichen Frau gut zu Gesicht stand und entsprechend von beiden Seiten akzeptiert werden konnte: Sie habe die klassische griechische und lateinische Literatur gelesen, betonte der Panegyriker.[29]

Weiterhin gehörte auch die *pietas* zum Tugendkatalog sowohl der christlichen als auch der traditionell-römischen Frau. Genau genommen ist *pietas*, allerdings nun im christlichen Sinne als Frömmigkeit verstanden, sogar diejenige Tugend der kaiserlichen Frau, der in der Repräsentation des Kaisertums seit Theodosius I. eine besonders große Bedeutung zukam.[30] Die besondere Beziehung des Kaisers und seiner Familie zum Gott der Christen war das Fundament, auf dem das Kaisertum seit dem späten 4. Jahrhundert gründete. Bei Claudian allerdings ist Serena im klassischen Sinne *pia*, nämlich gegenüber ihrem Mann Stilicho und/oder gegenüber Honorius.[31] Dies spricht ebenfalls für den Versuch der Integration, auf die Claudian mit seinem Gedicht zielte.

---

25  Claud., *Laus Serenae* 212–236.
26  Vgl. Moroni, *Tituli Serenae*, 155.
27  Claud., *Carm. min.* 46,14 f. (reginae contenta modum servare Serena / in tua sollicitas urget velamina telas); 47,12 (castae manibus sudata Serenae); 48,2 (quae manibus textuit ipsa suis). Hierzu ausführlich: Ricci, Maria Lisa: „I doni di Serena (Claudiano, Carm. min. 46–48 Hall.)", in: *Invigilata Lucernis* 10(1988), 263–277.
28  Claud., *Carm. min.* 45,3.
29  Claud., *Laus Serenae* 140–159; *Epithal.* 241–251.
30  Grundlegend dazu Diefenbach, Steffen: „Frömmigkeit und Kaiserakzeptanz im frühen Byzanz", in: *Saeculum* 47(1996), 35–66.
31  Claud., *Epist. ad Serenam* (= *Carm. min.* 31), 84 f.

Serena selbst stellte sich demgegenüber wohl sehr betont als gläubige Christin dar: Gerontius, der Autor der *Vita Melaniae*, beschrieb Serena als sehr fromme Frau, die, seit sie vom Lebenswandel der Asketin Melania der Jüngeren erfahren habe, diese zu sehen begehrte.[32] Es kam schließlich zu einer Begegnung, als Melania und ihr Ehemann Pinian in Bedrängnis gerieten, weil ihre Verwandten dem asketischen Leben des jungen Paares mehr als kritisch gegenüberstanden. Bei ihrem Zusammentreffen mit den beiden Asketen zeigte Serena sich dem Bericht des Gerontius zufolge demütig gegenüber der Senatorentochter Melania, der sie als Zeichen ihrer Hochachtung sogleich Platz auf ihrem eigenen goldenen Thron gewährt habe. Vor allen Palastangehörigen, die sie zu diesem Zweck herbeigerufen habe, habe Serena das von Melania gewählte Lebensideal gepriesen.[33] Zur reli giösen Selbstdarstellung kaiserlicher Frauen gehörte der Umgang mit Heiligen ebenso wie Stiftungen im religiösen Kontext: Eine Inschrift in Mailand verrät, daß Serena dort einen Schrein für die 395 von Ambrosius aufgefundenen Reliquien des heiligen Nazarius gestiftet hatte.[34]

Nach dem Tod ihres Onkels Theodosius I. wurde Serena wohl eine der einflußreichsten Personen am römischen Kaiserhof: Zum einen war sie die Ehefrau Stilichos, der als Heermeister die Regentschaft über das Weströmische Reich ausübte, zum anderen heißt es, man habe ihr und Stilicho die Vormundschaft über Honorius übertragen. In dieser Position war ihr der Einfluß auf den noch minderjährigen Kaiser gewiß, und sie verfolgte vielleicht mehr noch als ihr Ehemann Stilicho eine Heiratspolitik, die diesen Einfluß zusätzlich stärken sollte. Bei Zosimus heißt es:

ὁ δὲ βασιλεὺς Ὀνώριος, οὐ πρὸ πολλοῦ Μαρίας αὐτῷ τελευτησάσης τῆς γαμετῆς, τὴν ταύτης ἀδελφὴν ⟨Θ⟩ερμαντίαν ᾔτει οἱ δοθῆναι πρὸς γάμον· ἀλλ’ ὁ μὲν Στελίχων ἐνεδοίαζεν πρὸς τοῦτο, Σερῆνα δὲ ἐνέκειτο, πραχθῆναι βουλομένη τὸν γάμον τοιᾶσδε ἕνεκεν αἰτίας. Τοῦ γάμου τοῦ πρὸς Μαρίαν Ὀνωρίῳ συνισταμένου, γάμων ὥραν οὔπω τὴν κόρην ἄγουσαν ἡ μήτηρ ὁρῶσα, καὶ οὔτε ἀναβαλέσθαι τὸν γάμον ἀνεχομένη, καὶ τὸ παρ’ ἡλικίαν εἰς μῖξιν ἐκδοῦναι φύσεως ἀδικίαν καὶ οὐδὲν ἕτερον εἶναι ⟨νομίζουσα⟩, γυναικὶ τὰ τοιαῦτα θεραπεύειν ἐπισταμένη περιτυχοῦσα πράττει διὰ ταύτης τὸ συνεῖναι μὲν τὴν θυγατέρα τῷ βασιλεῖ καὶ ὁμόλεκτρον εἶναι, τὸν δὲ μήτε ἐθέλειν μήτε δύνασθαι τὰ τῷ γάμῳ προσήκοντα πράττειν. Ἐν τούτῳ τῆς κόρης ἀπείρου γάμων ἀποθανούσης, εἰκότως ἡ Σερῆνα βασιλείου γονῆς ἐπιθυμοῦσα δέει τοῦ μὴ τὴν τοσαύτην αὐτῇ δυναστείαν ἐλαττωθῆναι, τῇ δευτέρᾳ θυγατρὶ συνάψαι τὸν Ὀνώριον ἔσπευδεν· οὗ δὴ γενομένου τελευτᾷ μὲν ἡ κόρη μετ’ οὐ πολύ, ταὐτὰ τῇ προτέρᾳ παθοῦσα.[35]

Weil ihm nicht lange zuvor seine Gattin Maria verstorben war, bat der Kaiser Honorius darum, daß ihm deren Schwester Thermantia zur Ehe gegeben werde: Stilicho hatte deswegen Bedenken, Serena aber bestand darauf; sie wollte, daß die Ehe aus folgendem Grund durchgeführt werde: Als man für Maria die Heirat mit Honorius beschlossen hatte, sah die Mutter, daß das Mädchen noch nicht die Reife für die Ehe hatte; und obwohl sie es nicht ertrug, daß die Hochzeit aufgeschoben werden sollte, glaubte sie auch, es sei nichts anderes als ein Unrecht gegen

---

32  *V. Mel.* 11: ἡ δὲ εὐσεβὴς βασίλισσα Σερῆνα ἐπισταμένη ἀκριβῶς τὴν κατὰ τὸν παρόντα βίον φαιδρότητα τῆς ἁγίας Μελάνης […] ἐπεθύμει σφοδρῶς ταύτην θεάσασθαι / piissima autem Serena regina iam ex multo tempore valde cupiebat et desiderabat videre beatissimam Melaniam […]. Zu Überlieferung und Editionen des je lateinischen und griechischen Textes der *Vita Melaniae* sowie zu Entstehungszeit und Identität des Autors s. Viaggini, Vita di S. Melania.

33  *V. Mel.* 12.

34  *CIL* 5,6250.

35  Zos. 5,28.

die Natur, sie [ihre Tochter] dem Beischlaf auszusetzen; sie fand aber eine Frau, die sich darauf verstand, derlei Dinge medizinisch zu behandeln, und durch diese erwirkte sie, daß ihre Tochter mit dem Kaiser zusammen sein und das Bett teilen konnte und der aber weder willens noch imstande war, die ehelichen Pflichten zu erfüllen. Inzwischen aber war das Mädchen, ohne die Ehe erfahren zu haben, gestorben und selbstverständlich fürchtete Serena, die kaiserliche Nachkommenschaft erstrebte, daß ihre große Macht verringert werden könnte; sie hatte es eilig, Honorius mit ihrer zweiten Tochter zu verheiraten. Nicht lange nachdem dies aber geschehen war, starb das Mädchen und erlitt das gleiche [Schicksal] wie die erste.

Zunächst ist festzuhalten, daß Zosimus hier, wie auch an anderer Stelle, das Stereotyp der sich einmischenden Ehefrau bemühte: Nachdem ihre erste Tochter Maria, die 398 mit Honorius verheiratet worden war, verstorben war, habe Serena, trotz der Bedenken ihres Mannes Stilicho darauf gedrängt, dem Wunsch des Kaisers nachzukommen und ihm auch ihre zweite Tochter Thermantia zur Frau zu geben (407/8). Serena hatte demnach Angst, daß nun, da ihre ältere Tochter nicht mehr am Leben war, ihr Einfluß auf den Kaiser verringert werden könnte. An anderer Stelle heißt es bei Zosimus, Stilicho habe seine erste Tochter Maria mit dem Kaiser verheiratet und so seine Macht gefestigt.[36] Der oben zitierte Abschnitt legt es nahe, eine Beteiligung Serenas zu vermuten. Ihr war demzufolge genug an der Verbindung ihrer Tochter mit dem Kaiser gelegen, um ihr trotz des jungen Alters des Mädchen zuzustimmen.[37] Daß sie Honorius aus Sorge um das Wohl ihrer Tochter ein Mittel verabreicht habe, das ihn impotent machen oder ihm wenigstens seine Libido rauben sollte, dürfte dem üblichen Hofgerede zuzuordnen sein. Mit dieser Geschichte versuchte Zosimus (oder der Autor seiner Quelle) die Tatsache zu erklären, daß beide Ehen kinderlos geblieben waren. Sie könnte zugleich als literarisches Motiv zu verstehen sein: Dem Kaiser seine Männlichkeit abzusprechen, war ein nur zu gerne verwendeter Topos der Kritik an seiner Politik und wurde gerade gegen die männlichen Nachkommen Theodosius' I. häufig angeführt. Ausgerechnet Serena dafür verantwortlich zu machen, ist ein Hinweis auf den von den Zeitgenossen, bei denen sich Zosimus bedient hatte, wenigstens angenommen starken Einfluß, den sie auf den Kaiser ausübte, und weist darauf hin, daß dieser Einfluß in bestimmten Kreisen negativ beurteilt wurde.

Insgesamt jedenfalls spricht die oben zitierte Passage dafür, daß Serena ein starkes Machtbewußtsein nachgesagt wurde; durch die Vermählung ihrer beiden Töchter mit dem Kaiser konnte sie ihre ohnehin verwandtschaftliche Bindung an das weströmische Kaiserhaus zu festigen. War sie als Adoptivtochter Theodosius' I. bereits Schwester des Honorius, wie sie auch zuweilen in den Quellen genannt wird,[38] wurde sie durch die Vermählung ihrer Tochter Maria dessen Schwieger-

---

36  Zos. 5,4,1 f. (Στελίχων […] ἐκδίδωσι πρὸς γάμον Ὀνωρίῳ τῷ βασιλεῖ τὴν ἀπὸ Σερήνας οὖσαν αὐτῷ θυγατέρα· […] ὀχυρώσας δὲ τῇ πρὸς τὸν βασιλέα κηδείᾳ τὴν δύναμιν.); vgl. Olymp. fr. 3, der hier möglicherweise Maria mit ihrer Schwester Thermantia, die nach dem Tod Marias 407/8 ebenfalls mit Honorius verheiratet wurde, verwechselt hatte.

37  Tatsächlich ist nicht bekannt, wie alt Maria zu diesem Zeitpunkt war. Bedenkt man den Zeitpunkt der Vermählung ihrer Eltern, wird sie um 385 geboren und bei ihrer Eheschließung etwa dreizehn Jahre alt gewesen sein; vgl. Seeck, *Serena*, 1072.

38  Claud., *Carm. min.* 48,12: augestit brevitas doni pietate Serenae, / quae volucres etiam fratribus ornat equos. Vgl. *V. Mel.* 12: Die griechische Fassung der Heiligenvita nennt Honorius als ἀδελφός Serenas (in der lateinischen Fassung steht an dieser Stelle *coniux*).

mutter, und befand sich damit in einer noch wichtigeren Position:[39] Seine Schwester durch Herkunft, sei sie dem Kaiser mehr Mutter gewesen, als seine leibliche Mutter Flaccilla, heißt es bei Claudian.[40] Ihre Nähe zum Kaiser ermöglichte es Serena, politischen Einfluß auszuüben. Zosimus' Darstellung der Geschehnisse bis 408 läßt erahnen, daß Serena wohl bestrebt war, dies zu tun. Auf jeden Fall vermuteten wohl ihre Zeitgenossen, aus deren Schriften sich Zosimus bediente, einen starken Einfluß Serenas am weströmischen Kaiserhof. So führt Zosimus Beispiele an, welche auf eine mindestens beratende Funktion Serenas am Kaiserhof hindeuten. Sie verfolgte dabei möglicherweise eine deutlich andere Politik als ihr Ehemann Stilicho: Mazzarino entnahm den Schilderungen der spätantiken Historiographie, daß anders als Stilicho, der um eines friedlichen Ausgleichs mit den Westgoten willen bereit gewesen sei, eine gesamtrömische Einheit aufzugeben, Serena die drohende politische Spaltung zwischen ost- und weströmischem Kaiserhof zu verhindern suchte.[41]

Stilicho war seit 401/2 wohl darauf bedacht, den Gotenkönig Alarich als Bündnispartner im Kampf um das Illyricum zu gewinnen, über dessen Zugehörigkeit beide Reichshälften seit der verwaltungsmäßigen Teilung des Reiches nach dem Tode des Theodosius stritten.[42] Der geplante Krieg gegen den Osten wurde in den Folgejahren durch die Invasion weiterer Barbarengruppierungen aus dem Norden verhindert. Zudem erhoben sich in den Jahren bis 408 drei Usurpatoren und so mußte die Mission aufgrund der instabilen politischen Lage aufgeschoben werden. Alarich, der unterdessen in Epirus auf Stilicho gewartet hatte, verlor die Geduld und zog seinerseits wieder Richtung Italien, um Druck auf Stilicho auszuüben. Als der nun im römischen Senat vorsprechen mußte, um sein geplantes Bündnis mit den Westgoten zu rechtfertigen, während die Mehrheit der Senatoren sich für den Krieg gegen Alarich aussprach,[43] erklärte Stilicho, Alarich habe zugunsten des Honorius lange auf den gemeinsamen Aufbruch zum Krieg gegen den Ostkaiser Arcadius gewartet, und man könnte mit den Vorbereitungen sehr viel weiter fortgeschritten sein, „wenn [ihm, Stilicho,] nicht ein Schreiben des Honorius zuvorgekommen wäre und seinen Marsch nach Osten verhindert hätte" (τοῦτο δ' ἂν εἰς ἔργον ἤδη προῆλθεν, εἰ μὴ τοῦ βασιλέως Ὀνωρίου φθάσαντα γράμματα τὴν ἐπὶ τὴν ἑῴαν ἔλασιν αὐτοῦ διεκώλυσεν). Stilicho zeigt diesen Brief vor dem versammelten Senat und erklärt, „daß das Serenas Schuld sei, denn sie wolle, daß die Eintracht beider

---

39 Zur Frage, ob Serena wirklich von Theodosius adoptiert wurde s. Cameron, Poetry and Propaganda, 57 f.: Als Schwiegermutter des Kaisers habe sie verglichen mit ihrer Rolle als dessen Adoptivschwester und Vormund „a rather closer and still more useful relationship" zu diesem gehabt.

40 Claud., *Epithal.* 43–45: stirpe soror, pietate parens, tibi creditus infans / inque tuo crevi gremio, partuque remoto / tu potius Flaccilla mihi.

41 Ausführlich zu möglichen politischen Differenzen zwischen Stilicho und Serena s. Mazzarino, Santo: *Serena e le due Eudossie*, Rom 1946, 8–14.

42 Olymp. fr. 1.

43 Zos. 5,29,6: Ein Großteil der Senatoren empfand es demnach als höchst problematisch, daß der Frieden mit Alarich erkauft werden sollte. Man einigte sich schließlich auf die hohe Summe von viertausend Pfund Gold, was einen gewissen Lampadius zu der Äußerung bewogen habe: „Non est ista pax, sed pactio servitutis", wie Zos. 5,29,9 den Senator zitiert.

Kaiser unbeschadet bleibe" (καὶ τὴν Σερῆναν αἰτίαν ἔλεγεν εἶναι τὴν ἀμφοτέρων τῶν βασιλέων ὁμόνοιαν ἀδιάφθορον φυλάττεσθαι βουλομένην).[44]

Serenas Eingreifen änderte nichts daran, daß man sich schließlich doch auf das von Stilicho vorgeschlagene Bündnis gegen den Osten einigte. Es geht aus dieser Schilderung Zosimus' allerdings hervor, daß Serena sehr an der wenigstens formellen Einheit des römischen Reiches gelegen war, zumal sie den Plänen ihres Ehemannes, mit den Westgoten zu kooperieren, eher skeptisch gegenüberstand:[45] Da sie fürchtete, Alarich könne den Frieden brechen und doch gegen Rom marschieren, habe sie Honorius dazu überredet, sich nach Ravenna zurückzuziehen. Der zeigte sich nach Zosimus' Schilderung durchaus empfänglich für Serenas Bedenken, die ihn von einem Umzug in die kleine Hafenstadt leicht überzeugen konnte, wie vielleicht auch ihr Mißtrauen gegenüber Alarich auf Honorius Eindruck machte:

> ὁ δὲ βασιλεὺς ἐθέλειν ἔφασκεν ἐκ τῆς Ῥώμης εἰς τὴν Ῥάβενναν παραγενέσθαι θεάσασθαί τε τὸ στρατόπεδον καὶ φιλοφρονήσασθαι, πολεμίου μάλιστα τοιούτου τῆς Ἰταλίας ἐντὸς διαβάντος. Ἔλεγε δὲ ταῦτα οὐκ οἴκοθεν κινούμενος, ἀλλὰ συμβουλῇ Σερήνας πειθόμενος· ἐβούλετο γὰρ αὐτὸν ἀσφαλεστέραν πόλιν οἰκεῖν, ἵνα εἰ τὴν εἰρήνην πατήσας Ἀλάριχος ἐπέλθοι τῇ Ῥώμῃ, μὴ κυριεύσῃ καὶ τοῦ βασιλέως· ἦν γὰρ αὐτῇ σπουδὴ περισῴζεσθαι τοῦτον, ὡς καὶ αὐτῆς τὴν ἀσφάλειαν διὰ τῆς ἐκείνου σωτηρίας ἐχούσῃ.[46]

Der Kaiser aber sagte, er wolle von Rom nach Ravenna gehen, um das Heer zu begutachten und es freundlich zu stimmen, besonders da ein solcher Feind innerhalb Italiens kampfbereit stand. Er sagte dies aber nicht etwa aus eigenem Antrieb, sondern weil er durch einen Rat Serenas davon überzeugt worden war: Sie wollte nämlich, daß er in der sichereren Stadt wohnte, damit, falls Alarich den Frieden brechen und nach Rom kommen sollte, er sich nicht auch des Kaisers bemächtigen könne: Es war ihr nämlich wichtig, daß sein Leben erhalten würde, weil auch ihre eigene Sicherheit durch sein Überleben gewahrt bliebe.

Serena sei vor allem um ihre eigene Sicherheit besorgt gewesen, als sie Honorius diesen Rat gab, was in der Retrospektive des Zosimus als Hinweis auf ihre wenig später erfolgte Hinrichtung zu verstehen sein mag und vielleicht andeutet, daß sich Serena zu diesem Zeitpunkt bereits Feinde unter den Senatoren in Rom gemacht hatte. Zosimus' Darstellung der Rede Stilichos vor dem Senat könnte einen entsprechende Hinweis enthalten: Sollte es am Ende Stilichos Bemerkung über Serenas Einmischung gewesen sein, die die Senatoren dazu bewogen hatte, schließlich doch seinen Plänen zuzustimmen?

Ihre eher oppositionelle Haltung zur Politik ihres Ehemannes im Konflikt um das Illyricum läßt dabei eine tatsächliche Kooperation Serenas mit Alarich – wie der Vorwurf lautete – unmöglich erscheinen. Alarich dürfte im Jahre 408 ohnehin ausreichend Gründe dafür gehabt haben, Rom zu besetzen: In diesem Jahr war der Bruder des Honorius und Kaiser des Oströmischen Reiches, Arcadius, verstorben und hatte seinen minderjährigen Sohn, Theodosius II., hinterlassen. Sowohl Stilicho als auch Honorius selbst planten deshalb, nach Konstantinopel zu reisen und die Nachfolge

---

44  Zos. 5,29,8.
45  Mazzarino, *Serena,* 9–11 begründet Serenas Haltung mit ihrer nicänischen Erziehung am Hof von Konstantinopel: Eine Kooperation mit den arianischen Goten sei für sie schlicht inakzeptabel gewesen.
46  Zos. 5,30,1 f.

für den siebenjährigen Theodosius und so auch ihre eigene Macht zu sichern. Bei Zosimus heißt es, Stilicho sei mit den Plänen Honorius' nicht einverstanden gewesen und habe ihn schließlich davon überzeugen können, daß er sich besser um die Niederschlagung der Usurpation des Constantinus kümmern solle, der sich in Gallien erhoben hatte. Er selbst dagegen wollte die Nachfolge im Osten regeln. Dieses Verhalten Stilichos ermöglichte es einem gewissen Olympius, Honorius glauben zu machen, Stilicho wolle in Wahrheit Theodosius II. töten und seinen eigenen Sohn Eucherius zum Kaiser im Osten erheben. Honorius ließ Stilicho aufgrund dieses Verdachts in Ravenna festnehmen und hinrichten. Dessen Sohn Eucherius konnte zunächst entkommen, wurde aber schließlich ebenfalls getötet.[47] Mit dem Sturz des weströmischen Heermeisters waren sämtliche Vereinbarungen zwischen Alarich und dem weströmischen Reich zunichte gemacht, und nach einem erfolglosen Versuch, mit Honorius zu verhandeln, marschierte Alarich gegen Rom.[48]

Der Vorwurf, den der Senat 408 gegen Serena vorbrachte, war daher lediglich ein Vorwand, wie dies auch Zosimus erklärt: Ἦν μὲν οὖν ἡ ὑποψία τῷ ὄντι ψευδής (οὐδὲν γὰρ ἡ Σερῆνα τοιοῦτον ἔλαβε κατὰ νοῦν) – nichts Widerrechtliches habe sie geplant.[49] Es ergibt sich nun aus der Schilderung der Ereignisse rund um Serenas Hinrichtung vor allem die Frage, wem an der Beseitigung Serenas gelegen sein konnte, zumal Honorius selbst, der zwar die Vernichtung Stilichos und seiner Anhänger befürwortet hatte, Serena und deren Tochter Thermantia zunächst unbeschadet ließ. An der Ermordung Serenas machte der sich Kaiser wohl nur insofern schuldig, als er anscheinend keinen Versuch unternahm, sie zu verhindern.

Die einzige am Prozeß gegen Serena beteiligte Person, die Zosimus namentlich erwähnt, ist Galla Placidia, die Schwester des Honorius, die zu diesem Zeitpunkt noch nicht zwanzig Jahre alt gewesen sein dürfte. Allerdings bestünde die Frage nach dem Motiv. Diejenigen, welche Galla Placidia als Urheberin des Prozesses annehmen, vermuten hier üblicherweise bloße Abneigung gegen ihre ältere Cousine.[50] Hierzu fehlen jegliche Belege in den Quellen; es ist jedoch zu bedenken, daß Serena durch ihre Position eine Konkurrenz für die anderen kaiserlichen Frauen am weströmischen Kaiserhof darstellte: Die anderen, das waren zu dieser Zeit Thermantia und eben Galla Placidia. Über Thermantia ist zu wenig bekannt ist, als daß man annehmen könnte, sie habe gegen ihre Mutter intrigiert, zumal sie nach dem Sturz ihres Vaters bereits von Honorius zu ihrer Mutter zurückgeschickt worden war.[51] Galla Placidia wäre es vielleicht zuzutrauen, daß sie sich einer solchen Konkurrenzsituation bewußt war, und daß diese ihr Anlaß bot, den Senat in seinem Vorhaben zu

47  Olymp. fr. 5; Zos. 5,31–34.
48  Zos. 5,36,1–37,1.
49  Zos. 5,38,2.
50  Oost, Stewart Irvin: *Galla Placidia. A Biographical Essay*, Chicago/London, 1968, 74; weniger explizit, aber ähnlich begründet: Sirago, Vito Antonio: *Galla Placidia e la trasformazione politica dell'Occidente*, Louvain 1961, 84–88; Magnani, Alberto: *Serena. L'ultima romana*, Mailand 2002, 113. Die Vermutung, zwischen Galla Placidia und Serena habe eine tiefe Feindschaft bestanden, wird meist mit einer ebenfalls gemutmaßten und angeblich von Serena erzwungenen Verlobung Galla Placidias mit Eucherius begründet.
51  Zos. 5,35,1.

unterstützen. Möglicherweise aber nutzten auch einige Senatoren dieses Argument, um Galla Placidia für ihr Vorhaben zu gewinnen: Nach der Hinrichtung Stilichos war Serenas Einfluß am Hofe zwar geschwächt, aber sie verfügte über ihre Verwandtschaft zum Kaiserhaus über ein hohes Maß an symbolischem Kapital. Im Falle eines frühzeitigen Todes des Honorius hätte sie als Nichte Theodosius' I. und Trägerin dynastischer Legitimität vielleicht sogar selbst durch Heirat einen Nachfolger stellen können; umso mehr gilt dies für ihre Tochter Thermantia, die zwar von Honorius verstoßen, aber noch immer seine Ehefrau war. In diesem Fall hätte Serena wieder als Mutter und Schwiegermutter ins Spiel kommen können. Außerdem ist es wahrscheinlich, daß Serena, die als Nichte Theodosius' I. über ein hohes Sozialprestige verfügt haben muß, auch außerhalb des Hofes Einfluß hatte ausüben können. Es gibt also Gründe, die dafür sprechen, daß Galla Placidia ein machtpolitisches Interesse daran gehabt haben könnte, Serena mit Hilfe des Senates zu beseitigen – vorausgesetzt, daß Zosimus' Andeutung nicht völlig aus der Luft gegriffen war.

Bereits Demandt und Brummer haben sich mit den Motiven des römischen Senates beschäftigt, die zu Serenas Hinrichtung führten: Als Begründung für die feindliche Haltung der römischen Oberschicht gegenüber Serena führen sie deren Engagement für das junge Ehepaar Melania und Pinian an. Melania die Jüngere wie auch ihr Mann Pinian stammten aus sehr reichen Senatorenfamilien aus dem alten römischen Geschlecht der Valerier. Nach dem frühen Verlust ihrer Kinder hatten Melania und Pinian im Alter von 20 beziehungsweise 24 Jahren beschlossen, all ihren Besitz zu veräußern, um den Gewinn der Kirche zukommen zu lassen, und fortan ein asketisches Leben zu führen.[52] Mit diesen Plänen waren die Verwandten der beiden keineswegs einverstanden: Sie hätten es selbst auf die Besitzungen des Paares abgesehen, um sich zu bereichern, so der Autor der *Vita Melaniae*. Daher wandten die beiden jugendlichen Asketen sich an Serena, die aufgrund ihrer eigenen Frömmigkeit sehr empfänglich für das Anliegen des jungen Paares gewesen sei und schließlich den Kaiser Honorius davon überzeugt habe, die nötigen Maßnahmen zu ergreifen, damit Melania und Pinian den Verkauf ihrer Besitztümer ungestört vorantreiben konnten.[53] Mit ihrem Einsatz für Melania und Pinian habe Serena, so Demandt und Brummer, klar gegen die vor allem ökonomischen Interessen der senatorischen Elite Roms gehandelt.[54]

---

52  *V. Mel.* 8–10.
53  *V. Mel.* 12.
54  Demandt/Brummer, Prozeß, 489. Angeführt werden fünf Hauptmotive, warum Melanias und Pinians Vorhaben für die Senatorenschicht ein Problem gewesen müsse; zum einen dürften, so Demandt/Brummer, die Verwandten des jungen Paares sich um ihre Erbschaft betrogen gefühlt haben, zum zweiten vermuten Demandt/Brummer ein sozialpsychologisches Motiv („der Verzicht auf das Lebensideal des Senates durch prominente Angehörige mußte das traditionelle Selbstverständnis erschüttern", ebd. 487), sowie als drittes Motiv die finanziellen Verpflichtungen, denen Angehörige des Senates nachzukommen hatten, wie die Ausrichtung der öffentlichen Spiele. Die Last der Finanzierung verteile sich nun, nach dem Ausscheiden einer reichen Familie, auf weniger Köpfe (ebd. 486 f.). Daneben führen sie eine befürchtete Bedrohung des Preisgefüges an, wenn Melania und Pinian ihren Besitz zu günstig veräußerten. Außerdem müsse Melanias und Pinians Rückzug aus Rom angesichts der Barbarendrohung als „Fahnenflucht" erschienen sein (ebd. 487).

In der Lebensbeschreibung der heiligen Melania kommt Serena die Rolle der kaiserlichen Frau zu, an die man sich wenden konnte, um beim Kaiser selbst etwas zu erwirken, ohne direkt von ihm empfangen zu werden. Damit bestätigt Gerontius, der Autor der *Vita Melaniae*, das Bild von Serena, das auch Zosimus, wenn auch mit einer teilweise negativen Konnotation von Serena zeichnete. Serena hatte politischen Einfluß auf den Kaiser: Durch ihre Fürsprache für Melania und Pinian wurde auch Honorius vom Vorhaben der beiden Asketen überzeugt. Im Umgang mit dem jungen Paar demonstrierte Serena ihre christliche Frömmigkeit und zeigte sich überzeugt von deren Lebensideal. Auch das war ein Affront gegen den alten Senatsadel: Von kaiserlicher Seite, so mußte es scheinen, wurden Armut und Bescheidenheit höher geachtet als das senatorische Ethos. Noch dazu heißt es, habe Serena den beiden angeboten, Pinians Bruder Severus, der den beiden besonders übel mitgespielt habe, bestrafen zu lassen.[55]

Möglicherweise machten einflußreiche Kreise in Rom es Serena zum Vorwurf, daß sie in dieser Frage die Senatsaristokratie übergangen, sie mit ihrem Einsatz für Melania und Pinian sogar deutlich benachteiligt habe. Zosimus nennt einen weiteren Grund, der zu ihrer Hinrichtung geführt habe. Zwar bezeichnete er den offiziellen Vorwurf gegen Serena als falsch, hielt das Todesurteil dennoch für gerechtfertigt, da Serena sich als fromme Christin schwer an einer der alten Gottheiten versündigt habe: Nach seinem Sieg über den Usurpator Eugenius sei Theodosius I. nach Rom gekommen und habe dort die weitere Ausübung der paganen Kulte verboten:

Τότε τοίνυν ἐπεγγελῶσα τούτοις ἡ Σερῆνα τὸ μητρῷον ἰδεῖν ἐβουλήθη, θεασαμένη δὲ τῷ τῆς Ῥέας ἀγάλματι περικείμενον ἐπὶ τοῦ τραχήλου κόσμον τῆς θείας ἐκείνης ἄξιον ἁγιστείας, περιελοῦσα τοῦ ἀγάλματος τῷ ἑαυτῆς ἐπέθηκε τραχήλῳ· καὶ ἐπειδὴ πρεσβῦτις ἐκ τῶν Ἑστιακῶν περιλελειμμένη παρθένων ὠνείδισεν αὐτῇ κατὰ πρόσωπον τὴν ἀσέβειαν, περιύβρισέ τε καὶ ἀπελαύνεσθαι διὰ τῶν ἑπομένων ἐκέλευσεν. Ἡ δὲ ἀπιοῦσα, πᾶν ὅ τι ταύτης ἄξιον τῆς ἀσεβείας ἐλθεῖν αὐτῇ Σερήνᾳ καὶ ἀνδρὶ καὶ τέκνοις ἠράσατο· ἐπεὶ δὲ οὐδενὸς τούτων ποιησαμένη λόγον ἀνεχώρει τοῦ τεμένους ἐγκαλλωπιζομένη τῷ κόσμῳ, πολλάκις μὲν ἐπεφοίτησεν ὄναρ αὐτῇ καὶ ὕπαρ τὸν ἐσόμενον θάνατον προμηνῦον [...]· καὶ τοσοῦτον ἴσχυσεν ἡ τοὺς ἀσεβεῖς μετιοῦσα Δίκη δρᾶσαι τὸ οἰκεῖον, ὥστε οὐδὲ μαθοῦσα τὸ ἐσόμενον ἐφυλάξατο, ὑπέσχε δὲ τῇ ἀγχόνῃ τὸν τράχηλον ᾧ τὸν τῆς θεοῦ κόσμον ἔτυχε περιθεῖσα.[56]

Damals spottete Serena über diese Dinge und wollte den Tempel der Kybele sehen; als sie nun den Schmuck sah, der dieser heiligen Göttin würdig und dem Göttinnenstandbild um den Hals gelegt war, nahm sie ihn von der Statue ab und legte ihn sich selbst um den Hals: und eine Greisin aus der Gemeinschaft der Vestalischen Jungfrauen, die übrig geblieben war, tadelte sie wegen der Art des Frevels und beschimpfte sie und verkündete, daß sie [Serena] durch das Folgende bestraft werden solle: Während sie fortging wünschte sie stark, daß alles, was diesem Frevel entsprach, der Serena, ihrem Mann und ihren Kindern widerfahren solle: Da aber nichts dieser Dinge geschah, verließ sie [Serena] den Tempel und prahlte mit dem Schmuck. Wiederholt aber suchte sie ein Traum heim, und eine Vision verriet ihr den kommenden Tod [...]: so stark war die Dike, welche die Freveltaten verfolgt, das Angemessene zu veranlassen; obwohl sie [Serena] wußte, was kommen würde, nahm sie sich nicht in acht und gab ihren Hals dem Strang hin, wie sie vielleicht den Schmuck der Göttin vorgefunden hatte, als sie ihn sich um den Hals legte.

55  *V. Mel.* 11.
56  Zos. 5,38,3 f.

Die von Zosimus mit einiger Polemik gegen Serena geschilderte Anekdote ist ein literarisches Motiv, das der pagane Historiker als direkte Begründung für Serenas Tod anführte, mit dem er das Schicksal ihrer ganzen Familie erklären und Serena die alleinige Schuld daran anlasten konnte. Unabhängig davon, wann und ob der von Serena begangene Halsbandraub wirklich stattgefunden hat,[57] läßt sich aus dieser Episode vor allem aber eine tatsächliche oder wenigstens eine empfundene Überheblichkeit Serenas gegenüber den alten römischen Traditionen herauslesen.

Serena verärgerte vielleicht mehr als einmal die traditionalistisch geprägten Kräfte in der Stadt Rom, für die schon deren einflußreiche Position am Kaiserhof ein Ärgernis, wenn auch noch keinen Grund sie zu beseitigen, dargestellt haben mochte. Der noch im wesentlichen traditionell geprägten Elite Roms erschien Serenas Verhalten in seiner Gesamtheit vielleicht als Bedrohung der Konventionen, die man letztlich nicht mehr hinnehmen wollte. Es ist dabei zu bedenken, daß Serenas Verhalten, die Art ihrer Selbstdarstellung, ihr Bemühen politisch zu partizipieren, sich kaum von dem der kaiserlichen Frauen im Osten des Reiches unterschied. Dort spielte zu Lebzeiten Serenas Aelia Eudoxia als Ehefrau des Arcadius eine ganz ähnliche, vielleicht gewichtigere Rolle am Kaiserhof. Im Hinblick auf die unterschiedliche Entwicklung der Bedeutung kaiserlicher Frauen als Repräsentantinnen des Kaisertums zeigt sich daher, wie wenig die relevanten Eliten im Westen des Reiches dazu bereit waren, das neue Bild der kaiserlichen Frauen zu akzeptieren. Im Umgang mit den nötigen Akzeptanzgruppen, allen voran mit der stadtrömischen Elite, hatte sich Serena zudem vielleicht zu wenig rücksichtsvoll gegenüber den althergebrachten Traditionen gezeigt. Hatte sie auf diese Weise sogar den Konsens mit dem Kaisertum des Honorius gefährdet? Es mag dies der Grund dafür gewesen sein, daß auch der Kaiser sie am Ende fallen ließ und nicht einschritt, als man 408 den Hochverratsprozeß gegen seine einstige Beraterin eröffnete.

---

57  Nach Zosimus spielte diese Episode sich im Jahre 394 ab. Der hier auch angesprochene zweite Rombesuch Theodosius' I. ist in der Forschung umstritten. Häufig wird daher angenommen, Serena habe den Halsbandraub 389, während des ersten Rombesuchs Theodosius' I. begangen. Paschoud, François (Hg.): *Zosime, Histoire Nouvelle,* Bd. 3, Paris 1986, 265, Anm. 88 schlägt alternativ das Jahr 407 vor. Allerdings hat Cameron, Alan: „Theodosius the Great and the Regency of Stilicho", in: *Harvard Studies in Classical Philology* 73(1969), 247–280 darauf aufmerksam gemacht, daß der von Zosimus geschilderte zweite Romaufenthalt Theodosius' I. durchaus glaubhaft ist und hier keine Verwechslung mit dem ersten im Jahre 389 vorliegt.

# 4 MARIA UND THERMANTIA

*„Beide rief Gott jungfräulich und unberührt*
*aus diesem Leben."*
*(Jord., Get. 154)*

Maria und Thermantia werden von den Chronisten und Historikern der hier behandelten Zeit meist in einem Atemzug miteinander genannt. Daher ist es kaum möglich, ein jeweils individuelles Porträt der beiden Schwestern zu zeichnen, die eine nach der anderen mit dem weströmischen Kaiser Honorius verheiratet waren: *sibi princeps unam post unam consocians utramque virginem et intactam deus ab hac luce vocavit* (eine nach der anderen nahm sich der Kaiser zur Frau, und beide rief Gott jungfräulich und unberührt aus diesem Leben).[1] Die Töchter Serenas und Stilichos finden in den Quellen praktisch keine Beachtung um ihrer selbst willen, sondern werden fast ausschließlich im Zusammenhang mit ihren Eltern erwähnt, die durch die Vermählung ihrer Töchter mit dem Kaiser Honorius einen Machtzuwachs erreicht hätten.[2] Es entsteht daher leicht der Eindruck, die beiden Schwestern seien bloß Werkzeug der elterlichen Heiratspolitik gewesen. In der Tat konnten Serena und Stilicho darauf hoffen, ihren Einfluß auf den Kaiser zu erhöhen, indem sie ihm ihre Töchter zur Frau gaben. Durch die Vermählung ihrer Töchter banden sie sich noch näher an das Kaiserhaus, als sie ihm ohnehin schon standen: Stilicho stieg zum Schwiegervater auf und Serena war nun nicht mehr nur *soror*, sondern *mater* des Kaisers.[3]

Frauen spielen in der Selbstdarstellung des Weströmischen Kaiserhofes unter Honorius keine bedeutende Rolle und waren schon deswegen in der öffentlichen Wahrnehmung nicht sehr präsent. Eine Ausnahme war Serena, die Mutter der beiden Schwestern, aber auch sie erreichte nicht annähernd den Status in der kaiserlichen Repräsentation und die Aufmerksamkeit ihrer Zeitgenossen, welche zeitgleich Aelia Eudoxia in Konstantinopel genoß:[4] Ein Brief des Honorius an Arcadius vom 20. Juni 404 macht vielmehr deutlich, was man im Westen von der neuen Rolle der kaiserlichen Frauen im Osten hielt: Bezüglich der Ehrenbildnisse für die oströmische Kaiserin Eudoxia, die demnach inzwischen auch den Westen erreicht hatten, erklärte Honorius zu Beginn des Briefes, diese Neuerung (*novum exemplum*), die sich in den Provinzen verbreitete, würde von mißgünstigen Rufen begleitet. Daher forderte er seinen Bruder auf, die neue Form der Repräsentation seiner Gattin Eudoxia aufzugeben, damit Gerede und Spott verstummten.[5]

Angesichts dieser Äußerung des Honorius ist es nicht verwunderlich, daß keine seiner beiden Ehefrauen einer nennenswerte Stellung am Kaiserhof beziehungs-

---

1  Jord., *Get.* 154; vgl. *Rom.* 322; Marc. com. a. 408.
2  Olymp. fr. 3; Zos. 5,4,1 f.; 5,28,2.
3  Vgl. Cameron, Poetry and Propaganda, 58.
4  Teja, Figure di imperatrici, 90 f.
5  *Coll. Avell., Ep.* 38,1 (*CSEL* 35,1, 85): Quamvis super imagine muliebri novo exemplo per provincias circumlata et diffusa per universum orbem obtrectantium fama litteris alliis commonuerim, ut talis facti paenitentia et intermissione propositi rumor aemulus consenescat et, quod in moribus temporum carpat, publica lingua non habeat.

weise einem Platz in der kaiserlichen Repräsentation teilhaftig wurde. Maria und Thermantia starben kinderlos und erfüllten nicht die dynastische Pflicht der Kaisergattin für einen Thronfolger zu sorgen. Auch das mag ein Grund für ihre Abwesenheit besonders in den literarischen Quellen sein. Trotz der unbefriedigenden Quellenlage aber sollen an dieser Stelle dennoch beide einer kurzen Betrachtung gewürdigt werden.

## Maria

Maria wurde 398 mit dem damals vierzehnjährigen Kaiser Honorius verheiratet.[6] Bei Zosimus heißt es, Serena habe ihre Tochter für zu jung gehalten und aus Sorge um das Wohl ihrer Tochter dem Kaiser ein Mittel verabreicht, das ihn impotent gemacht habe.[7] Aus dieser Darstellung lassen sich kaum eindeutige Rückschlüsse auf das tatsächliche Alter Marias zum Zeitpunkt der Hochzeit ziehen.[8] Es handelt sich bei dieser Schilderung – wie im vorangegangen Kapitel bereits gezeigt – vielmehr um ein literarisches Motiv, das einerseits erklärt, warum Honorius weder mit Maria noch mit Thermantia Nachkommen gezeugt hat, und darüber hinaus Serena als negativen Typus derjenigen Frau darstellt, die durch ihre Einmischung alles verdirbt und den Kaiser durch ihren Einfluß geradezu entmannt.

Maria ist, obwohl sie wesentlich länger an der Seite des Honorius lebte, durch die literarischen Quellen kaum besser belegt, als ihre jüngere Schwester Thermantia, von der wir ebenfalls weder Geburts- noch Sterbedatum mit Sicherheit feststellen können. Claudian verfaßte anläßlich der Hochzeit Marias mit Honorius im Februar 398 neben einem *Epithalamium* einige kürzere Gedichte:[9] Diese *Fescennina* heben vor allem Marias kaiserliche Herkunft durch ihre Mutter Serena, der Nichte und Adoptivtochter Theodosius' I., hervor und kündigen die Vermählung Marias mit Honorius an.[10] In seinem von klassischen Motiven durchdrungenen *Epithalamium* betonte Claudian zunächst Marias Schönheit und dazu die Dringlichkeit, mit der Honorius die Vermählung mit Maria herbeisehnte. Die Göttin Venus selbst habe Maria für die Trauung hergerichtet und ihre Schönheit bewundert.[11] Überhaupt spielt die Schönheit Marias, die sie von ihrer Mutter geerbt habe,[12] in dem gesamten Gedicht eine Rolle. Marias Schönheit ist es auch, die sie als *consors imperii* qualifiziert.[13]

Der hier von Claudian gewählte Begriff ist auffällig, denn spätestens seit der Begründung der Tetrarchie durch Diocletian wurde der in den Rang des zweiten

---

6  *PLRE* 2, s. v. „Maria" 1, 720.

7  Zos. 5,28,2 (vgl. S. 45 f. dieser Arbeit).

8  Einen Anhaltspunkt für ihr mögliches Alter liefert lediglich das Jahr der Vermählung ihrer Eltern 384: Enßlin, „Honoria", in: *RE* XIV,2, 1712 folgert daraus, sie könne „kaum älter als 13" gewesen sein, Cameron, Poetry and Propaganda, 95 geht von einem Alter von 12 aus.

9  Hierzu ausführlich: Cameron, Poetry and Propaganda, 98 f.

10  Claud., *Fesc. de nupt.* 2,21–31; 4 *passim*.

11  Claud., *Epithal.* 266–311.

12  Claud., *Epithal.* 255 f.

13  Claud., *Epithal.* 277; s. auch Kapitel III.1.3 dieser Arbeit.

*Augustus* erhobene ‚Mitregent' des Kaisers so bezeichnet; eine Funktion, die der kaiserlichen Frau nie ‚offiziell' zugesprochen wurde, die im Herrschaftsdiskurs der Spätantike aber vielleicht nicht ganz abwegig war.[14] Die Idee einer Teilhaberschaft der kaiserlichen Frau an der Herrschaft, oder einer Mitinhaberschaft der βασιλεία läßt sich auch durch andere Quellen für einige kaiserliche Frauen belegen, die insgesamt besser bezeugt sind als Maria. In Gregor von Nyssas Rede auf die verstorbene Gattin Theodosius' I., Flaccilla, beschreibt er die Kaiserin als Teilhaberin an der βασιλεία ihres Mannes, mit dem sie gemeinsam die Zügel der Herrschaft beziehungsweise ἀρχή in der Hand halte.[15] Auch wenn es keine Anzeichen dafür gibt, daß den Gemahlinnen des Honorius je eine besondere Rolle am Kaiserhof zugestanden wurde, muß man sich an dieser Stelle fragen, ob nicht wenigstens im höfischen Diskurs in Mailand beziehungsweise Ravenna der kaiserlichen Frau eine größere Bedeutung beigemessen wurde, als ihr unter der Herrschaft des Honorius faktisch zukam.

Als Geschenk für seine Angebetete habe Honorius den Schmuck der Livia gewählt,[16] womit die Übertragung bestimmter kaiserlicher Insignien oder distinktiver Kleidungsstücke gemeint sein kann, über die, wie auch anhand ikonographischer Darstellungen bezeugt, wenigstens die *Augustae* verfügten.[17] Die Tatsache, daß Honorius in Claudians Gedicht Maria mit dem *ornatus* der Livia auszustatten gedachte, könnte außerdem darauf hindeuten, daß die theodosianische Vorstellung der kaiserlichen Frau im Westen auf eine gewisse Skepsis stieß, denn Livia galt wenigstens in den traditionell sozialisierten Kreisen, in denen durchaus auch Christen zu finden waren, als Idealbild der römischen Herrschergattin. Mit der Erinnerung an sie zielte Claudian vielleicht auf eine breitere Akzeptanz Marias als Kaisergattin nach theodosianischer Prägung, vielleicht in der Annahme, daß Kaiser Honorius sie in ähnlichem Maße in die Repräsentation seines Kaisertums einbinden würde, wie sein Bruder Arcadius seine Frau Eudoxia im Osten.

Livia verkörperte als Trägerin der klassischen Tugenden der römischen *matrona* die Tradition, in die Claudian auch Maria einreihte:[18] Ihre Mutter Serena sei Maria ein Vorbild an *pudicitia* gewesen, unter deren Anleitung sie auch die klassischen lateinischen und griechischen Werke gelesen habe.[19] Daneben muß in diesem Zusammenhang auch eine weitere Tatsache bedacht werden: Livia war die erste *Augusta*. Zwar hatte sie den Namen *Augusta* nicht als Titel erhalten, sondern durch ihre Adoption in das Geschlecht der Julier, die ihr Gatte Augustus testamentarisch verfügt hatte: Durch diese Adoption wurde ihr der Ehrennamen ihres Mannes als *nomen* übertragen.[20] Dennoch mag die von Claudian gewählte Darstellung

---

14  Hierzu Kapitel III.2.4 dieser Arbeit.
15  Greg. Nyss., *in Flacillam* 488,7–9.
16  Claud., *Epithal.* 1–13.
17  Vgl. Kapitel III.1.2 dieser Arbeit.
18  So auch Angelova, Ivories, 1.
19  Claud., *Epithal.* 241–251.
20  Vgl. etwa Kolb, Anne: „*Augustae* – Zielsetzung, Definition, prosopographischer Überblick", in: dies. (Hg.), *Augustae. Machtbewußte Frauen am römischen Kaiserhof? – Herrschaftsstrukturen und Herrschaftspraxis II (Akten der Tagung in Zürich 18.–20.09.2008)*, Berlin 2010, 14 f.

auf die Annahme oder mindestens die Hoffnung der Eltern Marias verweisen, daß Honorius sie mit dem *Augusta*-Titel ehren würde. Das *Epithalamium* endet mit Claudians Wunsch, und dem aller Beteiligten, Maria möge Honorius bald einen Thronfolger gebären.[21] Die von Claudian geäußerten Hoffnungen wurden jedoch nicht erfüllt. Maria starb kinderlos Ende 407 oder zu Beginn des Jahres 408.

### Aemilia Materna Thermantia

Thermantia war die jüngere der beiden Töchter Serenas und Stilichos. Ihren vollständigen Namen nennt eine kleine *Tabula ansata* aus Rom; mit dem Zusatz DN – NR.[22] Da NR als Titulatur nicht bekannt ist, wurde üblicherweise angenommen, es müsse sich um einen Fehler handeln und stattdessen NP, N[obilissima] P[uella] gelesen.[23] Dem hatte Enßlin widersprochen: Die Lesart NP für NR setze voraus, daß man Thermantia schon vor ihrer Heirat mit Honorius zur kaiserlichen Familie gerechnet habe. Daher plädierte Enßlin dafür, N(obilissima) F(emina) zu lesen.[24] Über ihre Mutter Serena, eine Verwandte des Kaisers, wird man Thermantia allerdings leicht zur kaiserlichen Familie rechnen können. Abgesehen davon ist die kleine Tafel kaum präzise datierbar. Die Lesart „nobilissma regina" steht in der Forschung nicht zur Debatte. Allerdings sei zumindest darauf hingewiesen, daß *regina* wenigstens in der literarischen Repräsentation auch als Titulatur für ihre Mutter Serena verwendet wurde, obwohl diese zu keiner Zeit mit einem offiziellen Titel bedacht worden war und auch nicht selbst Kaisergattin war.

Thermantia wurde nach dem Tode ihrer Schwester Maria 408 mit dem Kaiser Honorius verheiratet. Nach Zosimus geschah die Vermählung auf Betreiben ihrer Mutter Serena, die einen Machtverlust fürchtete und noch immer auf „kaiserliche Nachkommenschaft" hoffte (ἡ Σερῆνα βασιλείου γονῆς ἐπιθυμοῦσα δέει τοῦ μὴ τὴν τοσαύτην αὐτῇ δυναστείαν ἐλαττωθῆναι).[25] Während Stilicho nach Zosimus ausdrücklich gegen diese Heirat war, erklärte Photius mit Bezug auf Olympiodor, durch die Vermählung seiner Tochter Thermantia mit Honorius habe Stilicho seine Macht zusätzlich erweitert (Στελίχων εἰς τὴν ἑαυτοῦ θυγατέρα Θερμαντίαν τὸν βασιλέα Ὀνώριον γαμβρὸν ἐποιήσατο, καὶ ὡς ἐπὶ πλεῖστον ἔτι μᾶλλον ἤρθη δυνάμεως).[26] Photius' Kommentar hierzu ist in seiner Ungenauigkeit problematisch, und es ist denkbar, daß hier eine Verwechslung der beiden Schwestern vorliegt: Einen Machtzuwachs hatte Stilicho bereits wesentlich früher erreicht, als nämlich seine erste Tochter Maria mit Honorius verheiratet worden war. Anfang 408, als Thermantia mit dem Kaiser verheiratet wurde, begannen sich dagegen vermutlich bereits politische Differenzen zwischen Stilicho und Honorius abzuzeichnen. Es ist daher immerhin vorstellbar, daß Stilicho der Vermählung seiner zweiten

---

21  Claud., *Epithal.* 360 f.
22  *CIL* 6, 36965 (= 15, 7152).
23  *PLRE* 2, s. v. „Thermantia 1", 1112.
24  Enßlin, „Thermantia 3", *RE* V A,2 (1934), 2390 f.
25  Zos. 5,28,1–3.
26  Olymp. fr. 3.

Tochter mit Honorius zustimmte oder sie auch selbst vorangetrieben hatte, um sich dem Kaiser wieder anzunähern.

Nach dem Sturz ihres Vaters im Jahre 408 gab Honorius Thermantia in die Obhut ihrer Mutter Serena zurück: „Der Kaiser Honorius befahl, daß seine Gattin, die vom kaiserlichen Thron entfernt worden war, der Mutter übergeben werde" (ὁ δὲ βασιλεὺς Ὀνώριος τὴν μὲν γαμετὴν Θερμαντίαν παραλυθεῖσαν τοῦ βασιλείου θρόνου τῇ μητρὶ προσέταττε παραδίδοσθαι).[27] Auffällig ist an dieser Äußerung des Zosimus die Formulierung, Thermantia sei „vom kaiserlichen Thron entfernt" worden. Thermantia war nicht *Augusta*, ein Titel, der ihr zwar keine rechtlich abgesicherte Regierungsbefugnis eingebracht, ihre Rolle als kaiserliche Frau jedoch institutionalisiert hätte; daneben hatte Honorius, wie oben gezeigt, offensichtlich Vorbehalte gegen eine zu starke Einbindung kaiserlicher Frauen in die herrschaftliche Repräsentation.

Dennoch ergeben sich aus der Formulierung βασίλειος θρόνος einige Überlegungen: Der Thron als Sitz des Kaisers und folglich als Zeichen kaiserlicher Herrschaft hatte sich seit Constantin etabliert, während der Kaiser zuvor, seit Beginn des Prinzipats, auf der *sella curulis* sitzend seine Regierungsgeschäfte auszuüben pflegte.[28] Für diese in der Kurie räumlich isolierte und durch Erhöhung klar als Sitz des Herrschers unterschiedene *sella* findet sich in griechischen Quellen aber schon früh die Bezeichnung „βασίλειος θρόνος."[29] Es ist daher recht wahrscheinlich, daß auch Zosimus nicht an ein beliebiges Sitzmöbel im Palast dachte, sondern an jenen Stuhl im Thronsaal des kaiserlichen Palastes, von dem aus kaiserliche Erlasse ergingen und wo Gesandte und – eine Aufgabe, die häufig auch kaiserliche Frauen übernahmen – Bittsteller empfangen wurden. Tatsächlich verwendet Zosimus den Begriff „βασίλειος θρόνος" recht häufig in formelhaften Wendungen für die Ein- oder Absetzung von Kaisern.[30]

Der „kaiserliche Thron" kann daher in diesem Zusammenhang nur als Sitz der Herrschaftsausübung verstanden werden. Leider ist nicht bekannt, wie Olympiodor, Zosimus' mutmaßlicher Referenzautor hierfür, Thermantias ‚Absetzung' beschrieben hatte. Ob Thermantia politisch partizipierte, ist auf Grund der spärlichen Quellenlage nicht festzustellen. Die kaiserliche Frau hatte kein juristisch begründetes Anrecht auf Partizipation an der Herrschaft des Kaisers, dennoch ist ihre Rolle mitunter als die einer Mitregentin zu verstehen und es scheint, als habe wenigstens ein Teil der Zeitgenossen ihre Rolle so wahrgenommen. Es wurde andererseits bereits festgehalten, daß der kaiserlichen Frau im weströmischen Reich ein wesentlich geringeres politisches Gewicht beigemessen wurde als im Osten. Daher ist es denkbar, daß der um die Wende zum 6. Jahrhundert in Konstantinopel lebende Zosimus die sehr viel bedeutendere Rolle der oströmischen kaiserlichen Frau im Herrschaftsdiskurs auf Thermantia übertragen hatte, ohne daß diese tatsächlich an den politische Entscheidungen ihres Mannes Honorius beteiligt gewesen sein muß.

---

27   Zos. 5,35,3.
28   Kolb, F., Herrscherideologie, 80.
29   Alföldi, Repräsentation, 130 bezieht sich auf v. a. Herod., *Ab exc. divi Marci* 1,8,4; 2,3,4.
30   Zos. 1,47,1; 2,9,3; 4,46,2; 6,2,1; 6,7,1.

Ein ähnlicher Fall würde sich wenige Jahrzehnte später noch einmal ereignen: Auch Honoria, die Schwester des Kaisers Valentinian III. wurde, wie es an entsprechender Stelle im Text heißt, τῶν βασιλείων ἐλαθεῖσα (aus dem Palast [eigentlich: kaiserlicher Bereich/kaiserliches Umfeld] verbannt), womit wohl der Verlust ihrer kaiserlichen Würden einherging.[31] Nun waren die Gründe, die zu Honorias Verbannung führten, völlig andere; jedoch wäre zu fragen, ob im Westen des römischen Reiches der Status einer kaiserlichen Frau ihr auch wieder entzogen werden konnte. Im Osten dagegen scheint sich die Sache anders verhalten zu haben, wie an anderer Stelle ausführlicher erläutert werden soll: Athenaïs-Eudocia, die Frau Theodosius' II., behielt ihre *Augusta*-Würde auch nach der Verbannung aus Konstantinopel, und ebenso würde auch Verina, Witwe des oströmischen Kaisers Leo I. und Schwiegermutter Zenos, noch im Exil *Augusta* bleiben.[32] Thermantia aber wurde wohl im Jahre 408 ihrer kaiserlichen Würden enthoben und aus ihrer Rolle als Frau des Kaisers gewissermaßen entlassen. Ihrer Mutter Serena wurde noch im selben Jahr in Rom der Prozeß wegen Hochverrats gemacht.

Es gibt keine Hinweise darauf, daß Thermantia im Rahmen dieses Prozesses ebenfalls zu Tode kam. Vielmehr scheint sie eines natürlichen Todes gestorben zu sein. Zosimus erklärt, dies sei schon bald nach der Hochzeit mit Honorius geschehen.[33] Diese Angabe ist jedoch eben so wenig zuverlässig wie seine Erklärung, ihre Schwester Maria sei zum Zeitpunkt ihrer Vermählung mit dem Kaiser noch zu jung für die Ehe gewesen. Dem paganen Autor Zosimus ging es in diesem Zusammenhang vor allem um die Diffamierung ihrer Mutter Serena: Diese habe nämlich im Jahre 394 eine Statue der Kybele entweiht und sich mit ihrem Frevel gebrüstet.[34] Eine alte Vestalin habe sie daraufhin mit einem Fluch belegt, der nach Zosimus' Schilderung im Jahre 408 ihre ganze Familie getroffen habe.[35] Daß Zosimus erklärte, Thermantia sei bald nach der Hochzeit verstorben, könnte dieses literarische Motiv bestätigen. Erst 415, so der Eintrag im *Chronicon Paschale,* wurde ihr Tod in Konstantinopel verkündet.[36] Auch wenn sich der Autor der sogenannten Osterchronik gelegentlich um das eine oder andere Jahr vertan hat: die Nachricht ihres Todes erreichte Konstantinopel, wo sie neben Kaiser Arcadius, dem Bruder ihres Mannes und Cousin ihrer Mutter, noch andere Verwandte gehabt haben könnte, entweder ungewöhnlich spät, oder aber Thermantia verstarb tatsächlich erst einige Jahre nach ihrer Verbannung vom Kaiserhof. Wie und wo sie bis dahin aber ihr Leben verbracht hatte, ist nicht bekannt.

---

31    Joh. Ant. fr. 292 (Roberto, = fr. 223 Mariev, = fr. 199 Müller).
32    Wenigstens deutet die merkwürdige Episode bei Candidus fr. 1 (Blockley) darauf hin, nach der Verina noch im Exil einen Gegenkaiser erhoben haben soll.
33    Zos. 5,28,3.
34    S. 51 f. dieser Arbeit.
35    Zos. 5,38,3–4.
36    *Chron. Pasch.* 572.

## 5 AELIA EUDOXIA

> *„Viele Kaiserinnen hat es schon gegeben, die*
> *Kleid und Diadem nur mit ihr gemeinsam*
> *hatten, auch in Bezug auf die kaiserliche*
> *Würde."*
> *(Joh. Chrys., Hom. 2,2)*

Nach dem Tode Theodosius' I. folgte diesem in der östlichen Hälfte des römischen Reiches sein älterer Sohn Arcadius auf den Kaiserthron nach. Noch bevor der Leichnam seines Vaters zur Bestattung in der Hauptstadt Konstantinopel dorthin überführt worden war, soll Arcadius sich mit Eudoxia vermählt haben.[1] Diese Eudoxia sollte in weitaus beträchtlicherem Maße als die bisher behandelten kaiserlichen Frauen des Westens eine wichtige Rolle in der Vermittlung des „theodosianischen" Herrscherideals spielen. Zwar schreiben einige der literarischen Quellen Serena einen ähnlichen Einfluß auf den weströmischen Kaiser Honorius zu, wie dies die Quellen für Eudoxia tun. Die Stiefschwester der beiden Theodosiussöhne und schließlich Schwiegermutter des jüngeren von ihnen, Honorius, wurde aber nie in die öffentliche Repräsentation des Kaiserhauses miteinbezogen, wie dies für Flaccilla und mehr noch für Eudoxia galt. Anders als diese beiden Frauen war Serena nicht Kaiserin in dem Sinne, daß sie mit einem römischen Kaiser verheiratet gewesen wäre; und auch ihre Töchter Maria und Thermantia wurden, wie oben gezeigt wurde, kaum in nennenswerter Weise in der herrschaftlichen Repräsentation des westlichen Kaisertums einbezogen; auch deutet nichts auf eine politische Einflußnahme der beiden Gemahlinnen des Honorius hin. Ihre Schwägerin Eudoxia hingegen nimmt als eine der schillerndsten weiblichen Persönlichkeiten der theodosianischen Dynastie in den literarischen Quellen nicht selten einen aktiveren Part ein als ihr Mann, der Kaiser selbst. Sobald Eudoxia einschritt, schien Arcadius im Hintergrund zu verschwinden und erst wieder in Erscheinung zu treten, wenn es darum ging, ihre Entscheidungen und Wünsche als Gesetz zu verkünden.[2]

Eudoxias Handeln war nach Darstellung der literarischen Quellen üblicherweise von Konflikten um ihre Person geprägt. Dabei gilt sie nicht immer selbst als Auslöserin dieser Konflikte, doch scheint sie diese bisweilen selbst provoziert zu haben: Gegenstand zahlreicher antiker Texte ebenso wie moderner Darstellungen ist ihr Konflikt mit dem konstantinopolitanischen Bischof Johannes Chrysostomus.[3] Die starke Betonung der Rolle Eudoxias in den Darstellungen jener kirchenpolitischen Spannungen, die zur Absetzung des Bischofs führten, ergibt sich auch aus der Rolle des Kaisers, der bei all dem eher profillos erscheint. Eudoxia war

---

1     *Chron. pasch.* 595.
2     Vgl. Cracco Ruggini, Lellia: „Le Auguste nelle ‚Storie Ecclesiastiche'", in: *Mediterraneo Antico* 5(2002), 496.
3     Eine ausführliche Darstellung des Konfliktes um Johannes kann diese Arbeit nicht leisten. Weiterführend sei daher auf Tiersch, Kelly und Liebeschuetz verwiesen, die sich detaillierter mit den Umständen der Absetzung des Bischofs beschäftigen. In dieser Arbeit muß die Darstellung der Ereignisse um 400 auf die Hinweise der literarischen Quellen auf Eudoxias Beteiligung reduziert werden.

nach dem Urteil mancher Zeitgenossen die eigentliche Herrscherin im Oströmischen Reich,[4] denn „sie neigte nicht zur Trägheit ihres Mannes" (οὐ κατὰ τὴν τοῦ ἀνδρὸς διέκειτο νωθείαν).[5]

Von den spätantiken Autoren wurde uns ein überwiegend negatives Bild der Eudoxia überliefert, was sich nicht allein durch ihre Einflußnahme auf die kaiserliche Politik und ihre Einbeziehung in die kaiserliche Selbstdarstellung erklären läßt: Beides ist bereits für Aelia Flaccilla festzustellen, wenn diese in der spätantiken Literatur auch weit weniger Raum einnimmt als ihre Schwiegertochter. Zurecht stellt daher Wendy Mayer die Frage, wie es möglich ist, daß Flaccilla zum Inbegriff von Philanthropie und Frömmigkeit werden konnte, während Eudoxia, „with whom there are significant objective parallels", eine gegenteilige Beurteilung in den literarischen Quellen erfuhr.[6]

Geboren wurde Eudoxia als Tochter des fränkischen Heermeisters Bauto,[7] der bereits unter Gratian seinen Dienst als *magister militum* im weströmischen Reich aufgenommen und im Jahre 385 gemeinsam mit Arcadius das Konsulat bekleidet hatte.[8] Nach dem Tode ihres Vaters (um 388) wurde Eudoxia im Hause des oströmischen *magister militum* Promotus in Konstantinopel aufgenommen.[9] Ob man sie mit einem seiner Söhne hatte verheiraten wollen,[10] oder ob Promotus sich seinem Vertrauten Bauto noch über dessen Tode hinaus verpflichtet fühlte und deshalb dessen verwaiste Tochter bei sich aufgenommen hatte,[11] ist kaum zu klären. Im Jahre 395, nicht lange nach dem Tode Theodosius' I., heiratete Eudoxia dessen Sohn und Thronfolger in Konstantinopel, Arcadius.[12]

Die Umstände ihrer Vermählung, über die lediglich Zosimus Näheres berichtete, waren der Darstellung des paganen Profanhistorikers zufolge nicht völlig unproblematisch: Am oströmischen Kaiserhof hatte sich ein für diese Zeit des Imperiums symptomatischer Machtkampf zwischen dem Prätoriumspräfekten Rufinus[13] und dem Hofdiener Eutropius entsponnen,[14] dem ersten Eunuchen, dem die Würde

---

4 Eunap. fr. 64; 72 (Blockley); Joh. Ant. fr. 282 (Roberto, = fr. 190 Müller, = fr. 215 Mariev). Eunap. fr. 72 nennt eigentlich Pulcheria, aber daß hier eine Verwechslung mit Eudoxia vorliegen könnte, zeigt Blockley, Roger C.: „The Ending of Eunapius' History", in: *Antichthon* 14(1980), 175.

5 Philost. 11,6.

6 Mayer, Wendy: „Doing Violence to the Image of an Empress: The Destruction of Eudoxia's Reputation", in: Harold Allen Drake (Hg.), *Violence in Late Antiquity. Perceptions and Practices*, Aldershot u. a. 2006, 205.

7 *PLRE* 1, s. v. „Flavius Bauto", 159 f.

8 Holum, Theodosian Empresses, 52 vermutet, daß Eudoxias Mutter eine Römerin gewesen sei. Allerdings fehlen in den Quellen jegliche Hinweise auf die mütterliche Linie in Eudoxias Stammbaum.

9 Zos. 5,3,2; zu Promotus s. *PLRE* 1, s. v. „Flavius Promotus", 750 f.

10 Hans, Linda-Marie: „Der Kaiser als Märchenprinz. Brautschau und Heiratspolitik in Konstantinopel", in: *JÖB* 38(1988), 41.

11 *PLRE* 1, s. v. „Flavius Promotus", 750.

12 *Chron. Pasch.* 565 nennt als Datum den 27. April.

13 *PLRE* 1, s. v. „Rufinus 18", 778–781.

14 *PLRE* 2, s. v. „Eutropius 1", 440–444.

des Konsuls zuteil werden sollte:[15] Rufinus hatte am Hofe des Arcadius eine vergleichbar einflußreiche Position inne wie im Westen Stilicho;[16] und um – wie dieser – seinen Einfluß auf den Kaiser zu festigen, habe er geplant seine Tochter mit dem Kaiser Arcadius zu verheiraten.[17] Was Stilicho im Westen nur wenig später gelingen sollte, scheiterte im Osten vielleicht an der Einmischung des Höflings Eutropius, der nach Zosimus' Schilderung die Pläne des Rufinus durchkreuzte.[18] Der Eunuch habe dem Kaiser zur Vermählung mit einer anderen Frau geraten: Eudoxia, „ein von außerordentlicher Schönheit strahlendes Mädchen" (παρθένον κάλλει λάμπουσαν ἐξαισίῳ).[19] Eutropius habe dem jungen Kaiser von dieser Schönheit vorgeschwärmt und, indem er ihm ein Bild der jungen Frau zeigte, seine Leidenschaft geweckt und bewirkt, daß er sie heiraten wollte.[20]

In Abwesenheit des Rufinus von Konstantinopel, so berichtet Zosimus weiter, habe nun Eutropius alles für die Eheschließung Notwendige arrangiert, dabei allerdings Rufinus selbst wie auch die hauptstädtische Öffentlichkeit darüber im Unklaren gelassen, wer die künftige Braut des Kaisers werden sollte. So erfuhren die Einwohner Konstantinopels eine Überraschung, als die Diener des Kaisers bei der Verlobungsprozession nicht wie erwartet zum Haus des Rufinus gingen, sondern stattdessen vor dem Haus des Promotus stehen blieben, dort eintraten und Eudoxia die Brautgeschenke überreichten.[21]

Die Geschichte, wie sie von Zosimus geschildert wird, erscheint nicht nur wegen der geschilderten Rivalität zwischen Rufinus und Eutropius in hohem Maße topisch:[22] Die Suche des heiratswilligen Kaisers nach der Schönsten im Reich ist ein ein Motiv, das auch in anderen Kontexten überliefert ist; ein vergleichbares Beispiel ist die Wahl der Philosophentochter Athenaïs-Eudocia durch Theodosius II. um 420. Da aber die beiden Söhne des Promotus mit den Kaisersöhnen Umgang gehabt haben sollen,[23] vermutet Holum, daß es nicht erst der Überzeugungskünste des Eutropius bedurft habe, um Arcadius auf die Ziehtochter des Promotus aufmerksam zu machen.[24] Eutropius mag dem Kaiser zusätzlich von einer Heirat mit Rufinus' Tochter abgeraten haben, um einen Machtzuwachs seines Konkurrenten zu unterbinden; und nach der Ermordung des Rufinus durch Gaïnas noch im selben Jahr war es tatsächlich Eutropius, der seinen Einfluß ausbauen konnte: 399 zum

---

15 Hierzu besonders Zos. 5,3,1 f.; 5,7 f.
16 Eunap. fr. 62 (Blockley); Philost. 11,3; Zos 5,1,1–4; *Suda,* ρ 240.
17 Zos. 5,1,4.
18 Eunap. fr. 64 (Blockley); Zos, 5,3,1.
19 Zos. 5,3,2.
20 Zos. 5,3,3.
21 Zos. 5,3,5: ἐπειδὴ προϊόντες ἐγένοντο τῆς Προμώτου πλησίον οἰκίας, εἰσῄεσάν τε μετὰ τῶν ἕδνων καὶ ἀποδόντες τῇ παρὰ τῷ Προμώτου παιδὶ τρεφομένῃ παρθένῳ τὴν τῷ βασιλεῖ συνοικεῖν μέλλουσαν ἔδειξαν.
22 Anders: Hans, Märchenprinz, 41–44.
23 Zos. 5,3,2.
24 Holum, Theodosian Empresses, 52 f. geht davon aus, daß Eudoxia und Arcadius sich bereits früher gekannt haben müssen.

*patricius* ernannt, übte er schließlich als erster Eunuch das Amt des Konsuls aus.[25] Auszuschließen ist es freilich nicht, daß Eudoxia in der Schönheitskonkurrenz mit Rufinus' Tochter um die Position als Repräsentantin des Kaiserhauses als Siegerin hervorging.[26]

Daß κάλλος neben Bildung, παιδεία,[27] eine Frau als Kaisergattin legitimieren konnte, wird noch an anderer Stelle zu zeigen sein.[28] In seiner Arbeit über das Motiv der Schönheit in der Spätantike stellt bereits Neri fest, daß es häufig die Schönheit einer Frau war, die den Entschluß des Kaisers sie zu heiraten begründete.[29] Schönheit sei in der Spätantike als Zeichen von Überlegenheit gewertet worden,[30] daher werde die Schönheit der Kaiserin in den Quellen nicht selten als eine besondere Gabe gepriesen.[31] Allerdings wird Eudoxias κάλλος in den literarischen Quellen nicht übermäßig häufig erwähnt, und der Verweis auf ihre Schönheit ist vor allem bei Zosimus nicht als Lob zu verstehen: Zosimus beziehungsweise Eunapius, den der Profanhistoriker hier als Quelle verwendet haben dürfte, hatte als Anhänger des alten Glaubens vermutlich wenig Sympathien für die leidenschaftliche Christin Eudoxia.[32]

Die Darstellung der Vermählung des Arcadius mit Eudoxia fügt sich in Zosimus' Geschichte des frühen 5. Jahrhunderts in das Negativbild des oströmischen Kaisers ein, der sich – selbst entscheidungsunfähig – von seinem Höfling Eutropius in jeder Hinsicht habe beeinflussen lassen.[33] Auch erinnert die Geschichte an jene Passage bei Zosimus, in der Theodosius I. der Schönheit der jungen Galla verfällt und ihrer Mutter Justina allerlei Zugeständnisse macht, um das Mädchen zur Frau nehmen zu dürfen.[34] Somit ist hier abermals der Topos des Kaisers enthalten, der äußerlichem Schein verfällt und sich maßgeblich von seiner Lust leiten läßt.

Im Westen wurde etwa drei Jahre später Maria, die Tochter des Heermeisters Stilicho und der Serena, mit Honorius verheiratet.[35] Anders aber als sein Bruder Honorius, schloß Arcadius an die Art der Herrschaftsrepräsentation seines Vaters an, indem er seine Frau Eudoxia nicht nur miteinbezog, sondern sie symbolisch in die direkte Nachfolge seiner Mutter Flaccilla stellte: Den eindeutigsten Hinweis dafür liefern die Münzen, die seit ihrer Erhebung zur *Augusta* am 9. Januar des

25   Holum, Theodosian Empresses, 60 f. schließt auf ein Interessenbündnis gegen Rufinus zwischen Eutropius, den Promotussöhnen und Eudoxia sowie Stilicho und Gaïnas. So reizvoll die Idee im Kontext seiner Ausführungen ist, läßt sich ein solches Bündnis durch die Quellen jedoch nicht nachweisen.
26   Eudoxias Schönheit wird auch erwähnt in *V. Porph.* 42.
27   Soz. 8,6,6 nennt einen Pansophius als Pädagogen der Eudoxia: εὐλαβὴς δὲ καὶ το ἦθος τε καὶ πρᾶος.
28   Hierzu Kapitel III.1.3 dieser Arbeit.
29   Neri, Valerio: *La bellezza del corpo nella società tardoantica. Rappresentazioni visive e valutazioni estetiche tra cultura classica e cristianesimo*, Bologna 2004, 158.
30   Ebd. 160.
31   Ebd. 157.
32   Eunap. fr. 72 (Blockley); Zos. 5,25,5 prangert vor allem Eudoxias Bestechlichkeit an.
33   Zos. 5,8,3; 5,11,1; 5,12,1.
34   Zos. 4,44,2–4; s. oben S. 35 f. dieser Arbeit.
35   Zos. 5,4,1.

Jahres 400 in ihrem Namen geprägt wurden.[36] Wie Flaccilla ist Eudoxia auf diesen mit Diadem und *paludamentum* im Profil abgebildet. Die Umschrift auf der Vorderseite nennt ihren Titel *Augusta* und das *nomen* ‚Aelia‘, den Familiennamen Flaccillas.[37]

Bei der Entscheidung, das *nomen* ‚Aelia‘ auf Eudoxia zu übertragen, mögen zweierlei Überlegungen eine Rolle gespielt haben: Eudoxia war die Tochter des fränkischen Generals Bauto.[38] Sollte dieser Umstand dazu geführt haben, daß ihre Legitimität als Kaiserin angezweifelt wurde (und zumindest der Eunomianer Philostorg deutet in seinem Werk Vorbehalte gegen ihre Herkunft an),[39] machte der Name doch deutlich, daß Eudoxia in der, wenn auch jungen, Tradition des theodosianischen Kaiserhauses stand und in ihr eine ebenso tugendhafte Kaiserin wie in ihrer Vorgängerin Flaccilla zu finden sei. Auf diese Weise betonte Arcadius mit der Übertragung des Namens seiner Mutter auf Eudoxia den dynastischen Gedanken auch über die weibliche Seite des Kaisertums und signalisierte diesbezüglich Kontinuität. Galla, die zweite Gattin Theodosius’ I., mit der Arcadius sich in Abwesenheit seines Vaters überworfen haben soll, wurde übergangen.

Neben den kaiserlichen Insignien, Diadem und Feldherrenmantel, mit denen bereits Flaccilla abgebildet wurde, findet sich aber eine Neuerung auf den Münzen der Eudoxia: Über dem Haupt der Kaiserin ist die Hand Gottes abgebildet, die der Kaiserin von oben herab ein Krone aufzusetzen scheint (s. Abbildung 2). Eudoxia wurde durch dieses Symbol, analog zum christlichen Kaiser, zur göttlich legitimierten Kaiserin.[40] Dies entspricht, wie weiter zu unten noch zu erläutern sein wird, Eudoxias Selbstdarstellung als θεοφιλεστάτη βασιλίσσα. Diese Vorstellung von der göttlich sanktionierten Legitimität der Kaiserin, die ihr eine sakrale Aura verlieh, derer sich besonders Pulcheria bedienen sollte, würde sich im Verlauf des 5. Jahrhunderts etablieren und die *dextra Dei* sich als festes Attribut kaiserlicher Frauen auf Münzen durchsetzen.[41]

Neben ihren Münzbildnissen waren weitere Porträts der Kaiserin verbreitet: In den literarischen Quellen wird von einer silbernen Ehrenstatue der Kaiserin in Konstantinopel berichtet, die auf dem *Augusteum,* also in unmittelbarer Nähe zu Senat

---

36  *Chron. Pasch.* 567; zur Datierung Cameron, Alan / Jaqueline Long: *Barbarians and Politics at the Court of Arcadiu*s, Berkeley/Los Angeles 1993, 171.

37  Holum, Theodosian Empresses, 23: „This *nomen* was to become in effect a title of female distinction and dynastic exclusiveness.“

38  Philost. 11,6.

39  Philost. 11,6: τὸ δὲ γύναιον οὐ κατὰ τὴν τοῦ ἀνδρὸς διέκειτο νωθείαν, ἀλλ᾽ ἐνῆν αὐτῇ τοῦ βαρβαρικοῦ θράσους οὐκ ὀλίγον.

40  Die Vorstellung vom gottgekrönten Herrscher ist an sich älter als das Christentum, es wurde von Constantin I. übernommen und damit auch zum Element des christlichen Kaisertums (vgl. etwa Enßlin, Gottkaiser, 55; Lacam, Guy: „La main de Dieu. Son origine hébraïque, son symbolisme monétaire durant le Bas Empire romain“, in: *Rivista Italiana di Numismatica* 94(1992), 151; Kolb, F., Herrscherideologie, 102); Eudoxia war allerdings die erste *Augusta*, der diese symbolische Würdigung zukam.

41  Seit Aelia Eudoxia etablierte sich die *manus Dei* als Attribut der *Augustae* zunächst im Osten des Reiches. Seit der Einsetzung Galla Placidias als Vormund ihres minderjährigen Sohnes Valentinian III. durch Theodosius II. wurde dieses Symbol auch im Westen übernommen.

*Abb. 2: Solidus ca. 403–408, AEL(ia) EVDOXIA AVG(usta),*
*Abbildung der Eudoxia als von Gottes Hand gekrönte Kaiserin, RIC 10,14*
*(Münzkabinett, Staatliche Museen zu Berlin, 18200314).*

und großer Kirche, aufgestellt war.[42] Außer dieser einen erwähnt die *Parastaseis Syntomoi Chronikai* zwei weitere Statuen in Konstantinopel: Eine davon wohl besonders groß – „πάνυ μεγάλη" – in einer Gruppe von Silberstatuen von Eudoxia und ihren Töchtern sowie eine weitere bronzene auf einer Säule.[43] Zudem waren, wie für den Kaiser üblich, nun aber wohl erstmals in der römischen Geschichte für eine *Augusta*,[44] Ehrenbildnisse Eudoxias im Umlauf, die schließlich auch die westlichen Provinzen erreichten. Darauf wie überhaupt auf die Irritationen, die diese scheinbare Ungeheuerlichkeit im römischen Westen hervorrief, deutet ein Brief des Honorius an Arcadius hin, in dem der Westkaiser seinen Bruder aufforderte, solcherart neue Praktiken zu unterlassen, führten sie doch zu öffentlichem Spott und Aufregung.[45]

---

42  Socr. 6,18,1; Soz. 8,20,1; Marc. com. a. 403; Theod. Lect. 293; *Parast. Synt. Chron.* 31; Zon. *Epit.* 13,25. Zum Standort der Säule Näheres bei Speck, Paul: „Eudoxia-Säule und Pittakia", in: *Hell.* 22(1969), 430–435. Für die Inschrift auf dem Statuensockel *CIL* 3,736 (= *CIG* 8614): D(ominae) n(ostrae) Ael(iae) Eudoxiae semper Augustae / v(ir) c(larissimus) Simplicius praef(ectus) urb(i) dedicavit.

43  *Parast. Synt. Chron.* 31.

44  Pekáry, Thomas: *Das römische Kaiserbildnis in Staat, Kult und Gesellschaft. Dargestellt anhand der Schriftquellen*, Berlin 1985, 25; 105.

45  *Coll. Avell., Ep.* 38,1. Eventuell bestanden am weströmischen Kaiserhof bereits zum Zeitpunkt der Vermählung Eudoxias mit Arcadius Vorbehalte gegen die neue Kaisergattin im Osten. Hans, Märchenprinz, 40–42 nimmt sogar an, daß man im Sinne der Dynastie eigentlich geplant hatte, Maria, die ältere Tochter des Stilicho und der Serena, mit Arcadius zu verheiraten. Dem widerspricht jedoch der Bericht bei Zos. 5,8,1, Eutropius, der maßgeblich an der Wahl Eudoxias zur Braut Arcadius' beteiligt gewesen sei, habe gemeinsam mit Stilicho den Sturz des Rufinus vorangetrieben – erst nach dessen Ermordung durch Gaïnas 395 sei die Feindschaft zwischen Eutropius und Stilicho ausgebrochen (Zos. 5,11,1–12,1). Daß zumindest die „eigenwillige Brautwahl des Arcadius," die Suche nach der schönsten, am weströmischen Kaiserhof kritisiert wurde, macht Hans (a. O. 36–39) ausgehend von Claud., *Epithal.* 23–34 deutlich.

Mutterschaft und Frömmigkeit – Selbstdarstellung einer christlichen Kaiserin

Es ist naheliegend und durch die Übertragung des *nomen* ‚Aelia' auf seine Frau durch Arcadius provoziert, Eudoxia mit dem öffentlichen Bild ihrer Vorgängerin Flaccilla zu vergleichen, deren Reputation als Kaiserin in den literarischen Quellen ungleich besser ist als die ihrer Schwiegertochter. Im Vergleich zu Flaccilla erscheint Eudoxia in den literarischen Quellen nicht nur in einer die Herrschaft ihres Mannes stützenden Funktion, sondern tritt selbsttätig handelnd und politisch aktiv in die Öffentlichkeit.

Eudoxia erfüllte allem voran die Mutterrolle, die wichtigste Rolle der Kaisergattin – und nach Gregor von Nyssa in seinem *Elogium* auf Flaccilla Beweis für die φιλανδρία der Kaiserin.[46] Die Geburt von legitimen kaiserlichen Kindern sicherte die dynastische Thronfolge und signalisierte den Untertanen Stabilität der Dynastie und Kontinuität der Herrschaft. In ihrer neuneinhalb Jahre dauernden Ehe mit Arcadius brachte Eudoxia dem Kaiser fünf Kinder zur Welt: als zweitjüngstes im April 400 den sehnlich erwarteten Thronfolger Theodosius II.[47]

Verschiedene Autoren erzählen, daß Eudoxia in Konfliktsituationen gezielt ihre Kinder eingesetzt habe, um ihre Interessen durchzusetzen: So berichten Socrates und Sozomenus wie sie Johannes, genannt Chrysostomus, seit 397 Bischof von Konstantinopel, zur Aussöhnung mit Severian überredet habe, einem Bischof aus Gabala, der sich als Prediger in Konstantinopel verdient zu machen suchte und darüber mit dem Bischof von Konstantinopel in Streit geraten war. Eudoxia habe den Bischof Johannes in seiner Kirche besucht und ihm ihren Sohn Theodosius II. auf die Knie gesetzt. Dabei habe sie selbst den Bischof lange und mühsam beschworen, bis dieser sich bereit erklärte, die Freundschaft Severians wieder anzunehmen.[48]

Auch soll Eudoxia nach einem Streit mit dem *cubicularius* Eutropius, der ihr gedroht habe, sie aus dem Palast zu verbannen, ihren Mann zu dessen Absetzung überredet haben, indem sie weinend vor den Kaiser trat und ihm ihre beiden Töchter Pulcheria und Arcadia präsentierte. Der Anblick habe den Kaiser so sehr gerührt und seinen Zorn auf Eutropius derart entfacht, daß er wenigstens dieses eine mal, so betont Philostorg, als Kaiser gehandelt habe (καὶ δὴ τότε […] ὁ Ἀρκάδιος βασιλεὺς ἦν).[49] Der Verweis auf ihre Rolle als Mutter der kaiserlichen Kinder, insbesondere freilich des Thronfolgers Theodosius II., war für Eudoxia vielleicht ein probates Mittel zur Durchsetzung ihrer Interessen, und möglicherweise berief sie sich auf ihre Mutterschaft als eine Quelle ihrer Autorität;[50] immerhin hatte sie den künftigen Kaiser geboren.

---

46    Greg. Nyss., *in Flacillam* 488,17–489,3; auch Holum, Theodosian Empresses, 53 f.

47    Vgl. die Darstellung in *V. Porph.* 39; 42; 44.

48    Socr. 6,11,20; Soz. 8,10,6.

49    Die Beteiligung Eudoxias an der Absetzung des Eutropius ist letztlich nicht sicher geklärt. Philost. 11,6 und Soz. 8,7,3 bringen die Kaiserin mit seinem Sturz in Verbindung, Claud., *In Eutrop.* II und Zos. 5,17 f. nennen dagegen Gaïnas als Intriganten.

50    Ausführlich hierzu Brottier, Laurence: „L'impératrice Eudoxie et ses enfants", in: *Revue des sciences religieuses* 70(1996), 329. Brottier zeigt in diesem Aufsatz auf, wie Eudoxia sich ihrer

Mehr noch als ihre Mutterrolle inszenierte Eudoxia ihre Frömmigkeit als θεοφιλεστάτη βασιλίς.[51] Die spätantiken Historiographen deuten an, daß Eudoxia sich offen für die Anliegen ‚heiliger Männer' verschiedenster Provenienz zeigte; daß sie dafür auch fern von Konstantinopel bekannt gewesen sein muß, legen Berichte verschiedener Autoren nahe, denen zufolge Bittsteller aus den Provinzen nach Konstantinopel kamen, um sich gezielt an die Kaiserin zu wenden und sie um Unterstützung ihrer Interessen zu bitten: „Wenn ihr zu ihr kommt, wird sie euch freundlich empfangen" (καὶ ὅταν εἰσέλθητε πρὸς αὐτήν, εὐμενῶς ἔχει δέξασθαι ὑμᾶς), lautet eine Prophezeiung an die Bischöfe aus Gaza, die Marcus Diaconus in seiner Vita des Porphyrius wiedergibt.[52] Unabhängig vom historischen Wert seiner Darstellung zeichnet Marcus Diaconus das Bild einer sehr frommen Frau, das den Berichten anderer Eudoxia-freundlicher Autoren nicht widerspricht und Eudoxias Selbstdarstellung als *Augusta* recht nahe kommen dürfte:

Marcus, ein Diakon aus Gaza, beschreibt das dringende Anliegen des Bischofs Porphyrius, den am Ende des 4. Jahrhunderts in Gaza noch stark betriebenen paganen Kulten, besonders aber dem Treiben im *Marneion*, einem Zeusheiligtum, ein Ende zu setzen.[53] Dem Rat eines hellsichtigen Anachoreten folgend,[54] reisen Porphyrius und seine Begleiter, unter denen auch der Autor der Vita gewesen sein will, nach Konstantinopel. Dort treffen sie zunächst den Bischof Johannes, der ihnen erklärt, nicht selbst mit dem Kaiser sprechen zu können, da die Kaiserin ihm zürne, und sie an den Eunuchen der Kaiserin verweist.[55] Auf dessen Vermittlung erhalten die Bischöfe aus Gaza schon am zweiten Tag nach ihrer Ankunft in Konstantinopel eine Audienz bei der hochschwangeren Eudoxia, deren demütige Haltung angesichts ihrer bischöflichen Würde die Männer in Staunen versetzt (θαυμάσαντες τὴν συγκατάβασιν αὐτῆς).[56]

Im Gespräch verspricht Eudoxia den Bischöfen, sich bei Arcadius für die Zerstörung der Tempel in Gaza einzusetzen. Der zeigt sich in der Sache anfänglich jedoch unwillig. Da der Kaiser um den Verlust von Steuereinnahmen fürchtet, schlägt er ein gemäßigtes Vorgehen vor:

Kinder bediente „pour imposer ses volontés ou ce qu'elle estime être la volonté divine" (ebd. 313).

51  *V. Proph.* 92; daß Eudoxia ihre Legitimität als Kaiserin über ihr Verhältnis zu Gott begründete, darauf verweisen auch die im Umlauf befindlichen Münzen, die die Kaiserin mit der sie krönenden Hand Gottes abbilden.

52  *V. Porph.* 36. Die Datierung der Vita ist problematisch (hierzu bereits Grégoire, Henry / M.-A. Kugener: *Marc le Diacre. Vie de Porphyre, évêque de Gaza*, Paris 1930; Peeters, Paul: „La vie géorgienne de Saint Porphyre de Gaza", in: *AnBoll* 59[1941], 65–216), da es sich bei dem griechischen Text um eine im 6. Jahrhundert überarbeitete Fassung der Vita handelt. Der Autor der Vita gibt an, Augenzeuge der Geschehnisse von etwa 400 zu sein, der griechische Text scheint nach Grégoire und Kugener aber erst Mitte des 5. Jahrhunderts geschrieben zu sein. Peeters hält eine Entstehung des Originals sogar erst im 6. Jahrhundert für möglich. Zu Porphyrius selbst auch Uthemann, Karl-Heinz: „Porphyrius", in: *BBKL* 7(1994), 848–854.

53  *V. Porph.* 26.

54  *V. Porph.* 36. Dieser Procopius gibt den Bischöfen klare Anweisungen für ihr Vorgehen in Konstantinopel und prophezeit die Geburt des Thronfolgers Theodosius II.

55  *V. Porph.* 37 f.

56  *V. Porph.* 39.

Ἡ δὲ βασίλισσα ἀκούσασα ἐλυπήθη σφόδρα (ἦν γὰρ θερμὴ περὶ τὴν πίστιν), οὐκ ἀπεκρίθη δὲ τῷ βασιλεῖ ῥῆμα ἢ τοῦτο· Ὁ κύριος ἔχει βοηθῆσαι τοῖς δούλοις αὐτοῦ τοῖς Χριστιανοῖς, κἂν θέλωμεν ἡμεῖς κἂν μὴ θέλωμεν.[57]

Als die Kaiserin das hörte, war sie sehr bekümmert (sie war nämlich leidenschaftlich im Glauben) und wählte kein Wort für den Kaiser als dieses: „Der Herr wird seinen Dienern, den Christen, helfen, ob wir es wollen oder nicht."

In dieser Antwort Eudoxias auf die Reaktion ihres Mannes kommt ihr grundsätzliches Gottvertrauen zum Ausdruck, welches die *Vita Porphyrii* ebenso wie andere Quellen der Kaiserin zuschreiben. Wiederholt ordnet Eudoxia sich darin dem Willen Gottes unter (häufig legt die Vita ihr Formulierungen wie „θεοῦ θέλοντος" oder „Χριστοῦ ἐπινεύοντος" in den Mund).

Am dritten Tag läßt Eudoxia die Bischöfe ein weiteres Mal zu sich kommen, um ihnen ihre gleichbleibende Unterstützung zuzusichern. Porphyrius prophezeit ihr daraufhin die Geburt eines Sohnes als Dank Christi für ihre Hilfe.[58] Auf diese Nachricht hin verspricht Eudoxia ihnen zusätzlich die Finanzierung eines Kirchenbaus in Gaza.[59]

Tatsächlich bringt die Kaiserin nur wenige Tage später den Thronfolger Theodosius II. zur Welt.[60] Erneut läßt sie die Bischöfe zu sich kommen, um ihnen das Neugeborene zu präsentieren. Als Eudoxia ihnen von ihrem Entschluß hinsichtlich der Zerstörung der Tempel berichten will, erklärt Porphyrius: „Was du beschlossen hast, hast du mit Gott beschlossen" (ὅσα ἐβουλεύσω, κατὰ θεὸν ἐβουλεύσω);[61] in der vergangenen Nacht nämlich sei ihm die Kaiserin im Traum erschienen und habe ihm das Evangelium gereicht, das er entgegengenommen und zufällig *Mt.* 16,18 aufgeschlagen habe. Dieses denkwürdige Traumbild und das Felsenwort haben ihn davon überzeugt, daß Eudoxia im Einklang mit Christus handele.[62]

Eudoxia legt den Bischöfen daraufhin ihren Plan dar, ihren Gemahl Arcadius durch eine Finte davon zu überzeugen, die Zerstörung heidnischer Tempel in Gaza anzuordnen.[63] Wie von der Kaiserin erdacht, wird die Sache ausgeführt: Bei der Taufzeremonie des neugeborenen Thronfolgers Theodosius II. kommen die Männer

---

57   *V. Porph.* 41.

58   *V. Porph.* 42: Κοπώθητι, δέσποινα, διὰ τὸν Χριστόν, καὶ αὐτὸς ἔχει χαρίσασθαί σοι ἀντὶ τοῦ κόπου σου υἱὸν ὅστις ζήσει καὶ βασιλεύσει σοῦ ὁρώσης καὶ ἀπολαυούσης ἐπὶ ἔτη πολλά.

59   *V. Porph.* 43: Εὔξασθε, πατέρες, ἵνα κατὰ τὸ ῥῆμα ὑμῶν, θεοῦ θέλοντος, γεννήσω τὸν ἄρρενα, καὶ ἐὰν τοῦτο γένηται, ἐπαγγέλλομαι ὑμῖν πάντα ὅσα αἰτεῖτε ποιεῖν. Καὶ ἄλλο δὲ ὃ οὐκ αἰτήσασθε μέλλω ποιεῖν, Χριστοῦ ἐπινεύοντος· ἁγίαν γὰρ ἐκκλησίαν κτίζω ἐν Γάζῃ εἰς τὸ μεσώτατον τῆς πόλεως.

60   *V. Porph.* 44.

61   *V. Porph.* 45.

62   *V. Porph.* 45. καὶ γὰρ ἐν ταύτῃ τῇ νυκτὶ ἀπεκαλύφθη τῇ ἐμῇ εὐτελείᾳ δι' ὁράματος· ἔδοξα γὰρ ἡμᾶς εἶναι ἐν Γάζῃ, ἑστάναι δὲ ἐν τῷ ἐκεῖσε εἰδωλείῳ τῷ καλουμένῳ Μαρνείῳ, καὶ τὴν σὴν εὐσέβειαν ἐπιδιδόναι μοι εὐαγγέλιον, καὶ λέγειν μοι· Λάβε ἀνάγνωθι. Ἐγὼ δὲ ἀναπτύξας εὗρον τὴν περικοπὴν ἐν ᾗ λέγει ὁ δεσπότης Χριστὸς τῷ Πέτρῳ· „Σὺ εἶ Πέτρος, καὶ ἐπὶ ταύτῃ τῇ πέτρᾳ οἰκοδομήσω μου τὴν ἐκκλησίαν, καὶ πύλαι ᾅδου οὐ κατισχύσουσιν αὐτῆς". Σὺ ‹δὲ›, δέσποινα, ἀποκριθεῖσα εἶπες· Εἰρήνη σοι, ἴσχυε καὶ ἀνδρίζου. Καὶ ἐπὶ τούτοις διυπνίσθην, καὶ ἐκ τούτου πέπεισμαι ὅτι ἔχει ὁ υἱὸς τοῦ θεοῦ συνεργῆσαι τῇ σῇ προαιρέσει.

63   *V. Porph.* 46.

zu der Kirche, in der die Taufe des Kindes eben stattgefunden hat. Am Eingang überreichen sie ihre Petition einem eingeweihten Diener, der den Säugling auf dem Arm trägt. Dieser Diener liest die Bittschrift laut vor und bewegt anschließend den Kopf des Kindes so, daß es für alle Anwesenden so aussieht, als habe der künftige Kaiser dem Anliegen der Bischöfe nickend stattgegeben. Was der kaiserliche Sohn in seiner ersten Amtshandlung angeordnet zu haben scheint, kann der Vater nicht wieder aufheben. So erläßt Arcadius nach einer weiteren Unterredung mit seiner Gattin den Befehl, die Götzentempel in Gaza zu zerstören.[64]

Zum Abschied gibt Eudoxia den Bischöfen bei ihrer Abreise das Geld, das benötigt wird, um inmitten der Stadt Gaza eine Kirche und dazu ein Gästehaus zu errichten. Zurück in ihrer Heimat erhalten die Bischöfe – gerade als sie mit dem Bau der Kirche auf den Grundmauern des *Marneion* beginnen wollen, aber noch auf eine göttliche Weisung warten – ein Schreiben der Kaiserin. Beigelegt ist dem Brief die Skizze eines kreuzförmigen Kirchengrundrisses, und da die Bischöfe dies als den erwarteten göttlichen Wink verstehen,[65] nehmen sie endlich den Bau der Kirche nach Eudoxias Entwurf in Angriff.[66] Zum Schmuck der Kirche sendet die Kaiserin wenig später zweiunddreißig Säulen aus smaragdgrünem Marmor.[67] Die Fertigstellung der Kirche sollte Eudoxia nicht mehr erleben. Marcus hebt aber hervor, sie werde *Eudoxiana* genannt, „nach der sehr von Gott geliebten Kaiserin Eudoxia" (ἐκλήθη δὲ Εὐδοξιανὴ ἐκ τοῦ ὀνόματος τῆς θεοφιλεστάτης Εὐδοξίας τῆς βασιλίδος).[68]

Auch wenn die Datierung der Vita nicht gesichert ist, und es sich bei der griechischen Überlieferung wohl um eine Überarbeitung des Originaltextes handelt,[69] ist das Bild, das Marcus Diaconus von Eudoxia zeichnet, keineswegs abwegig, sondern geradezu typisch für Eudoxias kirchenpolitisches Engagement und ihre Selbstdarstellung.[70] Ähnliche Darstellungen kaiserlicher Frauen im Umgang mit Heiligen sind aus anderen Viten bekannt.[71] Von Eudoxias Frömmigkeit und der Ehrfurcht, mit der sie heiligen Männern ihrer Zeit begegnete, wissen auch andere Quellen zu berichten: So setzte sie sich, wie oben bereits erwähnt, für die Rückberufung des Severian ein, eines Bischofs aus dem syrischen Gabala, der mit dem Bischof von Konstantinopel, Johannes, in Streit geraten war.[72]

---

64    *V. Porph.* 48 f.
65    *V. Porph.* 75: Ἐχάρη δὲ ὁ ἐν ἁγίοις ἀναγνοὺς καὶ θεασάμενος τὸν σκάριφον· ἔγνω γὰρ ὅτι καὶ τοῦτο ἐγένετο κατὰ θείαν ἀποκάλυψιν, καὶ ἐμνήσθη τῆς γραφῆς λεγούσης· „Καρδία βασιλέως ἐν χειρὶ θεοῦ".
66    *V. Porph.* 78.
67    *V. Porph.* 84.
68    *V. Porph.* 92.
69    Vgl. oben Anm. 52.
70    Tiersch, Claudia: *Johannes Chrysostomus in Konstantinopel*, Tübingen 2000, 207; vgl. Kelly, John N. D.: *Golden Mouth. The Story of John Chrysostom. Ascetic, Preacher, Bishop*, Ithaca, New York 1995, 169.
71    Vgl. etwa die Darstellungen Serenas und Eudocias in *V. Mel.* 11 f.; 58 f. oder das Bild der Eudocia in *V. Petr. Iber.* (S. 154–156 dieser Arbeit).
72    Socr. 6,11,20; Soz. 8,10,6.

Eine weitere Episode weiß Sozomenus zu berichten, in der die Kaiserin öffentlich ihre Ehrfurcht vor dem Charisma einiger Mönche demonstrierte: Die ihrer Größe wegen „Lange Brüder" genannten ägyptischen Mönche hatten als Anhänger der Lehre des Origenes zunächst nach Jerusalem fliehen müssen, nachdem in Ägypten einmal mehr der Streit über die Natur Christi entbrannt war: Theophilus,[73] Patriarch von Alexandria, hatte die Schriften des Origenes zuvor als häretisch verdammt, und die vier Mönche brachen schon bald aus ihrem Exil auf, um in Konstantinopel den Beistand des Johannes Chrysostomus und kaiserliche Unterstützung zu erbitten.[74] Johannes forderte den alexandrinischen Patriarchen schriftlich zur Versöhnung mit den Origenisten auf. Theophilus aber reagierte nicht. Nachdem einige Zeit vergangen war,[75] wandten sich die Mönche schließlich öffentlich an Eudoxia, als diese ihnen in Konstantinopel auf ihrem Wagen entgegenkam:

ἡ δὲ ἐπιβουλευθέντας αὐτοὺς ᾔσθετο καὶ τιμῶσα ἔστη· καὶ προκύψασα τοῦ βασιλικοῦ ὀχήματος ἐπένευσε τῇ κεφαλῇ καί „εὐλογεῖτε", ἔφη, „καὶ εὔχεσθε ὑπὲρ τοῦ βασιλέως καὶ ἐμοῦ καὶ τῶν ἡμετέρων παίδων καὶ τῆς ἀρχῆς· ἐμοὶ δὲ ἐν τάχει μελήσει συνόδου καὶ τῆς Θεοφίλου ἀφίξεως."[76]

Sie [Eudoxia] aber erkannte, daß sie [die Mönche] bedroht wurden und hielt an, um sie zu ehren. Sie beugte sich aus dem kaiserlichen Wagen, nickte mit dem Kopf und sagte: „Segnet und betet für den Kaiser und mich, unsere Kinder und die Herrschaft: Ich aber werde mich schnell um eine Synode kümmern und um die Ankunft des Theophilus."

Diese Stelle bei Sozomenus ist in mehrerer Hinsicht bemerkenswert: Nicht nur, daß die Kaiserin den „Langen Brüdern" spontan ihre Gunst erweist, indem sie anhält und ihnen verspricht, sich ihrer Sache anzunehmen; sie scheint darüber hinaus bereits bestens über das Anliegen der Mönche informiert zu sein.[77] Ihre Entscheidung fällt zumindest sehr schnell und bedarf keiner vorherigen Erklärung durch die „Langen Brüder," so daß man überlegen kann, ob Eudoxias Entschluß nicht bereits früher feststand, wenn auch vielleicht nicht in Bezug auf die konkrete Situation der Mönche, so doch hinsichtlich ihrer Überzeugung, daß es ihrer Autorität obliege, über kirchliche Fragen verbindlich urteilen zu können.[78] Mehrere Quellen deuten an, daß es Eudoxia ein Anliegen war, sich persönlich um kirchenpolitische Angelegenheiten zu kümmern. Ebenso wie Flaccilla war Eudoxia eine leidenschaftliche Anhängerin und Patronin des nicänischen Glaubens und setzte sich für die Bekämpfung des Homöertums wie des Heidentums ein: Von Socrates und Sozomenus erfahren wir, daß Eudoxia Johannes Chrysostomus, den Bischof von Konstantinopel, in seinem Vorgehen gegen die noch immer aktiven

---

73  Löhr, Winrich Alfred: „Theophilus", in: *TRE* 33(2002), 364–368. Theophilus war schon früher ein Gegner des Johannes, der anstelle seines eigenen Wunschkandidaten auf Betreiben des Eutropius als Bischof von Konstantinopel eingesetzt worden war.

74  Soz. 8,11; hierzu auch Pallad., *Dial.* 7 (PG 47, 24 f.).

75  Zur Datierung Liebeschuetz, John W. H. G.: „The Fall of John Chrysostom", in: *Nottingham Medieval Studies* 29(1985), 19.

76  Soz. 8,13,4 f.; vgl. Pallad., *Dial.* 8 (PG 45, 26).

77  Mayer, Doing Violence, 212, bemerkt insbesondere die Tatsache, daß „she was presented without comment as having the authority to summon an ecclesiastical council, whether or not it was on the emperor's behalf [...]."

78  Vgl. ebd.

Homöer in der Stadt unterstützte: Diesen war es inzwischen per Gesetz verboten, Gottesdienste in der Stadt abzuhalten, weshalb sie sich zu diesem Zweck außerhalb der Stadtmauern zusammenfanden. Allerdings zogen sie regelmäßig nachts durch die Straßen Konstantinopels und provozierten die Anhänger des *Nicaenums* mit Spottgesängen.[79] Um dies zu erwidern organisierte Johannes Chrysostomus eine nächtliche Gegenprozession. Eudoxia hatte silberne Kerzenleuchter in Kreuzform beigesteuert, die bei dieser Gelegenheit mitgeführt wurden und die den Hymnengesängen der Homousianer mehr Glanz verleihen sollten.[80] Sie hatte außerdem ihren Eunuchen Brison damit beauftragt, die musikalische Gestaltung zu finanzieren.[81] Auf diese Weise zeigte Eudoxia, welches das vom Kaiserhaus anerkannte Glaubensbekenntnis war, und daß ihr persönlich an dessen Förderung gelegen war.

Weit eindrucksvoller inszenierte Eudoxia ihre Frömmigkeit jedoch bei anderer Gelegenheit, als zwischen 400 und 402 einige Märtyrerreliquien von Konstantinopel ins nahe gelegene Drypia überführt wurden. In einer seiner Homilien erinnert der Bischof Johannes an dieses Ereignis und preist die Kaiserin für ihre demütige Haltung, die sie bei der Prozession zeigte:[82]

> […] καὶ αὐτὴ ἡ τὸ διάδημα περικειμένη καὶ τὴν πορφυρίδα περιβεβλημένη, παρὰ τὴν ὁδὸν ἅπασαν […] ὥσπερ θεραπαινὶς παρηκολούθει τοῖς ἁγίοις, τῆς θήκης ἁπτομένη καὶ τῆς ὀθόνης τῆς ἐπικειμένης, καὶ πάντα τὸν ἀνθρώπινον καταπατοῦσα τῦφον, καὶ ἐν μέσῳ θεάτρῳ τοσούτῳ φαινομένη δήμῳ, ἥν οὐδὲ εὐνούχοις ἅπασι τοῖς ἐν ταῖς βασιλικαῖς στρεφομένοις αὐλαῖς θέμις ἰδεῖν.[83]

> […] sie, die das Diadem trägt und den Purpur umgelegt hat,[…] folgte wie eine Dienerin den Heiligen, berührte den Schrein und das Tuch, das ihn bedeckte, und alles irdische Blendwerk verachtend erschien sie inmitten eines solchen Schauplatzes dem Volk, sie, die zu sehen nicht einmal all den Eunuchen, die sich in den kaiserlichen Hallen herumtreiben, erlaubt ist.

Die Szenerie, so fährt Johannes in seiner Rede fort, habe an David erinnert, als er die Bundeslade auf den Berg Zion brachte (2. Sam. 6); dabei habe Eudoxia den biblischen König sogar noch übertroffen: „Denn auch sie führte eine Kiste an, die viel besser ist, als jene Davids. Denn nicht steinerne, sondern spirituelle Tafeln enthielt sie" (ἐπεὶ καὶ αὕτη κιβωτὸν ἀνῆγε πολλῷ βελτίονα ἐκείνης τῆς τοῦ Δαυΐδ· Οὐ γὰρ πλάκας λιθίνας, ἀλλὰ πλάκας ἔχει πνευματικὰς).[84] Als die Kaiserin, „ἡ φιλόχριστ ος", dem Schrein folgte und ihn berührte, sei sie allen ein Vorbild, ja eine Lehrerin (διδάσκαλος) des Glaubens gewesen.[85] Vor allem aber habe sie Diadem, Purpurmantel und allen sonstigen Prunk abgelegt und sei stattdessen „in das Kleid der

---

79  Socr. 6,8,4.
80  Socr. 6,8,6: ὡς γὰρ λαμπρότεροι οἱ τοῦ ὁμοουσίου ὕμνοι ἐν ταῖς νυκτεριναῖς ὑμνολογίαις ἐδείκνυντο.
81  Soz. 8,8,4.
82  Joh. Chrys., *Hom. 2 dicta postquam reliquiae martyrum etc.* (PG, 63, 467–472).
83  Joh. Chrys., *Hom.* 2,1 (PG 63, 469).
84  Joh. Chrys., *Hom.* 2,1 (PG 63, 469).
85  Joh. Chrys., *Hom.* 2,1 (PG 63, 469): ἡ φιλόχριστος αὕτη παρείπετο τοῖς λειφάνοις, συνεχῶς ἐφαπτομένη, καὶ τὴν εὐλογίαν ἐπισπωμένη, καὶ τοῖς ἄλλοις πᾶσι διδάσκαλος γινομένη τῆς καλῆς ταύτης καὶ πνευματικῆς ἐμπορίας, καὶ διδάσκουσα πάντας ἀρύεσθαι ἀπὸ τῆς πηγῆς ταύτης τῆς ἀεὶ μὲν ἀντλουμένης, οὐδέποτε δὲ κενουμένης.

Demut" geschlüpft (βασιλείαν μὲν καὶ διαδήματα καὶ τὸν ἐντεῦθεν ἅπαντα τῦφον μετὰ πολλῆς ῥίψασα τῆς περιουσίας, ἐνδυσαμένη δὲ τὴν τῆς ταπεινοφροσύνης στολὴν ἀντὶ τῆς πορφυρίδος).[86]

Als sie sich zur Ehrung der Reliquien in dieser Form erniedrigte, habe Eudoxia alle früheren Kaiserinnen in den Schatten gestellt, „die Kleid und Diadem bloß mit ihr gemein hatten, auch in Bezug auf die kaiserliche Würde" (βασιλίδες μὲν γὰρ πολλαὶ πολλάκις ἐγένοντο, αἵ τῆς στολῆς καὶ τῶν διαδημάτων ἐκοινώνησαν μόνον, καὶ τῆς δόξης τῆς βασιλικῆς),[87] ja sie könne sich gar mit den Aposteln messen (ἀλλ᾽ ἔψεστί σοι καὶ πρὸς ἀποστολικὰ κατορθώματα ἁμιλλᾶσθαι).[88]

Eudoxias Teilnahme an der Prozession war im Sinne der politischen Kommunikation zwischen Kaisertum und der Stadtbevölkerung Konstantinopels als Akzeptanzgruppe nicht unbedeutend. Dies gilt umso mehr, falls der Hinweis bei Johannes Chrysostomus ernst zu nehmen ist, nicht einmal die Palasteunuchen dürften die *Augusta* zu Gesicht bekommen: Indem die Eudoxia sich in dieser besonderen Situation unmittelbar, das heißt ohne ihre Leibgarde und unter Verzicht auf ihre sonstigen Statussymbole, die sie sonst von allen anderen sozial unterschieden, und somit als eine einfache Gläubige unter die Prozessierenden begab, evozierte die sonst von den Augen aller abgeschottete Kaiserin eine affektive Nähe zwischen der konstantinopolitanischen Stadtbevölkerung und dem Kaisertum, als dessen Vertreterin, vielmehr ‚Teilhaberin' sie hier auftrat (γὰρ κοινωνεῖ τῆς βασιλείας αὐτῷ [= Arcadius]).[89]

Auf den *adventus*-Charakter der Prozession hat bereits Diefenbach hingewiesen:[90] Arcadius wurde erst für den nächsten Tag erwartet; Eudoxia aber gab sich bei der Prozession fromm und demütig vor den Gebeinen der nicht näher benannten Heiligen. Sie demonstrierte *civilitas*, indem sie sich unter Verzicht auf alle ihre kaiserlichen Insignien und ihre Leibgarde unters Volk mischte und, was Johannes in seiner Rede besonders hervorhebt, auf diese Weise für den Moment jede Distanz aufgab, räumlich wie sozial, die sie sonst von ihren Untertanen trennte.[91]

## Isebel-Herodias: Der Konflikt mit Johannes Chrysostomus

Eudoxias Engagement in kirchenpolitischen Fragen führte letztlich zu Konflikten mit dem Patriarchen der Stadt, Johannes Chrysostomus, obwohl sie dessen antihomöische Bemühungen prinzipiell unterstützte, und er sie, wie oben gezeigt, nicht

---

86   Joh. Chrys., *Hom.* 2,2 (PG 63, 470).
87   Joh. Chrys., *Hom.* 2,2 (PG 63, 470).
88   Joh. Chrys., *Hom.* 2,3 (PG 63, 471).
89   Joh. Chrys., *Hom.* 2,3 (PG 63, 472).
90   Diefenbach, Frömmigkeit und Kaiserakzeptanz, 31 f.; vgl. auch Meier, Mischa: „Die Demut des Kaisers. Aspekte der religiösen Selbstinszenierung bei Theodosius II. (408–450 n.Chr.)", in: Andreas Pečar/Kai Trampedach (Hgg.), *Die Bibel als politisches Argument. Voraussetzung und Folgen biblizistischer Herrschaftslegitimation in der Vormoderne*, München 2007, 145.
91   Diskutiert bei Diefenbach, Liturgie und *civilitas*, 36–39; sowie Meier, Demut des Kaisers, 148–151.

lange zuvor noch als Vorbild an Frömmigkeit gelobt hatte. Es sind diese Konflikte wohl die Hauptursache für Eudoxias noch heute tendenziell negativen Ruf, genoß doch Chrysostomus in der Forschung weit mehr Aufmerksamkeit um seiner selbst willen als die Kaiserin,[92] die in zeitgenössischer Darstellung üblicherweise als Antagonistin des Bischofs beschrieben wird.

Warum es zum Konflikt zwischen Eudoxia und Johannes Chrysostomus kam, ist heute kaum mehr zweifelsfrei zu rekonstruieren, und die divergierenden Berichte der Geschichtsschreiber des 5. Jahrhundert machen deutlich, daß bereits wenige Jahre nach der Absetzung des Bischofs von Konstantinopel und dem Tod der Kaiserin niemand mehr so recht zu sagen wußte, was der eigentliche Anlaß für den Streit der beiden gewesen war.[93] Nahezu einstimmig sprechen die Quellen davon, daß sich die Kaiserin wegen einer Äußerung des Bischofs beleidigt fühlte und daher am Prozeß, der zu seiner Absetzung führte, mitgewirkt habe. Um welche Art Vorwurf es sich dabei gehandelt haben könnte, und ob der Bischof diesen tatsächlich geäußert hatte, ist nicht einmal den frühesten Zeugnissen zu entnehmen. Ebenso problematisch ist die Frage, wieviel Initiative zur Absetzung des Bischofs tatsächlich von der Kaiserin ausging.[94]

Die Darstellung der literarischen Quellen und Johannes' Lobrede auf Eudoxia zeigen, daß das Verhältnis zwischen Kaiserin und Bischof zeitweilig ein gutes, sogar kooperatives, allerdings kein dauerhaft stabiles war.[95] Tatsächlich scheint es nicht die Folge eines einzigen Ereignisses gewesen zu sein, daß die Kaiserin von ihrem Patriarchen Abstand nahm, sondern es reihten sich wohl verschiedene Situationen aneinander, in denen die Charaktere der beiden sich so sehr aneinander rieben, daß am Ende eine Konfrontation zwischen weltlicher Macht, in Gestalt der Kaiserin, und bischöflicher Autorität unvermeidbar war.

---

92  Zuletzt etwa Tiersch, Johannes Chrysostomus; Delgado Jara, Inmaculada: „Los últimos años del episcopado de san Juan Crisóstomo", in: *Helmantica* 54(2003), 269–294. Nicht unerwähnt bleiben soll freilich, daß in den letzten Jahren vermehrt Publikationen erschienen sind, die Eudoxias Darstellung in den literarischen Quellen relativieren wie Cooper, Kate: *The Virgin and the Bride. Idealized Womanhood in Late Antiquity*, Camebridge, Mass./London 1996, 17–19; Mayer, Doing Violence, 205 spricht von einer „highly successful smear campaign" gegen Eudoxia.

93  Mit dem Konflikt beschäftigen sich ausführlicher etwa van Ommeslaeghe, Florent: „Jean Chrysostome en conflit avec l'impératrice Eudoxie. Le dossier et le origines d'une légende", in: *AnBoll* 97(1979), 131–159; Liebeschuetz, The Fall of John Chrysosotom; Tiersch, Johannes Chrysostomus, v. a. 220–208.

94  Vgl. Tiersch, Johannes Chrysostomus, 208: „Die Quellen lassen keinen Zweifel daran, daß es vor allem Eudoxia war, die zusammen mit Theophilus [...] auf die Absetzung des Johannes Chrysostomus hinarbeitete;" dagegen führt Mayer, Doing Violence, 210 an, daß weder Palladius „a close ally of John Chrysostom [...] who suffered personally in the first wave of persecution of Chrysostom's partisans," noch Johannes Chrysostomus selbst, „never reticent in attacking her according to the sources," in seinen Briefen aus dem Exil an den Bischof von Rom Eudoxia als treibende Kraft nennen.

95  Etwa Liebeschuetz, The Fall of John Chrysostom, 3 f.; Groß-Albenhausen, Kirsten: *Imperator christianissimus. Der christliche Kaiser bei Ambrosius und Johannes Chrysostomus*, Frankfurt 1999, 183; Tiersch, Johannes Chrysostomus, 208.

Geht man zunächst von den beiden Kirchenhistorikern Socrates und Sozomenus aus, die beide verhältnismäßig wertneutral über das Geschehen berichten, stellt sich die Sache wie folgt dar: Irgendwann zwischen 398 und 401 tauchte in Konstantinopel der oben bereits erwähnte Severian, Bischof von Gabala, auf, um sich dort als Prediger zu betätigen. Trotz seines syrischen Akzentes gelangte er in Konstantinopel zu einiger Beliebtheit als Redner, so daß Johannes ihm seine Kirche überließ, als er zu Beginn des Jahres 401 nach Ephesus aufbrach, um dort die bischöfliche Nachfolge der Diözese Asia zu regeln.[96] Während seiner Abwesenheit gerieten Severian und der Diakon Sarapion, ein treuer Ergebener des Johannes, aneinander.[97] Als Johannes schließlich zurückkehrte, soll Sarapion ihn auf den großen Erfolg des syrischen Bischofs bei der Gemeinde von Konstantinopel aufmerksam gemacht haben. Johannes, so fährt Socrates fort, entbrannte daraufhin vor Eifersucht und jagte seinen Konkurrenten aus der Stadt.[98]

Die Kaiserin aber, die zu den Anhängern Severians gehörte und ihn später vielleicht sogar zum Taufpaten ihres Sohnes Theodosius machen würde,[99] ließ ihn nach Konstantinopel zurückrufen. Nachdem Johannes sich einer Begegnung mit Severian lange entzogen hatte, rang Eudoxia durch eine dramatische, öffentliche Inszenierung in der Apostelkirche, bei der sie ihren Sohn Theodosius auf die Knie des Bischofs setzte, dem städtischen Bischof schließlich das Versprechen zur Aussöhnung mit Severian ab.[100]

Allerdings zeigte Johannes sich weiterhin ablehnend gegen Severian, was einem Affront gegenüber der Kaiserin gleichkam: Wie bereits Tiersch festgestellt hat, wäre es an Johannes gewesen, der Demutsgeste der Kaiserin mit einer Einlenkung seinerseits zu begegnen, ihr Flehen ernst zu nehmen und ihrer Bitte nachzukommen.[101] Eudoxia hatte nämlich große Geschütze aufgefahren, um den Frieden zwischen Johannes und ihrem Günstling wieder herzustellen – ein wichtiger Hinweis darauf, daß Eudoxia ihrem Patriarchen noch immer loyal war: Vor den Augen der Kirchengemeinde, das heißt vor einer breiten städtischen Öffentlichkeit, hatte sie sich seiner Autorität gebeugt, ihn beschworen und angefleht und ihm in einem symbolischen Akt, indem sie ihm den gerade einjährigen Thronfolger auf die Knie setzte, das Kaisertum unter den Schutz seines bischöflichen Charismas gestellt.

Nur wenige Zeit später kamen die vier Mönche, von denen oben bereits die Rede war, nach Konstantinopel, die sich wegen ihrer Vertreibung aus Ägypten

96 Socr. 6,11; Soz. 8,10; zu Chrysostomus' Aufenthalt in Ephesus Tiersch, Johannes Chrysostomus, 317–19. Die *V. Porph.* 37 deutet einen bestehenden Streit zwischen Eudoxia und Johannes Chrysostomus um 400 an. Als Porphyrius nach Konstantinopel kam, soll Johannes ihm erklärt haben, er selbst könne sich nicht für die Sache der Mönche aus Gaza beim Kaiser einsetzen, da die Kaiserin ihm zürne. Nach Liebeschuetz, The Fall of John Chrysostom, 5 muß Johannes seine Gunst beim Kaiserpaar im Jahre 401 wieder erlangt haben, da er sonst nicht die Erlaubnis erhalten hätte, in den Bischofsstreit in Ephesus einzugreifen.
97 Socr. 6,11,12–15; Soz. 8,10,1–4.
98 Socr. 6,11,16 f.; vgl. Soz. 8,10,4 f. berichtet lediglich, daß Sarapion den Bischof von Konstantinopel gegen Severian aufgebracht habe.
99 Gennad., *De vir. illust.* 21.
100 Socr. 6,11,20; Soz. 8,10,6.
101 Tiersch, Johannes Chrysostomus, 223.

durch Theophilus an Bischof und Kaiserhof wenden wollten. Nachdem das bischöfliche Schreiben an Theophilus unbeantwortet blieb, wandten sie sich an die Kaiserin, die ihnen eine Synode unter Vorsitz des Johannes zusagte, auf der Theophilus
sich verantworten sollte. Wenn es sich bei Socrates und Sozomenus auch anders
darstellt, gingen bis zur tatsächlichen Einberufung der Synode noch einige Monate
ins Land,[102] in denen sich für Chrysostomus das Blatt wendete, und er vom Anklä-
ger zum Angeklagten werden sollte.

In der Zwischenzeit hatte sich Theophilus mit Epiphanius, Bischof von Sala-
mis, der wie er die Schriften des Origenes ablehnte, verbündet und ihn dazu überredet nach Konstantinopel zu reisen.[103] In seinem Reisegepäck hatte Epiphanius die
Beschlüsse zur Verdammung der Lehre des Origenes bei sich. Diese ließ er in Konstantinopel von anderen Bischöfen unterschreiben, vermied dabei aber den Kontakt
zu Johannes.[104] Sozomenus berichtet, daß in dieser Zeit der Thronfolger Theodosius erkrankte und Eudoxia sich in ihrer Sorge um den Sohn an Epiphanius wandte,
damit er für ihren Sohn bete.[105] Wie bereits gezeigt, entsprach es Eudoxias Habitus,
den Kontakt mit Asketen zu suchen. Mit Liebeschuetz ist an dieser Stelle darauf zu
verweisen, daß Eudoxia sich keineswegs auf die Seite des Epiphanius schlug:[106]
Denn als Epiphanius versprochen habe, das Kind werde nur überleben, wenn sie
sich nur von den „Langen Brüdern" abwende, soll ihm die Kaiserin geantwortet
haben: „Wenn Gott es richtig erscheint, mir mein Kind zu nehmen, soll es so sein:
Der Herr hat gegeben, der Herr nimmt auch wieder." Es läge nicht an ihm, Epiphanius, über Leben und Tod zu entscheiden, „sonst wäre wohl dein Archidiakon nicht
gestorben."

> „τὸ μὲν ἐμόν", ἔφη, „παιδίον, εἴ γε δοκεῖ τῷ θεῷ λαμβάνειν, ταύτῃ ἔστω· κύριος γὰρ ὁ δοὺς
> πάλιν ἀφαιρεῖται· αὐτὸς δὲ εἴπερ οἷός τε ἦς νεκροὺς ἀνεγείρειν, οὐκ ἂν ὁ σὸς ἀρχιδιάκονος
> τεθνήκει.[107]

Weiter heißt es bei Sozomenus, Eudoxia habe die Gruppe um Ammonius zu Epiphanius geschickt, die ihn überzeugte, daß er falsch gehandelt habe. Epiphanius
reiste daraufhin ab. Er verstarb noch auf der Überfahrt nach Zypern.[108] Eudoxias
Absage an Epiphanius läßt sich so deuten, daß Eudoxia, die sonst nicht darum ver-
legen war, ihre Hochachtung vor asketischer Lebensführung zum Ausdruck zu bringen, sich vom bloßen Prestige des Epiphanius nicht blenden ließ, sondern weiter an
ihrer Entscheidung für die „Langen Brüder" festhielt[109] und dabei vielleicht noch
immer auf die Kooperation des Bischofs Johannes Chrysostomus als Richter in
dieser Angelegenheit hoffte.

---

102  Liebeschuetz, The Fall of John Chrysostom, 7 f.; vgl. hierzu die Darstellung bei ps.-Mart. und
     Pallad., *Dial.*
103  Socr. 6,12,1; Soz. 8,14,5 f.; *V. Epiph.* 62 (PG 41, 103).
104  Socr. 6,12; Soz. 8,14.
105  Soz. 8,15,1.
106  Liebeschuetz, The Fall of John Chrysostom, 10.
107  Soz. 8,15,1 f.
108  Socr. 6,14,12; Soz. 8,15,5.
109  Vgl. Mayer, Doing Violence, 212.

Bald spitzte sich der Konflikt zwischen Eudoxia und Johannes zu. Sozomenus folgt den Ausführungen des Socrates nur soweit, als er bestätigt, Johannes habe „nachdem Epiphanius abgereist war [...] in allgemeiner Weise gegen Frauen gepredigt." Dies sei von der Menge als versteckte Kritik an der Kaiserin aufgefaßt worden.[110] Socrates hingegen schreibt, daß Johannes vermutet habe, „Eudoxia habe den Epiphanius gegen ihn aufgehetzt," und sein hitziges Gemüt habe den Bischof dazu veranlaßt, die Rede zu halten.[111] Diese Deutung wird von Sozomenus angezweifelt.[112] Einig sind sich die beiden Kirchenhistoriker über die Folgen: Die Feinde des Bischofs, so heißt es, schrieben Johannes' Rede mit und überbrachten ihre Notizen der Kaiserin. Diese beschwerte sich bei ihrem Mann über die Beleidigung und indem sie ihn darauf hinwies, daß eine Beleidigung ihr gegenüber sich auch gegen ihn richtete,[113] überzeugte sie ihn davon, eine Synode gegen Johannes einzuberufen. Deren Vorsitz sollte nun Theophilus übernehmen.[114]

Von einer Anklage wegen Majestätsbeleidigung berichtet auch der um 407/408, das heißt nach dem Tode des Johannes Chrysostomus, verfaßte Dialog,[115] zwischen einem namentlich nicht genannten Bischof und einem römischen Diakon mit Namen Theodorus. Autor dieses apologetisch angelegten Textes war Palladius von Helenopolis,[116] ein Anhänger des Johannes. Seine Angaben werden zum Teil durch eine wohl noch früher entstandene Biographie des Johannes Chrysostomus bestätigt, deren Urheberschaft bislang ungeklärt ist:[117]

Nach diesen beiden frühen Texten war in der oströmischen Hauptstadt, wie von Socrates und Sozomenus bestätigt, bereits seit einiger Zeit eine Verschwörung ge-

---

110 Soz. 8,16,1: ἐπεὶ δὲ ἀπέπλευσεν Ἐπιφάνιος, ἐκκλησιάζων Ἰωάννης κοινὸν κατὰ γυναικῶν διεξῆλθε ψόγον· αἰνιγματωδῶς δὲ συγκεῖσθαι τοῦτον κατὰ τῆς τοῦ βασιλέως γαμετῆς τὸ πλῆθος ἐδέχετο; vgl. Socr. 6,15,1–3; vgl. Theod. Lect. 293; Theoph. AM 5897.

111 Socr. 6,15,1 f.: πυνθάνεται παρά τινων ὁ Ἰωάννης, ὡς ἡ βασίλισσα Εὐδοξία τὸν Ἐπιφάνιον ἐξώπλισεν κατ' αὐτοῦ. Καὶ θερμὸς ὢν τὸ ἦθος καὶ περὶ τὸν λόγον ἕτοιμος μὴ μελλήσας διέξεισι ψόγον κοινῶς κατὰ πασῶν γυναικῶν ἐπὶ τοῦ λαοῦ.

112 Soz. 8,16,2: ἀλλὰ πότερον οὕτως ὡς ἔτυχεν ἐπὶ τοῦτον ὁ Ἰωάννης προήχθη τὸν λόγον ἤ, ὥς τινες λέγουσιν, ὑπονοήσας ὡς ἡ βασιλὶς ἀνέπεισεν Ἐπιφάνιον ἐπιβουλεύειν αὐτῷ, ἀκριβῶς οὐκ ἔχω λέγειν.

113 Socr. 6,15,4.

114 Socr. 6,15,3 f. und Soz. 8,16,1 weichen hier nur im Detail voneinander ab, vgl. auch Theod. Lect. 293.

115 Pallad., *Dial.* (PG 47, 5–82).

116 Häuptli, Bruno W.: „Palladius von Helenopolis", in: *BBKL* 24(2005), 1149–1154.

117 zu ps.-Mart. s. van Ommeslaeghe, Florent: De Lijkrede voor Johannes Chrysostomos. Toegeschreven aan Martyrius van Antiochie. Tekstuitgave met Commentaar. Hoofdstukken uit de Historische Kritiek, Diss. Louvain 1974. Die maschinenschriftlich verfaßte Dissertation ist über die Universitätsbibliothek Louvain digital verfügbar. Zitiert wird hier nach der neueren Publikation von Wallraff, Martin / Cristina Ricci (Hgg.): *Oratio Funebris in Laudem Sancti Iohannis Chrysostomi. Epitaffio attribuito a Martirio di Antiochia (BHG 871, CPG 6517)*, Spoleto 2007. Zur Frage der Autorenschaft s. die Ausgabe von Wallraff und Ricci, 15–17. Auf den historischen Wert der Leichenrede (manchmal auch *Vita* genannt) hat van Ommeslaeghe bereits in seiner Dissertation von 1974 hingewiesen. Der Text wird seither auf Ende 407 datiert; s. auch ders: „Jean Chrysostome en conflit avec l'impératrice Eudoxie, 149: „Examinée de près, la pièce ne laisse subsister aucun doute [...]: c'est un document historique de réele valeur."

gen den Bischof im Gange. Einige der Beteiligten werden namentlich genannt: Theophilus hatte sich in Konstantinopel mit einigen Feinden des Johannes, darunter auch der bereits erwähnte Severian von Gabala, verschworen,[118] die weitere Geistliche und einige Höflinge um sich scharten. Außerdem beteiligten sich drei wohlhabende Witwen aus dem näheren Umfeld der Kaiserin, nämlich Marsa, die Frau des Promotus, Castricia, Frau des Saturninus[119] und Eugraphia, „eine gänzlich Irre" (ἀμφιμανής τις),[120] die ihr Haus als Treffpunkt der Verschwörer bereitstellte.[121] Bei diesen sozialen Gruppen hatte Johannes sich, so scheint es, durch seine Reformen und seine Predigten über eine nach seiner Auffassung jeweils angemessene Lebensführung nicht wenige Feinde gemacht.[122] Die Gruppe um Theophilus klagte Johannes nun an, er habe die Kaiserin beleidigt und sie Isebel genannt (ἦν δὲ ἡ καθοσίωσις ἡ εἰς τὴν βασίλισσαν λοιδορία, ὡς ἐκεῖνοι ἀνήνεγκαν, ὅτι εἶπεν αὐτὴν Ἰεζάβελ).[123]

Diese von Palladius angeführte Episode korrespondiert mit den Berichten von Socrates und Sozomenus, auch wenn Epiphanius, den die beiden Kirchenhistoriker als Beteiligten anführen, im *Dialogus* keine Rolle bei der Konspiration gegen Johannes spielt. Daß Johannes' Reden sich nicht selten gegen die Lebensgewohnheiten vor allem wohlhabender Frauen richteten, ist aus seinen erhaltenen Texten bekannt;[124] daß sich die Kaiserin bisweilen von diesen angesprochen fühlen sollte, nicht unwahrscheinlich. Wortlaut und Kontext der hier erwähnten Rede sind nicht überliefert, aber Gerüchte über die Ursache für den Konflikt der beiden kursierten wohl in Konstantinopel, die dem Vorwurf Glauben schenkten, der Bischof habe die Kaiserin mit der biblischen Königin verglichen.

Zum Motiv jüngerer Texte wurde die ‚Weinberglegende‘, über deren Ursprung sich nur mutmaßen läßt.[125] Diese besagt, Eudoxia habe sich – anfänglich ohne böse Absicht – den Weinberg einer Senatorenwitwe angeeignet, als sie versehentlich Trauben vom Weinstock eines benachbarten Grundstücks pflückte. Nach Brauch, heißt es in der *Vita Epiphanii*, sei damit das ganze Grundstück der Witwe in kaiser-

---

118 Als Urheber der Verschwörung werden neben Theophilus und Severian Acacius von Beroea und Antiochus von Ptolemais genannt. Zu Severians Beteiligung s. auch Soz. 8,16,2.

119 *PLRE* 1, s. v. „Falvius Saturninus 10", 807–809.

120 Pallad., *Dial.* 4 (PG 47, 16).

121 Pallad., *Dial.* 8 (PG 47, 27). Hierzu Tiersch, Johannes Chrysostomus, 340 f. sowie Mayer, Wendy: „Constantinopolitan Women in Chrysostom's Circle", in: *Vigiliae Christianae* 53(1999), 275 f.

122 Pallad., *Dial.* 5 (PG 47, 19 f.); vgl. Hinweise bei Socr. 6,5,1; ps.-Mart. 40 f. (P 480a-b); 44 f. (P 482b); 84 f. (P 504a–505b); ausführlich diskutiert bei Tiersch, Johannes Chrysosotmus, 135–182.

123 Pallad., *Dial.* 8 (PG 47, 30); vgl. auch Zos. 5,23,2 berichtet, Johannes pflegte Eudoxia vor der Kirchengemeinde zu verspotten (κωμῳδεῖν εἰωθότ[ος] κατὰ τὰς συνόδους αὐτὴν ἐν ταῖς πρὸς τὸ πλῆθος ὁμιλίαις).

124 Hierzu ausführlich Tiersch, Johannes Chrysostomus, 215–217.

125 Ebd. 224–226 lehnt Tiersch die Anekdote mit Verweis auf Hinweise anderer Quellen, die Eudoxia selbst oder ihrem Umfeld Geldgier (φιλαργυρία, ps.-Mart. 122 [P 524b]) und Bestechlichkeit (Zos. 5,25,2–4) vorwerfen, nicht gänzlich als Erfindung ab. Diese Hinweise sind aber letztlich zu vage und der Vergleich der Kaiserin mit Isebel reizvoll genug, so daß eine nachträgliche Konstruktion der Geschichte nicht unwahrscheinlich scheint.

lichen Besitz gefallen.[126] Hilfesuchend habe sich die so um ihren Besitz gebrachte Frau an Johannes gewandt, und als dieser Eudoxia aufforderte, den Weinberg seiner eigentlichen Besitzerin zurückzugeben, seien die beiden darüber in Streit geraten:

Εἶπεν δὲ Ἰωάννης· […] Ἤκουσας πῶς στηλιτεύεται Ἰεζάβελ, καὶ μέχρι σήμερον ὑπὸ τῆς θείας Γραφῆς δακτυλοδεικτεῖται ἐπὶ κακῷ δι' ἀμπελῶνα ὁσίου ἀνδρός.[127]

Johannes aber sagte: „[…] Du hörtest, wie auch Isebel geächtet wird und noch heute wird durch die Heilige Schrift auf das Übel gewiesen wegen des Weinbergs eines frommen Mannes."

Die Kaiserin, so will es die hier zitierte Version der Legende aus dem 6. Jahrhundert, ließ den Bischof aus dem Palast werfen, während dieser ihr künftig den Eintritt in seine Kirche verweigerte.[128] Daß Eudoxia den Bischof nun verbannen lassen wollte, habe Theophilus erst ermuntert, ebenfalls aktiv zu werden.[129]

Auch die vermutlich früheste Quelle zum Leben des Johannes Chrysostomus, die oben bereits angesprochene *Oratio funebris*, spielt im Zusammenhang mit Eudoxia auf Isebel an: Im Monolog überlegt der Teufel, auf welche Weise er dem ihm verhaßten Bischof von Konstantinopel schaden könne. Da diesem ob seiner Tugendhaftigkeit kein Laster anzuhängen ist, kommt ihm als geeignete, ja „größte Waffe" schließlich das gleiche Mittel in den Sinn, mit dem er einst Isebel dazu verführte, gegen Nabot vorzugehen (τί οὖν μέγιστον ὅπλον ἔχειν μοι δοκῶ; ᾧ τὸν Ναβουθὲ ἐκεῖνον ἀνελεῖν ἔπεισά ποτε τὴν Ἰεζάβελ). Auch fällt ihm sogleich die passende Frau ein, Eudoxia, „ein Weib […] umgeben von Macht und Bosheit zugleich" (γύναιον […] δυναστείαν τε ὁμοῦ περιβεβλημένον καὶ πονηρίαν).[130] Erst danach kommt der Teufel in seinem Monolog auch auf Theophilus zu sprechen, den er allerdings zuerst gegen Chrysostomus aktiv werden läßt.[131]

Der Ton, mit dem der Autor der Leichenrede über Eudoxia sprach, war jedoch scharf: Einen Krieg gegen die Kirche habe sie initiiert,

---

126 *V. Epiph.* 61 (PG 41, 101): τῆς οὖν βασιλίσσης Εὐδοξίας ἐξελθούσης ποτὲ ἐν τῷ προκένσῳ, […] οὐκ οἶδα κατὰ ποίαν αἰτίαν εἰσελθοῦσα ἐν τῷ ἀμπελῶνι τῆς γυναικὸς ἡ βασίλισσα ἀπέτεμεν ἕνα βότρυν. Εἶπαν δέ τινες τῶν παρεστώτων τῇ βασιλίσσῃ· Δέσποινα, […] ἔθος δέ ἐστι τοῖς βασιλεῦσιν καὶ ταῖς βασιλίσσαις, κἂν πόδα ἐπενέγκοι εἰς τὴν ἀλλοτρίαν, κἂν καρπὸν λάβοι ἀπό τινος τῶν καρπίμων ξύλων, μηκέτι ἄλλον τινὰ ἐξουσιάζειν, ἀλλ' ἢ τὸν βασιλέα.

127 *V. Epiph.* 61 (PG 41, 102). Vgl. die Aussage des Johannes in der *V. Porph.* 37 Eudoxia habe den Kaiser gegen ihn aufgebracht, weil er sie wegen eines Besitzes angeklagt habe, „den sie begehrte und an sich gerissen hat." (παρώργισεν γὰρ αὐτὸν κατ' ἐμοῦ ἡ βασίλισσα, διότι ἐνεκάλεσα αὐτῇ χάριν κτήματος οὗ ἐπιθυμήσασα ἀφήρπασεν).

128 *V. Epiph.* 61 (PG 41, 102 f.). Zur Entstehung der Weinberglegende s. van Ommeslaeghe, Jean Chrysostome en conflit avec l'impératrice Eudoxie, 135–137; sowie kurz bei Cooper, *The Virgin and the Bride,* 17–19. Die Authentizität des in der PG 64, 493–496 aufgenommenen Briefs von Johannes an Eudoxia ist fraglich. Diskutiert wird die Episode auch bei Groß-Albenhausen, Imperator christianissimus, 189 f. Für eine andere Deutung zum Ursprung der Legende Holum, Theodosian Empresses, 71 f.

129 *V. Epiph.* 62 (PG 41, 103).

130 ps.-Mart. 36 (P 478a-b). Das hier und auch an anderer Stelle von ps-Martyrius verwendete Wort γύναιος spielt zugleich auf die Eudoxias im Text zugeschriebene Lasterhaftigkeit und das ihr vorgeworfene unweibliche Verhalten an.

131 ps.-Mart. 37 (P 478b).

ἐκεῖνο τὸ γύναιον, ἕτερον ὑπογύναιον οὔτε εἰς ἄνδρας οὔτε εἰς γυναῖκας τελοῦν, λαγνεία χαῖρον, δερμάτων ὤνιον, ὑπερηφανία τῷ διαβόλῳ παρισούμενον, σκορπίου μιμούμενον καὶ σμικρότητα σώματος καὶ δριμύτητα κέντρου, φιλαργυρία δὲ καὶ πλεονεξία καὶ παιδικῶν λογισμῶν ἀπληστία νικῆσαν.[132]

„dieses Weib, Waschweib eher, weder ganz Mann noch ganz Frau, das sich an Geilheit erfreut, käuflich für Leder, das an Arroganz dem Teufel gleicht, hinsichtlich Körpergröße aber den Skorpion imitiert, auch was die Schärfe seines Stachels betrifft, siegte mit Geldgier, Anmaßung und der Unersättlichkeit eines kindischen Verstandes."

Die Polemik dieser Worte wertet Eudoxia nicht nur als Kaiserin, sondern auch als Frau gänzlich ab; Frau mag er sie ja nicht einmal nennen, sondern sie ist γύναιον, irgendwie weiblich mit allen topischen lasterhaften Eigenschaften. Darüber hinaus dämonisiert er sie: Überheblich wie der Teufel, heimtückisch und giftig wie der Skorpion sei sie gewesen. Gleichzeitig kommt Eudoxia in der Darstellung der Ereignisse, die zur Absetzung des Bischofs von Konstantinopel führten, bei ps-Martyrius dennoch eine eher geringe, indirekte Rolle zu: Ihre Lasterhaftigkeit macht sie zu einem leicht zu bedienenden und zweckmäßigen Werkzeug für Johannes' Gegner. Die frühe Anspielung auf Isebel legt aber die Vermutung nahe, daß der Autor der Kaiserin vielleicht eine größere Beteiligung beimaß, als er ihr faktisch in seinem Text zuschrieb, vor allem bestätigt der von dem Autoren der Leichenrede gewählte Topos, daß spätestens 407 der Eudoxia-Isebel-Vergleich prominent war.

Ob Johannes selbst sich so regelmäßig des Vergleichs Eudoxias mit Isebel bediente, daß dieser schon zu seinen Lebzeiten unter seinen Anhängern kursierte und irgendwann auch der Kaiserin zu Ohren kam, ist nicht zu belegen. Auf der sogenannten Eichensynode wurde Johannes im Jahre 403 schließlich als Bischof von Konstantinopel abgesetzt und ging ins Exil, nicht jedoch ohne zuvor eine Rede zu halten, in der er – nach der Überlieferung der Rede – sogar gleich drei negativ besetzte biblische Protagonistinnen evozierte und mit Eudoxia in Verbindung brachte:

περιλέλειπται τῆς Ἰεζαβὲλ ὁ σπόρος [...]. Φέρε δέ μοι εἰς μέσον τὸν θαυμαστὸν καὶ πλούσιον τῆς ζωῆς κήρυκα, Ἰωάννην λέγω, τὸν πένητα, καὶ ἕως λύχνου μὴ κτησάμενον· εἶχε γὰρ τὴν λαμπάδα τοῦ Χριστοῦ· οὗ τὴν κεφαλὴν ἐπεθύμησεν ἡ τῆς Εὔας συλλειτουργός.[133]

Isebels Sproß hat überlebt [...]. Bringe mir aber den wundervollen und reichen Wächter des Lebens hinein, Johannes, den armem Mann meine ich, der nicht einmal eine Leuchte besitzt, denn das Licht Christi hält er: Seinen Kopf begehrte die Gefährtin Evas.

Johannes hatte die Stadt kaum verlassen, da wurde er durch Brison, den Eunuchen der Kaiserin, aus seinem Exil zurückgerufen. Die Initiative ging nach einheitlicher Darstellung der Quellen auf die Kaiserin zurück: Palladius macht eine vage Andeutung über einen Vorfall im kaiserlichen Schlafgemach, der sich bereits am Tage nach Johannes' Absetzung ereignet und solche Furcht verursacht habe, daß man den

---

132  ps.-Mart. 122 (P 524b).

133  Joh. Chrys., *ante. ir. in ex.* 4 (PG 52, 431); vgl. *cum ir. in ex.* 2 (PG 52, 437). Zur Entstehung der beiden Texte, vermutlich nach Aufzeichnungen von Zuhörenden, Holum, Theodosian Empresses, 75, Anm. 107.

Bischof habe zurückholen lassen.[134] Ps-Martyrius deutet an, daß es sich bei diesem Vorfall um eine Fehlgeburt der Kaiserin gehandelt haben könnte, die er als göttliche Strafe interpretierte.[135] Sollte diesen Andeutungen eine wirkliche Begebenheit zugrunde liegen, könnte die sehr fromme Eudoxia mit einem ähnlichen Gedanken gespielt haben.[136]

Socrates und Sozomenus erklären den Sinneswandel Eudoxias dagegen mit den Unruhen, die die Anhänger des Johannes in der Hauptstadt ausgelöst hatten.[137] Tatsächlich hatten diese „eine eminent politische Note,"[138] richtete sich doch der Zorn der Johanniten auch gegen das Kaiserpaar, das die Absetzung des Bischofs durch die Synode zugelassen hatte.[139] Angesichts der Aufregung, die durch die Verbannung des Bischofs bei der Bevölkerung ausgelöst worden war, war es Eudoxia, die sich trotz des Vorgefallenen milde zeigte und den Kaiser davon überzeugte, Johannes zurückkehren zu lassen.[140] Die Rückberufung des Bischofs aus dem Exil ist mindestens als Versuch Eudoxias zu werten, den innerstädtischen Frieden wieder herzustellen und die ins Wanken geratene Akzeptanz der kaiserlichen Herrschaft in der Bevölkerung zu restabilisieren.[141] Daß sie ihren Diener Brison zu Johannes schickte, darf darüber hinaus wohl als Angebot der Kaiserin an den Bischof verstanden werden, das alte Kooperationsbündnis zwischen Kaisertum und Bischof wieder aufzunehmen.[142] Sie stellte dem Bischof sogar ihr Landhaus etwas außerhalb der Hauptstadt zur Verfügung, damit er dort die Zeit bis zu seiner Wiedereinsetzung als Bischof zubringen konnte. Denn Johannes konnte nicht einfach so in sein Amt zurückkehren: Er war per Synodalbeschluß seines Amtes enthoben worden und hatte nach wie vor viele Feinde in der Stadt. So verhielt er sich zunächst abwartend, bis in der Bevölkerung erneut Stimmen gegen die kaiserliche Herrschaft laut wurden, und er sich gezwungen sah, die Stadt zu betreten und eine Rede zu halten:[143]

---

134 Pallad., *Dial.* 9 (PG 47, 30): μέσης δὲ διαγενομένης ἡμέρας μιᾶς, συνέβη θραῦσίν τινα γενέσθαι ἐν τῷ κοιτῶνι. φοβηθέντες ἐκ τούτου, δι᾽ οἰκείου νοταρίου ἀνάκαλοῦντα τὸν Ἰωάννην μετὰ ἡμέρας ὀλίγας.

135 ps.-Mart. 66 (P 496a): ὁ […] θεός […] εἰδώς, ὅτι ἐν τῷ κρατοῦντι γυναίῳ τῆς κακίας ἁπάσης ἡ ῥίζα ἀποκέκρυπται, ἀφῆκε τὴν χεῖρα καὶ τὸ βέλος ἵπτατο καὶ τῆς γαστρὸς ἥπτετο τῆς ἀθλίας, ἀναμιμνήσκων αὐτὴν καὶ λέγων· ,ὢ γύναι, ἐν λύπαις τέξῃ τέκνα, ἀπὸ τῆς γαστρὸς αὐτὰ παραπέμπουσα τῷ τάφῳ καὶ τοῖς πρώτοις σπαργάνοις μιγνῦσα τὰς τελευταίας κειρίας, ἐν μιᾷ καιροῦ ῥοπῇ μήτηρ ὁμοῦ γιγνῦσα καὶ ἄπαις'. Denkbar wäre freilich auch, daß ps.-Mart. hier auf den Tod der ältestens Tochter Flaccilla anspielt, deren Sterbedatum nicht bekannt ist.

136 Holum, Theodosian Empresses, 75 hält angesichts der Chronologie ihrer Schwangerschaften eine Fehlgeburt für unwahrscheinlich.

137 Socr. 6,16,1–3; Soz. 8,18,1–5; vgl. Zos. 5,23,4 f.

138 Tiersch, Johannes Chrysostomus, 355 f.

139 Socr. 6,16,8; Theoph. AM 5897.

140 Soz. 8,18,5.

141 Tiersch, Johannes Chrysostomus, 356.

142 Ebd. 354.

143 Soz. 8,18,6: ὁ δὲ ἐπανελθὼν ἐν προαστείῳ αὐτῆς τῆς βασιλίδος περὶ τὸν Ἀνάπλουν διέτριβεν· καὶ πρὸ κρίσεως μείζονος συνόδου, ἵν᾽ εἴη δῆλον ὡς ἀδίκως ἀφηρέθη τῆς ἐπισκοπῆς, παρῃτεῖτο τέως τὴν εἰς τὴν πόλιν εἴσοδον. ἐπεὶ δὲ πάλιν ὁ λαὸς ἠγανάκτει καὶ τοὺς κρατοῦντας ἐλοιδόρει, βιασθεὶς εἰσῆλθεν. Die Rede ist erhalten: Joh. Chrys., *post redit. ab ex.* (PG 52, 443–448).

Die Kaiserin selbst, nun auch für Johannes wieder „ἡ θεοφιλεστάτη", habe ihm schon am ersten Tag seines Exils ein Schreiben gesandt, in welchem sie ihre Unschuld an seiner Absetzung beteuerte: „Deine Heiligkeit soll nicht glauben, daß ich von dem, was geschehen ist, Kenntnis hatte. Unschuldig bin ich an deinem Blut" (μὴ νομίσῃ σου ἡ ἁγιωσύνη ὅτι ἔγνων τὰ γεγενημένα. Ἀθῷος ἐγὼ ἀπὸ τοῦ αἵματός σου). Sie habe sich an Chrysostomus als Täufer ihrer Kinder erinnert und schließlich den Kaiser beschworen: „Wir haben den Priester verloren, sagte sie [...]. Es gibt für uns keine Hoffnung für das Kaisertum, wenn wir ihn nicht zurückholen" (Ἀπωλέσαμεν, φησὶ, τὸν ἱερέα, [...]. Οὐκ ἔστιν ἡμῖν οὐδεμία ἐλπὶς τῆς βασιλείας, ἐὰν μὴ ἐκεῖνον ἐπαναγάγωμεν).[144]

Ob Eudoxia das Kaisertum in ernsthafter Gefahr sah, mag dahingestellt bleiben;[145] ihr Einsatz für die Rückberufung des Bischofs wird vor allem reaktiver Natur gewesen sein. Möglicherweise hatte sie darauf gebaut, daß der Bischof künftig der politischen Linie des Kaisertums folgen und sich der kaiserlichen Autorität fügen würde,[146] wie er es auch selbst in seiner Rede versprach und durch sein Lob der Kaiserin die Menge zum Jubeln brachte.[147]

Der Friede zwischen Kaiserin und Bischof währte nicht lange. Anlaß für einen erneuten Streit war nach Socrates und Sozomenus die oben bereits erwähnte Silberstatue, die der Stadtpräfekt Simplicius zu Ehren Eudoxias in der Nähe der großen Kirche hatte errichten lassen:[148]

κρότοι τε καὶ δημώδεις θέαι ὀρχηστῶν τε καὶ μίμων ἐνθάδε ἐπετελοῦντο, ὡς ἔθος ἦν τότε ἐπὶ τῇ ἀναθέσει τῶν βασιλικῶν εἰκόνων. Ἐφ᾽ ὕβρει δὲ τῆς ἐκκλησίας τάδε γεγενῆσθαι ἐν ὁμιλίᾳ πρός τὸν λαὸν ὁ Ἰωάννης διέβαλεν.[149]

Dort wurden laute Tänze und Mimen aufgeführt, wie es bei der Aufstellung kaiserlicher Bilder Brauch ist. Dies aber sei zur Beleidigung der Kirche geschehen, klagte Johannes in einer Homilie vor der Menge.

Socrates, dem Sozomenus hier im Wesentlichen folgte, äußert sich hier kritisch über das seiner Meinung nach unangemessene Verhalten des Bischofs. Angemessen wäre es nach Socrates gewesen, „die Herrschenden" (κρατοῦνται) zu ermuntern, die Spiele zu beenden, anstatt gegen diejenigen zu wettern, die sie in Auftrag gegeben hatten.[150] Den vorangegangenen Streit mit Johannes noch frisch in Erinnerung,[151]

---

144 Joh. Chrys., *post redit. ab ex.* 4 (PG 52, 445 f.). Auf die Rede spielt auch Soz. 8,18,8 an.
145 So Tiersch, Johannes Chrysostomus, 357.
146 Ebd. 359.
147 Joh. Chrys., *post redit. ab ex.* 5 (PG 52, 447): χωρὶς ὑμῶν οὐδὲν ἐργάσομαι, εἶτα καὶ τῆς θεοφιλεστάτης Αὐγούστης; vgl. Soz. 8,18,8; hierzu auch Tiersch, Johannes Chrysostomus, 360.
148 *CIG* 8614 (= *CIL* 3,736) nennt den Stadtpräfekten Simplicius als Stifter der Statue.
149 Soz. 8,20,1 f.; vgl. Socr. 6,18,1; Theoph. AM 5898; indirekt auch Zos. 5,24,3. Zu den Feierlichkeiten, die mit dem Aufstellen kaiserlicher Statuen verbunden waren s. Pekár, Das römische Kaiserbildnis, 114.
150 Socr. 6,18,3: Καὶ δέον τοὺς κρατοῦντας λόγῳ παρακλητικῷ πείθειν παῦσαι τὰς παιδίας, ὁ δὲ τοῦτο μὲν οὐκ ἐποίει, καταφορικῇ δὲ τῇ γλώσσῃ χρησάμενος ἔσκωπτε τοὺς γενέσθαι ταῦτα κε λεύσαντας.
151 Soz. 8,20,2.

fühlte Eudoxia sich von den Worten des Bischofs persönlich angegriffen und veranlaßte die Einberufung einer weiteren Synode. Dies provozierte Johannes, noch schärfere Worte als vormals gegen sie zu wählen: „Wieder tobt Herodias, wieder tanzt sie, wieder trachtet sie danach, den Kopf des Johannes in einer Schüssel zu bekommen" (πάλιν Ἡρῳδιὰς μαίνεται, πάλιν ὀρχεῖται, πάλιν Ἰωάννου τὴν κεφαλὴν ἐπὶ πίνακος σπουδάζει λαβεῖν).[152]

Die beiden älteren Quellen zu Johannes Chrysostomus wissen nichts von der Statue und der Rede des Bischofs zu berichten. Sie belegen allerdings, daß Johannes' Position auch nach seiner Rückkehr heftig umstritten blieb; seine Gegner brachten ihre Anklagen gegen den Bischof zum wiederholten Male vor den Kaiser.[153] Seine Absetzung scheint nicht durch einen erneuten Synodalbeschluß aufgehoben worden zu sein,[154] und dies ist vielleicht der Grund, weshalb die Verschwörer um Theophilus Kaiser Arcadius schließlich davon überzeugen konnten, den Bischof fallen zu lassen[155] umso mehr, als Johannes wenig diplomatisches Geschick und Kompromißbereitschaft an den Tag legte, wie es nach Darstellungen der beiden Kirchenhistoriker geradezu typisch für das Verhalten des Bischofs war.

Anfang 403 hatte der Kaiser sich von Johannes Chrysostomus abgewandt, ihm aber vielleicht die Option eingeräumt, die Kirche freiwillig zu verlassen.[156] Johannes weigerte sich: Er werde lieber den Kopf verlieren, als eine solche Sünde zu begehen. Eudoxia habe daraufhin, ganz unweiblich in Mißachtung jeder Scham, wie ps-Martyrius hervorhebt, „als halte sie sogar die Zügel der jenseitigen Herrschaft" (καὶ τῆς ἐκεῖσε βασιλείας οἴσουσα τὰς ἡνίας),[157] zu einem weiteren Überzeugungsversuch angesetzt. Auf diesen entgegnete Johannes:

„ἀλλ' οὐκ οἶμαί σε, ἔφη, ὦ γύναι, ἀξιόχρεών μοι ἔσεσθαι ἐγγυήτριαν ἀφέσεως ἁμαρτίας οὕτω μεγάλης. οὔτε γὰρ τὸν Ἀδὰμ ὤνησέ τι τὸ εἰπεῖν ‚ἡ Εὔα με ἠπάτησεν‘, οὔτε τὴν Εὔαν αὐτὴν ἡ πρὸς τὴν τοῦ ὄφεως ἀπάτην καταφυγή, ἀλλ' ἕκαστος αὐτὸς ὑπὲρ τῆς ἁμαρτίας τῆς αὐτοῦ δίκην ἔδωκεν τῷ θεῷ."

„Ich glaube nicht, Frau, daß du mir eine würdige Bürgin für eine so große Sünde sein wirst. Es hat nämlich weder dem Adam etwas geholfen, als er sagte: ‚Eva hat mich getäuscht‘, noch [hat] der Eva ihre Entschuldigung wegen der Täuschung durch die Schlange [genutzt], sondern ein jeder legte Gott selbst Rechenschaft über die eigene Sünde ab."

Eudoxia tobte nach dieser Erklärung des Bischofs: Er habe sie selbst mit Eva, den Kaiser aber mit Adam verglichen und damit beleidigt.[158] Insofern deckt sich der

---

152  Soz. 8,20,3; fast wortgleich: Socr. 6,18,5; vgl. Theod. Lect. 298
153  ps.-Mart. 84 f. (P 505a-b); Pallad., *Dial.* 9 (PG 47, 31 f.).
154  Liebeschuetz, The Fall of John Chrysostom, 18 f.
155  ps.-Mart. 87 (P 506b–507a); Pallad., *Dial.* 9 (PG 47, 32).
156  ps.-Mart. 87 (P 506b–507a); Pallad., *Dial.* 9 (PG 47, 32).
157  ps.-Mart. 87 (P 506b–507a): ῥίψασα ἡ γυνὴ τὴν ταῖς γυναιξὶ κόσμον φέρουσαν αἰδῶ, ὥσπερ αὐτὴ καὶ τῆς ἐκεῖσε βασιλείας οἴσουσα τὰς ἡνίας· „αὐτὴ ταύτην, ἔφη, τὴν ἁμαρτίαν ἐπὶ τὴν ἐμαυτῆς οἴσω κεφαλήν."
158  ps.-Mart. 87 (P 506b–507a): ἡ δὲ σὺν βοῇ τε καὶ ὀργῇ καταλιποῦσα λαλοῦντα, Εὔαν ἔφασκεν αὐτὸν αὐτὴν πεποιηκέναι τῷ λόγῳ (ὥσπερ αὐτῆς τι βραχὺ γοῦν οὖσα ἀμείνων) καὶ Ἀδὰμ τὸν βασιλέα, καὶ τὸ „τί ἔτι χρείαν ἔχομεν μαρτύρων πρὸς τὸν ἄνδρα;" ἔφασκεν, „ηὐλόγηκε βασιλέα, φευγέτω τὴν ταχίστην."

Bericht des Johannes-Biographen mit den Äußerungen der anderen Autoren, die ebenfalls den Vorwurf der *laesa maiestas* gegen Johannes als Begründung für die zweite ‚Absetzung' des Bischofs anführen.

Die Nachricht von der bevorstehenden Verbannung des Bischofs führte zu neuen Aufständen in der Hauptstadt: Etwa vierzig seiner Anhänger wandten sich nach Bericht des Palladius flehend an Kaiser und Kaiserin, sie mögen angesichts des bevorstehenden Osterfestes die Kirche schonen und ihr ihren Priester zurückgeben. Da ihre Bitten nicht erhört wurden, habe schließlich einer unter ihnen das Wort an Eudoxia gerichtet und an die in ihrer Selbstdarstellung wichtigsten Tugenden – Mutterschaft und Frömmigkeit – appelliert: „Eudoxia, fürchte Gott, habe Mitleid mit deinen Kindern: Entweihe nicht durch Blutvergießen das Fest Christi!" (Εὐδοξία, φοβήθητι τὸν Θεόν, ἐλεήσασά σου τὰ τέκνα· μὴ ὕβριζε τὴν ἑορτὴν τοῦ Χριστοῦ τῇ τῶν αἱμάτων ἐκχύσει).[159]

Trotz dieses von Palladius geschilderten verzweifelten Versuchs der Johanniten ihren Bischof zu retten, und obwohl die Zeit bis zur seiner endgültigen Verbannung und auch darüber hinaus von wechselseitigen Aufständen der Anhänger wie der Gegner des Bischofs begleitet wurden,[160] blieb das Kaiserpaar diesmal unerbittlich bei seiner Entscheidung und ließ Johannes aus der Kirche und aus Konstantinopel entfernen. Wenige Monate nach der Verbannung des Bischofs starb Eudoxia am 6. Oktober 404 an den Folgen einer Fehlgeburt. Es war vor allem Liebeschuetz, der darauf aufmerksam gemacht hat, daß die Verfolgung der Chrysostomus-Anhänger nach dem Tode der Kaiserin Eudoxia nicht etwa nachließ, sondern im Gegenteil erst entbrannte; Eudoxias Rolle als treibende Kraft hinter der Opposition gegen Johannes und seinen Anhängern dürfe daher nicht zu überschätzt werden.[161] Dennoch löste der Tod der Kaiserin Spekulationen darüber aus, ob sie nicht die göttliche Strafe für die Behandlung des Bischofs ereilt habe.[162]

## Macht und Einfluß – Eudoxias politische Funktion und ihre Beurteilung in den literarischen Quellen

Die überlieferten Berichte über die Rolle, die Eudoxia bei der Verschwörung gegen Chrysostomus spielte, differieren stark. Eine Beteiligung Eudoxias an der Absetzung des Bischofs ist dennoch als wahrscheinlich anzunehmen. Wieviel Initiative dabei aber tatsächlich von der Kaiserin ausging, ist kaum festzustellen. Claudia Tiersch hat betont, daß zwischen den beiden Persönlichkeiten ein grundsätzlicher Gegensatz bestanden haben muß, was die Vorstellungen über irdische Herrschaftsausübung betraf, und daß Johannes Chrysostomus letztlich nicht willens war, den

---

159 Pallad., *Dial.* 9 (PG 47, 32 f.).
160 ps.-Mart. 88–93 (P 507a–510b); Pallad., *Dial.* 9 (PG 47, 33 f.); Socr. 6,18,8–19; Soz. 8,20,4–22,7; Hinweise auf die Ausschreitungen auch Zos. 5,24,3–8.
161 Liebeschuetz, The Fall of John Chrysostom, 26.
162 ps.-Mart. 121 f. (P 523b–524a), Socr. 6,19,5; Soz. 8,28,1 f.; Zur Datierung vgl. Marc. com. a. 404; *Chron. Pasch.* 568 nennt den 06. Oktober.

Herrschaftsanspruch der Kaiserin anzuerkennen, der sich auch auf das Eingreifen in innerkirchliche Konflikte erstreckte.[163]

Eudoxia war wie auch Chrysostomus in einer Rede anläßlich der Reliquientranslation von Konstantinopel nach Drypia noch selbst betont hatte, ‚Teilhaberin' der an der βασιλεία ihre Mannes.[164] Juristisch war diese Teilhaberschaft nicht definiert, aber die κοινωνία der Kaiserin hatte bereits Gregor von Nyssa für Flaccilla hervorgehoben.[165] Diese Teilhaberschaft war für die Rolle der *Augustae* der theodosianischen Dynastie wenigstens im Osten wohl programmatisch. Eudoxia nahm sie vielleicht mehr, vor allem aber viel offensichtlicher in Anspruch als Flaccilla, die in den literarischen Quellen als Stütze der Herrschaft ihres Mannes beschrieben wird, nicht aber nennenswert aktiv in die Politik Theodosius' I. eingegriffen zu haben scheint. Daß Eudoxia dagegen als Repräsentantin des Kaisertums eine so starke Position einnahm, mag auf die relative Schwäche ihres Mannes Arcadius zurückzuführen sein, der den antiken Autoren – sofern sie ihm überhaupt Platz in ihren Ausführungen einräumen – als nicht handlungsfähig galt.[166] Eudoxias Macht war dabei fraglos persönlicher Natur, und vielleicht war es vor allem die Passivität ihres Mannes, die es ihr ermöglichte, die kaiserliche Politik nach ihren Interessen zu beeinflussen.[167] Dies legt vor allem die ihr zugeschriebene Rolle bei der Absetzung des Johannes Chrysostomus nahe; darauf weisen aber auch die Andeutungen über ihre Beteiligung beim Sturz des Eutropius hin, wenn auch nichts Näheres in den Quellen berichtet wird.[168]

Eudoxia wurde von ihren Zeitgenossen und von späteren Autoren als Herrscherin des Oströmischen Reiches wahrgenommen, anders ist ihre starke Präsenz in den literarischen Quellen kaum zu erklären. Diese Wahrnehmung ihrer Rolle ist unabhängig von einem juristisch begründeten Herrschaftsanspruch, wie auch Eudoxias Macht keiner Sanktionierung *de iure* bedurfte, sondern sich aus ihrem Charisma als Mitglied der kaiserlicher Familie ergab. Dabei wurde die öffentliche Wahrnehmung Eudoxias gezielt auch durch die symbolische Repräsentation der kaiserlichen Frau im Rahmen der herrschaftlichen Selbstdarstellung beeinflußt. Dies geschah durch die Aufstellung von Ehrenstatuen an öffentlichen Plätzen, die sie vermutlich im vollen Kaiserinnenornat darstellten, und allem voran durch die Münzprägungen, die Eudoxia in Verbindung mit der *manus Dei* als erste unter den christlichen kaiserlichen Frauen als von Gott legitimierte *Augusta* zeigten. Diesem göttlich begründeten Machtanspruch suchte Eudoxia selbst wohl durch die ostentative Inszenierung ihrer Frömmigkeit – ausdrücklich nach nicänischem Bekenntnis[169] – gerecht

---

163 Tiersch, Johannes Chrysostomus, v. a. 218–220.
164 Joh. Chrys., *Hom.* 2,3 (PG 63, 472).
165 S. 30 f. dieser Arbeit.
166 Eunap. fr. 62 (Blockley); Philost. 11,3; Zos. 5,24,2.
167 Vgl. Cracco Ruggini, Auguste, 497 f.
168 Philost. 11,6; Soz. 8,7,3.
169 Nach Enßlin, Wilhelm: *Gottkaiser und Kaiser von Gottes Gnaden*, München 1943, 86 f. sind gerade christlicher Glaube und Rechtgläubigkeit Voraussetzung für die Anerkennung des Kaisers als Herrscher von Gottesgnaden. Wird der kaiserlichen Frau eine Teilhaberschaft an der Herrschaft, κοινωνία τῆς βασιλείας, zuerkannt und wird diese ebenfalls durch göttliche Gnade

zu werden; so betonte sie immer wieder öffentlichkeitswirksam ihre besondere Machtstellung als θεοφιλεστάτη βασίλισσα und damit ihre persönliche Nähe zu Gott, wobei sie für sich beanspruchen konnte, auf Erden gemäß der göttlichen Vorsehung zu handeln; „ὅσα ἐβουλεύσω, κατὰ θεὸν ἐβουλεύσω" würde Marcus Diaconus dem Porphyrius als gegenüber Eudoxia geäußertes Lob in den Mund legen.[170] Auf der Vorstellung der von Gott legitimierten Kaiserin fußte auch die Autorität, kraft derer Eudoxias Tochter Pulcheria, dem Vorbild ihrer Mutter folgend, den religiösen Diskurs im zweiten Viertel des 5. Jahrhunderts entscheidend mitprägen würde.

In diesem Zusammenhang diente möglicherweise auch der symbolische Rückbezug auf Flaccilla der Anerkennung ihrer Person als ‚rechtgläubige' Kaiserin und des Kaisertums des Arcadius insgesamt: Galla, die zweite Frau des Theodosius wurde dabei wohl bewußt übergangen und man schloß an die anti-homöische Programmatik der theodosianischen Herrschaft an. Zu überlegen ist weiterhin, ob nicht der von Johannes Chrysostomus und seinen Anhängern bemühte Isebel-Herodias-Vergleich genau dieses Konzept torpedieren sollte: Auch die ‚Arianerin' Justina, Gallas Mutter, war von ihrem Gegner Ambrosius als Isebel und Herodias diffamiert worden.[171]

Eudoxias politischer Einfluß erstreckte sich, so viel ist sicher, auf den kirchlichen Bereich. Über ihre Rolle bei der Absetzung des Eutropius läßt sich hingegen nur spekulieren. Berichte verschiedener Autoren über Eudoxias Beteiligung auch hinsichtlich personaler Entscheidungen sowie die ursächliche Rückführung gesellschaftlicher Entwicklungen auf die Machtstellung der Kaiserin legen die Vermutung nahe, daß Eudoxias Wirkungsbereich auch die säkulare Politik des kaiserlichen Regierungsapparates betraf. Allerdings sind die diesbezüglichen Äußerungen der spätantiken Autoren zu wenig konkret, als daß sich hierzu sichere Aussagen machen ließen.

Der zeitgenössische homöische Kirchenhistoriker Philostorg etwa berichtet, daß Eudoxia den Sturz des mächtigen Hofeunuchen Eutropius herbeigeführt habe, weil dieser ihr gedroht habe, sie aus dem Palast zu werfen (παρὰ Εὐτροπίου περιυβρισθεῖσα ὡς καὶ ἀπειλὴν αὐτῇ ἐπενεγκεῖν τῶν βασιλείων θᾶττον ἀποπέμψασθαι).[172] Der nur aus den Exzerpten des späteren Historikers Photius erhaltene Hinweis auf den Sturz des Eutropius bei Philostorg deutet eine gewisse Unsicherheit in Bezug auf den zeitgenössischen Bericht an: „ὅτι, φησίν [...]" (gemeint ist Philostorg), leitete Photius sein Exzerpt ein.[173] Es handelt sich hier zwar

---

legitimiert, gelten für ihre Anerkennung durch die Untertanen dieselben Kategorien wie für den Kaiser selbst.

170 *V. Porph.* 45, vgl. ebd. auch die aus heutiger Sicht überraschende Verwendung des Felsenwortes in Bezug auf Eudoxia: „Σὺ εἶ Πέτρος, καὶ ἐπὶ ταύτῃ τῇ πέτρᾳ οἰκοδομήσω μου τὴν ἐκκλησίαν."

171 Ambros., *Ep.* 20,12; 16–18 (PL 16, 997–999).

172 Philost. 11,6.

173 Philost. 11,6; s. hierzu Bidez, Josef/Friedhelm Winkelmann (Hgg.): *Philostorgius, Historia Ecclesiastica. Mit dem Leben des Lucian von Antiochien und den Fragmenten eines arianischen Historiographen*, Berlin 1981, XIV.

um eine Standardformulierung byzantinischer Exzerpisten, tatsächlich aber wissen andere Autoren des 5. Jahrhunderts nichts von einer Beteiligung Eudoxias, und lediglich Sozomenus, der seine Kirchengeschichte unter der Herrschaft ihres Sohnes Theodosius II. verfaßte, deutet beiläufig einen Streit mit Eudoxia als Ursache für Eutropius' Absetzung an (εἰς τὴν βασιλέως γαμετὴν ὑβρίσας), ohne jedoch der Kaiserin eine direkte Beteiligung daran zuzuschreiben.[174]

Verschiedentlich wurde in Eutropius' Nachfolger Aurelian der Schlüssel zur Lösung dieses Problems gesehen, der unter Eudoxias Patronage gestanden und ihre Erhebung zur *Augusta* in die Wege geleitet haben könnte.[175] Im Zuge der Gaïnaskrise 399/400 wurde Aurelian gemeinsam mit Saturninus und eventuell dem *comes* Johannes von Gaïnas ins Exil geschickt.[176] Saturninus und Johannes lassen sich im engeren Kreis um Eudoxia vermuten; letzterer stand laut Zosimus sogar im Verdacht, Vater ihres Sohnes Theodosius' zu sein[177] und Saturninus' Gattin Castricia gehörte nach Angabe bei Palladius zu den Verschwörern gegen Johannes Chrysostomus.[178] Ob diese diffusen Hinweise aber genügen, um auf eine Interessengemeinschaft gegen Eutropius unter Eudoxias Schirmherrschaft schließen zu können, kann hier nicht entschieden werden. Gleiches gilt für Berichte über Korruption und Ämterhandel, wie etwa bei Eunapius und ihm folgend Zosimus,[179] die sich ins negative Gesamtbild Eudoxias fügen und die in ihrer Selbstdarstellung und ihrem Handeln fromme Kaiserin geradezu dämonisieren.[180] Am Hof von Konstantinopel hatte Eudoxia aber vielleicht die Bedingungen für ihre älteste Tochter Pulcheria geschaffen, die mit gleicher Machtfülle ausgestattet, die Herrschaft Theodosius' II. entscheidend mitgeprägt haben soll.

---

174 Soz. 8,7,3.
175 Holum, Theodosian Empresses, 64; Cameron/Long, Barbarians and Politics, 172.
176 Zos. 5,18,8.
177 Zos. 5,18,8.
178 Pallad., *Dial.* 8 (PG 47, 27).
179 Eunap. fr. 72 (Blockley); Zos. 5,35,4. Im Eunapiusfragment ist von Pulcheria die Rede, aber wie Blockley, Ending of Eunapius' History, 175 gezeigt hat, dürfte es sich hierbei um eine Verwechslung des Kompilators Photius handeln.
180 Vgl. ps.-Mart. 122 (P 524b).

## 6 GALLA PLACIDIA

*„Eine sehr scharfsinnige Frau von*
*vernünftigem Charakter und besonders*
*rechtschaffen im Glauben."*
*(Oros., adv. pag. 7,43,7)*

Galla Placidia gehört zu den bekanntesten Frauen der theodosianischen Dynastie wie der Spätantike überhaupt. Ihre ‚Abenteuer' sind Stoff zahlreicher Romane,[1] und mehrere Monographien wurden über sie verfaßt.[2] Geboren um 392 in Konstantinopel als Tochter Theodosius' I. und seiner zweiten Frau Galla, war Galla Placidia Halbschwester der beiden Thronfolger Arcadius und Honorius.[3] Als Tochter der Galla, mit der Theodosius I. sich in zweiter Ehe vermählt hatte, um sich mit der valentinianischen Dynastie zu verbinden und die Legitimität seiner eigenen Herrschaft zu stärken, war Galla Placidia außerdem eine Enkelin Valentinians I.: Galla Placidia verkörperte daher in höchstem Maße das dynastische Prinzip, das wohl die einzige Konstante in ihrer Biographie darstellte, die ansonsten vor allem durch ständige Orts- und Statuswechsel geprägt war.

---

1    Zu nennen ist hier z. B. Lidia Storoni Mazzolanis romanhaft angelegte Biographie *Galla Placidia,* Mailand 1975 aus der Reihe „Gli Italiani", die von dem vor allem als Publizist bekannten italienischen Historiker Indro Montanelli herausgegeben wurde. Die Biographie folgt dicht den literarischen Quellen. Dramatischer gefärbt ist dagegen die Biographic von Caffin, Philippe: *Galla Placidia. La dernière impératrice de Rome,* Paris 1977; im deutschsprachigen Raum dürfte der Roman von Henry Benrath: *Die Kaiserin Galla Placidia,* München 1978 (in einer gekürzten Fassung erstmals 1937) am bekanntesten sein. Eine Reihe von Erscheinungen jüngeren Datums zeigen, daß das starke Publikumsinteresse an Galla Placidia seit den siebziger Jahren nicht verebbt ist.

2    Etwa Nagl, M. Assunta, *Galla Placidia,* Paderborn 1908, Sirago, Trasformazione politica (zu verschiedenen Problemen dieser Darstellung s. die ungnädige aber berechtigte Besprechung des Bandes von Ruggini, Lellia: „Fonti, problemi e studi sull'età di Galla Placidia", in: *Athenaeum* 40[1962], 373–391); Oost, Stewart Irvin: *Galla Placidia. A Biographical Essay,* Chicago/London, 1968; erneut Sirago, *Galla Placidia la nobilissima (392–450),* Mailand 1996; und jüngst Sivan, Hagith: *Galla Placidia. The last Roman Empress,* New York 2011.

3    Dem Problem der Datierung ihrer Geburt widmet sich etwa Oost, Stewart Irvin: „Some Problems in the History of Galla Placidia", in: *CPh* 60(1965), 1–4, der besonders mit Claud., *de IV cons. Honor.* 207–9 für das frühere Datum 388/9 plädiert: Die Passage bei Claudian (*in utroque* [= Arcadius und Honorius] *relucet frater, utroque soror; simili chlamys effluit auro; stellati pariter crines*), so Oost, „could refer to an infant of one or two years, but by putting Placidia almost on a par with Honorius and Arcadius […] it seems more natural to suppose her older than an infant at the time; the passage seems better to refer to a child about five" (ebd. 4). Eine Datierung mit Claudian ist m. E. schwierig: Der Panegyricus wurde anläßlich des vierten Konsulats des Honorius gehalten, also 398. Die Passage bezieht sich aber auf die Erhebung Honorius' durch seinen Vater im Januar 393. Bei der Erwähnung Galla Placidias als mit *chlamys* und Diadem bekleidete Prinzessin kann es sich durchaus um eine schlichte Rückprojektion des Dichters handeln, die nichts mit dem tatsächlichen Alter der Kaiserschwester im Jahre 393 zu tun hat. Z. 203 f. desselben Panegyricus war Nagl, Galla Placidia, 8, Anm. 1 Beweis für ihre Geburt nach 391. Nach Rebenich, Gratian, 381 ist das Jahr 391 als *terminus post quem* wahrscheinlich; für ein Geburtsdatum um 393 spricht sich Sivan, *Last Roman Empress,* 61, Anm. 4; 102, Anm. 36 aus.

Nach dem Tode ihres Vaters im Jahre 395 – die Mutter war bereits im Jahre 394 verstorben – kam die nun verwaiste Galla Placidia gemeinsam mit ihrem ebenfalls noch minderjährigen Halbbruder Honorius in die Obhut ihrer Cousine Serena und des Stilicho. In frühester Kindheit führte ihr Weg sie fort aus Konstantinopel an den Hof von Mailand,[4] wo nun der elfjährige Honorius als Nachfolger Theodosius' I. installiert werden sollte. Galla Placidia war zu diesem Zeitpunkt noch ein kleines Mädchen, und es scheint daher einleuchtend, daß ihr Vater sie vor seinem Tod genau wie seinen Sohn Honorius der Fürsorge seiner Lieblingsnichte Serena anvertraut hatte. Galla Placidias Anwesenheit in Mailand, der ehemaligen Residenzstadt ihres Großvaters, erfüllte aber in Bezug auf die Regierung ihres Bruders Honorius auch einen legitimatorischen Zweck, insofern als Galla Placidia die Mailänder Bevölkerung an den Anschluß der theodosianischen Dynastie, zu der Honorius zählte, an die valentinianische erinnerte, deren letzter lebender Nachkomme sie war.

Erstmals politisch in Erscheinung trat Galla Placidia laut Bericht des paganen Profanhistorikers Zosimus im Jahre 408 in Rom, während der Belagerung der Stadt durch die Westgoten, als sie dem Beschluß des römischen Senates zur Hinrichtung ihrer Ziehmutter Serena wegen Hochverrates zugestimmt haben soll.[5] Wieviel Wahrheitsgehalt hinter Zosimus' Darstellung steckt, ist schwer zu ermitteln; besonders da weitere Hinweise auf Galla Placidias Beteiligung am Hochverratsprozeß gegen Serena fehlen. Ob man seinem Bericht Glauben schenkt, hängt daher auch davon ab, wie viel politisches Kalkül man einer etwa Sechzehnjährigen zutrauen möchte. So gehen Demandt und Brummer nicht davon aus, das Galla Placidia die treibende Kraft hinter der Ermordung Serenas war, sondern vielmehr „der Senat seinerseits die Initiative ergriffen und bei Placidia lediglich Rückendeckung gesucht" habe, da das Verfahren gegen Serena mindestens ein „symbolisches Einverständnis" des Kaiserhauses erfordert hätte.[6] Ein Motiv für Galla Placidia könnte dennoch in Serenas offensichtlichen Bemühungen bestanden haben, ihre ohnehin einflußreiche Stellung am Hofe durch eine gezielte Heiratspolitik auszubauen,[7] die möglicherweise sogar einmal den Plan beinhaltet hatte, ihren Sohn Eucherius mit Galla Placidia zu vermählen,[8] ein Umstand, mit dem sich die legitime Tochter des Kaisers Theodosius vielleicht nicht anfreunden konnte.

---

4    Ein Palast in Konstantinopel blieb anscheinend in ihrem Besitz, in dem sie bei ihrem Aufenthalt in der östlichen Hauptstadt in den 420er Jahren residiert haben dürfte: Syn., *Ep.* 61; *Chron. Pasch.* 563.
5    Zos. 5,38,1; s. oben S. 49 f. dieser Arbeit.
6    Demandt/Brummer, Prozeß, 481.
7    Vgl. Kapitel II.3 und II.4 dieser Arbeit.
8    Daß Serena und ihr Mann Stilicho im Rahmen ihrer Heiratspolitik auch angedacht hatten, Galla Placidia mit ihrem Sohn Eucherius zu verheiraten (etwa Oost, Some Problems, 2, Sirago, Galla Placidia la nobilissima, 21 und Demougeot, Emilienne: „L'évolution politique de Galla Placidia", in: *Gerión* 3(1985), 185), ist angesichts ihres sonstigen Vorgehens denkbar und in Claud., *de cons. Stil. II* 354–359 wird eine Vermählung zwischen Eucherius und Galla Placidia angedeutet (Venus hic [...] tertia regali iungit conubia nexu, pennatique nurum circumstipantur Amores progenitam Augustis Augustorumque sororem. Eucherius trepido iam flammea sublevat ore virginis). Anders als bei Claudian impliziert, hat diese Hochzeit aber vermutlich nie stattgefunden. Es könnte sich bei dieser Andeutung also ebenso um eine Wunschvorstellung

Ob Galla Placidia der gegen Serena gefaßte Senatsbeschluß einfach nur gelegen kam, oder ob sie selbst den Stein ins Rollen gebracht hatte, ist letztlich unerheblich. Für das oben genannte Motiv sprechen aber weitere Überlegungen: Zwar war Serenas Einfluß auf den Kaiser im Jahre 408 durch den Sturz ihres Mannes Stilicho bereits gebrochen, auch hielt sie sich nicht mehr im kaiserlichen Palast auf, sondern residierte, wie wohl auch Galla Placidia, zu dieser Zeit in Rom.[9] Der Kaiser Honorius aber hatte noch keinen Thronfolger gezeugt und seine Frau Thermantia, Tochter der Serena, hatte er gerade erst verstoßen. Im Falle seines Todes hätte sich nun eine dynastische Konkurrenzsituation zwischen Serena mit ihrer Tochter Thermantia auf der einen und Galla Placidia auf der anderen Seite ergeben, denn jede von beiden Seiten hätte über eine passende eheliche Verbindung einen neuen legitimen Kaiser stellen können.[10] Es ließe sich weiter spekulieren, beispielsweise über etwaige politische Vorteile, die sich für Galla Placidia aus einer Kooperation mit dem römischen Senat für die Zukunft hätten ergeben können.

Die folgenden Monate nach der Hinrichtung Serenas verbrachte Galla Placidia in Rom,[11] bis die Stadt 410 von den Westgoten unter der Führung Alarichs überfallen wurde. Im Zuge der Plünderungen wurde sie von Alarich gefangen genommen und schließlich 412 als Geisel der Goten nach Gallien entführt,[12] „genoß aber alle kaiserliche Würde und Verehrung" (πάσης δὲ ἀπολαύουσα τιμῆς καὶ βασιλικῆς θεραπείας).[13] Verhandlungen um die Herausgabe Galla Placidias im Austausch für Getreidelieferungen an die Westgoten scheiterten – wenn man dem Bericht eines Zeitgenossen folgt, an der wechselseitigen Nichteinhaltung von Vereinbarungen.[14]

## Galla Placidia – Königin der Westgoten

Während der Geschichtsschreiber Zosimus sich nach ihrer Entführung nicht weiter für Galla Placidia interessierte, griffen andere spätantike Geschichtsschreiber die folgenden Ereignisse auf, um sie in teils breiter Ausführlichkeit zu schildern. Galla Placidias Zeit bei den Westgoten gehört daher zu den besser dokumentierten Ab-

---

des Panegyrikers Claudian handeln, wie seine für Galla Placidia gewählte Titulatur, die er in *de VI cons. Honor.* 553 als Schwester des Kaiser *„Augusta"* nennt, sie also mit dem Titel bezeichnet, der ihr erst viele Jahre später verliehen werden würde.

9  Zos. 5,35,1.

10  Hierzu Kapitel III.2.1; in einem rechtshistorischen Kontext thematisiert bereits bei Maslev, Stefan: „Die staatsrechtliche Stellung der byzantinischen Kaiserinnen", in: *ByzSlav* 27(1966), 334–337.

11  Aus dieser Zeit stammt wohl auch der in *CIL* 6, 3696 (= *ILS* 8953) verzeichnete Anhänger, der sie als *nobilissima puella* ausweist. Die Inschrift lautet: d(ominae) n(ostrae) Galla/e Placidi/ae n(obilissimae) p(uellae). In der *Epigraphic Database Rome (EDR)* wird diese etwa 7 cm × 4 cm große *tabula ansata* auf ca. 390–410 datiert: EDR071627, bearbeitet von Silvia Orlandi am 06.07.2011 (Zugriff: http://www.edr-edr.it, Stand: 10.07.2011).

12  Oros., *adv. pag.* 7,40,1 f.; 7,43,2; Olymp. fr. 6; Philost. 12,4; Prosp. Tiro 1259 (a. 416); *Chron. Gall. 452,* 77 (a. 416); Hyd. Lem. 44 (a. 409); Marc. com. a. 410; Jord., *Get.* 159; *Rom.* 323; Malal. 13,48; Joh. Nik. 84,15–18; Theoph. AM 5895; Zon., *Epit.* 13,21,7 f.

13  Zos. 6,12,3.

14  Olymp. fr. 22.

schnitten in ihrer Biographie. Mit Entsetzen habe man im römischen Reich reagiert,[15] als Galla Placidia sich 414 mit Athaulf, dem Schwager und Nachfolger des 410 verstorbenen Gotenkönigs Alarich vermählte.[16] Für Athaulf wird die kaiserliche, römische Herkunft seiner Braut sicher eine große Rolle gespielt haben: War sie ihm als Geisel bereits ein wirkungsvolles Druckmittel gegen die Römer, erhoffte er sich durch eine Ehe mit ihr vielleicht, eine noch bessere Position bei seinen Verhandlungen mit Westrom einnehmen zu können. Eine romantischere Darstellung besagt, es seien ihre Schönheit und Reinheit gewesen, die den Gotenkönig anzogen.[17] Im Vordergrund werden allerdings (vielleicht sogar beiderseitige) diplomatische Überlegungen gestanden haben.[18] Die Hochzeit in der gallischen Stadt *Narbo* beschrieb Olympiodor wie folgt:[19]

> ἔνθα προκαθεσθείσης Πλακιδίας ἐν παστάδι τε Ῥωμαϊκῶς ἐσκευασμένη καὶ σχήματι βασιλικῷ, συγκαθέζεται αὐτῇ καὶ Ἀδαούλφος ἐνδεδυμένος χλανίδα καὶ τὴν ἄλλην Ῥωμαίων ἐσθῆτα. Ἐν οἷς μετὰ τῶν ἄλλων γαμικῶν δώρων δωρεῖται Ἀδαούλφος καὶ ν΄ εὐειδεῖς νεανίας σηρικὴν ἐνδεδυμένους ἐσθῆτα, φέροντος ἑκάστου ταῖς χερσὶν ἀνὰ δύο μεγίστων δίσκων, ὧν ὁ μὲν χρυσίου πλήρης, ὁ δὲ τιμίων λίθων, μᾶλλον δὲ ἀτιμήτων ἐτύγχανεν· ἃ τῆς Ῥώμης ὑπῆρχε κατὰ τὴν ἅλωσιν τοῖς Γότθοις ἀποσυληθέντα. Εἶτα λέγονται καὶ ἐπιθαλάμιοι […]· καὶ συντελεῖται ὁ γάμος παιζόντων καὶ χαιρόντων ὁμοῦ τῶν τε βαρβάρων καὶ τῶν ἐν αὐτοῖς Ῥωμαίων.[20]

> Dort saß Placidia in kaiserlicher Pracht in einer nach römischer Art hergerichteten Vorhalle, und bei ihr saß Athaulf, gehüllt in eine Chlanis [sic] und andere römische Kleidung. Neben den anderen Brautgeschenken gab Athaulf ihr unterdessen auch 50 schöne junge Männer, die in seidene Gewändern gekleidet waren, von denen jeder in seinen Händen zwei übergroße Teller trug, davon je einer mit Gold, der andere aber mit wertvollen Steinen gefüllt: Diese zur erbeuten war den Goten beim Überfall auf Rom geglückt. Dann wurden auch die Epithalamien gesungen […]: Und geschlossen wurde die Ehe bei Tanz und unter dem Jubel der Barbaren und der Römer unter ihnen.

Nach dieser Beschreibung Olympiodors wurden Galla Placidia mehr als nur Zugeständnisse an ihre römische Herkunft gemacht. Der Bericht deutet an, daß man Galla Placidias sozialem Status auch bei den Westgoten mit Respekt begegnete, indem man sie nicht nur im kaiserlichen Gewand auftreten ließ, sondern die gesamte Vermählungszeremonie römisch zu gestalten versuchte, wobei selbst der Bräutigam sich nach römischem Vorbild inszenierte und ihr als Geschenk einen Teil der aus Rom erbeuteten Schätze zurückgab. Dies spricht dafür, daß Athaulf bereits zu diesem Zeitpunkt eine friedliche Annäherung an Rom anstrebte und diese über seine Heirat mit Galla Placidia und damit eine Anbindung an das römische Herrscherhaus zu erreichen bemüht war. Eine spätere lateinischsprachige Quelle läßt die öffentlich ausgetragene Hochzeit noch auf italischem Boden im heutigen Forli (*Fo-*

---

15 Jord., *Get.* 160.

16 Oros., *adv. pag.* 7,40,1 f.; 7,43,2; Olymp. fr. 6; 22; 24; Philost. 12,4; Prosp. Tiro 1259 (a. 416); Hyd. Lem. 57 (a. 414); *Chron. Gall. 511, 559*; Marc. com. a. 410; Jord., *Get.* 159; *Rom.* 323; Theoph. AM 5895.

17 Jord., *Get.* 160.

18 Vgl. hierzu Becker-Piriou, Audrey: „De Galla Placidia à Amalasonthe, des femmes dans la diplomatie romano-barbare en Occident?", in: *Revue historique* 310(2008), besonders 510–512.

19 Vgl. Hyd. Lem. 57 (a. 414).

20 Olymp. fr. 24.

*rum Livii*) stattfinden.[21] Auffällig ist die Nähe des Ortes zur kaiserlichen Residenz-stadt Ravenna. Wenn man Marchetta in seiner prinzipiell überzeugenden Grundannahme folgt, daß Athaulf schon früh ein gotisch-römisches Friedensbündnis im Auge hatte,[22] könnte die Wahl des Ortes als vor allem an die ravennater Öffentlichkeit gerichtetes Signal der Bereitschaft zu einer versöhnlichen Annäherung an den weströmischen Kaiser gedeutet werden.

Die auf den ersten Blick ungewöhnliche Verbindung einer römischen Prinzessin mit dem Gotenkönig Athaulf sollte sich für Westrom tatsächlich nicht zum Nachteil gestalten, heißt es in verschiedenen Berichten.[23] Ein ebenfalls zeitgenössischer hispanischer Autor, Orosius, erklärt, er selbst habe bei seinem Aufenthalt 415 in Bethlehem[24] zufällig ein Gespräch zwischen einem Vertrauten des Athaulf mit dem Kirchenvater Hieronymus angehört.[25] Der nicht näher identifizierte Mann aus *Narbo* habe dem Kirchenvater erzählt, es sei vor allem Galla Placidia zu verdanken, „einer sehr scharfsinnigen Frau von vernünftigem Charakter und besonders rechtschaffen im Glauben" (*femina[e] sane ingenio acerrima[e] et religione statis proba[e]*),[26] daß Athaulf seine romfeindliche Haltung nun abgelegt habe, wohingegen er früher noch danach getrachtet habe, ein gotisches anstelle des römischen Imperiums zu errichten und selbst den Platz des *Augustus* einzunehmen.[27] Unter dem Einfluß seiner Frau aber und aufgrund seiner Einsicht, daß die Goten nicht in der Lage seien, Gesetze einzuhalten, ohne die eine *res publica* doch nicht bestehen könne, habe Athaulf schließlich den Plan gefaßt, das römische Imperium mit gotischer Unterstützung zu restaurieren, um auf diese Weise bei der Nachwelt Ruhm zu erlangen.[28] Nach der Geburt eines Sohnes im Jahre 415, den Galla Placidia nach ihrem Vater Theodosius nannte, habe sich Athaulfs Einstellung zu Rom noch ein-

---

21  Jord., *Get.* 160. Sehr ausführlich diskutiert bei Marchetta, Antonio: *Orosio e Ataulfo nell'ideologia dei rapporti romano-barbarici*, Rom 1987, 77–85, der auch 410 als Heiratsdatum für möglich hält (ebd. 84, Anm. 65); hierzu auch: Demougeot, L'évolution politique, 187 f., sowie Becker-Piriou, De Galla Placidia à Amalasonthe, 510 f.

22  S. oben Anm. 21.

23  Oros., *adv. pag.* 7,40,1: Placidia […] ita iuncta potentissimo barbari regis coniugio multo reipublicae commodo fuit. Hyd. Lem. 57 glaubte gar an die friedensverheißende Erfüllung einer alttestamentarischen Prophezeiung (*Dan.* 11,6); vgl. Philost. 12,4.

24  Breukelaar, Adriaan: „Orosius", in: *BBKL* 6(1993), 1277–1282.

25  Oros., *adv. pag.* 7,43,4–7.

26  Oros., *adv. pag.* 7,43,7.

27  Oros., *adv. pag.* 7,43,5: ut […] Romanum omne solum Gothorum imperium et faceret et vocaret essetque, ut vulgariter loquar, Gothia quod Romania fuisset et fieret nunc Athaulfus quod quondam Caesar Augustus; vgl. Jord., *Get.* 159.

28  Oros., *adv. pag.* 7,43,6: […] ad ubi multa experientia probavisset neque Gothos ullo modo parere legibus posse propter effrenatam barbariem neque reipublicae interdici leges oportere, sine quibus respublica non est respublica, elegisse saltim, ut gloriam sibi de restituendo in integrum augendoque Romano nomine Gothorum viribus quaereret habereturque apud posteros Romanae restitutionis auctor, postquam esse non potuerat immutator. Vgl. Oost, Stewart Irvin: „Galla Placidia and the Law", in: *CPh* 63(1968), 118 f. nimmt an, daß Athaulf dieses Gedankengut von Galla Placidia übernommen haben könnte, der Oost a. O., *passim* ein geradezu republikanisches Politikverständnis zutraut.

mal mehr gebessert, so Olympiodor. Athaulfs veränderte Gesinnung stieß in Rom aber, vor allem beim *magister militum* Constantius, der die Verhandlungen mit den Goten führte, auf wenig Gegenliebe.[29]

Ob es tatsächlich Galla Placidias positiver Einfluß war, wie Orosius glauben machen will, oder eine grundsätzlich bereits länger bestehende Überzeugung des Gotenkönigs, daß ein gotisch-römisches Bündnis für beide Seiten gewinnbringend wäre, wird sich kaum klären lassen. Olympiodors Bericht läßt eher auf letzteres schließen. Der Name des 415 geborenen Sohnes deutet darauf hin, daß es sich – wer auch immer in dieser Ehe wen beeinflußte – am Ende um ein gemeinsames politisches Programm Galla Placidias und Athaulfs handelte. Über die nun familiäre Beziehung hofften sie vermutlich, einen friedlichen Ausgleich zwischen Römern und Goten zu erreichen. Dies gilt um so mehr – und wieder könnte der Name des Kindes ein entscheidender Hinweis sein –, falls man den gemeinsamen Sohn als potentiellen Thronfolger des nach wie vor kinderlosen Honorius aufbauen wollte. So hätte ein gotisch-römische Bündnis auf beiderseitig dynastischem Wege dauerhaft begründet werden können.[30] Sollten die jungen Eltern entsprechende Hoffnungen gehegt haben, wurden diese jedoch bald zerschlagen: Das Kind Theodosius starb früh, noch im Jahr seiner Geburt, und wurde in *Barcino* (Barcelona) bestattet.[31] Wenig später fiel Athaulf einem Mordanschlag zum Opfer. Noch auf dem Totenbett soll er seinen Bruder gebeten haben, Galla Placidia den Römern zu übergeben und den Frieden zu schließen.[32] Doch zunächst sah es danach aus, als sollten sich die Dinge für Galla Placidia anders entwickeln:

Sigerich, dessen Bruder Athaulf hatte hinrichten lassen, und der daher ein erbitterter Gegner des verstorbenen Königs war, gelang es – wenn auch nur kurzzeitig – sich selbst zum Nachfolger Athaulfs zu machen. Er ließ dessen Kinder aus erster Ehe töten und zwang Galla Placidia wie eine Sklavin seinem Pferd vorausgehend, zusammen mit anderen Gefangenen einen Marsch von zwölf Meilen zu Fuß zurückzulegen. Bereits nach sieben Tagen wurde der grausame Herrscher getötet und Vallia zum König der Goten erhoben.[33] Diesem gelang es 416 endlich, Frieden mit

---

29  Olymp. fr. 26.

30  Oost, Galla Placidia and the Law, 116; Marchetta, Orosio e Ataulfo, 212–214; sowie auch Amici, Angela: „Ideologia dinastica nell'impero romano d'Occidente. Il figlio di Galla Placidia Theodosius nobilissimus puer", in: Marcello Rotili (Hg.), *Tardo antico e alto Medioevo. Filologia, storia, archeologia, arte,* Neapel 2009, 43–50, die sich hauptsächlich mit Erwähnung Theodosius' in der durch Agnellus überlieferten Ravennater Inschrift beschäftigt und diese als „manifesto ideologico, politico-religioso" (ebd. 47) Galla Placidias deutet.

31  Olymp. fr. 26; Mackie, Gillian: „The Mausoleum of Galla Placidia. A possible occupant", in: *Byzantion* 65(1995), 398 geht davon aus, daß Galla Placidia den Sarkophag ihres Sohnes bei ihrer Rückkehr nach Ravenna mit sich führte und dort das nach ihr benannte Mausoleum als Ruhestätte ihres verstorbenen Kindes errichten ließ, bis sie den Sarkophag schließlich 450 nach Rom überführen ließ, um ihren Sohn in der Familiengruft in Sankt Peter bestatten zu lassen (ebd. 400–403).

32  Olymp. fr. 26.

33  Olymp. fr. 26.; vgl. Oros., *adv. pag.* 7,43,9 f.

den Römern zu schließen, und im Austausch gegen eine große Getreidelieferung entließ er Galla Placidia aus ihrer Gefangenschaft.[34] Nach Jordanes gingen die Bemühungen um einen Friedensschluß diesmal vorrangig von römischer Seite aus: Angespornt fühlte sich der Heermeister Constantius wohl nun besonders durch ein Versprechen des Honorius, der Constantius zugesagt habe, Galla Placidia ehelichen zu dürfen, sobald er sie befreit habe.[35]

Honorius hielt Wort und verkündete nach Galla Placidias Befreiung bei den Feierlichkeiten anläßlich seines elften und Constantius' zweiten Konsulats am 1. Januar 417[36] öffentlich die Vermählung seiner Schwester mit seinem Heermeister – wenn es nach Olympiodor geht, gegen deren Willen:

> [...] πολλὰ μὲν αὐτὴ ἀνανεύουσα Κωνστάντιον [...]. Τέλος ἐν τῇ τῆς ὑπατείας ἡμέρᾳ ἀπὸ χειρὸς ταύτην ὁ βασιλεὺς καὶ ἀδελφὸς Ὁνώριος ἄκουσαν λαβὼν ἐγχειρίζει παραδιδοὺς Κωνσταντίῳ, καὶ ἐπιτελεῖται εἰς τὸ λαμπρότατον ὁ γάμος.[37]

> [...] dem Constantius begegnete sie mit starker Ablehnung [...]. Endlich, am Tag des Konsulatsantritts, nahm Honorius, der Kaiser und ihr Bruder, die sich Sträubende bei der Hand und übergab sie in die Hände des Constantius, und die Hochzeit wurde höchst feierlich begangen.

Es ist durchaus denkbar, daß Galla Placidia die Verbindung tatsächlich nicht aus freien Stücken eingegangen war, hatte sie doch nicht lange zuvor ihren ersten Ehemann verloren und sollte nun eine Ehe eingehen, über die ihr Bruder Honorius seine Nachfolge zu regeln hoffte; und dies zumal mit dem Mann, mit dem ihr erster Gatte, den sie vielleicht mehr geschätzt hatte, zähe Verhandlungen hatte führen müssen.[38] Allerdings entspricht diese Darstellung Galla Placidias dem in seiner Tendenz negativen Gesamtbild, das Olympiodor von Galla Placidia zeichnete, so daß auch diese Information nicht zwingend verläßlich ist. Aus der Ehe mit Constantius gingen immerhin zwei Kinder hervor: Die Tochter Honoria, die um 418 geboren wurde, und schließlich 419 der spätere Thronfolger, Valentinian III., der, wie die Quellen nahelegen, auf Drängen seiner Mutter noch zu Lebzeiten des Honorius den Titel *nobilissimus puer* erhielt.[39]

---

34   Oros., *adv. pag.* 7,43,12; Olymp. fr. 30; Prosp. Tiro 1259 (a. 416); Jord., *Get.* 165; *Rom.* 326.

35   Jord., *Get.* 164 f.; vgl. Olymp. fr. 26; Prosp. Tiro a. 416.; Malal. 13,48; Theoph. AM 5895 bezeichnen Constantius fälschlich als *comes* unter Alarich, der sie heimlich zu ihrem Bruder zurückgeführt und zum Dank dafür ihre Hand zur Ehe erhalten habe.

36   Marc. com. a. 417.

37   Olymp. fr. 33.

38   Oost, Biographical Essay, 142 überlegt weitere Motive für ihre ablehnende Haltung gegenüber Constantius, etwa seine niedere Herkunft und sein angeblich häßliches Äußeres.

39   Olymp. fr. 33 nennt ausdrücklich Honoria als Erstgeborene. Da Valentinian nach Marc. com. a. 419 in diesem Jahr am 2. Juli zur Welt kam, kommt für Honorias Geburt aller spätestens Herbst 418 in Betracht; vgl. Philost. 12,12; Soz. 9,1,16; Theod. Lect. 317; *Ann. Rav.* a. 419 gibt als Datum ebenfalls den 2. Juli an; Zon. *Epit.* 13,21,10.

## Galla Placidia Augusta und das dynastische Prinzip

421 machte Honorius seinen alten Vertrauten Constantius zum Mitregenten.[40] Laut Sozomenus erfüllte er damit einen Wunsch seiner Schwester Galla Placidia,[41] die er wiederum bald darauf gemeinsam mit Constantius zur *Augusta* erhob.[42] Im Osten, wohin Honorius die *laureatae* des Constantius III. gesandt hatte, um die Erhebung seines neuen Kollegen anzuzeigen, wurden diese und damit der neu designierte *Augustus* selbst von Theodosius II. nicht anerkannt.[43] Constantius wütete, verstarb aber während seiner Vorbereitungen zum Krieg gegen die östliche Reichshälfte nach nur sechsmonatiger Herrschaft am 2. September 421.[44]

Unter der Regentschaft ihres Bruders und ihres Mannes war Galla Placidia die erste *Augusta* der theodosianischen Dynastie im Westen. Nach oströmischem Vorbild wurden von nun an Münzen in ihrem Namen geschlagen, auf denen sie im Profil mit Blick nach rechts, bekleidet mit Diadem und *paludamentum* sowie der sie krönenden Hand Gottes abgebildet wurde. Die Legende auf dem Avers nennt Namen und Titulatur hingegen in traditioneller Weise: D(omina) N(ostra) GALLA PLACIDIA P(ia) F(elix) AVG(usta).[45]

Damit erhielt Galla Placidia die offizielle Bestätigung ihres symbolischen Kapitals, das heißt ihres Status als Angehörige des Herrscherhauses, das den kaiserlichen Frauen ein aktives Eingreifen in politische Angelegenheiten ermöglichte: Während des Konflikts zwischen den beiden Rivalen um die Nachfolge des Ende 418 verstorbenen römischen Bischofs Zosimus, Eulalius und Bonifatius, zeigte Galla Placidias erstmals, daß sie sich ihres Prestiges bewußt war und es als ihre Aufgabe verstand, sich an der kaiserlichen Politik zu beteiligen. Der Konflikt zwischen den Anhängern beider Parteien hatte sich rasch ausgeweitet und der Versuch einer Lösung in Ravenna war gescheitert. Daher hatte Honorius, der anfangs wohl

---

40 Philost. 12,12; Socr. 7,24,2; Prosp. Tiro 1273 (a. 420); Hyd. Lem. 75 (a. 419); *Chron. Gall. 452,* 88 (a. 420/1); Procop, *de bellis* 3,3,4; Joh. Nik. 84,18 f.; Theoph. AM 5895; vgl. Olymp. fr. 33, nach dem Constantius über seine Erhebung nicht ganz glücklich war.

41 Soz. 9,16,2.

42 Olymp. fr. 33; *Ann. Rav.* a. 421.

43 Olymp. fr. 33; Philost. 12,12; vgl. Holum, Theodosian Empresses, 128 vermutet, der Hauptgrund für die Nichtanerkennung Constantius' III. durch Theodosius II. habe in der Namenswahl für den Sohn Valentinian bestanden: Es steht außer Frage, daß Constantius beziehungsweise eher Galla Placidia mit der Benennung ihres Sohnes an die ältere, valentinianische Dynastie angeschlossen hatte, der Galla Placidia mütterlicherseits entstammte; vgl. auch Sirago, Trasformazione politica, 202 f. Allerdings kann hier kaum von einer provokativen Abkehr von der theodosianischen Dynastie die Rede sein: Ihren ersten Sohn mit Athaulf hatte Galla Placidia schließlich nach ihrem Vater benannt (was für den oströmischen Herrscher in der Tat eine Provokation gewesen sein könnte), ihre Tochter mit Constantius trug sowohl Namen ihrer valentinianischen Verwandtschaft (Justa und Grata), als auch die weibliche Form des Namens ihres Halbbruders (Honoria). Viel eher wird daher deutlich, daß sie sich wohl bewußt dagegen entschied, einen Namen aus der Familie ihres Mannes für ihre Kinder zu wählen.

44 Olymp. fr. 33; Philost. 12,12; vgl. Prosp. Tiro. 1276 (a. 421); Hyd. Lem. 76 (a. 420); Soz. 9,16,2; *Chron. Gall. 511,* 570.

45 *RIC* 10,1333; 1343.

noch zugunsten des Eulalius tendierte,[46] bestimmt, daß die Streitfrage auf einer Synode entschieden werden sollte, zu der auch gallische und nordafrikanische Bischöfe geladen wurden. Die in Spoleto geplante Synode sollte am Ende gar nicht stattfinden, weil Eulalius die Gunst des Kaisers verlor, als er gegen den kaiserlichen Befehl verstieß, der beiden Bischöfen bis zur Klärung des Konflikts den Aufenthalt in Rom untersagt hatte.[47] Am 3. April 419 wurde deshalb sein Konkurrent Bonifatius im Amt des Bischofs von Rom bestätigt. Kurz davor aber hatte Galla Placidia sich selbst an die von Honorius nach Spoleto geladenen Bischöfe Paulinus von Nola, Aurelius von Carthago und die sieben nordafrikanischen Bischöfe gewandt.[48] Es wäre müßig darüber zu spekulieren, welche der beiden Parteien, die sich in Rom gegenseitig bekämpften, Galla Placidia bevorzugte.[49] In jedem Fall wird sie sich darüber bewußt gewesen sein, daß es ihr als hochrangiger Angehöriger des Kaiserhauses möglich war oder vielmehr in ihrer Verantwortung lag, als Vermittlerin in innerkirchlichen Streitigkeiten aufzutreten. Wie auch Franca Ela Consolino gezeigt hat, belegen die Briefe einzig Galla Placidias Interesse an der kaiserlichen Politik und ihren Einsatz bei den Auseinandersetzungen um die orthodoxe Lehre, für die sie aktiv einzutreten bereit war.[50]

Viel ist es darüber hinaus nicht, was über diesen Lebensabschnitt Galla Placidias überliefert ist. Die Notizen des einzigen Gewährsmannes Olympiodor sind nur fragmentarisch erhalten; darüber hinaus rücken sie Galla Placidia in ein eher ungünstiges Licht:[51] So berichtete Olympiodor von einer merkwürdigen Episode, als der Zauberer Libanius nach Ravenna kam und sich rühmte, ganz ohne Waffen die Barbaren niederstrecken zu können. Anscheinend erhielt er die Erlaubnis der beiden Kaiser, seine Künste zu demonstrieren. Als Galla Placidia aber davon erfuhr, soll sie Constantius mit sofortiger Ehescheidung gedroht haben, wenn der Zauberer

---

46　*Coll. Avell., Ep.* 15 (*CSEL* 35,1, 60 f.)

47　Vgl. auch der kurze Hinweis dazu im *Lib. Pont.* 44.

48　*Coll. Avell., Epp.* 25; 27 f. (*CSEL* 35,1, 71 f.; 73 f.); hierzu Consolino, Franca Ela: „Galla Placidia imperatrice cristiana", in: *Filologia Antica e Moderna* 7(1994), 20–22, die mit Enßlin, „Galla Placidia", in: *RE* XX,2(1918), 1918 die Kaiserschwester auch als Urheberin des Briefes an Paulinus von Nola identifiziert (Consolino, a. O. 20, Anm. 10); vgl. auch Sivan, Last Roman Empress, 77 f.

49　Cristo, Stuart: „Some Notes on the Bonifacian Eulalian Schism", in: *Aevum* 51(1977), 164 f. geht mit Oost, Biographical Essay, 167 f. davon aus, Galla Placidia habe wie Constantius III. zunächst klar auf der Seite des als erster zum Bischof von Rom akklamierten Eulalius gestanden. Nach Sirago, Trasformazione politica, 228 f. war Bonifatius ihr Kandidat. Tatsächlich geht aber Galla Placidias Präferenz weder aus ihren Briefen, noch aus irgendeinem anderen Dokument hervor (so auch Consolino, Imperatrice cristiana, 22).

50　Consolino, Imperatrice cristiana, 21 f. „L'unico fatto certo è che, nel dar voce alla sua preoccupazione di credente, Galla Placidia afferma la propria esistenza a fianco di Onorio e rivendica a se stessa un ruolo attivo, proponendosi come interlocutrice dei vescovi africani, di cui riconosce importanza e prestigio" (ebd. 22).

51　Kaum erhellend ist Erwähnung der Zerstörung einer magischen Statue auf Sizilien durch Asclepius, der von Constantius und Galla Placidia dort als Verwalter ihres Landbesitzes eingesetzt worden sei (Olymp. fr. 27).

nicht auf der Stelle hingerichtet würde.[52] Was man als Zeichen für Galla Placidias Frömmigkeit und Ablehnung von Un- und Aberglaube werten kann, ist im Kontext der Olympiodor'schen Darstellung nicht als positives Urteil über die weströmischen *Augusta* zu verstehen.[53] Weiter heißt es, die Ehe mit der Kaiserschwester habe den einst tugendhaften,[54] wenn auch umtriebigen[55] Heermeister korrumpiert: Nach seinem Tode sollen sich die Beschwerden gegen ihn wegen verschiedener Unterschlagungen gehäuft haben. Diese aber hätten weder bei Honorius noch bei Galla Placidia Gehör gefunden;[56] beziehungsweise, um genauer auf den überlieferten Wortlaut einzugehen, scheiterten diejenigen, die von Constantius III. geschädigt worden waren, an Honorius' „Leichtigkeit" (κουφότης, im Kontext als Leichtsinn oder Gedankenlosigkeit aufzufassen) und Galla Placidias „Verhältnis" (οἰκειότης, eigentlich „Nähe") zu ihm.[57]

Diese Andeutung ist nicht sehr konkret. Sie läßt aber eine gewisse Überlegenheit Galla Placidias anklingen, insofern als ihrem Bruder politische Verständigkeit abgesprochen wird. Es wurde bereits oben am Beispiel der Serena gezeigt, daß die Frauen des Kaiserhauses bisweilen die erste Anlaufstelle für Bittsteller waren, damit sie beim Kaiser entsprechend vermittelten. Olympiodor unterstellte Galla Placidia jedoch, daß sie Hilfesuchende möglicherweise sogar abwies, zumindest aber ihre Vermittlerrolle nicht wahrnahm und Bittgesuche ihrem Bruder gar nicht erst überbrachte. Begründet wird dies bei Olympiodor mit der οἰκειότης Galla Placidias zu ihrem Bruder. Die Mehrdeutigkeit des Begriffes ist wahrscheinlich beabsichtigt, denn bereits im nächsten erhaltenen Fragment seines Geschichtswerkes ist eine weitere merkwürdige Anekdote überliefert: Nach dem Tode des Constantius habe das kaiserliche Geschwisterpaar wegen seiner engen Bindung, besonders aber wegen der Angewohnheit, sich gegenseitig auf den Mund zu küssen, „häßliche Verdächtigungen" auf sich gezogen (die von Olympiodor im übrigen nicht negiert werden).[58] Auch diese Darstellung dürfte topisch aufzufassen sein und spielte wahrscheinlich auf die Abhängigkeit des ‚schwachen', handlungsunfähigen Kaisers von seiner Schwester an, deren Charakter in der Darstellung des Profanhistorikers generell eher herrisch und bestimmend erscheint. Daß Olympiodor hier die traditionelle rhetorische Strategie anwandte, den Kaiser zu kritisieren, indem er seine weibliche Angehörige tadelte, ist offensichtlich. Daher ist kaum möglich, aus seinen Äußerungen über das politische Versagen des Honorius, das ursächlich auf

---

52  Olymp. fr. 36; Sirago, Trasformazione politica, 204 f. meint gar daraus schließen zu können, daß Galla Placidia das Druckmittel ‚Ehescheidung' öfters eingesetzt habe, um ihren Gatten willfährig zu machen.

53  Vgl. Zecchini, Giuseppe: *Aezio. L'ultima difesa dell'Occidente romano*, Rom 1983, 23 f.

54  Olymp. fr. 37.

55  Olymp. fr. 33.

56  Olymp. fr. 37.

57  Olymp. fr. 37: ἡ τοῦ Ὀνωρίου [...] κουφότης καὶ ἡ τῆς Πλακιδίας πρὸς αὐτὸν οἰκειότης ἀπράκτους αὐτῶν τὰς αἰτήσεις καὶ τὴν ἰσχὺν τοῦ δικαίου ἀπέφηνεν.

58  Olymp. fr. 38: Ὅτι τοσαύτη διάθεσις Ὀνωρίῳ πρὸς τὴν οἰκείαν ἀδελφήν, ἐξ οὗπερ ὁ ταύτης ἀνὴρ Κωνστάντιος ἀπεβίω παρεμπεφύκει, ὡς τὴν ἄμετρον ἀγάπην αὐτῶν καὶ τὰ συνεχῆ κατὰ στόμα φιλήματα εἰς ὑπόληψιν αἰσχρὰν αὐτῶν τοὺς πολλοὺς ἐμβαλεῖν.

Galla Placidias Einfluß zurückgeführt wird, ernsthafte Schlüsse über ihre politische Rolle während ihrer ersten Jahre als *Augusta* zu ziehen.

Die wechselseitige Zuneigung der beiden Geschwister sei schnell in Haß umgeschlagen, heißt es weiter: Angeblich bot das nicht näher erläuterte Eifern (σπουδή) einiger Bediensteter der Galla Placidia dem Honorius Anlaß, sich von seiner Schwester abzuwenden.[59] Auch hier wird sich ein Topos verbergen, nämlich derjenige der intriganten Höflinge: Namentlich erwähnt werden Galla Placidias *curator* Leonteus, ihre Amme Helpidia und eine gewisse Spadusa.[60] Der Bruch zwischen Bruder und Schwester habe zu Straßenkämpfen in Ravenna geführt, in denen sich die Anhänger beider Seiten gegenseitig bekriegten. Worum es tatsächlich ging, ist den Olympiodor'schen Fragmenten nicht zu entnehmen.[61] Am Ende siegte die Honorius-Partei, und Galla Placidia war (oder wurde) gezwungen, mit ihren beiden Kindern in die oströmische Hauptstadt zu fliehen. Ungeklärt ist, ob Honorius ihr im Zuge ihrer Verbannung aus Ravenna den *Augusta*-Titel entzog:[62] Auch hier sprechen die literarischen Quellen keine deutliche Sprache: Der oströmische Chronist Marcellinus vermerkte ihre Erhebung zur *Augusta* durch Theodosius II. für das Jahr 424,[63] was lediglich bestätigt, daß ihr Rang im Osten zuvor nicht anerkannt worden war; Olympiodor erklärt, sie habe den Titel von Theodosius II. ,zurückerhalten',[64] was unabhängig von einer früheren Anerkennung Galla Placidias als *Augusta* am Hof von Konstantinopel dafür sprechen würde, daß sie den Titel zwischenzeitlich verloren hatte.

---

59  Olymp. fr. 38.
60  Die Annahme, daß es sich bei letzterer um die Frau des späteren *magister utriusque militae* Felix handeln könnte, die eigentlich Padusia hieß, ist insofern reizvoll, als sie den plötzlichen Aufstieg des Flavius Felix 425 erklären könnte (so Hansen, August: *De Vita Aetii,* Diss. Tartu 1840, 26 f.; ihm folgen Sirago, Trasformazione politica, 236 und Oost, Biographical Essay, 170); sie ist allerdings mindestens ebenso fragwürdig (vgl. *PLRE* 2, s. v. „Spadusa", 1024, sowie unlängst auch Stickler, Timo: *Aëtius. Gestaltungsspielräume eines Heermeisters im ausgehenden Weströmischen Reich,* München 2002, 37 f.).
61  Olympiodors Hinweis, daß eine Masse von Barbaren auf Galla Placidias Seite gekämpft habe, nahm Sirago, Trasformazione politica, 236 f. zum Anlaß, nationalistische (sic) Kräfte am Werk zu sehen, die auf Honorius eingewirkt hätten, sich gegen seine ,gotenfreundliche' Schwester zu stellen. Vgl. auch Oost, Biographical Essay, 174; Demougeot, L'évolution politique, 194 f.
62  Ebenso unklar ist, ob Galla Placidia sofort nach Konstantinopel ging (Olymp. fr. 38; vgl. Prosp. Tiro 1280 (a. 423); Cassiod., *Chron.* a. 423, nennt als Grund „suspicionem invitatorum hostium"), oder ob ihr Weg sie zuerst nach Rom führte, wie *Chron. Gall.* 452, 90 (a. 422) vermerkt. Es könnte sich um einen Fehler des Chronisten handeln. Den Einträgen dieser Chronik folgend, schickte Galla Placidia während der Usurpation des Johannes nach Konstantinopel, um Theodosius' Hilfe zu erbitten: *Chron. Gall.* 452, 95 (a. 424); eine stark fragmentierte Inschrift (*CIL* 6,40804), die auf dem Forum Caesaris gefunden wurde, könnte ebenfalls auf einen Aufenthalt Galla Placidias in Rom kurz vor ihrer Flucht nach Konstantinopel hindeuten. Die beiden Fragmente erlauben es nicht, konkrete Aussagen zu machen. Diadem und Purpur, die im Zusammenhang mit Galla Placidia erwähnt werden, deuten darauf hin, daß sie zum Zeitpunkt der Entstehung der Inschrift bereits Augusta gewesen sein könnte. Die Inschrift wird vermutlich nach dem Tod Constantius' III. entstanden sein, da lediglich Honorius und Theodosius II. als sanctissimi(?) principes genannt werden. *Terminus ante quem* wäre demnach der Todestag des Westkaisers Honorius.
63  Marc. com. a. 424.
64  Olymp. fr. 43.

Bekannt ist, daß Galla Placidia in Konstantinopel einen Palast besaß, wo sie während ihres Aufenthaltes residiert haben dürfte.[65] Auch für diese Zeit ist die Überlieferung denkbar schlecht: Wie bereits Lellia Cracco-Ruggini festgestellt hat, interessierte sich die Mehrheit der oströmischen Historiker kaum für die weströmische *Augusta* (wie für die weströmischen Verhältnisse dieser Jahre insgesamt), egal wo sie sich gerade aufhielt. Cracco-Ruggini vermutet einen generellen Argwohn der mehrheitlich „orthodoxen" Autoren gegenüber Galla Placidia, die sich mit dem arianischen Westgoten Athaulf verheiratet hatte und darüber hinaus eine versöhnliche Haltung zu seinen Leuten eingenommen, schließlich in Ravenna sogar eine Gruppe gotischer Anhänger um sich geschart haben soll.[66]

Vielleicht bestand dieses Mißtrauen auch am Kaiserhof von Konstantinopel, als man die unbekannte Verwandte in Empfang nahm. Immerhin hatte ihr inzwischen verstorbener Mann gerade erst einen Krieg gegen den Osten des Reiches unternehmen wollen. Konnte die kaiserliche Familie Galla Placidia und ihre Kinder unter diesen Umständen freundlich willkommen heißen? Wie auch immer sich die Situation für Galla Placidia am Hof von Konstantinopel anfangs gestaltete, das Blatt wendete sich in jedem Fall, als am 27. August 423 in Ravenna der Kaiser Honorius verstarb.[67] Damit wurde Theodosius II. formal zum alleinigen Regenten über beide Reichsteile. Theodosius, heißt es bei einem zeitgenössischen Kirchenhistoriker, habe versucht, den Tod seines Onkels in Konstantinopel so lange wie möglich geheim zu halten, und gezielt widersprüchliche Informationen herausgegeben.[68] Anscheinend war man sich am oströmischen Hof nicht sicher, wie in dieser Situation vorzugehen sei.[69]

Als im November 423, wenige Monate nach dem Tode des Honorius, der Hofbeamte Johannes[70] in Rom zum Kaiser erhoben worden war, der sich seiner Sache ausreichend sicher fühlte und sogar eine Gesandtschaft in die östliche Hauptstadt schickte,[71] mußte Theodosius endlich handeln: Er bestätigte Galla Placidias Rang als *Augusta*, erklärte seinen fünfjährigen Cousin Valentinian zum *nobilissimus* und ließ ihn in Thessalonike zum *Caesar* erheben.[72] Außerdem verlobte er Valentinian mit seiner zweijährigen Tochter Licinia Eudoxia[73] und sicherte sich so das dynasti-

---

65 Oost, Biographical Essay, 178.

66 Cracco Ruggini, Auguste, 500 f.; wenigstens Soz. 9,16,2 hatte keine Bedenken bezüglich Galla Placidias Frömmigkeit.

67 Olymp. fr. 39; Philost. 12,13; Prosp. Tiro 1282 (a. 423); Hyd. Lem. 80 (a. 423); *Chron. Gall. 452*, 91 (a. 423); Marc. com. a. 423; Cassiod., *Chron.* a. 423; Jord., *Rom.* 326; Theoph. AM 5915 nennt den 15. August.

68 Socr. 7,23,1 f.

69 Stein, Ernst: *Geschichte des spätrömischen Staates, Bd. 1. Vom römischen zum byzantinischen Staate 284–476 n. Chr.*, München 1998, 122 nimmt an, Theodosius II. habe anfangs nicht die Absicht gehabt, die neugewonnene Alleinherrschaft wieder aufzugeben.

70 *PLRE* 2, s. v. „Ioannes 6", 594 f.

71 Philost. 12,13; Socr. 7,23,3; Theoph. AM 5915.

72 Olymp. fr. 43; Philost. 12,13; Socr. 7,24,1 f. Nach Olympiodor war es nicht Theodosius selbst, der die Erhebung Valentinians vornahm, sondern er habe seinen *magister officiorum* Helion damit beauftragt; vgl. Prosp. Tiro 1282 (a. 423); Hyd. Lem. 84 (a. 424/5).

73 Marc. com. a. 424.

sche Bündnis mit dem weströmischen Zweig der Familie, das in den letzten Jahren der Regentschaft des Honorius und des Constantius III. stark ins Wanken geraten war. Anschließend schickte Theodosius Galla Placidia mit ihren Kindern und in Begleitung seines *magister militum* Ardabur und dessen Sohnes Aspar gegen Johannes nach Italien.[74] Nach der Niederwerfung des Usurpators war Theodosius noch immer unschlüssig, wen er als Kaiser im Westen einsetzen sollte.[75] Schließlich entschied er sich für seinen minderjährigen Cousin Valentinian, den er in Rom zum *Augustus* erheben ließ.[76] Seiner Tante Galla Placidia aber soll er die Verwaltung der Regierungsgeschäfte übertragen haben.[77]

Seit ihrer Flucht nach Konstantinopel wurden nun auch im Oströmischen Reich Münzen in Galla Placidias Namen geprägt. *Solidi*, die schon bald nach ihrer Rückkehr im Westen emittiert wurden, zeigten die Kaiserin wie schon unter der Doppelherrschaft ihres Bruders und ihres Mannes mit der Legende DN GALLA PLACIDIA PF AVG;[78] die im Osten geprägten Münzen hingegen nennen sie üblicherweise ohne Zusatz GALLA PLACIDIA AVG(usta).[79] Überraschend erscheint daher, der von der *RIC* auf 423/4 datierte *Solidus* mit dem Bildnis Galla Placidias, auf dem ihrem Namen das *nomen* ‚Aelia‘ vorangestellt ist, der Name ihrer Mutter Galla aber fehlt.[80] *Aelia*, das *cognomen* der ersten Gattin Theodosius’ I. hatte sich inzwischen als Titel für die oströmischen *Augustae* etabliert, insofern könnte der Zusatz *Aelia* – falls es sich nicht um ein bloßes Versehen des Münzmeisters handelte – darauf hindeuten, daß man im Osten das Signal einer Gleichrangigkeit der weströmischen Kaiserin zu den oströmischen *Augustae* setzen wollte. Die Tatsache, daß bereits im selben Jahr im Oströmischen Reich Münzen emittiert wurden, die statt des *nomens* ‚Aelia‘ wieder Galla Placidias tatsächlichen Namen nennen,[81] ließe sich leicht auf eine Initiative Galla Placidias zurückführen, der es vielleicht falsch schien, öffentlich den Namen der ersten Frau ihres Vaters zu tragen, nicht aber den Namen ihrer eigenen Mutter. Es wurde bereits gezeigt, daß die zweite Gattin Theodosius’ I., Galla, in der oströmischen Tradition einen problematischen Ruf hatte; insofern ist diese Abweichung von

---

74   Olymp. fr. 43; Philost. 12,13; Theoph. AM 5915. Candinianus wird nur bei Olympiodor genannt. Olympiodor und Philostorg widersprechen sich im folgenden, was den Ablauf des Kampfgeschehens bis zur Niederwerfung des Johannes betrifft. Vgl. Prosp. Tiro 1288 (a. 425); Hyd. Lem. 84 (a. 424/5); Jord,. *Rom.* 327; Malal. 14,7; Cassiod., *Chron.* a. 424; Joh. Nik. 84,46.

75   Socr. 7,24,1.

76   Olymp. fr. 43; Philost. 12,14; Socr. 7,24,3–5; Prosp. Tiro 1289 (a. 425); Hyd. Lem. 85 (a. 424/5); Marc. com. a. 425; Jord., *Rom.* 328; Malal. 14,7; *Chron. pasch.* 580; Joh. Nik. 84,47; Theoph. AM 5915.

77   Socr. 7,24,3: τῇ μητρὶ αὐτοῦ [= Valentinians] Πλακιδίᾳ τὴν φροντίδα τῶν πραγμάτων ἐπιτρέψας; vgl. *Chron. Gall. 452,* 103 (a. 428); Demougeot, L'évolution politique, 197. Es mangelt allerdings an Zeugnissen, die etwas darüber verraten könnten, wie sich die Politik Galla Placidias bis zur Mündigkeit ihres Sohnes, die mit seiner Vermählung mit Licinia Eudoxia 437 in Konstantinopel beschlossen wurde, gestaltet haben könnte.

78   *RIC* 10,2007; 2012; 2020.

79   *RIC* 10,231; 263; 305; 317; 426.

80   *RIC* 10,230.

81   *RIC* 10,231.

der traditionellen Titulatur kaiserlicher Frauen im Osten durchaus als Zugeständnis des oströmischen Kaisers an die weströmische *Augusta* zu werten.[82]

Das *nomen* ‚Galla' hatte allerdings eine besondere Funktion, die auch Theodosius II. nicht entgangen sein dürfte; und diese war möglicherweise sogar der gewichtigere Grund, warum Galla Placidias voller Namen nun auch auf den oströmischen Münzen zu lesen sein sollte: Wieder ist es das dynastische Prinzip, das zum Tragen kommt, personifizierte doch Galla Placidia geradezu das Bündnis, das der ältere Theodosius mit der valentinianischen Dynastie eingegangen war, womit er seine eigene Legitimität als Kaiser auf ein solides Fundament gestellt hatte. Daher erscheint es auch denkbar, daß im Osten noch vor der Erhebung Valentinians zum *Augustus* bereits entsprechende Münzen für Galla Placidia emittiert wurden.[83] Auch wenn Valentinian III. wahrscheinlich nicht Theodosius' II. erste Wahl als Thronfolger im Westen war, stellte die frühe Repräsentation seiner Mutter auf Münzen möglicherweise einen Versuch dar, dessen Thronfolgeanspruch in der öffentlichen Wahrnehmung zu etablieren. Die von Theodosius zunächst vielleicht angestrebte Alleinherrschaft hätte schließlich keine dauerhafte Lösung sein können, und langfristig betrachtet kam doch nur Valentinian als legitimer Thronfolger im Westen in Frage, wollte man nicht auf eine dynastische Lösung verzichten. Dementsprechend wurden auch im Westen die ersten Münzen im Namen Galla Placidias noch während der Auseinandersetzungen mit dem Usurpator Johannes, also vor der Thronbesteigung Valentinians, geschlagen.[84] Ein Medaillon, das die *RIC* mit 426–430 datiert, zeigt auf der Vorderseite das Profilbild der Galla Placidia, mit der üblichen ‚weströmischen' Titulatur, auf dem Revers möglicherweise ebenfalls die Kaiserin mit Nimbus, thronend und in der Rechten eine *mappa* oder Buchrolle an sich haltend.[85]

Es spricht einiges dafür, daß Galla Placidias Repräsentation über das Medium der Münzen dem Zweck diente, die Herrschaft ihres Sohnes zu legitimieren, der väterlicherseits eben nur Sohn des umstrittenen Constantius III. war.[86] Der Name seiner Mutter Galla Placidia, Tochter des ‚großen' Theodosius, erinnerte aber daran, daß Valentinian III. auch Nachkomme einer noch älteren als der theodosianischen

---

82  Es handelte sich nicht nur um eine „small gesture of independence" Galla Placidias, wie Oost, Biographical Essay, 191 meinte.

83  *RIC* 10,230; 231, datiert: 423–429.

84  *RIC* 10,1804; 1808; 1811, datiert je Mai bis 23. Oktober 425 (Tag der Erhebung Valentinians III. in Rom). Die Prägestätte Aquileia war der Aufenthaltsort Galla Placidias und ihres Sohnes bis zur Niederwerfung des Johannes.

85  *RIC* 10,2009; die Legende auf dem Revers: SALVS REI PVBLICAE. Während es sich nach Angaben der RIC-Autoren bei der thronenden Figur auf der Münzrückseite um Valentinian III. handelt, wurde diese bereits von Delbrueck, Richard: *Spätantike Kaiserporträts,* Berlin 1978, 104 als Galla Placidia selbst identifiziert; vgl. auch Wessel, Klaus: „Insignien", in: *RBK* 3(1978), 456; Schade, Kathrin: „Die bildliche Repräsentation der römischen Kaiserin zwischen Prinzipat und Byzanz", in: Christiane Kunst/Ulrike Riemer (Hgg.), *Grenzen der Macht. Zur Rolle der römischen Kaiserfrauen,* Stuttgart 2000, 42; diskutiert wird die Identität der thronenden Figur auch in Longo, Katia: *Donne di potere nella tarda antichità. Le Auguste attraverso le immagini monetali,* Reggio Calabria 2009, 149 f.

86  Vgl. die Darstellung des Constantius bei Olympiodor (fr. 33; 37).

Dynastie war.[87] Ihre Funktion als *Augusta* und Vormund Valentinians ist daher als eine herrschaftsstabilisierende zu betrachten; in einer Zeit, in der der römische Senat gerade erst gezeigt hatte, daß er sich immer noch dazu befugt sah, im Zweifelsfalle einen Herrscher aus seinen eigenen Reihen zu wählen, eine durchaus wichtige Rolle.

Eine solche Rolle bedeutete nicht Passivität der Kaiserin: Wie weiter unten zu zeigen sein wird, nahm Galla Placidia ihre Aufgabe als Repräsentantin des Kaisertums großzügig wahr: Materielle Überreste und Berichte über ihre Stiftertätigkeit weisen darauf hin, daß Galla Placidia vor allem als Euergetin aktiv wurde, also akzeptanzfördernde und daher herrschaftsstabilisiernde Maßnahmen ergriff. Daneben scheint es, als habe Theodosius II. ihr die gesetzgeberische Befugnis im Westen zugestanden,[88] die sie freilich ausschließlich im Namen ihres Sohnes ausübte. Zumindest gibt es keinen Grund anzunehmen, daß die im Namen des minderjährigen Valentinians III. verfaßten und von Theodosius teils durch Aufnahme in seinen Codex bestätigten Gesetze nicht wesentlich auf ihre Entscheidungen zurückgingen.[89] Dennoch fehlen gerade über diese Phase ihres Lebens Berichte in den zeitgenössischen Geschichtswerken, die Aufschlüsse über ihre Rolle als politische Akteurin beziehungsweise weströmische Kaiserin geben.

## Galla Placidia als weströmische Kaiserin

Die ersten Jahre der sogenannten Regentschaft Galla Placidias[90] im Westen waren, so scheint es, vor allem von den Rivalitäten der verschiedenen militärischen Machthaber in ihrem politischen Umfeld, Aëtius, Bonifatius und Flavius Felix, geprägt:[91]

---

87  Dazu paßt die Feststellung von McEvoy, Meaghan A.: *Child Emperor Rule in the Late Roman West, AD 367–455*, Oxford 2013, 237: Der von Agnellus, *Liber Pont.* 42 beschriebene Mosaik-Zyklus in der von Galla Placidia errichteten Johanneskirche in Ravenna, der die Porträts der Kaiser Constantin des Großen, Theodosius I., Arcadius, Honorius, Valentinian I. Gratian und Constantius III., sowie Galla Placidias als Kinder verstorbenen Brüder und ihres Sohnes mit Athaulf zeigte (s. Mauskopf Deliyannis, Deborah: *Ravenna in Late Antiquity*, Cambridge 2010, 67), habe den Zweck erfüllt, Valentinians III. dynastische Legitimität in besonderem Maße hervorzuheben.

88  Socr. 7,24,3; vgl. Oost, Biographical Essay, 192.

89  Etwa *CTh.* 10,26,2; 16,2,46 f.; 16,5,62–64; zur Deutung Nagl, Galla Placidia, 48 betrachtet Galla Placidias Gesetzgebung als Ausdruck ihrer Frömmigkeit; ähnlich auch Consolino, Imperatrice cristiana, 26; Sirago, Trasformazione politica, 320–324 betont vor allem die *humanitas* ihrer Gesetzgebung, bezieht dabei allerdings auch die *Novellen* Valentinians III. ein, an denen dieser durchaus mindestens Anteil gehabt haben dürfte; sowie Oost, Galla Placidia and the Law, 120 f., der Galla Placidia ein fast republikanisch gefärbtes Interesse daran zuschreibt, die kaiserliche Macht durch eine Unterordnung unter die römischen Gesetze zu beschränken.

90  Vgl. hierzu McEvoy, Child Emperor Rule, 235 f. die die in der modernen Forschung häufige Bezeichnung Galla Placidias als ,Regentin' kritisch hinterfragt: „Galla Placidia was in a very awkward position officially. However much her rank and relationship to the new emperor might entitle her to the position of regent […], the position itself simply did not exist".

91  Hierzu grundlegend Zecchini, Aezio, besonders 141–161 sowie das Kapitel „Aëtius' politischer Weg im Machtgefüge des Weströmischen Reiches" bei Stickler, Aëtius, 15–83; sowie Demougeot, L'évolution politique, 196–201.

Bonifatius, möglicherweise auf Galla Placidias Betreiben hin *comes Africae*,[92] sei
der einzige gewesen, der ihr nach ihrem Bruch mit Honorius loyal geblieben war,
und der später alles daran gesetzt habe, sie bei der Rückgewinnung ihrer βασιλεία
zu unterstützen.[93] Bonifatius kann damit als Verbündeter der *Augusta* betrachtet
werden. Ob dies auch für Felix gilt, hängt auch davon ab, ob man seine Frau Padusia mit der von Olympiodor erwähnten Bediensteten Galla Placidias, Spadusa,
identifizieren will.[94] Felix erhielt im Jahre 425, nachdem er zuvor nicht prominent
in Erscheinung getreten war, das Amt des *magister utriusque militiae*. Überraschend ist daneben die Einsetzung des Aëtius als *comes rei militaris*: Von dem
Usurpator Johannes auf eine Mission zu den Hunnen geschickt, um diese als Bündnispartner im Krieg gegen das oströmische Heer zu gewinnen, war Aëtius drei Tage
nach der Hinrichtung des Johannes mit einem gewaltigen Trupp hunnischer Söldner
nach Italien zurückgekehrt. Es sei ihm jedoch gelungen, sich mit Galla Placidia zu
versöhnen, heißt es bei Philostorg.[95]

Wo über oströmische *Augustae* in einem solchen Fall narrative Berichte wenigstens bei einem Teil der zeitgenössischen Chronisten und Historiker zu erwarten
wären, fehlt eine vergleichbare Überlieferung für Galla Placidia, so daß ihre Position zu den Ereignissen der späten 420er Jahre nicht zu klären ist. Erst Procop
widmete sich etwas ausführlicher den Ereignissen im Westen nach Valentinians
Thronbesteigung – mit der eindeutigen Absicht, diesem und damit indirekt seiner
Mutter die Schuld am Verlust der weströmischen Provinzen zuzuschreiben:[96]

Πλακιδία δὲ ἡ αὐτοῦ μήτηρ θηλυνομένην παιδείαν τε καὶ τροφὴν τὸν βασιλέα τοῦτον ἐξέθρεψέ
τε καὶ ἐξεπαίδευσε, καὶ ἀπ᾽ αὐτοῦ κακίας ἔμπλεως ἐκ παιδὸς γέγονε.[97]

Placidia, seine Mutter, hatte diesen Kaiser nämlich nach weibischer Bildung und Erziehung
unterwiesen und aufgezogen, und deshalb war er von Kindheit an voll Schlechtigkeit.

Es waren vor allem Kompetenzstreitigkeiten der militärischen Amtsinhaber untereinander, welche die weströmische Politik dieser Jahre prägten. Ausführlicher wurden sie aber erst von späteren Geschichtsschreibern geschildert: Diese scheinen
bestrebt gewesen zu sein, die Rivalität zwischen Aëtius und Bonifatius und die
Beziehung der beiden Kontrahenten zu Galla Placidia implizit als ursächliche
Gründe für den Verlust der weströmischen Provinzen und der Schwächung des

---

92 Procop, *de bellis* 3,3,16; vgl. Prosp. Tiro 1278 (a. 422); Hyd. Lem. 78 (a. 421); *Chron. Gall.*
*511*, 571 deuten klar eine unrechtmäßige Übernahme der *comitiva Africae* durch Bonifatius an,
die vielleicht nachträglich durch Galla Placidia legitimiert wurde (so Stickler, Aëtius, 28); vgl.
*PLRE* 2, s. v. „Bonifatius 3", 237–240.

93 Olymp. fr. 38: Καὶ μόνος αὐτῇ Βονηφάτιος τὰ πιστὰ φυλάττων ἀπὸ τῆς Ἀφρικῆς, ἧς ἦρχε, καὶ
χρήματα ὡς ἐδύνατο ἔπεμπε καὶ πρὸς τὴν ἄλλην αὐτὸς ἔσπευδε θεραπείαν, ὕστερον δὲ καὶ εἰς
τὴν τῆς βασιλείας ἀνάληψιν ἅπαντα συνεβάλετο.

94 S. oben Anm. 60; Oost, Biographical Essay, 210–212 und Sirago, Galla Placidia la nobilissima,
69 halten Felix für einen Verbündeten Galla Placidias; dagegen Stickler, Aëtius, 38, Felix sei
eher „ein Mann Konstantinopels" gewesen; zu seiner Person *PLRE* 2, s. v. „Felix 14", 461–462.

95 Philost. 12,14.

96 Procop, *de bellis* 3,3,12; vgl. Cassiod., *var.* 11,1,9.

97 Procop, *de bellis* 3,3,10.

westlichen Kaisertums in jenen Jahren der stellvertretenden Regentschaft Galla Placidias darzustellen.[98] So verknappen die Autoren die Ereignisse unmittelbar nach 425 bis zu den Geschehnissen des Bürgerkriegs 432 auf die Feindschaft der beiden Heermeister: Aus Eifersucht habe Aëtius seinen Kontrahenten Bonifatius bei Galla Placidia angeschwärzt,[99] dieser plane eine Usurpation in *Libya*. Zum Beweis solle sie nach Bonifatius schicken lassen; der aber werde nicht gehorchen. Gleichzeitig soll Aëtius einen Brief an Bonifatius geschrieben haben, in dem er seinem Konkurrenten erklärte, die Kaiserin wolle ihn beseitigen.[100] So von Aëtius getäuscht, ignorierte Bonifatius den Befehl der Kaiserin, als diese ihn nach Aëtius' Anweisung zu sich bestellte. Zu seinem Schutz habe er gar die Vandalen nach Nordafrika gerufen, heißt es bei Procop,[101] so daß Galla Placidia nun Aëtius als der loyalere von beiden erscheinen mußte.[102] Einige getreue Anhänger des Bonifatius aber seien mißtrauisch geworden, und es sei ihnen schließlich gelungen, die Kaiserin davon zu überzeugen, der Sache gründlicher nachzugehen.[103] Bonifatius wurde rehabilitiert,[104] aber auch Aëtius blieb in Amt und Würden, obwohl Galla Placidia ihn geradezu verachtet habe.[105]

Bei Procop zeigt sich eine deutliche Tendenz, die Abhängigkeit der *Augusta* von ihren beiden *magistri* zu betonen.[106] Dieser Darstellungsweise entsprechend bleibt Galla Placidia in den Berichten der Geschichtsschreiber hinter den Ränken des Aëtius zurück, auf die sie allenfalls reagierte, und erscheint nicht als eine Kaiserin, die aus eigener Motivation heraus politisch handelte. In militärischer Hinsicht deuten die literarischen Quellen zudem die Abhängigkeit Galla Placidias von Konstantinopel an, das durch die Hand Aspars im Westen sowohl in den kriegerischen Auseinandersetzungen mit Johannes als auch im Krieg gegen die Vandalen in Nordafrika in den 430er Jahren eingriff und mit Felix möglicherweise einen „Exponenten" des oströmischen Kaisers[107] in Italien zu installieren versucht hatte. Das Eingreifen des oströmischen Kaisers in die militärischen Angelegenheiten der westlichen Reichshälfte läßt sich leicht damit begründen, daß nach römischen Vorstellungen Frauen, auch den *Augustae*, in diesem Bereich keine Kompetenz zukam. Anders als der Kaiser, der als *imperator* noch immer den Oberbefehl über das Heer hatte, endeten hier die Kompetenzen der *Augusta*. Ein weibliches Pendant zum of-

---

98 Procop, *de bellis* 3,3,14–29; vgl. Joh. Ant. fr. 290 (Roberto, = fr. 196 Müller; bei Mariev als *spurium* abgelehnt); Theoph. AM 5931.

99 Nach Prosp. Tiro 1294 (a. 427) war eigentlich Felix der Brandstifter. Die Variante Prospers ist wohl die glaubhafte (s. Stickler, Aëtius, 43 f.); hier vermischten die späteren Geschichtsschreiber die Ereignisse von 427 mit denen des Bürgerkrieges von 432 (vgl. *Chron. Gall. 452,* 109 [a. 432]; Hyd. Lem. 99 [a. 432]).

100 Joh. Ant. fr. 290 (Roberto, = fr. 196 Müller); vgl. Procop, *de bellis* 3,3,17–19; Theoph. AM 5931.

101 Procop, *de bellis* 3,3,22–26; vgl. Joh. Ant. fr. 290 (Roberto, = fr. 196 Müller).

102 Procop, *de bellis* 3,3,21.

103 Procop, *de bellis* 3,3,27 f.

104 Procop, *de bellis* 3,3,36.

105 Joh. Ant. fr. 290 (Roberto, = fr. 196 Müller).

106 Procop, *de bellis* 3,3,29.

107 Stickler, Aëtius, 50; 37 f.

fiziellen Kaisertitel *imperator*, der den militärischen Führungsanspruch des Kaisers zum Ausdruck brachte, gab es nicht.[108]

Versuche, Galla Placidia als ‚Regentin' des Weströmischen Reiches zu begreifen, werden auch durch das Fehlen einer zeitgenössischen Narration über die politischen Ereignisse im Westen dieser Zeit erschwert. Der erste spätantike Geschichtsschreiber, der auf Galla Placidias Regentschaft einging, war Cassiodor. Sein Urteil fiel allerdings vernichtend aus. Cassiodor, der unter der ostgotischen Herrschaft in Italien diente, ging es vorrangig darum, Galla Placidia als Negativ der Theoderich-Tochter Amalasuntha abzubilden:[109] Die Öffentlichkeit freilich preise die Sorge, mit welcher Galla Placidia sich um ihren Sohn gekümmert habe, doch habe sie unwiederbringliche Gebietsverluste des Westens zu verantworten. Vor allem bemängelt Cassiodor den Verlust des Illyricums, das sie um den Preis einer Schwiegertochter aufgegeben habe (*nurum denique sibi amissione Illyrici comparavit*).[110]

Cassiodor deutet an, daß Galla Placidia die Verlobung ihres Sohnes mit der Tochter des oströmischen Kaisers Theodosius II., Licinia Eudoxia, und seine Einsetzung als weströmischer Kaiser mit der Abtretung des Illyricums an den Osten erkauft habe.[111] Seit der Teilung des Reiches durch Theodosius I. im Jahre 395 war die Zugehörigkeit der illyrischen Provinzen ein Streitpunkt zwischen den beiden Reichshälften: Stilicho, Honorius' Heermeister, hatte während seiner faktischen Regentschaft im Westen immer Anspruch auf Ost-Illyricum erhoben, und es gibt keinen Grund anzunehmen, daß Honorius nach dem Sturz Stilichos seinen Verzicht auf die Provinzen erklärt hätte.[112] Hatte Galla Placidia also das gesamte Illyricum ‚verkauft', oder nicht lediglich im Sinne der Reichseinheit, die zu restabilisieren sich 425 die Chance geboten hatte, durch ihren Verzicht auf die umstrittenen Gebiete einen alten Streit beigelegt?[113]

---

108 Vgl. S. 197 dieser Arbeit.

109 Cassiod., *var.* 11,1,9–11.

110 Cassiod., *var.* 11,1,9; vgl. Jord., *Rom.* 329: Anläßlich seiner Vermählung mit Licinia Eudoxia habe Valentinian III. seinem Schwiegervater Theodosius II. *totum Illyricum* zum Geschenk gemacht.

111 So deutete dies etwa auch Nagl, Galla Placidia, 37; vgl. besonders Stein, Ernst: „Der Verzicht der Galla Placidia auf die Präfektur Illyricum", in: *Wiener Studien* 14(1936), 344–347.

112 Vgl. Stein, Verzicht, 347. Da darüber auch der Bischof von Rom seinen Jurisdiktionsanspruch auch auf die ostillyrischen Diözesen auszudehnen versuchte, hatte Theodosius II. bereits am 14. Juni 421, also noch zu Lebzeiten des Honorius, den Befehl an den illyrischen Präfekten erlassen, daß zu allen kirchlichen Streitfragen in seinem Gebiet der Rat des Bischofs von Konstantinopel einzuholen sei (*CTh.* 16,2,45). Gut möglich, daß man im Westen unter Honorius keineswegs gewillt war, diesem Gebot des oströmischen Kaisers Folge zu leisten, so daß die illyrische Frage zunächst weiter ungelöst blieb.

113 Vgl. Stein, Verzicht, 347: „[es] liegt nichts näher, als die Beziehung der [...] Cassiodorstelle [= 11,1,9] auf die Verhandlungen, die in Konstantinopel der Rückführung Galla Placidias und des Valentinianus (424) vorausgegangen und in denen die zwischen den Reichsteilen schwebende Streitfrage im oströmischen Sinne bereinigt worden sein müssen." Zum Vergleich mit Amalasuntha und in der Absicht, diese besonders zu rühmen, habe Cassiodor, so Stein ebd. weiter, ein möglichst schlechtes Urteil über Galla Placidia fällen müssen und ihrem Verzicht auf Ost-*Illyricum* eine größere Bedeutung beigemessen, als er eigentlich gehabt habe.

## Galla Placidia als stellvertretende Regentin

Cassiodor und Procop hatten bereits den Fall des weströmischen Kaisertums vor Augen und suchten sicherlich nach Erklärungsansätzen, die sie wohl auch in der ‚Regentschaft' Galla Placidias zu finden meinten, unter deren Einfluß auch Valentinian III. nicht zu einem starken Herrscher habe heranwachsen können.[114] Dem negativen Urteil dieser beiden Geschichtsschreiber stehen knappe Bemerkungen einiger Zeitgenossen der weströmischen *Augusta*, sowie das Lob der Galla Placidia bei dem Ravennater Historiker Agnellus aus dem 9. Jahrhundert entgegen, die in der Kaiserin vor allem eine gottesfürchtige Christin sahen.

Als solche trat sie, wie viele kaiserliche Frauen der Spätantike, als Stifterin von Kirchen, oder allgemeiner, Sakralbauten in Erscheinung.[115] Stiftungen dieser Art waren Ausdruck persönlicher Frömmigkeit zum einen, wie auch zum anderen von Euergetismus. Daher können sie als akzeptanzförderndes Element innerhalb der herrschaftlichen Selbstdarstellung betrachtet werden. Gerade durch solche Bauten allerdings schufen kaiserliche Frauen auch dauerhafte Monumente, welche ihre Erinnerung im Gedächtnis der Nachwelt verankerten: So ist der Name Galla Placidias bis heute untrennbar und weit mehr als derjenige ihres Bruder oder auch der ihres Sohnes mit der Stadt Ravenna verbunden, die als kaiserliche Residenzstadt in der ersten Hälfte des 5. Jahrhunderts baulich maßgeblich durch die *Augusta* geprägt wurde: Vielleicht mit der Absicht, Ravenna anstelle Roms als neue Hauptstadt des Westen zu etablieren, wie Agnellus vermerkte,[116] veranlaßte Galla Placidia den Bau mehrere Kirchen in Ravenna: Von Santa Croce gibt es keine Überreste mehr, da sie später überbaut wurde. Der Beschreibung des Ravennater Bischofs folgend wurde sie aber von Galla Placidia reich mit kostbarem Edelsteinschmuck und Marmor ausgestattet.[117] Lediglich als Rekonstruktion aus der Zeit nach dem Zweiten Weltkrieg erhalten ist die Kirche, die Galla Placidia dem Evangelisten Johannes gewidmet hatte: Agnellus erzählte die Legende, nach der Galla Placidia auf ihrer Überfahrt von Konstantinopel nach Italien in Seenot geraten und gerettet worden war, nachdem sie den Eid geschworen hatte, dem Evangelisten eine Kirche zu stiften. Auf die Erfüllung dieses Eides verwies eine Inschrift in der Apsis, die Agnellus teilweise überlieferte.[118] Daneben erwähnt Agnellus den Bau einer Kirche für den

---

114  Cassiod., *var.* 11,1,9: [Valentinian] pertulit a matre protectus quod vix pati potuit destitutus; vgl. Procop, *de bellis* 3,3,10.

115  Zu Galla Placidias Bauprogramm in Ravenna auch Farioli Campanati, Raffaella, „Ravenna imperiale all'epoca di Galla Placidia", in: *Ravenna. Studi e Ricerche* (1994), 177–188.

116  Agnellus, *Liber Pont.* 40.

117  Agnellus, *Liber Pont.* 41.

118  Agnellus, *Liber Pont.* 42; vgl. *CIL* 11,276 (= *ILS* 818, = *ILCV* 20); diskutiert wird diese Inschrift u. a. Rebenich, Gratian, 372–377 mit Hinweisen auf verschiedene Rekonstruktionsversuche der Anordnung von Apsismosaiken und -inschrift (ebd. 374, Anm. 5); Scharf, Ralf: „Die ‚Apfel-Affäre' oder gab es einen Kaiser Arcadius II.", in: *ByzZ* 83(1990), v. a. 435–438; Sivan, Last Roman Empress, 163 f. Ebenso wie die Mosaike und Porträts der kaiserlichen Familie, die sie flankierten, war die Inschrift schon vor der Zerstörung der Kirche beim Luftangriff auf Ravenna 1944 verschiedenen neuzeitlichen Modernisierungsmaßnahmen zum Opfer gefallen.

Erzmärtyrer Stephanus in *Ariminum* (Rimini).[119] Inschriften in Rom belegen, daß
Galla Placidia sich auch hier als Kirchenstifterin hervortat: Sie finanzierte unter
Papst Leo I. den Triumphbogen der Kirche *San Paolo fuori le mura*,[120] und eine
heute ebenfalls verlorene Weihinschrift in *Santa Croce in Gerusalemme* nannte sie
mit ihren Kindern.[121] Neben diesen kleineren Stiftungen in Rom und Rimini und
vielleicht auch andernorts in Italien war es besonders Ravenna, das durch Galla
Placidia baulich geprägt wurde. Dem oben erwähnten Hinweis des Agnellus
folgend,[122] ist es durchaus vorstellbar, daß Galla Placidia versuchte, ein „städtisches Kaisertum", wie Diefenbach es für Konstantinopel definiert hat,[123] und wie
sie selbst es bei ihren Aufenthalt in der oströmischen Hauptstadt kennengelernt
haben muß, auch in Ravenna, der Hauptresidenz ihres Sohnes, zu begründen.[124]

In diesem Zusammenhang ist vielleicht auch die mehrfach bei Agnellus angedeutete Kooperation der Kaiserin mit dem Bischof von Ravenna, Petrus Chrysologus zu verstehen, die im übrigen mit der anfänglich guten Beziehung zwischen
Eudoxia und Johannes Chrysostomus vergleichbar ist: Galla Placidia habe den Bischof in der von ihr in Ravenna errichteten Johanneskirche durch ein Mosaik
gewürdigt;[125] er seinerseits lobte sie in einem seiner Sermones in höchsten Tönen
als „mater Christiani perennis et fidelis imperii."[126] Der Kirche nacheifernd und
weil sie die Trinität durch Glaube (*fides*), Barmherzigkeit (*opera misericordiae*)
und Frömmigkeit (*sanctitas*) geehrt habe, habe Galla Placidia es sich verdient,
selbst analog zu der von ihr verehrten göttlichen Dreifaltigkeit eine *Trinitas augusta* in sich zu vereinen (*procreare, amplecti, possidere, augustam meruit
Trinitatem*).[127] Der Vergleich, den der Ravennater Bischof hier wählte, und die Betonung der christlichen Tugenden Galla Placidias entspricht dem, was wir aus anderen bischöflichen Reden in Bezug auf kaiserliche Frauen kennen. Die Verwendung dieser gängigen Topoi in der Rede läßt daher auf die Absicht des Bischofs
schließen, die Kaiserin als *mater imperii* und vorbildliche Christin seiner Ravennater Gemeinde als Identifikationsfigur zu präsentieren und über die Rhetorik eine
Nahbeziehung zwischen Stadtbevölkerung und Kaiserin heraufzubeschwören, die
durch die Titulierung Galla Placidias als Mutter des Imperiums auch eine emotionale Komponente erhält.

---

119 Agnellus, *Liber Pont.* 42.
120 *ILCV* 1761: Theodosius coepit perfecit Honorius aulam / doctoris mundi sacratam corpore Pauli
    / Placidiae pia mens operis decus omne paterni / gaudet pontificis studio splendere Leonis.
121 *ILS* 817 (= *ILCV* 1775): Reges terrae et omnes populi principes et omnes iudices terrae laudent
    nomen domini // Sanctae ecclesiae Hierusalem Valentinianus Placidia et Honoria Augusti vo-
    tum solverunt.
122 Agnellus, *Liber Pont.* 40.
123 Diefenbach, Liturgie und *civilitas*.
124 Vgl. Sivan, Last Roman Empress, 161: „Ravenna allowed Galla Placidia to advance an ideol-
    ogy of unity between the imperial family and its new capital."
125 Agnellus, *Liber Pont.* 27.
126 P. Chrysol., *Sermo 130, in consecratione episcopi* (PL 52, 557).
127 P. Chrysol., *Sermo 130.* Nach PL 52, 557, Anm. e) bezieht sich *procreare* auf die Geburt Valen-
    tinians III., *amplecti* auf die Vermählung mit Constantius III. und *possidere* auf den eigenen
    Rang Galla Placidias als *Augusta*.

Zur Selbstdarstellung kaiserlicher Frauen des 5. Jahrhunderts gehörte es weiter, mit heiligen Männern oder Frauen ihrer Zeit in Kontakt zu treten: Für Galla Placidia ist eine solche Begegnung mit dem gallischen Bischof Germanus von Auxerre überliefert: Dieser hatte sich in den 440er Jahren nach Italien begeben, um am Kaiserhof von Ravenna Nachsicht für die aufständischen Bewohner von Aremorica zu erbitten, gegen die Aëtius den Alanenkönig Goar geschickt hatte.[128] Über die Ankunft des Bischofs war man in Ravenna informiert und bereitete ihm ein feierliches Willkommen. Mit den Stadtbewohnern warteten auch der Ravennater Bischof Petrus Chrysologus und Galla Placidia (vielleicht auch ihre Kinder),[129] um den Bischof am Stadttor in Empfang zu nehmen und durch die Stadt zu seiner Herberge zu begleiten.[130] Die Schilderung erinnert an eine Reliquientranslation, die Anfang des 5. Jahrhunderts im Beisein der Kaiserin Eudoxia vor den Mauern Konstantinopels stattfand. Insofern ist es im Sinne kaiserlicher Selbstinszenierung nicht unwahrscheinlich, daß sich auch hier – wie damals Eudoxia – Galla Placidia unter die wartende Menge begeben hatte: Auf diese Weise konnte die Kaiserin vor der Ravennater Öffentlichkeit eine besonderen Frömmigkeit, aber auch „Bürgernähe" demonstrieren, indem sie sich angesichts des heiligen Mannes erniedrigte, für den Moment ihren sozialen Status aufgab und ihm in der Menge wie eine einfach Gläubige begegnete.[131]

Auch sonst habe Galla Placidia dem Heiligen eine besondere Verehrung erwiesen:[132] Die Speisen, die sie ihm habe bringen lassen, habe der Bischof an seine Bediensteten verteilt und der Kaiserin eine kleine Holzschale mit einem Gerstenbrot gesandt. Das bescheidene Geschenk habe Galla Placidia mit großer Freude in Empfang genommen, das Brot als Heilmittel aufbewahrt und die Holzschale in Gold einfassen lassen.[133] Germanus erkrankte während seines Aufenthaltes in Ravenna und verstarb 448. Am Krankenbett mußte Galla Placidia ihm versprechen, seinen Leichnam in seine gallische Heimat überführen zu lassen.[134] Die letzte Ehre habe sie dem Bischof erwiesen, indem sie ihren *praepositus* Acolus beauftragt

---

128  *V. Germ.* 6,28; ein kurzer Abriß der Ereignisse findet sich bei Stickler, Aëtius, 191 f.

129  Vgl. Oost, Biographical Essay, 255 sieht keinen Grund zu der Annahme, daß Valentinian selbst anwesend gewesen sei: „Since it is incredible that the Emperor, Placidia's son, if present, would have paid no similar attention to the saint, we may conclude that he was not present, for no such attention is recorded." Die zwar nur vage Erklärung des Autors der Vita, Constantius von Lyon, im Gefolge des Bischofs durch die Stadt hätten sich auch die „principes" befunden (*V. Germ.* 7,35: Ambiunt prinicpes [...]), schließt die Anwesenheit Valentinians aber keineswegs aus.

130  *V. Germ.* 7,35.

131  Vgl. hierzu oben S. 70 f. dieser Arbeit.

132  So auch Oost, Biographical Essay, 265 f.; Sivan, Last Roman Empress, 167 f.

133  *V. Germ.* 7,35: Ad diversorium sacerdotis regina venerabilis vas argenti amplissimum, refertum cibis delicatioribus sine ulla carnis admixtione, transmisit. Quod susceptum ea ratione distribuit ut cibos ministris suis traderet ipse vero vindicaret argentum, remittens loco muneris patenulam ligneam panem ordeaceum continentem. Quod illa utrumque cum ingenti gratulatione conplexa est, quod et argentum suum transisset ad pauperes et illam escam beati viri cum ministerio abiecti vasculi suscepisset. Nam et ligneum postea auro ambiit et panem multis remediis et virtutibus reservavit.

134  *V. Germ.* 7,42.

habe, den Toten einzubalsamieren, um den Leichnam anschließend persönlich für die Bestattung zu bekleiden.[135]

Wie andere Kaiserinnen der theodosianischen Dynastie zeigte Galla Placidia darüber hinaus ein Interesse an kirchenpolitischen Debatten: Dies wird neben den oben genannten Briefen in der *Collectio Avellana* besonders durch den Briefwechsel zwischen ihr und anderen Mitgliedern der kaiserlichen Familie auf beiden Seiten des Imperiums und dem römischen Bischof Leo I. bezeugt, die das zweite Konzil von Ephesus betreffen.[136] Aus den ersten drei dieser Briefe, von denen je einen Valentinian, Galla Placidia und Licinia Eudoxia an Theodosius II. verfaßten, geht hervor, daß Leo, 440–461 Bischof von Rom, sich an sie gewandt hatte, als die Familie Ende der 440er Jahre in die alte Hauptstadt übergesiedelt war.[137]

In ihrem Brief an den oströmischen Kaiser[138] bittet Galla Placidia diesen darum, den Geschehnissen in Ephesus 449 mit seiner kaiserlichen Autorität zu begegnen und den nicänischen Glauben zu bewahren,

> „[…] ne quod priscis temporibus nostra generatione custodivit, sub nos imminui videatur, et per praesens exemplum schismata generentur inter episcopos et sanctas Ecclesias."[139]

> „[…] damit nicht, was unsere Dynastie in früheren Zeiten bewahrt hat, unter uns geschmälert erscheint, und daß durch das vorliegende Beispiel nicht ein Schisma zwischen Bischöfen und der heiligen Kirche erzeugt werde."

Ähnlich argumentierte Galla Placidia in einem weiteren Brief, den sie an die Schwester des Theodosius, Pulcheria, sandte.[140] Darin erinnert die weströmische *Augusta* die Kaiserin im Osten an das ihnen immer gemeinsame Interesse für den „katholischen Glauben" (*catholica fides*) und forderte diese auf, alles daran zu setzen, daß die Beschlüsse des Konzils rückgängig gemacht würden.[141]

Daß diese Briefe wie auch diejenigen der anderen Mitglieder des weströmischen Kaiserhauses unter dem Einfluß des römischen Bischofs Leo entstanden und

---

135 *V. Germ.* 8,44; eine vergleichbare Szene findet sich in Agnellus, *Liber Pont.* 51, in der Galla Placidia, gemeinsam mit dem Ravennater Bischof Petrus Chrysologus, den verstorbenen Barbatianus für die bevorstehende Bestattung einbalsamiert.

136 Leo, *Epp.* 55 (Valentinian an Theodosius; PL 54, 857–860); 56 (Galla Placidia an Theodosius; PL 54, 859–862); 57 (Licinia Eudoxia an Theodosius; PL, 54, 861–864); 58 (Galla Placidia an Pulcheria; PL 54, 863–866); 60 (Leo an Pulcheria; 873 f.); 62 (Antwort Theodosius' an Valentinian; PL 54, 875–878); 63 (Antwort Theodosius' an Galla Placidia; PL 54, 877 f.); 64 (Antwort Theodosius' an Licinia Eudoxia; PL 54, 877–880), jeweils in lateinischer und griechischer Sprache. Die Korrespondenz der kaiserlichen Familie findet sich auch in *ACO* 2,1,1, 7 f. *Epp.* 5–8.

137 Leo, *Epp.* 55–57 (PL 54, 857–864), hierzu auch Nagl, Galla Placidia, 60–64; Sirago, Trasformazione politica, 444–447; ders., Galla Placidia la nobilissima, 114–116; Oost, Biographical Essay, 289 f.; Sivan, Last Roman Empress, 135 f.

138 Leo, *Ep.* 56 (PL 54, 859–862).

139 Leo, *Ep.* 56 (PL 54, 861).

140 Leo, *Ep.* 58 (PL 54, 863–866): „[…] cognovimus nostris temporibus catholicam fidem esse turbatam, quam a divo patre nostro Constantino nostri generis parentes hactenus servaverunt" (PL 54, 863).

141 Leo, *Ep.* 58 (PL 54, 865).

maßgeblich dessen Argumentation folgten,[142] schließt ein ernsthaftes Interesse Galla Placidias an der Bewahrung des *Nicaenums* nicht aus. Vermutlich im Wissen um den vormals großen Einfluß ihrer Nichte Pulcheria am Kaiserhof von Konstantinopel[143] schrieb sie besagten zweiten Brief, in der Hoffnung über die Schwester des oströmischen Kaisers auf diesen einwirken zu können.

Galla Placidia hatte sich mit der Volljährigkeit ihres Sohnes nicht gänzlich aus der Politik zurückgezogen. Daß ihr Einfluß an Hof durch den Einzug ihrer Schwiegertochter Licinia Eudoxia gemindert worden wäre,[144] ist den literarischen Quellen nicht zu entnehmen. Vielmehr war es Licinia Eudoxia, der die spätantiken Autoren erst nach dem Tode Galla Placidias im Jahre 450[145] einen Platz in ihren Darstellungen einräumten. Ebenso ist es schwer zu beurteilen, inwieweit Valentinian III. sich als Herrscher je von seiner Mutter emanzipiert hat: Die *Vita Germani* erwähnt Galla Placidia noch für das Ende der 440er Jahre als Regentin des Reiches und ordnet ihr Valentinian klar nach: „*regebat etiam* Romanum imperium *Placidia regina* cum suo filio Valentiniano iam iuvene;"[146] ihr späterer Bewunderer Agnellus ließ die Herrschaft ihres Sohnes sogar erst mit dem Zeitpunkt ihres Todes beginnen.[147]

In einem Vergleich weströmischer Kaiserfrauen mit den *Augustae* des oströmischen Zweigs der Dynastie sticht Galla Placidia in den literarischen Quellen und hinsichtlich ihrer intensiven Bautätigkeit als einzige unter den kaiserlichen Frauen des Westens hervor. Dies ist in erster Linie durch die politische Situation des zweiten Viertels des 5. Jahrhunderts zu erklären, in der der oströmische Herrscher gezwungen war, in die Thronfolge im Westen einzugreifen, um das westliche Kaisertum für seine Dynastie zu bewahren. Die Herrschaftsideologie Konstantinopels, die eine Partizipation der kaiserlichen Frau an der Macht des *Augustus* nicht ausschloß, wenn nicht sogar vorsah,[148] ermöglichte Galla Placidias Einsetzung als stellvertretende Regentin im Westen des Reiches; eine Position in der sie nach Befund der Quellen jedoch ausschließlich in ihrer herrschaftsstabilisierenden, oder vielmehr -bewahrenden Funktion greifbar ist.

---

142  Vgl. Oost, Biographical Essay, 289 f.

143  Pulcheria jedoch war in dieser Zeit – möglicherweise durch den Einfluß des Eunuchen Chrysaphius – vom Kaiserhof verdrängt worden, und obwohl auch sie eine Gegnerin des zweiten Konzils von Ephesus war, konnte sie in dieser Sache erst nach dem Tod ihres Bruders wieder aktiv werden.

144  So wenigstens impliziert Demougeot, L'évolution politique, 202; dagegen Sirago, Galla Placidia la nobilissima, 81: „[Eudossia] in realtà restò subordinata alla suocera."

145  *Chron. Gall. 452*, 136 (a. 450); Hyd. Lem. 148 (a. 452); *Chron. Gall. 511*, 612.

146  *V. Germ.* 7,35 (Hervorhebung von mir).

147  Agnellus, *Liber Pont.* 26: Cum coepisset Valentinianus imperare, in ipso introitu imperii eius beatus iste Petrus vita expliatus astra petivit [= 450, auch das Todesjahr Galla Placidias].

148  Maslev, Staatsrechtliche Stellung, v. a. 319–321, der angefangen bei Galla Placidia über weitere Beispiele aus (mittel-)byzantinischer Zeit zeigt, wie sich die Stellung der „Kaiserin-Mutter" zunehmend festigen sollte: „Es wurde dabei ein vervollkommnetes System der Regentschaft ausgebaut, indem zur Regentschaft bewährte Staatsmänner und Heerführer [ἐπίτροποι, wie in diesem Beispiel in Bonifatius, Aëtius und Felix] herangezogen wurden. Die Kaiserin-Mutter blieb aber immer die eigentliche Beschützerin der Rechte ihres Kindes […]" (ebd. 321).

Wo Serena zwanzig Jahre zuvor noch gescheitert war, gelang es Galla Placidia, sich als römische Kaiserin in theodosianischer Tradition zu etablieren. Weder ihre Tochter Honoria noch ihre Schwiegertochter Licinia Eudoxia gelangten zu einer ähnlichen Reputation im Gedächtnis der Nachwelt. War es bei Honoria wohl vor allem eigenes Verschulden, das ihr eine negative Beurteilung in den zeitgenössischen Quellen einbrachte und sie in Vergessenheit geraten ließ, da sie gegen die ihr am Kaiserhof von Ravenna zugedachte Rolle aufbegehrt hatte, dürften es Licinia Eudoxia die politischen Umstände zu Beginn der 450er Jahre erschwert haben, wenigstens nach dem Tode ihrer Schwiegermutter aus deren Schatten herauszutreten.

Trotzdem ist es in der Summe sehr wenig, was sich über Galla Placidias Rolle als *Augusta* im Allgemeinen und ihre Politik als ‚Regentin' des Weströmischen Reiches im Speziellen sagen ließe. Die überwiegend topischen Erzählungen der ihr gegenüber feindseligen Geschichtsschreiber außen vorgelassen, bleibt eine Frau mit hohem Sozialprestige, innerhalb der Kaiserfamilie mit dem Höchstmaß an dynastischem Potential zudem, das aber möglicherweise mehr von anderen als von ihr selbst aus diplomatischen oder dynastischen Motiven eingesetzt wurde. In den literarischen Quellen blieb auch Galla Placidia als politische Akteurin hinter den oströmischen *Augustae* der theodosianische Dynastie zurück. Als Euergetin und Kirchenstifterin übertraf sie vielleicht manch andere. Sie starb 450 in Rom, wie wenig später ein gallischer Chronist vermerkte, nachdem sie ein „untadeliges Leben" geführt hatte (*inreprehensibilem [...] vitam*).[149] Dort und nicht in dem von ihr errichteten sogenannten „Mausoleum der Galla Placidia" in Ravenna wurde sie in der Familiengruft der kaiserlichen Familie bei *Sankt Peter* bestattet, wohin sie nicht lange zuvor vielleicht auch die Gebeine ihres erstgeborenen Sohnes, Theodosius, hatte überführen lassen.[150]

---

149 *Chron. Gall. 452*, 136 (a. 450); *Ann. Rav.* a. 450 gibt den 26. November als Datum an.
150 Prosp. Tiro, *Additamenta Reichenensis* 12; dazu Oost, Some Problems, 7 f. sowie Mackie, Mausoleum, 400.

## 7 AELIA PULCHERIA

*„Nachdem sie die Verantwortung für die*
*Regierung übernommen hatte, verwaltete sie*
*aufs Beste und mit großer Sorgfalt das*
*römische Reich."*
*(Soz. 9,1,5)*

Wie Galla Placidia kennt die Nachwelt Pulcheria als Regentin und Vormund eines noch minderjährigen Kaisers; und wie bei Galla Placidia ist es bei Pulcheria nicht leicht, ein Profil ihrer vermeintlichen Regentschaft geschweige denn ihrer Person zu erstellen. Auch hier sind es lediglich einige Spuren in den spätantiken Geschichtswerken, die es ermöglichen, sich ihrer βασιλεία anzunähern, ohne sie in ihrer individuellen Ausprägung vollständig begreifen zu können. Ebenso fehlt auch für Pulcheria eine stringente Narration in den spätantiken Geschichtswerken. Obwohl einige der spätantiken Quellen ihr einen ganz erheblichen Einfluß auf den Kaiser zuschreiben, erhielt Pulcheria – anders als Galla Placidia – erst in der jüngeren Forschung größere Aufmerksamkeit.[1]

Geboren wurde Pulcheria am 19. Januar 399 als zweite Tochter von Eudoxia und Arcadius.[2] Ihr folgten in der angegebenen Reihenfolge die Geschwister Arcadia (3. April 400), Theodosius (10. April 401) und Marina (10. Februar 403).[3] Nachdem die Mutter Eudoxia bereits im Jahre 404 verstorben war, ließ Kaiser Arcadius die vier Kinder 408 als Vollwaisen zurück. Der zu diesem Zeitpunkt erst siebenjährige Theodosius II. folgte ihm auf den Thron von Konstantinopel. Die Regierungsgeschäfte für den Kindkaiser übte zunächst wohl der Prätoriumspräfekt Anthemius aus,[4] bis am 4.

---

1    Es gibt nur eine einzige Monographie, die sich umfassend mit den verschieden Besonderheiten in Pulcherias Biographie beschäftigt: Angelidi, Christine: *Pulcheria. La castità al potere (c. 399-c. 455)*, Mailand 1996; daneben Borowski, Miroslaw Joseph: *Pulcheria, Empress of Byzantium. An Investigation of the Political and Religious Aspects of her Reign (414–453 A. D.)*, Diss. Kansas 1974 (veröffentlicht auf Mikrofilm, Ann Arbor 1983); außerdem die umfassendere Darstellung bei Holum, Theodosian Empresses, v. a. 79–111; den biographischen Aufsatz von Kathryn Chew: „Virgins and Eunuchs: Pulcheria, Politics and the Death of Emperor Theodosius II", in: *Historia* 55(2006), 207–227; sowie das Kapitel zu Pulcheria in Manmana Giuffrida, Claudia: *Alla corte dell'imperatore. Autorità civili, militari ed ecclesiastiche nella tarda antichità*, Catania 2008, 437–450.

2    Marc. com. a. 399; *Chron. pasch.* 567; ihre 397 geborene Schwester muß früh verstorben sein und findet keine weitere Erwähnung in den Quellen.

3    *Chron. pasch.* 567 f., vgl. Marc. com. a. 399; 401; 403, der aber Arcadia übergeht; erwähnt werden die Namen der Kinder auch bei Philost. 11,6; Soz. 9,1,1; Theod. Lect. 299. Über Arcadia und Marina gibt es zu wenige Informationen, als daß sich für beide ein von Pulcheria unabhängiges Profil zeichnen ließe. Sie sollen daher soweit als möglich in diesem Kapitel mit behandelt werden.

4    Socr. 7,1,1; eine spätere Überlieferung will es, daß der Eunuch Antiochus seit 408 im Auftrag des persischen Königs Yazdegerd, den Arcadius um Schutz für seinen Sohn Theodosius II. gebeten habe, als Tutor des jungen Kaisers am Hof von Konstantinopel gewirkt habe (Theoph. AM 5900; Zon., *Epit.* 13,22,1–4); zu Antiochus und seiner Position am Kaiserhof grundlegend: Greatrex, Geoffrey / Jonathan Bardill: „Antiochus the ‚Praepositus': A Persian Eunuch at the Court of Theodosius II", in: *DOP* 50(1996), 171–197; zu Anthemius *PLRE* 2, s. v. „Anthemius 1", 93–95.

Juli 414 die erst fünfzehnjährige Pulcheria zur *Augusta* erhoben wurde[5] und – wie es heißt – die Vormundschaft für ihren Bruder übernahm.[6] Spekulationen darüber, ob Pulcheria etwas mit dem Verschwinden des besagten Anthemius und des persischen Eunuchen Antiochus zu tun hatte,[7] resultieren wohl vor allem aus dem Wunsch, unmittelbare (personal-)politische Auswirkungen der neuen Position Pulcherias am Kaiserhof festzustellen; sie sind vielleicht auch von entsprechenden Berichten über ihre Mutter Eudoxia beeinflußt. Den literarischen Quellen ist – von der zeitlichen Nähe abgesehen – kein direkter Zusammenhang zu entnehmen.[8]

Bereits zeitgenössische Quellen lassen hingegen kaum einen Zweifel daran, daß Pulcheria als Schwester des Kaisers schon frühzeitig eine besondere Rolle in der Wahrnehmung der hauptstädtischen Öffentlichkeit spielte:[9] Bereits das Beispiel Flaccillas, noch viel mehr aber das der Eudoxia haben gezeigt, daß den kaiserlichen Frauen seit dem ausgehenden vierten Jahrhundert eine verstärkte Bedeutung in der Repräsentation des oströmischen Kaisertums und darüber hinaus eine gewissen Kompetenz im religionspolitischen Bereich zugestanden wurde. Sie hatten Maßstäbe gesetzt, an denen ihre Nachfolgerinnen gemessen werden sollten. Die Erwartungen, welche die Bevölkerung Konstantinopels nun gewohnheitsmäßig an die kaiserlichen Frauen stellte, rückten Pulcheria als älteste Schwester des neuen Kaisers wahrscheinlich früh ins öffentliche Bewußtsein. Erwartet wurde von den kaiserlichen Frauen Wohltätigkeit, eine besondere Frömmigkeit, σωφροσύνη (auch in sexueller Hinsicht) und die Geburt legitimer Kinder. Letzteres aber hätte im Falle Pulcherias und ihrer Schwestern eine Gefahr für das Kaisertum ihres Bruders oder irgendwann einmal dessen Sohns bedeuten können. Daher habe Pulcheria, noch vor ihrer Erhebung zur *Augusta*, für sich und ihre Schwestern einen anderen Weg gewählt, der ihr Keuschheit und eine besondere Nähe zu Gott attestierte: Im Alter von vierzehn Jahren legte Pulcheria das Gelübde der Jungfräulichkeit ab,[10] das sie, so ihr Bewunderer Sozomenus, zudem öffentlichkeitswirksam inszeniert und bekräftigt habe,

> καὶ θεὸν αὐτὸν καὶ ἱερέας καὶ πάντα ἀρχόμενον μάρτυρας ποιουμένη τῶν αὐτῇ βεβουλευμένων, ἐκ χρυσοῦ καὶ λίθων τιμίων θαυμάσιόν τι χρῆμα θεαμάτων κάλλιστον ὑπὲρ τῆς ἰδίας παρθενίας καὶ τῆς τοῦ ἀδελφοῦ ἡγεμονίας ἱερὰν ἀνέθετο τράπεζαν ἐν τῇ ἐκκλησίᾳ Κωνσταντινουπόλεως·[11]

5   Marc. com. a. 414; *Chron. pasch.* 571 (fälschlich *noblissima* für *Augusta*); seit 414 (s. *RIC* 10,205; 206; 211; 214) wurden kontinuierlich Münzen in ihrem Namen geprägt, die Pulcheria in traditioneller Darstellungsweise der theodosianischen *Augustae* abbilden und ihren Namen und Titulatur, AEL(ia) PVLCHERIA AVG(usta), nennen (für weitere Emissionen *RIC* 10).

6   Soz. 9,1,5–8; Theod. Lect. 301; Theoph. AM 5900; 5901; 5905; *Suda*, π 2145; Zon., *Epit.* 13,22,1.

7   So etwa Holum, Theodosian Empresses, 91; 94–96; Chew, Virgins and Eunuchs, 214 f.

8   Theoph. AM 5905 erklärt lediglich, nach dem Tode des Antiochus habe Pulcheria die Amtsgeschäfte vollständig übernommen (ἡ μακαρία Πουλχερία τελείως τῶν πραγμάτων ἐκράτησεν).

9   Soz. 9,1; Philost. 12,7; bemerkenswert auch, daß bei den Töchtern der Eudoxia nun auch die Geburtsdaten ihrer Töchter vermerkt wurden (s. oben Anm. 3). Dies könnte ein Hinweis sein, daß der Geburt von kaiserlichen Töchtern nun eine größerer Bedeutung beigemessen wurde.

10   Soz. 9,1,3.

11   Soz. 9,1,4.

indem sie sowohl Gott selbst als auch die Priester und alle Untertanen zu Zeugen ihres Vorhabens machte und einen wunderschönen Kunstgegenstand aus Gold und kostbaren Steinen für ihre eigene Jungfräulichkeit und für die Regentschaft ihres Bruders auf dem Altar in der Kirche von Konstantinopel aufstellte.

Auch habe sie, so Sozomenus weiter, eine Inschrift auf dem Altar anbringen lassen, die dauerhaft an ihre Stiftung und vor allem ihr Gelöbnis erinnert haben muß. Weder ist dieser Auftritt Pulcherias durch andere Quellen belegt, noch gibt es weitere Hinweise auf die von Sozomenus angesprochene, aber nicht überlieferte Inschrift. Die von Sozomenus gewählte Formulierung „τάδε ἐπέγραψεν" deutet aber zumindest darauf hin, daß er vorgehabt hatte, sie zu zitieren.[12] Dies wiederum würde für die Richtigkeit seiner Angaben sprechen.

Auffällig in der von Sozomenus geschilderten Szene ist der Zusammenhang, den Pulcheria zwischen ihrer Jungfräulichkeit und der Regentschaft (ἡγεμονία) ihres Bruders herstellt: Für beide habe sie das Weihgeschenk gestiftet. Im Kontext der Darstellung Pulcherias im neunten Buch seiner Kirchengeschichte stellte Sozomenus die Kaiserschwester als Hüterin des Kaisertums ihres Bruders dar: Gott selbst habe sie ja als Vormund (ἐπίτροπον) für ihren Bruder und die ἡγεμονία eingesetzt.[13] Entspricht diese Darstellung möglicherweise Pulcherias Selbstinszenierung im Moment ihres öffentlichen Gelöbnisses?

„Einen sehr weisen und gottähnlichen Verstand" (σοφώτατον καὶ θεῖον [...] νοῦν) habe Pulcheria besessen und so habe sie ihr Votum zu dem Zweck abgelegt und auch ihre Schwestern angehalten, ihrem Vorbild zu folgen, „damit sie keinen anderen Mann in den Palast hineinbrächte und jede Rivalität und Intrige von Anfang an unterbunden hätte" (ὅπως μὴ ἄλλον ἄνδρα ἐπεισαγάγῃ τοῖς βασιλείοις καὶ ζήλου καὶ ἐπιβουλῆς πᾶσαν ἀνέλῃ ἀφορμήν).[14] Später würde Pulcheria aus ihrer Jungfräulichkeit eine besondere Autorität ableiten. Angesichts der Tatsache aber, daß das dynastische Prinzip ein entscheidendes Element der βασιλεία kaiserlicher Frauen war, scheint es – unabhängig davon, ob sie den Entschluß aus eigener Motivation heraus gefaßt hatte – recht wahrscheinlich, daß es bei Pulcherias Virginitätsgelübde zunächst vorrangig darum gegangen war, das Kaisertum ihres Bruders zu sichern. Schließlich hätten ein in die Dynastie eingeheirateter Mann, oder dessen Söhne, früher oder später selbst Herrschaftsansprüche erheben können, so daß im Falle einer Vermählung der kaiserlichen Schwestern generell die Gefahr einer Konkurrenzsituation bestand.[15] Um innere Stabilität wenigstens auf der Seite des Kaiserhauses zu gewährleisten und diese Stabilität auch nach außen kommunizieren zu können, bot die dauerhafte Jungfräulichkeit der Kaiserschwestern eine wirksame Lösung. Pulcheria als älteste Schwester des Theodosius und die erste im heiratsfähigen Alter bekräftigte ihren Schwur in einer öffentlichen Inszenierung, in der sie

---

12  Soz. 9,1,4; so auch Hansen, Günther Christian (Hg.): *Sozomenos Kirchengeschichte,* Bd. 4, Turnhout 2004, 1057, Anm. 1038.

13  Soz. 9,1,2.

14  Soz. 9,1,3; vgl. indirekt auch Malal. 14,3. Anders als bei Pulcheria scheint die Jungfräulichkeit ihrer Schwestern nie durch einen öffentlichen Akt als bindender Schwur bestätigt worden zu sein (vgl. Angelidi, Pulcheria, 87).

15  Vgl. Holum, Theodosian Empresses, 94.

auch an ihre Verantwortung gegenüber der Dynastie beziehungsweise der Regentschaft ihres Bruders erinnerte.

Nach dem Tod des Vaters habe sie die Erziehung ihres Bruders und seine Ausbildung als Kaiser übernommen;[16] ihn angemessenes Auftreten vor der hauptstädtischen Öffentlichkeit, wie er sich als Kaiser zu kleiden und zu verhalten habe, sowie den Umgang mit Bittstellern gelehrt[17] und ihn darüber hinaus zur Frömmigkeit erzogen.[18] An dieser Stelle ist freilich ein Einwand angemessen: Pulcheria war nur knappe zwei Jahre älter als ihr Bruder, und es bedarf daher kaum einer Erklärung, warum ihre Rolle als Erzieherin ihres Bruders, die auch bei den jüngeren Autoren auf den Ausführungen des Sozomenus basiert, schwierig ist.[19] Nicht auszuschließen ist allerdings, daß sie den entsprechenden Einfluß auf ihren Bruder seit ungefähr 414 ausübte und Sozomenus' Darstellung als Rückprojektion zu lesen ist.[20] Die „panegyrische Tendenz"[21] in Sozomenus' neuntem Buch wird bereits in der Einleitung deutlich, in welcher der Kirchenhistoriker Pulcheria bescheinigte, zum Schutz des Kaisertums habe Gott selbst durch sie gewirkt.[22] Sicher hat Sozomenus Pulcheria in seinem Lob überhöhen wollen und ihr daher nicht nur einen „σοφώτατον" sondern auch einen „θεῖον νοῦν" zugeschrieben,[23] der es ihr ermöglicht habe, nach göttlichem Entschluß die Verantwortung für das Kaisertum zu übernehmen. Bei aller (positiven) Befangenheit des Autors wird hier deutlich, daß es in den 440er Jahren, als Sozomenus seine Kirchengeschichte verfaßte, bereits möglich war, die Kaiserin als Trägerin einer von Gott verliehenen Autorität zu denken. Münzbildnisse, welche seit Aelia Eudoxia die *Augusta* als von Gott gekrönte Kaiserin zeigten, weisen darauf hin, daß es der Intention des Kaiserhauses entsprach, diese Vorstellung von der Kaiserin in der öffentlichen Wahrnehmung zu evozieren.

Am 4. Juli 414 wurde Pulcheria zur *Augusta* erhoben und von nun an wurden entsprechende Münzen auch in ihrem Namen geprägt, beides Ehren, die ihren Schwestern nie zu teil werden sollten.[24] Möglich, daß Pulcheria durch die Erhe-

---

16 Soz. 9,1,6 (lediglich Reitunterricht, militärische Unterweisung und die Rhetorik habe sie Fachleuten überlassen); Theod. Lect. 301; Theoph. AM 5900; 5901; *Suda*, π 2145; Zon., *Epit.* 13,22,1.

17 Soz. 9,1,7.

18 Soz. 9,1,8.

19 Wie Angelidi, Pulcheria, 52 bereits bemerkte muß Theodosius' Erziehung im Jahre 407 oder 408 eingesetzt haben, als Pulcheria acht- oder neunjährig noch nicht in der Lage gewesen sein kann, selbst Lehrinhalte zu bestimmen, oder Lehrer für ihren Bruder zu wählen. Zu Sozomenus' Absichten Van Nuffelen, Peter: „Sozomenos und Olympiodor von Theben oder wie man Profangeschichte lesen sollte", in: *JbAC* 47(2004), 81–84.

20 Vgl. Angelidi, Pulcheria, 20.

21 Van Nuffelen, Sozomenos und Olympiodor, 84.

22 Soz. 9,1,2: ἐπεὶ οὖν εὐσεβέστατον τὸν βασιλέα ἔσεσθαι προεῖδεν ἡ τῶν ὅλων οἰκουρὸς θεία δύναμις, ἐπίτροπον αὐτοῦ καὶ τῆς ἡγεμονίας κατέστησε Πουλχερίαν τὴν ἀδελφήν; vgl. ebd. 9,3,1.

23 Soz. 9,1,3.

24 Marc. com. a. 414, ohne genaues Datum; *Chron. pasch.* 571 nennt den 4. Juli, erklärt aber fälschlich sie sei zur ἐπιφανεστάτη (lat. Entsprechung *nobilissima*) erhoben worden. Borowski, Empress of Byzantium, 60 f. sieht in dieser Tatsache den Beweis dafür erbracht, daß Pulcherias Erhebung zur *Augusta* ihrer Einsetzung als ,Regentin' vorausgegangen sei: „The fact that her

bung noch einmal in besonderer Form für ihr Gelöbnis ausgezeichnet werden sollte, besonders aber unterstrich der Titel ihre herausgehobene gesellschaftliche Stellung. Wenig später habe Aurelian, der Nachfolger des Anthemius, eine Statue von ihr neben denen des Honorius und des Theodosius im Senat errichtet;[25] auch dies Ausdruck einer besonderen Würdigung der Kaiserschwester, die an einem – wenigstens ideologisch – politisch bedeutsamen Ort an der Seite der beiden regierenden Kaiser abgebildet wurde und damit symbolisch auf die gleiche Ebene wie die beiden Herrscher gerückt wurde. Sollte dieser Hinweis in der sogenannten Osterchronik der Wahrheit entsprechen, wurde Pulcheria seit ihrer Erhebung zur *Augusta* als Teilhaberin an der Regentschaft des Reiches repräsentiert.

### Pulcherias Einfluß am Hof von Konstantinopel

Bereits Philostorg, der seine Kirchengeschichte etwas früher verfaßt haben muß als Sozomenus und der als ‚häretischer' Autor nicht im Verdacht besonderer Sympathien für die Kaiserschwester steht, hatte Pulcheria eine gewisse Beteiligung an den Regierungsgeschäften ihres Bruders nachgesagt: „Sie half ihm bei den kaiserlichen Erlassen und berichtigte sie" (τὰς βασιλικὰς σημειώσεις ὑπηρετουμένη καὶ διευθύνουσα).[26] Sozomenus ging mit seinem Lob auf Pulcheria und der Beschreibung ihrer politischen Rolle am Kaiserhof noch einen Schritt weiter:

ὑπεισελθοῦσα δὲ τὴν φροντίδα τῆς ἡγεμονίας ἄριστα καὶ ἐν κόσμῳ πολλῷ τὴν Ῥωμαίων οἰκουμένην διῴκησεν, εὖ βουλευομένη καὶ ἐν τάχει τὰ πρακτέα ἐπιτελοῦσα καὶ γράφουσα. [...] τῶν δὲ πραττομένων τὴν δόκησιν εἰς τὸν ἀδελφὸν ἀνέφερε·[27]

Nachdem sie die Verantwortung für die Regierung übernommen hatte, verwaltete sie aufs Beste und mit großer Sorgfalt das Römische Reich, indem sie gut überlegte und das, was es zu tun gab, rasch erledigte und aufschrieb. [...] Den Ruhm für ihre Arbeit aber übertrug sie auf den Bruder.

Die wahre Regentin des (Oströmischen) Reiches sei also Pulcheria gewesen. Daß sie neben der Amtssprache Latein auch das Griechische beherrschte, sei ihr dabei zu gute gekommen.[28] Man mag am Wahrheitsgehalt der Darstellung des tendenziösen Autors zweifeln können. Dennoch muß erwähnt werden, daß Theodosius II. in keinem der zeitgenössischen Berichte als eigenständiger Herrscher erscheint: Eine feindselige Auffassung besagte, daß es Eunuchen und Höflinge waren, die den Kaiser beherrschten;[29] bei Sozomenus ist es demgegenüber seine Schwester, die sich für die Regierung verantwortlich zeigte. Damit gab der Kirchenhistoriker dem To-

---

sisters Arcadia and Marina were not made Augustae would indicate that Pulcheria's elevation had particular significance." Die Aufstellung ihrer Statue im Senat durch Aurelian, den Borowski für die Absetzung des Anthemius zugunsten Pulcherias verantwortlich hält (ebd. 64), habe diesen Schritt bestätigt und könnte „as official acknowledgement of Pulcheria's entrance upon the regentship" gedeutet werden (ebd. 63).

25  *Chron. pasch.* 571 (am 30. Dezember 414).
26  Philost. 12,7.
27  Soz. 9,1,5.
28  Soz. 9,1,5.
29  Prisc. fr. 3,2 (Blockley, = fr. 52 Carolla); vgl. *Suda*, θ 145.

pos des fremdbestimmten Herrschers eine positive Wendung; denn immerhin sei es Gott selbst gewesen, der Pulcheria mit dieser Aufgabe betraute. Pulcheria einen Einfluß auf ihren Bruder gänzlich abzusprechen ist nicht angebracht. Schon ihre familiäre Bindung bedeutete, daß sie den nötigen Zugang zum Kaiser hatte. Spätere Ereignisse, auf die weiter unten eingegangen werden soll, deuten darauf hin, daß sie vor allem im Bereich der Religionspolitik aktiv wurde.

Auch andere spätantike beziehungsweise frühbyzantinische Autoren deuten eine gewisse Abhängigkeit des Kaisers von seiner Schwester an oder kennen sie als fürsorgliche Schwester. Als Theodosius II. ins heiratsfähige Alter gekommen war, soll er Pulcheria gebeten haben, eine Frau für ihn zu finden: Auf Rang und Herkunft käme es ihm nicht an; nur die Schönste im Reich wolle er heiraten.[30] Lange habe Pulcheria vergeblich unter den Töchtern aus adeligen und patrizischen Familien in Konstantinopel nach einer Braut für ihren Bruder gesucht. Da wollte es der Zufall, daß Athenaïs, die schöne und gebildete Tochter eines griechischen Sophisten nach Konstantinopel kam und wegen einer Notlage, in die sie nach dem Tode ihres Vaters geraten war, um Audienz bei der Kaiserschwester bat. Sofort habe Pulcheria erkannt, daß es sich bei dieser jungen Frau um die geeignete Braut für ihre Bruder handelte, diesen herbeigerufen, und schon nach dem ersten, heimlichen Blick auf Athenaïs sei der Kaiser vor Liebe zu ihr entbrannt.[31] Das griechische Mädchen wurde rasch auf den christlichen Namen Eudocia getauft und die Ehe am 7. Juni 421 geschlossen.

Vielfach wurde darüber spekuliert, welche Rolle Pulcheria bei der Brautsuche ihres Bruders gespielt haben könnte, wobei lediglich Holum anzweifelt, daß die fromme Pulcheria an der Seite ihres Bruders die Tochter eines Heiden akzeptiert hätte.[32] Demgegenüber läßt sich die Frage einwenden, ob Theodosius II. eine Frau geheiratet hätte, mit der Pulcheria nicht einverstanden war.[33] Eine andere Frage betrifft das Motiv, warum Pulcheria sich für Athenaïs entschieden haben könnte: Naheliegende ist die Erklärung, die Wahl sei aus machtpolitischen Überlegungen auf Athenaïs gefallen.[34] Denn soweit bekannt ist, hatte Athenaïs-Eudocia keine besonders einflußreichen Verwandten in Konstantinopel, die nach ihrer Vermählung hätten versuchen können, über die junge Kaiserin auf den Kaiser einzuwirken und so Pulcherias Position am Kaiserhof zu gefährden.[35] Bei einer Tochter aus der hauptstädtischen Oberschicht wäre dies vermutlich anders gewesen. Daß Pulcheria sich auf diese Art der Familienpolitik verstanden haben könnte, wurde bereits be-

30   Malal. 14,3; *Chron. pasch.* 575 f.; vgl. Kapitel III.1.3 dieser Arbeit.
31   Malal. 14,4; vgl. Evagr. 1,20; *Chron. pasch.* 577 f.; Theoph. AM 5911; Zon., *Epit.* 13,22,5.
32   Holum, Theodosian Empresses, 120.
33   Burman, Julia: „The Athenian Empress Eudocia", in: Paavo Castrén (Hg.), *Post-Herulian Athens. Aspects of Life and Culture in Athens A. D. 267–529,* Helsinki 1994, 66.
34   Cameron, Alan: „The empress and the poet: paganism and politics at the court of Theodosius II", in: *Yale Classical Studies* 27(1982), 277; vgl. Burman, Athenian Empress, 66.
35   Anders geht Holum, Theodosian Empresses, besonders 120–128 davon aus, hinter Eudocia hätten eine Reihe von Traditionalisten gestanden, die über die Vermählung der Philosophentochter mit dem Kaiser versucht hätten, Pulcherias Einfluß am Kaiserhof zu schmälern.

reits oben gezeigt. Insofern scheint es plausibel, daß sie bei der Entscheidung für Athenaïs-Eudocia als künftige Kaiserin beteiligt war.[36]

Tatsächlich war Eudocia anfangs keine Konkurrentin für Pulcheria. Zwar wurde auch ihr nach der Geburt der ersten Tochter Licinia-Eudoxia 423 der *Augusta*-Titel verliehen, und von nun an wurden auch in ihrem Namen nach traditionellem Vorbild Münzen geprägt, so daß Eudocia jetzt hinsichtlich Rang und Repräsentation mit Pulcheria gleichgezogen hatte. Nennenswert in Erscheinung trat Eudocia aber zunächst einmal nicht.[37] Dies änderte sich, als sie 439 von einer Pilgerreise aus Jerusalem zurückkehrte und von dort einige wertvolle Reliquien mitbrachte. Vielleicht zum ersten Mal konnte Eudocia aus Pulcherias Schatten hinaustreten: Berichte über Eudocias Reise machen deutlich, daß sie nun begann, sich als christliche Kaiserin zu inszenieren. Bei ihrer Rückkehr muß sie einen erheblichen Zugewinn an sozialem Prestige erfahren haben, zumal ihr Aufenthalt in Jerusalem vielleicht an das Vorbild Helenas als Prototyp der christlichen Kaiserin erinnerte. Ob sich daraus eine Konkurrenzsituation zwischen den beiden *Augustae* am Kaiserhof entwickelte, läßt sich den literarischen Quellen nicht unmittelbar entnehmen und jeglichen Überlegungen, die in diese Richtung gehen, haftet unweigerlich der Geruch eines Klischees an. Jüngere Chroniken erzählen von einer Rivalität zwischen den beiden *Augustae*, wobei die Details eher den Anschein erwecken, als seien sie vor allem der Lust an Sensationsberichten über das Leben am Hof entsprungen. Eudocia habe sich vom höchstrangigen Palasteunuchen Chrysaphius gegen Pulcheria aufhetzen lassen, die sich daraufhin aus dem Kaiserpalast von Konstantinopel zurückzog und in Hebdomon niederließ.[38] Die Rache aber sollte folgen: Da Theodosius II. sehr nachlässig gewesen sei und alles unterschrieben habe, was man ihm vorlegte, habe Pulcheria wiederum eines Tages eine List ersonnen und ihm ein Schreiben untergeschoben, das Eudocia zu ihrer Sklavin erklärte.[39] Später soll es Streit zwischen Eudocia und Theodosius gegeben haben. Der Kaiser habe Pulcheria an den Palast zurückgeholt, Eudocia aber in die Verbannung geschickt.

Zu Beginn der 440er Jahre verließ Eudocia den Kaiserhof, nachdem möglicherweise Gerüchte über eine Liebesaffäre laut geworden waren.[40] Ebenfalls um diese

---

36   Die literarische Tradition, die Pulcheria und Eudocia als Konkurrentinnen darstellt, gibt eigentlich vor, die beiden *Augustae* im wechselseitigen Bezug zueinander zu betrachten. Allerdings spielten Eudocia und Pulcheria zwei gänzlich unterschiedliche Rollen am Hof von Konstantinopel, und ihre Kompetenzstreitigkeiten waren möglicherweise vor allem ein literarisches Konstrukt sensationsbegeisterter Autoren. Dem Anliegen dieses ersten Teils der vorliegenden Arbeit folgend ist es daher geboten, beide zunächst unabhängig voneinander zu betrachten. Möglichkeiten, ihre jeweiligen Rollen auch in Bezug auf die anderen Frauen der theodosianischen Familie zu vergleichen, bietet der zweite Teil der Arbeit.

37   Vgl. S. 147–150 dieser Arbeit.

38   Theoph. AM 5940; Zon., *Epit.* 13,23,15–18. Die Feindschaft zwischen Pulcheria und Chrysaphius dürfte vor allem in religionspolitischen Dingen bestanden haben: In den Kontroversen, die zum zweiten Konzil von Ephesus 449 führten, stand Chrysaphius, wie verschiedene Quellen berichten, auf der Seite des Eutyches, Pulcheria aber auf der Flavians.

39   Theod. Lect. 352; Joh. Nik. 87,29–31; Theoph. AM 5941; *Suda,* π 2145; Zon., *Epit.* 13,23,24 f.

40   S. 160 f. dieser Arbeit.

Zeit, vielleicht auch etwas früher,[41] wurde auch Pulcheria, wie einige Quellen berichten, von Chrysaphius zurückgedrängt, der nun seinen Einfluß auf den Kaiser ausbauen konnte.[42] Jedenfalls scheint Pulcheria 449 nicht in der Position gewesen zu sein, im Vorfeld des zweiten Konzils von Ephesus zugunsten ihres Favoriten Flavian Einfluß auszuüben.[43] Diese Episode ist jedoch nicht minder problematisch als die vermeintliche Konkurrenz mit Eudocia. Von der oben erwähnten Anekdote abgesehen bleiben lediglich einige Hinweise in den literarischen Quellen, die darauf schließen lassen, daß Pulcheria und Chrysaphius im Vorfeld des zweiten Konzils von Ephesus je einer der beiden Parteien, deren Positionen 449 verhandelt werden sollten, den Vorzug gaben. Einige Chronisten berichten sogar, daß Chrysaphius maßgeblichen Anteil an der Einberufung des Konzils hatte,[44] das Pulcherias Favoriten Flavian, den Bischof von Konstantinopel, absetzte.

Schließlich bleibt die Nachricht bei Theophanes für das Jahr 449/50, Theodosius habe Pulcheria an den Kaiserhof zurückgerufen.[45] Auch diese Rückkehr Pulcherias an den Hof ihres Bruders wird sich ebensowenig belegen wie ausschließen lassen. Nur zwei Dinge seien daher vorläufig angemerkt: Trotz eindringlicher Bitten des römischen Bischofs, Leo, an Pulcheria, etwas wegen des ‚unorthodoxen' Ausgangs des Konzils zu unternehmen, wurde die Kaiserin nicht aktiv. Vermutlich waren ihr die Hände gebunden. Denn erst nachdem ihr Bruder verstorben war, sie Marcian geehelicht und auf diese Weise als Kaiser legitimiert hatte, wurden Leos Schreiben positiv beantwortet und ein neues Konzil einberufen. Ebenfalls erst nach dem Tode ihres Bruders wurde Chrysaphius, der sie vom Hof verdrängt haben soll, entmachtet und vielleicht auf ihren Befehl hin hingerichtet.[46]

## Frömmigkeit, Euergetismus und Kirchenpolitik

Pulcheria ist vor allem für ihre Frömmigkeit und ihre kirchenpolitischen Aktivitäten bekannt. Allerdings fehlt es, von Sozomenus' Ausführungen abgesehen, an zeitgenössischen Narrationen, die einen weniger voreingenommenen Blick auf ent-

---

41  Nach Cameron, Empress and Poet, 264 dürfte Pulcherias Rückzug etwa ins Jahr 439 fallen.
42  Malal. 14,19; Theoph. AM 5940; s. auch *PLRE* 2, s. v. „Chrysaphius", 295–297.
43  Vgl. Holum, Theodosian Empresses, 204 f. Nicht zu klären ist, ob Pulcheria 446/7 einer Bitte des Theodorets von Cyrrhus nachkommen konnte, hinsichtlich verschiedener Ungerechtigkeiten, die in seiner Gemeinde von statten gingen, aktiv zu werden (Theodt., *Ep.* 2,43). Wie Harries, Jill: „Men without Women. Theodosius' Consistory and the Business of Government", in: Christopher Kelly (Hg.), *Theodosius II. Rethinking the Roman Empire in Late Antiquity* (New York 2013), 67 f. feststellt, belegt das Schreiben aber immerhin die Überzeugung Theodorets, Pulcherias Einfluß erstrecke sich auf die kaiserliche Gesetzgebung, und ihre politischen Handlungsmöglichkeiten seien trotz ihrer Abwesenheit vom Kaiserpalast ungebrochen.
44  Theod. Lect. 346; Theoph. AM 5940; 5941; Zon., *Epit.* 13,23,4; auch Evagr. 1,10; 2,2 erwähnt Chrysaphius als Anhänger.
45  Theoph. AM 5942; vgl. auch Malal. 14,27, wonach Theodosius Pulcheria kurz vor seinem Tode zu sich gerufen habe, um ihr mitzuteilen, daß er Marcian als seinen Thronfolger wünsche.
46  Theod. Lect. 353; Marc. com. a. 450; Theoph. AM 5943.

sprechendes Handeln der Kaiserin und ihrer Schwestern werfen. Auch aus späteren Geschichtswerken erfährt man wenig Konkretes. Frömmigkeit und Euergetismus gehörten zum selbstverständlichen Auftreten kaiserlicher Frauen, und daß kaiserliche Frauen sich bisweilen berufen, vielmehr autorisiert fühlten, in kirchenpolitischen Fragen mitzureden, wurde bereits an anderen Beispielen gezeigt. Insofern ist die von Sozomenus beschriebene Frömmigkeit Pulcherias und ihrer Schwestern prinzipiell glaubwürdig: Für gewöhnlich hätten die drei Asketinnen alles gemeinsam unternommen, Tag und Nacht Hymnen gesungen und, obwohl „Gebieterinnen und im kaiserlichen Palast geboren und aufgewachsen" (βασιλεύουσαὶ καὶ ἐν βασίλειοις τεχθεῖσαι καὶ τραφεῖσαι), ihre Freizeit mit Weben statt in Muße verbracht.[47] Die Frömmigkeit der kaiserlichen Schwestern und ihr asketisches Leben habe, so Sozomenus, den besonderen Effekt gehabt, daß Gott ihretwegen das Kaisertum des Bruders vor Intrigen und Kriegen beschützt habe.[48] Diese Sichtweise des Kirchenhistorikers betont einen wichtigen Aspekt der Frömmigkeit kaiserlicher Frauen, die eben keine persönliche, sondern eine politische Angelegenheit war. Die öffentliche Inszenierung von Frömmigkeit betonte ihren gesellschaftlichen Stellenwert: Gottes Gnade für das Kaisertum bedeutete Stabilität und garantierte die Sicherheit der Untertanen. Freilich konnte dies auch durch die Frömmigkeit des Kaisers selbst bewirkt werden; die ganz persönliche Beziehung zu Gott schrieb Sozomenus allerdings nur Pulcheria zu, der Gott bei wichtigen Aufgaben sogar erschienen sei.[49] Wie jüngst Jill Harries aufgezeigt hat, beruhte Pulcherias Macht wesentlich auf dem Konzept ostentativer Frömmigkeit, das von den Angehörigen der Theodosianischen Dynastie allgemein verfolgt wurde. Ihre öffentlich zur Schau gestellte Frömmigkeit ist daher in eben diesem Kontext zu verstehen: Die Frömmigkeit einzelner Mitglieder der Dynastie garantierte die göttliche Gnade, aus der das Kaisertum dieser Jahre maßgeblich seine Legitimität bezog.[50]

Unzählige Kirchen, Armenhäuser und Mönchssiedlungen habe Pulcheria gestiftet und deren Versorgung sichergestellt.[51] Auch dies sei aus Gottesfurcht geschehen. Auf die Nähe von Frömmigkeit und Euergetismus wurde oben hingewiesen: Kirchenstiftungen, Armenfürsorge sowie die Verehrung heiliger Männer und von Asketen waren ein für die Öffentlichkeit (bisweilen dauerhaft) ‚sichtbarer' Beweis dafür, daß Pulcheria als Repräsentantin des Kaisertums bestrebt war dem Willen Gottes auf Erden gerecht zu werden. Den Beweis für ihre Gottesnähe sah Sozomenus auch in der wundersamen Auffindung einiger Heiligenreliquien durch Pulcheria erbracht, die er ausführlich beschreibt. Ein Traumgesicht habe Pulcheria angewiesen, den geheimen Ort zu finden, an dem die Reliquien der Vierzig Märtyrer lange Jahre versteckt gewesen seien.[52]

---

47  Soz. 9,3,2.
48  Soz. 9,3,3.
49  Soz. 9,1,12: πολλάκις αὐτῇ περὶ τῶν πρακτέων προφαίνεσθαι.
50  Harries, Men without Women, 69 f.
51  Soz. 9,1,10; vgl. *Chron. pasch.* 578 (erwähnt den Bau einer Zisterne für das Jahr 421); 590; Theoph. AM 5901.
52  Soz. 9,2; vgl. auch *Chron. Pasch.* 590 datiert die Auffindung allerdings später als Soz. 9,2,18, der erklärt, dies sei zu Lebzeiten des Bischofs Proclus geschehen. Mit hoher Wahrscheinlich-

Den jüngeren Bruder habe sie dazu erzogen, ganz nach ihrem Vorbild zu handeln, für die Kirche zu spenden und alle Geistlichen in Ehren zu halten.[53] Erinnert sei hier nur kurz an die Rolle, die sowohl von Gregor von Nyssa als auch von einem Zeitgenossen des Sozomenus, Theodoret, Pulcherias Großmutter Flaccilla zugeschrieben wurde: Diese sei es gewesen, die den älteren Theodosius stetig dazu angehalten habe, gerecht zu handeln, indem sie ihn an die göttliche Gnade erinnerte, durch die er sein Kaisertum erhalten habe.[54] Auch Sozomenus deutet diese positive Wirkung Pulcherias auf den Kaiser an, insofern es nämlich ihrem Einfluß auf den Bruder beziehungsweise ihrer Erziehung des Bruders zur Orthodoxie zu verdanken sei, daß es in dieser Zeit keine neuen Häresien gegeben habe.[55]

Damit spielte der Kirchenhistoriker vermutlich auf die Debatte um Nestorius an, mit dem Pulcheria, wie es andere literarische Quellen andeuten, persönlich in Konflikt geraten war. Auch hier mangelt es letztlich wieder an ausführlicheren Darstellungen der spätantiken Autoren: Nestorius, seit 428 Bischof von Konstantinopel, hatte die Debatte um die Bezeichnung der Maria als *Theotokos*, ‚Gottesgebärerin‘, entfacht; eine Bezeichnung, die Nestorius ablehnte, weswegen er von namhaften Bischöfen seiner Zeit – allen voran führen die Quellen Cyrill von Alexandria an – der Häresie verdächtigt wurde und 431 auf dem ersten Konzil von Ephesus abgesetzt werden sollte.[56] Welche Rolle Pulcheria bei der Debatte spielte, ist nicht ganz ersichtlich.[57] Eine frühe syrische, pro-nestorianische Quelle, die Pulcheria einen Anteil an der späteren Verdammung des Patriarchen zuschreibt, schildert ungefähr folgendes: Nestorius habe Pulcheria und ihrem Hofstaat untersagt, nach der Kommunion im bischöflichen Palast zu speisen, wie es ihre alte Gewohnheit gewesen

---

keit wird Pulcheria die Gelegenheit genutzt haben, sich im Rahmen einer pompösen Reliquientranslation öffentlich zu inszenieren. Eine solche wird bei Soz. 9,2,17 jedoch lediglich kurz angedeutet.

53   Soz. 9,1,8; vgl. Theoph. AM 5920; die bei Theophanes angedeutete Verbindung zwischen Pulcheria und den Stephanusreliquien ist gegen Holum, Kenneth G.: „Pulcheria's Crusade A. D. 421–422 and the Ideology of Imperial Victory", in: *GRBS* 18(1977), besonders 173 sowie ders./ Gary Vikan, „The Trier Ivory, *Adventus* Ceremonial and the Relics of St. Stephen", in: *DOP* 33(1979), *passim* nicht durch zeitgenössische Quellen belegt. Vielmehr bezeugen diese unmißverständlich, daß es Eudocia war, die wenigstens einen Teil der Reliquien des Erzmärtyrers Stephanus nach Konstantinopel brachte.

54   Greg. Nyss., *in Flacillam* 478,20–479,1; Theodt. 5,19,4 f.; vgl. S. 28 f. dieser Arbeit.

55   Soz. 9,1,9.

56   Ausführlich beschrieben bei Socr. 7,32.

57   In den Akten zum ersten Konzil von Ephesus finden sich in einer Reihe von Briefen des alexandrinischen Bischofs Cyrill auch Briefe an die „εὐσεβεστάταις βασιλίσιν", Eudocia und Pulcheria (*ACO* 1,1,5, 26–61 *Ep.* 149 [„Oratio ad Augustas de fide", = PG 76, 1336–1420 „De recta fide ad reginas oratio altera"]) sowie die „εὐσεβεστάταις δεσποίναις", Arcadia und Marina (*ACO* 1,1,5, 62–118 *Ep.* 150 [„Oratio ad dominas", = PG 76, 1201–1336 „De recta fide ad reginas"]), jeweils über den rechten Glauben, die zwar nichts über Pulcherias konkrete Rolle verraten, aber doch zumindest darauf hinweisen, daß Cyrill sie wie auch ihre Schwestern und ihre Schwägerin auf seine Seite zu ziehen versuchte. Hierzu vgl. Holum, Theodosian Empresses, 159–161; Wessel, Susan: Cyril of Alexandria and the Nestorian Controversy. The Making of a Saint and of a Heretic, Oxford 2004, 98 f.; Millar, Fergus: *A Greek Roman Empire. Power and Belief under Theodosius II (408–450)*, Berkeley/Los Angeles/London 2007, 153 f.

sei. Er habe darüber hinaus ihr Bild, das über dem Altar seiner Kirche hing, und ihre Stola, die den Altar bedeckte, entfernt. Bereits dies habe zu einiger Aufregung im kaiserlichen Palast und unter einem Teil des Klerus geführt.[58] Als aber am Osterfest Pulcheria auf einem Privileg bestand, das Nestorius' Vorgänger Sisinnius ihr gewährt hätte, nämlich die Kommunion an der Seite des Kaisers im innersten Heiligtum der Kirche zu empfangen, verwehrte der Bischof ihr den Eintritt:

> La reine Pulchérie fut irritée contre lui et lui dit: „Laisse-moi entrer selon ma coutume." Mais il lui dit: „Ce lieu ne doit être foulé que par les prêtres." Elle lui dit: „Pourquoi n'ai-je pas enfanté Dieu!" Il lui dit: „Toi, tu as enfanté Satan"; et il la chassa de la porte du Saint des saints.[59]

Wütend sei Pulcheria daraufhin zu ihrem Bruder geeilt und habe ihm davon berichtet. Theodosius aber habe ihr bei ihrem Leben und seiner Krone geschworen, Rache an Nestorius zu üben.[60] Aelius, der Urheber dieses Schreibens, nannte Pulcheria zwar nicht als maßgeblich an der Absetzung des Nestorius Beteiligte, aber er führte einen Grund an, warum der Bischof von Konstantinopel die Gunst des Kaisers verloren habe: Die hier geschilderte Szene impliziert, daß Pulcheria sich als Jungfrau mit der Mutter Gottes im wörtlichen Sinne identifizierte. Falls dem so war, ist es nur wahrscheinlich, daß sie sich durch Nestorius' scharfe Ablehnung des Begriffs *Theotokos* in ihrem Selbstverständnis angegriffen fühlte.[61] Angedeutet wird auch, daß Pulcheria bestimmte Privilegien für sich gerade aus ihrer Rolle als irdische Maria ableitete, die ihr von früheren Patriarchen wohl auch zugestanden worden waren,[62] die Nestorius aber ebensowenig wie ihre Identifikation mit Maria anzuerkennen bereit war.

Der Vergleich mit dem Konflikt zwischen Pulcherias Mutter Eudoxia und dem Patriarchen Johannes Chrysostomus liegt auf der Hand; Eudoxia war mit dem Bischof aneinandergeraten, vermutlich weil auch sie sich Kompetenzen angemaßt hatte, die ihr nach Ansicht des Bischofs nicht zustanden. Während Eudoxia ihre βασιλεία, wie es scheint zu großen Teilen, aus ihrer Mutterschaft ableiten konnte, war dies für Pulcheria als Schwester des Kaisers aus oben genannten Gründen nicht möglich. Daher baute Pulcheria auf die zweite wichtige Säule der βασιλεία kaiserlicher Frauen, nämlich Frömmigkeit und besondere Gottesnähe. Letztere zu demonstrieren diente Pulcheria das Bild der Jungfrau Maria als *Theotokos*, der sie sich über das Gelübde der Jungfräulichkeit angenähert hatte, und welches ihrer

---

58    Aelius, *Brief an Cosmas* 5–7 (zitiert nach der französischen Übersetzung des syrischen Textes von François Nau, *La Lettre à Cosme*, [PO 63, 275–286; hier 278]).
59    Aelius, *Brief an Cosmas* 8 (PO 63, 279).
60    Aelius, *Brief an Cosmas* 8 (PO 63, 279).
61    Vgl. Cooper, Kate: „Contesting the Nativity: Wives, Virgins, and Pulcheria's *imitatio Mariae*", in: *Scottish Journal of Religious Studies* 19(1998), 32, auch grundsätzlich zu der Frage, warum Pulcherias Selbstdarstellung von Nestorius als Gefährdung seiner bischöflichen Autorität aufgefaßt worden sein könnte; vgl.: McGuckin, John Anthony: „Nestorius and the Political Factions of Fifth-Century Byzantium: Factors in his Personal Downfall", in: *Bulletin of the John Rylands University Library* 78(1996), 19.
62    Zum Verhältnis des früheren Patriarchen Atticus zu Pulcheria Constas, Nicholas P.: „Weaving the Body of God: Proclus of Constantinople, the Theotokos, and the Loom of the Flesh", in: *Journal of Early Christian Studies* 3(1995), 171 f.

βασιλεία – falls sie sich mit der ‚Gottesgebärerin' in dem Maße identifizierte, wie es der oben zitierte literarische Dialog zwischen Nestorius und Pulcheria andeutet – eine geradezu ‚mystische' Komponente hinzufügen konnte.[63]

Eine sehr viel spätere Quelle, die Pulcheria einen maßgeblichen Anteil an der Absetzung des Nestorius zuschreibt, würde Pulcheria – wie Johannes einst ihre Mutter – eine zweite Isebel nennen.[64] Daher liegt der Verdacht nahe, daß Nestorius' Anhänger Pulcherias Rolle in Anlehnung an den Konflikt zwischen Eudoxia und Johannes insgesamt überzeichneten. Daß es aber ein reales Zerwürfnis zwischen der Kaiserschwester und dem Bischof gegeben hat, und daß dies mit Pulcherias Selbstverständnis zusammengehangen haben muß, darauf deutet auch eine Anspielung auf Pulcheria in der apologetischen Schrift des Nestorius hin:

> Vous [gemeint sind die Gegner des Nestorius] aviez encore avec vous contre moi une femme belliqueuse, une reine, jeune fille vierge, laquelle combattait contre moi parce que je ne voulais pas accueillir sa demande, de comparer à l'epouse du Christ une personne corrompue par les hommes.[65]

Bei den hier angesprochenen Männern handelt es sich möglicherweise um einen Stab von Klerikern und/oder Mönchen, die Pulcheria um sich geschart hatte, und die sie vielleicht in ihrer Selbstinszenierung unterstützten.[66] Mindestens deutet Nestorius selbst auf eine Kooperation zwischen Pulcheria und seinen Gegnern hin. Auch spricht die Erwähnung Pulcherias in dieser um 450 verfaßten Rechtferti-

---

63  McGuckin, Nestorius, 19 spricht von einer „almost sacral *basileia*", mit der Pulcheria das Fehlen eines „formal status" der kaiserlichen Frau kompensiert habe. Eine sakrale Komponente hatte die βασιλεία kaiserlicher Frauen aber ohnehin spätestens seit Eudoxia und ihrer Repräsentation als von Gott gekrönte Kaiserin. Falls aber Pulcheria der Mariologie des Bischofs Atticus und dessen Schülers Proclus folgte, wie Holum, Theodosian Empresses, 139 f., Constas, Weaving the Body of God, 172 und McVey, Kathleen E.: „Ephrem the Syrian's Theology of Divine Indwelling and Aelia Pulcheria Augusta", in: *Studia Patristica* 35(2001), 458 annehmen, glaubte sie vielleicht an die von Atticus postulierte mystische Geburt Christi in ihrem jungfräulichen Leib: „Vous aussi femmes, qui avez été mises au monde de nouveau dans le Christ, qui avez déposé toute souillure de péché et qui avez eu part également à la bénédiction de la très sainte Marie, recevez, vous aussi, dans les entrailles de la foi cellui qui a été mis au monde aujurd'hui de la Vierge. Car c'est après qu'elle eut purifié d'abord (ses) entrailles par la foi que cette sainte Vierge Marie a reçu alors dans sa demeure le roi du siècles" (übers. aus dem Syrischen von Maurice Brière, „Une Homélie inédite d'Atticus de Constantinople", in: *ROC* 29[1933–34], 181).
64  Sliba, *Hymne* (zitiert nach der französischen Übersetzung des syrischen Textes von François Nau, *Sliba de Mansourya, Hymne sur les docteurs grecs* [PO 13,2, 289–316; hier 303; 305]).
65  Nestorius, *Liber Heraclides* 148 (zitiert nach der französischen Übersetzung des syrischen Originals von François Nau, *Le livre d'Héraclide*, Paris 1910, 89). Spätere Quellen würden Nestorius Worte umdeuten, um Pulcheria in sexueller Hinsicht zu diffamieren: In Kapitel 27 der Kirchengeschichte des Barhadbešabba (übers. von François Nau [PO 9,5, hier 565 f.]) heißt es, Nestorius habe erfahren, daß Pulcheria mit sieben Männern verheiratet gewesen sei, nach Theod. Lect. 340 (vgl. *Suda*, π 2145) habe Nestorius sie eines inzestuösen Verhältnisses mit ihrem Bruder angeklagt.
66  Cooper, Contesting the Nativity, 34; vgl. auch McGuckin, Nestorius, 14–16 sowie Constas, Weaving the Body of God, besonders 188, der die enge Verbindung zwischen Proclus' Mariologie und Pulcherias Selbstinszenierung aufzeigt.

gungsschrift des ehemaligen Bischofs von Konstantinopel dafür, daß er die Kaiserin noch am Ende seines Lebens als gefährliche Gegnerin betrachtete. Inwieweit Pulcheria in das Verfahren, das zur Absetzung des Bischofs auf dem Konzil von Ephesus 431 geführt hatte, tatsächlich involviert war, läßt sich nur erahnen.[67] Zu erwähnen ist in diesem Zusammenhang jedoch auch eine Episode, die sich nach den sogenannten koptischen Akten zum Konzil von Ephesus kurz nach der beschlossenen Absetzung des Bischofs von Konstantinopel ereignet haben soll: Vier Tage nach nach dem Ende des Konzils, heißt darin, versammelte sich das Volk von Konstantinopel, darunter Anhänger wie Gegner des Nestorius, in der großen Kirche und drängte auf die Verlesung des Konzilsbeschlusses, die der Kaiser schließlich für den nächsten Tag ankündigen ließ.[68] So hätten sich die Einwohner der Stadt am folgenden Tag erneut in der Kirche versammelt und, während noch auf die Verlesung des Dokuments warteten, einstimmig skandiert:

> „Viele Jahre der Pulcheria, sie ist es, die den Glauben befestigt hat! […] Viele Jahre den Kaisern! Viele Jahre der Pulcheria! Viele Jahre den Kaiserinnen! Viele Jahre der Pulcheria; sie hat den Glauben befestigt. […] Viele Jahre der Pulcheria, viele Jahre der Orthodoxen!"[69]

Mehrfach wird während dieser Akklamationen auch der Sieg Christi, der Maria und der Kaiser beziehungsweise der kaiserlichen Frauen allgemein[70] über Nestorius gefeiert. Die wiederholte Ausrufung von Pulcherias Namens weist jedoch darauf hin, daß die Stadtbevölkerung oder wenigstens der Verfasser dieser Akten sie in besonderem Maße mit der Absetzung des Bischofs in Verbindung brachte. Auch wird allen voran sie als Hüterin des Glaubens gerühmt. Zwar sind auch die anderen Mitglieder des Kaiserhauses dem Wortlaut der Akten folgend „orthodox", aber die ‚Festigung des Glaubens' wird als besondere Leistung der Pulcheria wiederholt betont.[71]

Pulcherias Engagement für den nicänischen Glauben war auch weit über die Stadtmauern Konstantinopels hinaus bekannt: Bald nach der Absetzung des Nesto-

---

67    Nach *V. Barhadb.* 27 (PO 9,5, 567) drängte Pulcheria ihren Bruder Theodosius Nestorius nach dem Konzil ins Exil zu schicken; Theoph. AM 5924 und Zon. *Epit.* 13,22,29 erwähnen zumindest, daß Nestorius' Gegner sich an Theodosius und Pulcheria gleichermaßen gewandt hätten, damit die Synode einberufen werde. Dies belegen auch die Briefe Cyrills aus dem Jahr 431 (s. oben Anm. 57). Auf dem Konzil von Chalcedon sollte Pulcheria dafür gefeiert werden, daß sie Nestorius hinausgeworfen habe (*ACO* 2,1,2, 124 Actio 5,12; für weitere s. unten S. 130 f. mit Anm. 119). – Es läßt sich darüber spekulieren, ob nicht die vierfache Darstellung der Maria im goldenen Kaiserinnengewand – eine Mitte des fünften Jahrhunderts immerhin gänzlich neue Vorstellung – auf dem Triumphbogen in der Basilika *Santa Maria Maggiore* als Reminiszenz an die Kaiserin Pulcheria zu verstehen sein könnte: Sixtus III., der die Kirche nach dem ersten Konzil von Ephesus hatte erbauen lassen, war als Bischof von Rom immerhin der Nachfolger Coelestins I., der zu den Hauptgegnern des Nestorius zählte. Allerdings ist nach Nauert, Claudia: „Maria/Marienfrömmigkeit VI: Ikonographie", in: *TRE* 22(1992), 158 kein Bezug zwischen dem Bau der Kirche und der Entscheidung in Ephesus nachzuweisen.

68    *Koptische Akten zum Ephesinischen Konzil vom Jahre 431*, 49 f. (übers. aus dem Koptischen von Kraatz, Wilhelm, Leipzig 1904, 49 f.).

69    *Koptische Akten,* 50–53 (Kraatz, 50 f.).

70    Kraatz, ebd. hebt das griechische „δέσποιναι" im koptischen Text hervor.

71    Vgl. Holum, Theodosian Empresses, 170–174.

rius kam es zu erneuten christologischen Auseinandersetzungen, als der Archimandrit Eutyches, ein erbitterter Gegner des Nestorius, die miaphysitische Lehre predigte. 448 wurde Eutyches auf einer Synode in Konstantinopel unter Vorsitz des Patriarchen Flavian seines Amtes enthoben. Eutyches wollte seine Absetzung freilich nicht hinnehmen und konnte den alexandrinischen Patriarchen Dioscorus, den Nachfolger Cyrills, für sich gewinnen, unter dessen Vorsitz im August 449 das zweite Konzil von Ephesus einberufen wurde. Dieses hob den gegen Eutyches gefaßten Beschluß wieder auf und verurteilte nun Flavian, der auf dem Weg in die Verbannung verstarb.

Es wurde oben bereits erwähnt, daß einige der literarischen Quellen den Eunuchen Chrysaphius mit der Einberufung dieses zweiten Konzil von Ephesus in Verbindung bringen, der Pulcheria vom Hof verdrängt habe, um seinen Einfluß auf Kaiser Theodosius II. entsprechend ausbauen zu können. Es soll hier weder um die Person des Chrysaphius noch um die genauen Auseinandersetzungen des als ‚Räubersynode' bekannt gewordenen Konzils von 449 gehen. Die Frage ist vielmehr, welche Rolle Pulcheria dabei spielte, die sich 448/9, als die christologischen Streitigkeiten zu eskalieren begannen, vermutlich im Exil in Hebdomon befand. Jedenfalls war sie 449 wohl nicht in der Position, Flavian zu unterstützen beziehungsweise zu seinen Gunsten auf den Kaiser einzuwirken.

Dennoch gehörte auch Pulcheria zu dem Personenkreis, an die sich der römische Bischof Leo wandte, ein scharfer Gegner der miaphysitischen Lehre. Da die unsicheren Umstände im Westen es ihm nicht ermöglichten, selbst an der Synode in Ephesus zu erscheinen, wandte er sich am 13. Juni 449, also noch dem Beginn des Konzils, in einem ersten Schreiben an Pulcheria,[72] worin er an ihre *pietas* appellierte, damit sie sich für die Verdammung der Lehre des Eutyches einsetze.[73] Dieses, wie vielleicht auch andere Schreiben, erreichte die *Augusta* nicht, wie aus einem weiteren Brief vom 13. Oktober hervorgeht; sonst wäre es ihr, so erklärte Leo darin, mit Hilfe Gottes sicher gelungen zu verhindern, was sich im August in Ephesus abgespielt hatte.[74] Auf den gleichen Tag ist auch ein Schreiben an den oströmischen Kaiser datiert, in dem der Bischof von Rom diesen nicht zum ersten Mal um die Einberufung eines neuen Konzils bat.[75] Da Theodosius bisher keine Anstalten in diese Richtung unternommen hatte, hoffte Leo nun wohl, Pulcheria werde Einfluß auf den Kaiser nehmen können, und bat sie in jenem Parallelschreiben um Unterstützung seines Anliegens vor dem Kaiser.[76] Es ist nicht bekannt, wie Pul-

---

72  Leo, *Ep.* 31 (PL 54, 789–798); vgl. die um die christologische Diskussion aus Brief 31 gekürzte Fassung *Ep.* 30 (ebd. 785–790, = *ACO* 2,4, 10 f. *Ep.* 8), in Leos Briefkorpus je mit griechischer Übersetzung. Hier zitiert nach dem lateinischen Text.

73  Leo, *Ep.* 31,4 (PL 54, 793).

74  Leo, *Ep.* 45 (PL 54, 832–836, = *ACO* 2,4, 23–25 *Ep.* 23).

75  Leo, *Ep.* 44 (PL 54, 825–831, = *ACO* 2,4, 19–21 *Ep.* 18); vgl. *Ep.* 43 (PL 54, 821–824 = *ACO* 2,4, 26 f. *Ep.* 25).

76  Leo, *Ep.* 45,3 (PL 54, 835): Quod ut obtinere mereamur, probatissimae nobis fidei pietas tua, quae labores Ecclesiae semper adjuvit, supplicationem nostram apud clementissimum principem, sibi specialiter a beatissimo Petro apostolo legatione commissa, dignetur asserere.

cheria auf die Briefe des römischen Bischofs reagierte. Falls sie Versuche unternommen hatte, der Bitte Leos zu entsprechen, waren diese erfolglos.

In den ersten Monaten des Jahre 450 erreichten Theodosius eine ganze Reihe von Briefen aus dem Westen, von Leo selbst sowie von seinem Amtskollegen im Westen, von Valentinian III., Licinia Eudoxia und Galla Placidia.[77] Letztere sandte auch einen Brief an Pulcheria in dieser Sache und forderte in scharfem Ton, sie solle sich wie üblich für den „katholischen Glauben" (*catholica fides*) engagieren.[78] Pulcheria wird die Aufforderung ihrer Tante nicht mit Gleichgültigkeit aufgenommen haben, aber konnte wohl nichts bewirken. Ein weiterer Brief Leos an Pulcheria vom 17. März deutet an, daß Pulcheria dem römischen Bischof inzwischen geantwortet und ihm prinzipiell ihre Unterstützung zugesagt hatte.[79] Jedoch erklärten die Antwortschreiben, die im Namen des oströmischen Kaisers an die weströmischen Verwandten gingen, die Rechtmäßigkeit der Absetzung Flavians.[80] Chrysaphius habe diese diktiert, berichtete Theodor Lector in der ersten Hälfte des 6. Jahrhunderts.[81]

Ungeachtet dessen, daß Pulcheria in diesen Jahren nicht handlungsfähig war, machen diese Briefe zwei Dinge deutlich: Sozomenus' Darstellung war fraglos überzeichnet, aber Pulcheria galt gemeinhin als rechtgläubige Christin; ihr Engagement und ihr Einfluß in kirchenpolitischen Angelegenheiten waren bekannt. Dies ist noch kein Alleinstellungsmerkmal Pulcherias; fromm und einflußreich waren auch andere kaiserliche Frauen. Bei Pulcheria mögen ihre charakterliche Disposition sowie ihre besondere Nähe zu Gott, die sie über ihre Virginität und damit einhergehend ihre Selbstidentifizierung mit der *Theotokos* inszenierte, auf die Wahrnehmung ihrer Person verstärkend gewirkt haben. Allgemein aber zeigt die Korrespondenz mit Pulcheria,[82] daß es gängige Praxis war, eine Praxis, die als legitimes Mittel verstanden wurde, sich mit der Bitte um politische Einflußnahme an die kaiserlichen Frauen zu wenden. Die Briefe belegen daher die öffentliche Anerkennung der Macht kaiserlicher Frauen und die grundsätzliche Akzeptanz ihres politischen Handelns, wenigstens im religiösen Bereich.[83] Sogar Nestorius beschwerte sich über die Untätigkeit der Kaiserschwester um 449, die dieses Mal ihre Macht nicht

---

77    Leo, *Epp.* 55 (von Valentinian; PL 54, 857–860); 56 (von Galla Placidia; PL 54, 859–862); 57 (von Licinia Eudoxia; PL 54, 861–864).

78    Leo, *Ep.* 58 (PL 54, 863–866): Debet itaque fides proprie valere, sanctissima atque venerabilis filia Augusta. Igitur tua clementia secundum catholicam fidem, quod semper nobiscum fecit, et nunc similiter conspirare dignetur […] (ebd. 865).

79    Leo, *Ep.* 60 (PL 54, 873 f., = *ACO* 2,4, 29 *Ep.* 28); Pulcherias Brief an Leo ist nicht erhalten.

80    Leo, *Epp.* 62 (an Valentinian; PL 54, 875–878); 63 (an Galla Placidia; PL 54, 877 f.); 64 (an Licinia Eudoxia; PL 54, 870–880).

81    Theod. Lect. 350.

82    Zwei weitere Briefe an sie sind bekannt, auf die an dieser Stelle nicht im speziellen eingegangen werden soll: Theodt., *Ep.* 2,43 (s. oben Anm. 43) sowie ein Brief des Diakons Hilarius, der sich bei Pulcheria über die von Dioscorus erfahrene Behandlung beschwerte und sich bei ihr für sein Nichterscheinen in Konstantinopel 449 entschuldigte (Leo, *Ep.* 46 [PL 54, 837–840]).

83    Wie bereits Liz James festgestellt hat, wurde politische Einflußnahme kaiserlicher Frauen in den literarischen Quellen auch nicht generell kritisiert, sondern ausschließlich dann, wenn sie bestimmte Normen übertraten, oder zugunsten einer aus Sicht des jeweiligen Autors ,falschen' Sache Partei ergriffen (*Empresses and Power in Early Byzantium*, London/New York 2001, 86).

genutzt habe, um in die hofinternen Angelegenheiten einzugreifen und die Entscheidungen zu beeinflussen.[84]

## Pulcheria und Marcian

Pulcherias Bruder Theodosius verstarb am 28. Juli 450 eines natürlichen Todes. Wer vorübergehend die Verwaltung der Regierungsgeschäfte übernahm, welche Verhandlungen in den ersten Augustwochen geführt werden sollten, ist den literarischen Quellen nicht zu entnehmen. Theodosius II. hatte keinen männlichen Thronfolger hinterlassen, der die Dynastie hätte fortführen können. Formal war nun Valentinian III. Alleinherrscher über das römischen Imperium, der, wie es scheint, aber keine Anstalten machte, die Thronfolge im Osten zu regeln. Die Situation stellte sich ähnlich dar wie 423, als nach dem Tode des Honorius Theodosius II. als alleiniger Regent über beide Reichshälfte verblieben war. Auch Theodosius hatte damals nicht reagiert, so daß nach einiger Zeit der Thronvakanz der römische Senat aus seiner Mitte einen Kaiser, Johannes, erhob, der im Osten nicht als legitimer Herrscher anerkannt wurde. Nach dem Sieg über den Usurpator Johannes hatte Theodosius sich schließlich dazu durchgerungen, seinen minderjährigen Cousin Valentinian unter der Vormundschaft seiner Mutter Galla Placidia auf den weströmischen Kaiserthron zu setzen. Die dynastische Legitimität der Herrschaft war zu einer wichtigen Voraussetzung für ihre Stabilität geworden – zumindest solange in der jeweils anderen Reichshälfte ein dynastisch legitimierter Kaiser regierte.[85]

Es werden am Hof von Konstantinopel seit dem Ableben Theodosius' II. Möglichkeiten diskutiert worden sein, wie sich eine legitime Thronfolge gestalten lassen konnte: Die Eheschließung mit einem weiblichen Mitglied der Dynastie hatte sich in vergangenen Zeiten als Mittel bewährt. Allerdings waren die beiden jüngeren Schwestern des Kaisers, Arcadia und Marina, inzwischen verstorben;[86] seine Witwe Eudocia befand sich im palästinischen Exil, und da sie im Heiligen Land für den Miaphysitismus stritt,[87] dürften am Hof von Konstantinopel nicht wenige Stimmen ohnehin dagegen gewesen sein, sie aus Palästina zurückzuholen. Valentinians Töchter, falls sie im Gespräch waren, waren für eine Vermählung noch zu jung, und seine Schwester Honoria kam schon deswegen nicht in Frage, weil es

---

84  Nestorius, *Liber Heraclides* 470 (Nau, 300).

85  Nach dem Tod Valentinians III. als vorerst letztem purpurgeborenen Kaiser gestaltete sich die Sache wieder anders, wobei es auch dann noch zuweilen Bestrebungen gab, Thronfolger über Heiratsverbindungen zu legitimieren. Das Beispiel Marcians mag Vorbild für die Vermählung des Olybrius mit der Tochter Valentinians, Placidia, gewesen sein. Ebenso setzte Marcian selbst Anthemius im Westen ein, nachdem er seine Tochter Euphemia mit diesem verheiratet hatte. Am Ende des 5. Jahrhunderts sollte die *Augusta* Ariadne nach dem Tod ihres Mannes Zeno von Senat und Volk aufgefordert werden, durch eine eheliche Verbindung einen neuen Kaiser (Anastasius) zu stellen.

86  Nach *Chron. pasch.* 586 starb Marina am 3. August 449, wobei der Autor sie mir Licinia Eudoxia verwechselte; vgl. Marc. com. a. 449 ohne Datumsangabe; Arcadia war bereits 444 verstorben (Marc. com. a. 444).

87  S. 163 f. dieser Arbeit.

Zweifel an ihrer Loyalität geben mußte.[88] Damit blieb als einzige Pulcheria: Mitglied der Dynastie und unverheiratet, zudem mit einer starken Bindung an Konstantinopel und einer wahrscheinlich breiten Akzeptanzbasis in der städtischen Öffentlichkeit. Allerdings hatte sie sich einem Leben in Keuschheit verschworen, und selbst wenn dem nicht so gewesen wäre, war Pulcheria inzwischen doch 51 Jahre alt: Die Geburt legitimer Nachkommen war von ihr nicht mehr zu erwarten. Eine dauerhafte Fortführung der Dynastie konnte sie also nicht gewähren. Dennoch sollte ihr dynastisches Potential im August 450 zum Einsatz gebracht werden.

In den literarischen Quellen finden sich kaum genauere Informationen darüber, welche Rolle Pulcheria bei der Wahl Marcians, eines Senators mit soldatischem Hintergrund, und seiner Erhebung am 25. August 450 gespielt hat. Burgess hat dargelegt, daß Marcian vor allem ein Kandidat des Heermeisters Aspar gewesen sein dürfte.[89] Von einigen miaphysitischen Geschichtsschreibern abgesehen, deren Darstellung vor allem durch sexuelle Polemik gegen Pulcheria und Marcian geprägt ist,[90] gibt es auch keine Hinweise darauf, daß die beiden zuvor irgendeine Verbindung miteinander gehabt hätten.[91] Daß die Wahl auf einen Mann fiel, der militärische Erfahrung hatte, mag eine bewußte Absage an die von Arcadius und Theodosius II. kultivierte Zurückgezogenheit des Kaisers gewesen sein. Angesichts der damals aktuellen außenpolitischen Situation, insbesondere der Bedrohung durch die Hunnen, scheint eine solche Wahl angemessen umso mehr, als die Beurteilung des unkriegerischen Kaisers Theodosius II. bei den zeitgenössischen Profanhistorikern weniger optimistisch ausgefallen war als etwa bei Sozomenus, Socrates und Theodoret. Burgess' Schluß, Pulcheria sei bei der Erhebung Marcians lediglich ein Werkzeug gewesen,[92] verkennt allerdings ihren Status in Konstantinopel und die damit einhergehenden sozialen Ressourcen, auf die sie zurückgreifen konnte:[93]

88  Vgl. S. 168–171 dieser Arbeit.
89  Burgess, Richard W.: „The Accession of Marcian in the Light of Chaledonian Apologetic and Monophysite Polemic", in: *ByzZ* 86/87(1993/1994), 62; ihm folgt Angelidi, Pulcheria, 36; dagegen Borowski, Empress of Byzantium, 177 f. und Holum, Theodosian Empress, 208.
90  *V. Dioscuri* 3 (übers. Nau, François: „Histoire de Dioscore, patriarche d'Alexandrie, écrite par son disciple Théopiste", in: *Journal Asiatique* Ser. 10,1[1903], 241–310, hier 244) wonach Pulcheria und Marcian bereits zu Lebzeiten des Theodosius ein Verhältnis gehabt hätten; andere Quellen, etw. Joh. Ruf., *Plerophoriae* 3 (übers. Nau, François: *Jean Rufus – Plérophories* [PO 8,1, 11–183, hier 27]), ps.-Dion. 223 (übers. Chabot, Jean-Baptiste: *Chronicon Pseudo-Dionysianum vulgo dictum*, Bd. 1, 166) sowie Joh. Nik. 87,36 beklagen, Pulcheria habe ihr Virginitätsgelübde gebrochen, als sie sich mit Marcian vermählte; hierzu Burgess, Accession of Marcian, 50–52 sowie Scott, Roger: „From Propaganda to History of Literature. The Byzantine Stories of Theodosius' Apple and Marcian's Eagles", in: Ruth Macrides (Hg.), *History as Literature in Byzantium. Papers from the Fortieth Spring Symposium of Byzantine Studies, University of Birmingham, April 2007*, Farnham 2010, 118 f.
91  Nach Malal. 14,27 habe Theodosius kurz vor seinem Ableben Pulcheria zu sich gerufen und ihr Marcian als seinen Erben genannt; vgl. *Chron. pasch.* 590; Theoph. AM 5942.
92  Burgess, Accession of Marcian, 68: „She was [...] one of the last of the Roman aristocratic wives and daughters, mere tools in the dynastic plans of men who married them and gave them away."
93  Burgess, Accession of Marcian, 64 ist sich Pulcherias sozialen Kapitals dabei durchaus bewußt: „Pulcheria [...] was a Theodosian, present in Constantinople, well-known and admired by the entire populace, and had been intimately involved in affairs of the state in the past."

Es ist davon auszugehen, daß Pulcheria, die sich als Stifterin von Klöstern und sozialen Einrichtungen betätigt hatte, und der außer Sozomenus vielleicht auch andere eine besondere Nähe zu Gott zutrauten, eine breite Akzeptanz in Konstantinopel besaß, die auf Marcian zu übertragen allein ihr möglich war.[94] Davon abgesehen ist es nach dem, was die Quellen sonst über Pulcheria berichten, kaum vorstellbar, daß sie sich hätte mit einem Mann vermählen lassen, der nicht ihrem Geschmack entsprach; und es ist nicht so, daß sie sich nach der Hochzeit mit Marcian erkennbar aus der Politik zurückzogen hätte, sondern vielmehr ermöglichte ihr der Tod ihres Bruders und die Vermählung mit Marcian erst die Rückkehr aufs politische Parkett. Wenigstens eine zeitgenössische Stimme deutete immerhin die beiderseitige Beteiligung von Militär und Pulcheria an Marcians Thronerhebung an.[95]

Wahrscheinlich hatte es also Absprachen gegeben, in die Pulcheria involviert war und denen sie hatte zustimmen können. Immerhin hätte sie sich leicht auf ihr Gelübde vor Gott berufen und Aspars Pläne vereiteln können, wenn sie mit der Entscheidung für Marcian nicht einverstanden gewesen wäre. Ein Versprechen habe Marcian seiner Braut daher im Vorfeld geben müssen, nämlich ihr Gelübde zu achten und ihre Keuschheit nicht anzutasten, heißt es bei dem Kirchenhistoriker Evagrius.[96] Es läßt sich überlegen, ob solche Absprachen nicht auch die Hinrichtung des Chrysaphius,[97] sowie die Einberufung eines neuen Konzils zur Aufhebung der Beschlüsse von 449 beinhaltet haben könnten.[98] Angesichts ihres Sozialprestiges waren Marcians Hintermänner darauf angewiesen, daß Pulcheria bei seiner Erhebung mitspielte, um dessen Anerkennung als legitimer Herrscher in der hauptstädtischen Öffentlichkeit zu gewährleisten. Den weströmischen Kaiser Valentinian III. hatte man anscheinend gar nicht erst gefragt,[99] und die alleinige Beteiligung von Senat, Volk und Heer reichte bei der Erhebung eines Kaisers nicht mehr unbedingt aus, um dessen Herrschaft zu legitimieren,[100] solange es noch lebende Erben der Dynastie beziehungsweise der βασιλεία gab.[101]

Anläßlich seiner Vermählung mit Pulcheria ließ Marcian einen Münztyp prägen, der an denjenigen erinnert, den Theodosius II. 437 zur Hochzeit seiner Tochter

---

94 Vgl. Burgess, Accession of Marcian, 67 erkennt weiter an, daß aus diesem Grund Marcian als Pulcherias Wahl präsentiert worden sein muß.

95 Hyd. Lem. 147 (a. 451): Marcianus a militibus et ab exercitu instante etiam sorore Theodosii Pulcheria regina efficitur imperator.

96 Evagr. 2,1; vgl. Zon., *Epit.* 13,24,1 f.

97 So Marc. com. a. 450; Theod. Lect. 353; Theoph. AM 5943; nach Malal. 14,32 ließ hingegen Marcian Chrysaphius töten; *Chron. pasch.* 590 erwähnt seines Hinrichtung noch vor Marcians Erhebung, gibt allerdings nicht an, wer sie veranlaßt hat.

98 So auch Burgess, Accession of Marcian, 65.

99 Evagr. 2,1; Joh. Nik. 87,36; vgl. Burgess, Accession of Marcian, 49.

100 Senat, Volk und Heer waren als bedeutende Akzeptanzgruppen noch immer die letztlich entscheidenden Instanzen, der dynastische Gedanke prägte aber auch deren Vorstellung von einer legitimen Thronfolge. Hierzu Maslev, Staatsrechtliche Stellung, 337.

101 Prisc. fr. 20,3 (Blockley; = exc. 16 Carolla) deutet an, daß kaiserliche Frauen als Erbinnen der βασιλεία angesehen und damit vielleicht auch der ἀρχή angesehen wurden. Wobei nicht auszuschließen ist, daß diese Vorstellung erst von Marcians Vermählung mit Pulcheria beeinflußt wurde, da über Pulcheria die βασιλεία und mit ihr die ἀρχή auf Marcian übertragen wurden (vgl. S. 175 dieser Arbeit).

mit Valentinian III. hatte emittieren lassen:[102] Die Rückseite verkündet „feliciter nubtiis" und zeigt das Brautpaar Marcian links und Pulcheria rechts etwas kleiner, beide mit einem Nimbus und in kaiserlicher Kleidung; mittig hinter ihnen hier allerdings Christus, der Braut und Bräutigam zusammenführt.[103] Dieser Münztyp, der zum Vorbild späterer Hochzeitsprägungen werden sollte,[104] kommunizierte göttliches Wirken bei der Verbindung Marcians mit der theodosianischen Dynastie und legitimierte die Eheschließung Marcians mit der Jungfrau Pulcheria und damit seine Thronbesteigung.[105] Er verweist daneben vielleicht auf ein politisches Programm des Kaiserpaares, von Christi Hand zusammengeführt, gemeinsam in dessen Namen zu regieren.

Die literarischen Quellen schweigen darüber, wie sich das Eheleben der beiden gestaltete und dies soll hier auch nicht weiter interessieren. Anzumerken ist jedoch, daß es Pulcheria war, die das Hofleben gut kannte. Es ist daher recht unwahrscheinlich, daß ihr dieser Vorteil nicht gereicht haben sollte, wenigstens im Rahmen der üblichen Möglichkeiten kaiserlicher Frauen, Einfluß auf Marcian zu üben und zumindest in beratender Funktion tätig zu werden.

Eines der großen politischen Ereignisse in der Regierungszeit Marcians, das Konzil von Chalcedon 451, ist fraglos mit Pulcheria in Verbindung zu bringen und vielleicht sogar maßgeblich auf ihren Einfluß zurückzuführen: Bereits kurz nach seiner Erhebung versprach Marcian dem römischen Bischof Leo im September 450, ein Konzil einzuberufen, um die Beschlüsse von 449 zu revidieren.[106] Nachdem Pulcheria dem Bischof von Rom wohl bereits im Februar oder März desselben Jahres nach langem Zögern zugesagt hatte, sich für sein Anliegen einzusetzen, und dieser wiederum sie im Juli 450 noch einmal in dieser Sache angeschrieben hatte,[107] ist es nicht auszuschließen, daß Marcian mit seinem Schreiben an Leo ein Versprechen erfüllte, das er Pulcheria zur Hochzeit gegeben hatte.[108]

Allerdings verlangten auch Klerus und Volk von Konstantinopel eine Untersuchung des Vorfalls von 449: Nach Theodor Lector wurden der neu designierte Kaiser und Pulcheria bald nach Marcians Erhebung beim Verlassen der Kirche „vom ganzen Klerus, Mönchen und Laien" empfangen und bejubelt, wobei die versam-

---

102 *RIC* 10,267 (dazu S. 179 f. dieser Arbeit).

103 *RIC* 10,502; zu diesem Münztyp und seiner Weiterentwicklung allgemein Longo, Katia: „I tipi monetali con le sacre nozze e la coppia imperiale", in: Carmen Alfaro / Carmen Marcos / Paloma Otero, *Acta del XIII Congreso Internacional de Numismática Madrid 2003,* Bd. 1, Madrid 2005, 771–776.

104 Wieder aufgenommen wurde diese Symbolik bei der Vermählung Ariadnes mit Anastasius, vgl. dazu Radnoti-Alföldi, Maria: „Ein rechtgläubiger Christ, ein Römer, einer mit allen herrscherlichen Tugenden soll gewählt werden", in: Gabriele Seitz (Hg.), *Im Dienste Roms. Festschrift für Hans Ulrich Nuber,* Remshalden 2006, 27–33.

105 Vgl. Holum, Theodosian Empresses, 209.

106 Leo, *Ep.* 73 (PL 54, 899 f., = *ACO* 2,3,1, 17 *Ep.* 27).

107 Leo, *Ep.* 70 (PL 54, 893–895, = *ACO* 2,4, 29 f. *Ep.* 29).

108 In zwei weiteren Briefen vom 22. November 450 sprachen jeweils Marcian und Pulcheria dem Bischof von Rom noch einmal ihre Absicht aus, ein Konzil einzuberufen (Leo, *Epp.* 76 f. [PL 54, 903–908, = *ACO* 2,3,1, 128–130 *Epp.* 27 f.]).

melte Menge forderte, „daß die von Dioscorus und Eutyches gegen Flavian verüb-
ten Grausamkeiten untersucht würden."[109]

Man kann mit Holum an dieser Stelle fragen, ob es Pulcheria war, die ihre sozialen Ressourcen in der konstantinopolitanischen Stadtbevölkerung aktiviert hatte,
um Marcian die Dringlichkeit eines neuen Konzil deutlicher vor Augen zu führen,[110]
zumal dieser um des Konsens willen gut daran tat, öffentlich vorgetragenen Bitten
seiner Untertanen nachzukommen. Es ist aber keineswegs auszuschließen, daß die
Einwohner Konstantinopels von sich aus ein Interesse an der Untersuchung des
Falles hatten – schließlich ging es um ihren exilierten und verstorbenen Bischof –,
und daß sie nicht erst eines Anstoßes durch die Kaiserin bedurften, um ihre Forderungen vor den neuen Kaiser zu bringen. Von welcher Seite auch immer am Ende
überzeugt, berief Marcian schließlich eine neue Synode ein. Ein gewisser Anteil an
der Überzeugungsarbeit wird Pulcheria nicht abzusprechen sein.

Am 13. April 451 sandte Leo ein Dankesschreiben an Pulcheria.[111] Der Brief
ist, so wie er überliefert ist, ein gutes Stück länger als ein Brief an Marcian gleichen
Datums[112] und impliziert, daß auch der Bischof von Rom von einem Mitwirken
Pulcherias an der Entscheidung zur Einberufung eines neuen Konzils ausgegangen
war:

> Quod semper de sancta pietatis vestrae mente praesumpsimus, id plenissime experiendo cog-
> novimus, Christianam fidem, [...] vobis tamen praesentibus et in defensionem ejus a Domino
> praeparatis, non posse turbari.[113]

> Was wir hinsichtlich des heiligen Verstandes eurer Frömmigkeit immer vermuteten, das haben
> wir nun gänzlich erfahren und erkannt; [wir erkennen auch] daß der Christliche Glaube [...]
> nicht gestört werden kann, wenn ihr anwesend und von Gott zu seiner Verteidigung berufen
> worden seid.

Leo fand in seinem Brief schmeichelnde Worte für Pulcheria, mit denen er sie als
Beschützerin des nicänischen Glaubens ansprach und so ein Motiv ihrer Selbstdarstellung aufgriff. Freilich enthält die Rhetorik des Briefes ein beeinflussendes Moment, insofern sie die von Pulcheria eingenommene Rolle bestätigt und Leo seine
Anerkennung Pulcherias in besonderem Maße betont, sicherlich mit der Absicht,
der Kaiserin zu gefallen und ihre Gunst zu erhalten. Dies schließt nicht aus, sondern
bestätigt eher, daß Leo um Pulcherias Macht und Einfluß am Kaiserhof wußte. Dieser sowie weitere Briefe Leos an Pulcheria noch vor Beginn des Konzil belegen,
daß er sie neben Marcian als Ansprechpartnerin betrachtete.[114] Sie sprechen auch

---

109 Theod. Lect. 355: Μαρκιανοῦ εἰσελθόντος ἐν τῇ ἐκκλησίᾳ κλῆρος ἅπας καὶ μοναχοὶ καὶ
λαϊκοί, πλήθη ὄντες πολλά, ἐπεβόησαν εὐφημοῦντες βασιλέα καὶ Πουλχερίαν, αἰτοῦντες
ζητηθῆναι τὰ ὑπὸ Διοσκόρου καὶ Εὐτυχοῦς κατὰ Φλαβιανοῦ τολμηθέντα.
110 Holum, Theodosian Empresses, 211.
111 Leo, *Ep.* 79 (PL 54, 909–912, = *ACO* 2,4, 37 f. *Ep.* 35).
112 Leo, *Ep.* 78 (PL 54, 907–909, = *ACO*, 2,4, 38 *Ep.* 36).
113 Leo, *Ep.* 79 (PL 54, 910); deshalb sei ihr die Absetzung des Nestorius zu verdanken, einen
    zweiten Sieg aber habe sie nun über Eutyches errungen (ebd. 910 f.).
114 Leo, *Epp.* 84 (PL 54, 921–922, = *ACO* 2,4, 43 f. *Ep.* 42); 95 (PL 54, 942–944, = *ACO* 2,4, 49 f.
    *Ep.* 50) geben u. a. Anweisungen, wie mit Eutyches beziehungsweise denjenigen, welche die
    Geschehnisse von 449 zu verantworten hatten, umzugehen sei.

für ein Bewußtsein des römischen Bischofs dafür, daß die Kaisern in religionspolitischen Fragen nicht zu übergehen war.

Pulcheria hatte nach dem Tode ihres Bruders wieder eine wichtige Position am Kaiserhof einnehmen können, aus der heraus sie selbst aktiv werden konnte: In Abwesenheit Marcians, der sich zwischenzeitlich auf einem Feldzug gegen die Hunnen befand, übernahm Pulcheria einige organisatorische Aufgaben, die das Konzil betrafen.[115] Nachdem sie nach der dritten Sitzung des Konzils bereits ein Schreiben erhalten hatte, das sie über die Verdammung des Dioscorus informierte,[116] würde sie am 25. Oktober selbst zur Verlesung und Bestätigung der Neuformulierung der nicänischen Glaubensformel auf der sechsten Sitzung des Konzils erscheinen, wie Eduard Schwartz mit Verweis auf die lateinischen Akten gezeigt hat.[117] Daß die Anwesenheit einer Kaiserin auf einem Konzil an sich schon ungewöhnlich war, darauf braucht nach Schwartz' Untersuchung nicht mehr verwiesen zu werden. Ihre Teilnahme an dieser sechsten Sitzung belegt zum einen ein besonderes Interesse Pulcherias an deren Ausgang, zum anderen aber, daß der Kaiserin eine gewisse Autorität in religionspolitischen Fragen zugestanden wurde, um so mehr als ihre Präsenz von den Anwesenden gefeiert wurde:[118] An der Seite Marcians ließ Pulcheria sich auf der Synode als „neue Helena" ausrufen, die als „Wächterin des Glaubens" die Häresien bekämpft habe, während der Kaiser als „neuer Constantin" akklamiert wurde. Besonders wurden aber auch die Verurteilung des Nestorius und des Eutyches, allgemein die Bekämpfung von Häresien, als persönliche Leistung der *Augusta* hervorgehoben:

> „Augustae multos annos. [...] quae ex genere orthodoxa est, deus eam custodiat. custodem fidei deus custodiat. eam quae semper pia est deus custodiat. pie orthdoxe quae contraria est haereticis, deus eam custodiat. omnes hereticos tu expulisti. Nestorium et Eutychen [sic] tu persecuta es. absit invidia a vestro imperio. fideles imperatores sic honorantur. deus custodiat potestam vestram. deus pacificet imperium vestrum. Marcianus novus Constantinus. Pulcheria nova Helena. zelum Helenae tu sectaris. vestra vita munimen cunctorum est. vestra fides ecclesiarum gloria est."[119]

---

115  Im September 451 gab sie eine schriftliche Anweisung an Strategius, den *consularis* von Bithynien, die Gegner des kommenden und damals noch in Nicaea geplanten Konzils, die sich ebendort versammelt hatten und die vielleicht einen Aufstand planten, zu vertreiben (*ACO* 2,3,1, 21 *Ep.* 33); vgl. hierzu Holum, Theodosian Empresses, 213.

116  *ACO* 2,3,2, 86 *Ep.* 103.

117  Schwartz, Eduard: „Die Kaiserin Pulcheria auf der Synode von Chalkedon", in: Festgabe für Adolf Jülicher, Tübingen 1927, 208 f. Dazu auch *Coll. Avell., Ep.* 99,11 *(CSEL* 35,1 444): Marcianus [...] indicit synodum apud Nicaeam, in qua Pulcheria resedit et omnes cum senatus saeculi potestates; außerdem wird ihre Anwesenheit durch den einen Brief des konstantinopolitanen Bischofs Anatolius an Leo bestätigt (*ACO* 2,1,2, 52–54 [hier 53] *Ep.* 15: [...] παραγενομένων εἰς τὸ συνέδριον τῆς οἰκουμενικῆς ἡμῶν συνόδου ἐν τῶι μαρτυρίωι τῆς αὐτῆς ἁγιωτάτης καὶ καλλινίκου μάρτυρος Εὐφημίας τοῦ τε εὐσεβεστάτου καὶ φιλοχρίστου βασιλέως ἡμῶν Μαρκιανοῦ καὶ τῆς εὐσεβεστάτης καὶ τὰ πάντα πιστοτάτης βασιλίδος καὶ αὐγούστης τῆς θυγατρὸς ἡμῶν Πουλχερίας [...]).

118  Zur Tilgung ihres Namens aus den Protokollen im 6. Jahrhundert und ihrer Nichterwähnung in den ersten Berichten an Leo s. ebenfalls Schwartz, Die Kaiserin Pulcheria, 211 f.

119  *ACO* 2,3,2, 175 f. *Actio* 6,11; vgl. 177 *Versio Antiqua:* „Augustae multi anni. [...] quae ex genere orthodoxa est, a deo custodiatur. quae semper pia est, a deo servetur. custodem fidei deus custo-

„Viele Jahre der Augusta. [...] Gott schütze sie, die aus einer orthodoxen Familie stammt. Gott schütze die Wächterin des Glaubens. Gott schütze sie, die immer fromm ist. Gott schütze sie, die sich fromm und orthodox den Häretikern entgegengestellt hat. Alle Häretiker hast du vertrieben. Nestorius und Eutyches hast du verfolgt. Mißgunst sei eurem Imperium fern. So werden die gläubigen Kaiser geehrt. Gott schütze eure Herrschaft. Gott wahre den Frieden in eurem Imperium. Marcian, neuer Constantin. Pulcheria, neue Helena. Helenas Eifer bist du gefolgt. Euer Leben ist den Wankenden eine Stütze. Euer Glaube ist eine Ehre für die Kirche."

Wie ebenfalls bereits Schwartz gezeigt hat, hatten Pulcheria und Marcian gezielt an Constantin anschließen und ihrem Konzil „die gleiche Autorität" wie dem von 325 verleihen wollen; die Wahl des Ortes, Nicaea, wo die Synode ursprünglich hatte stattfinden sollen, spricht für sich.[120] Die Akklamationen auf der sechsten Sitzung bestätigten, daß ihr Plan aufgegangen war. Sie bestätigten auch die Anerkennung Pulcherias als vorbildliche christliche Kaiserin, an deren Rechtgläubigkeit kein Zweifel bestand. Schließlich stammte sie aus einer Familie, die sich traditionell zum *Nicaenum* bekannte[121] – eine in den Akklamationen betonte Tatsache, die ihre Anwesenheit in den Augen der Konzilsteilnehmer vielleicht ebenso legitimierte wie ihr Ruf als Kämpferin gegen die Häresie, den sie schon bald nach der Absetzung des Nestorius erlangt haben muß.

Bezeichnend scheint daneben allein der Umstand der gemeinsamen Teilnahme von Kaiser und Kaiserin an dieser sechsten Sitzung. Zwar gibt es keine Hinweise auf irgendeine Aktivität Pulcherias, ihr bloßes Beisitzen bei Verlesen der auf Grundlage des *Nicaenum* neu gefaßten Glaubensformel kann aber im Sinne der politischen Kommunikation des Kaiserhauses nur so gedeutet werden, daß das kaiserliche Paar sich hier als gemeinsamer Garant für die ,Orthodoxie' präsentierte. Als solches wurden sie, gefeiert als „neuer Constantin" und „neue Helena", durch die Anwesenden bestätigt. Wieder reflektieren die aufgezeichneten Akklamationen die kaiserliche Selbstdarstellung: Die betonte Gemeinsamkeit, die Pulcheria und Marcian hier als Herrscherpaar demonstrierten, findet auch in den Rufen Ausdruck, die ihr Kaisertum betreffen: „deus custodiat vestram potestam, [...] pacificet vestrum imperium", semantisch umrahmt von Pulcherias Triumph über Nestorius und Eutyches und der Würdigung Marcians und Pulcherias als Nachfolger Constantins und Helenas. Es ist möglich, daß der eine oder andere unter den Rufenden auch Marcians Kaiserkollegen im Westen, Valentinian III., mitdachte, während die Menge die anwesenden „fideles imperatores" feierte. Namentlich bezog die Menge sich in diesem hier zitierten Moment der Akklamationen aber ausschließlich auf Pulcheria und Marcian, auf deren Auftreten als Kaiserpaar und ihr gemeinsames Eintreten für den ,rechten Glauben'.

---

diat. pie et orthodoxe adversarium haereticorum deus custodiat. omnes hereticos tu expulisti. Nestorium et Eutychen tu fugasti. absit invidia a vestro imperi, digni fide, digni Christo, absit invidia amanti Christum imperio fideles imperatores ita honorantur, deus custodiat potentiam vestram, deus pacificet imperium vestrum Marcianus novus Constantinus. Pulcheria nova Helena. Helenae fidem demonstrasti [fehlt oben]. Helenae zelum tu ostendisti. vestra vita omnium tutela fides; vestra gloria ecclesiarum"; für weitere an Pulcheria gerichtete Akklamationen vgl. *ACO* 2,3,2, 151 *Actio* 6,4; 152 *Actio* 6,5; 177 *Actio* 6,13; 178 *Actio* 6,15; 179 *Actio* 6,20.

120  Schwartz, Die Kaiserin Pulcheria, 205.
121  Holum, Theodosian Empresses, 215 f.

Da die spätantiken Geschichtswerke Pulcheria nach Marcians Thronbesteigung kaum noch nennenswerten Platz einräumen – wobei auch Marcians Politik und öffentliches Auftreten im städtischen Kontext nicht im Fokus des Interesses standen –, und darüber hinaus Akte kaiserlicher Selbstinszenierung in der Regel nicht als solche kommentiert werden, muß offen bleiben, ob Pulcheria und Marcian sich generell als Herrscherpaar inszenierten, oder ob dies nur anläßlich der Synode geschah. Pulcherias Anwesenheit auf einer Konzilssitzung spricht aber dafür, daß ihr weiter eine wichtige Rolle und eine besondere Autorität im religiösen Bereich zugestanden wurde. Ein oben erwähnter Gedanke soll hier aber noch einmal aufgegriffen werden:

So sehr die späteren Quellen Marcians Kaisertum nachträglich legitimieren sollten, indem sie ihn in legendenhaften Darstellungen als göttlich auserwählten Herrscher präsentierten,[122] wie dies auch die oben bereits zitierte Münze anläßlich seiner Vermählung mit Pulcheria kommunizierte, war Marcian zum Zeitpunk seiner Erhebung seiner Herkunft nach doch nur ein einfacher Militär. Seine Erhebung zum *Augustus* mag eine Reaktion auf (hypothetische) Ansprüche des Heeres gewesen sein, das weiter eine wichtige Akzeptanzgruppe darstellte, und das in Zeiten neuaufgekommener außenpolitischer Instabilität vielleicht wieder nach einem Kaiser aus seiner Mitte verlangte, der die Soldaten als Feldherr anzuführen wußte: Das konnte Marcian leisten. Es hatte sich aber in den Jahren seit Theodosius I., spätestens seit der Teilung des Reiches von 395 – im Osten stärker als im Westen – auch das Prinzip des *princeps clausus* und damit verbunden eines städtischen Kaisertums etabliert, in dcm die im städtischen Kontext demonstrierte Frömmigkeit des Kaisers ein Garant für innere Ruhe und Stärke des Reiches nach außen hatte bedeuten können. In diesem Kontext war wenigstens bis in die 430er Jahre hinein Pulcheria eingebunden gewesen; und es war ihr vielleicht sogar, gestärkt durch die Auseinandersetzung mit Nestorius, gelungen, sich als (religiöse) Identifikationsfigur zu etablieren. Während also Marcian durch seine Herkunft eine traditionelle, militärische Komponente des Kaisertums repräsentierte – auch er war Christ –, war es Pulcheria, welche die religiöse beziehungsweise christliche Komponente des Kaisertums betonte und diese in Abwesenheit des Kaisers aufrecht erhalten konnte, wenn dessen militärische Funktion ihn dazu zwang, die Stadt zu verlassen. Auf diese Weise ließen sich zwei Ansprüche an das Kaisertum bedienen, die in den sechs Jahrzehnten davor einander ausgeschlossen hatten.[123]

Es war Pulcheria, die den Ruf genoß, eine orthodoxe Kaiserin, sogar eine Kämpferin für den nicänischen Glauben zu sein. Marcian mußte sich diesen Ruf

---

122 Vgl. etwa Procop., *de bellis* 3,4,4 f.; Evagr. 2,1.
123 Nur erwähnt sei an dieser Stelle, daß auch Marcians Nachfolger bis einschließlich Justinian, abgesehen von Anastasius, wieder einen militärischen Hintergrund hatten, wie übrigens auch die Mehrheit der letzten weströmischen Kaiser. Es ist also davon auszugehen, daß militärisches Charisma als Legitimationsgrundlage kaiserlicher Herrschaft nicht völlig ausgedient hatte; dies umso mehr wenn man bedenkt, daß Olybrius, der als Gatte der Enkelin Theodosius' II., Placidia, nach Marcians Tod zwar als dynastischer Thronfolger gehandelt werden sollte, an seiner statt aber Leo, ein Militär, den Thron besteigen würde, wobei allerdings dessen Frau und Tochter das Potential weiblicher βασιλεία weiter entfalten würden. Diesem Aspekt sowie der Bedeutung von Verina und Ariadne als *Augustae* wurden m. W. bisher nur wenig Beachtung geschenkt.

erst verdienen, was ihm spätestens mit seiner Akklamation als „neuer Constantin" auf dem Konzil von Chalcedon auch gelungen war. Ohne Pulcherias Rolle über das hinaus, was die Quellen tatsächlich verraten, überschätzen zu wollen, sei lediglich überlegt, ob nicht Pulcherias Anwesenheit an der Seite Marcians auf der sechsten Sitzung von Chalcedon, dessen Autorität beim Verlesen der vom Konzil neuformulierten alten Glaubensformel bedingt hatte.

Das Konzil hatte Pulcheria und Marcian die Möglichkeit geboten, sich als rechtgläubige Autoritäten zu präsentieren und als solche von der großen Masse des Klerus beider Reichshälften Anerkennung zu erhalten. Es muß daher ganz in ihrem Sinne gewesen sein, die Beschlüsse des Konzils auch in der Zeit danach zu verteidigen, zu denen neben der Verdammung der miaphysitischen Lehre sowie zum wiederholten Male der Verdammung des Nestorius auch die Neuformulierung der Glaubensformel von Nicaea mit Kanon 28 gehörte, der formalen Gleichrangigkeit der Patriarchate Konstantinopels und Roms. Bei letzterem handelte es sich um eine Entscheidung, welche die Opposition Leos provozierte, der sich im Mai 452 an Marcian und Pulcheria wandte,[124] aber im Februar des Folgejahres eine Absage von Marcian (verfaßt auch im Namen seines Amtskollegen Valentinian) erhielt.[125]

Gegen die Verdammung des Miaphysitismus rebellierten besonders in Palästina einige Mönche,[126] die sich in einem Schreiben an Pulcheria gewandt hatten, in dem sie wohl ihre Zustimmung zum Ausspruch des Anathemas über Eutyches bekundeten, die aber, da sie sich aber als Anhänger des miaphysitischen Mönches Theodosius erwiesen hatten und die von Chalcedon formulierten „zwei Naturen" Christi nicht anerkennen wollten, kaiserliche Strafe fürchteten.[127] Erhalten ist lediglich die Reaktion Marcians und Pulcherias auf diese Petition, die jeweils einen Brief an die Aufständischen sandten und darin erklärten, daß Chalcedon zu akzeptieren sei.[128] Einen weiteren Brief sandte die Kaiserin ebenfalls nach Palästina an die Äbtissin Bassa, die sie an die Untaten des Mönchs Theodosius erinnerte und ihr die Bedeutung von Chalcedon erklärte, die sie aber auch um ein Gebet für sich bat.[129]

Im März 453 erhielt Pulcheria abermals einen Brief von Leo,[130] dem Marcian inzwischen weitere Unterstützung versagt hatte.[131] Der römische Bischof hoffte

---

124 Leo, *Epp.* 104 f. (PL 54, 991–1002, = *ACO* 2,4, 55–59 *Epp.* 54 f.); in zwei weiteren Briefen je an Marcian und Pulcheria hoffte Leo in der Personalpolitik der oströmischen Hauptstadt mitreden zu können und zeigte sich unzufrieden mit der Einsetzung des Archidiakon Aetius durch Anatolius (Leo, *Epp.* 111 f. [PL 54, 1020–1024, = *ACO* 2,4, 62–65 *Ep.* 58 f.]).

125 Leo, *Ep.* 110 (PL 54, 1017–1020, = *ACO* 2,1,2, 61 *Ep.* 19).

126 Zu den anti-chalcedonischen Aufständen in Palästina Frend, William H. C.: *The Rise of the Monophysite Movement. Chapters in the History of the Church in the Fifth and Sixth Centuries,* 2. Aufl., Cambridge 2008, besonders 148–151; Holum, Theodosian Empresses, 222–225.

127 So Holum, Theodosian Empresses, 223.

128 *ACO* 2,1,3, 124–127 *Ep.* 26 (Marcian); 127 f. *Ep.* 27 (Pulcheria), in der lateinischen Fassung: *ACO* 2,5, 5–7 *Ep.* 2; 7 f. *Ep.* 3.

129 *ACO* 2,1,3, 135 f. *Ep.* 31; vgl. hierzu Holum, Theodosian Empresses, 225.

130 Leo, *Ep.* 112 (PL 54, 1023 f., = *ACO* 2,4, 64 f. *Ep.* 59) sowie *Ep.* 116 (PL 54, 1035–1037, = *ACO* 2,4, 68 f. *Ep.* 62), datiert auf den 21. März.

131 Leos Parallelschreiben zu *Ep.* 116 an Marcian: *Ep.* 115 (PL 54 1031–1036, = *ACO* 2,4, 67 f. *Ep.* 61, griechische Fassung: *ACO* 2,1,2, 62 f. *Ep.* 21).

erneut darauf, die Kaiserin für sich gewinnen zu können, damit sie in seinem Sinne auf ihren Gatten einwirke. Bereits Holum hat darauf hingewiesen, daß sich in Leos Brief an die Kaiserin die angedeutete Sorge herauslesen läßt, es gehe der Kaiserin nicht gut.[132] Im Juli 453 verstarb Pulcheria und der römische Bischof verlor mit ihr seine vielleicht wichtigste Ansprechpartnerin am oströmischen Kaiserhof, wenn nicht in der oströmischen Hauptstadt überhaupt.[133]

Pulcheria wird in der historischen Forschung häufig als das Paradebeispiel der mächtigen *Augusta* der Spätantike angeführt. Bisweilen wird darauf verwiesen, daß Pulcheria nie souveräne Herrscherin war;[134] freilich war ihre Macht durch ihr Geschlecht soweit begrenzt war, als sie nie in eigenem Namen regieren konnte: Um nach dem Tode ihres Bruders politisch wieder wirksam werden zu können beziehungsweise weiter handlungsfähig zu sein, mußte sie heiraten, konnte dadurch allerdings das Höchstmaß an politischer Macht zurückerhalten, das eine Frau in der Spätantike erreichen konnte. Durch den Umstand, daß in Form von Briefen und Konzilsakten direkte, zeitgenössische Zeugnisse vorhanden sind, welche Hinweise auf Pulcherias Stellung am kaiserlichen Hof in den literarischen Quellen bestätigen, läßt sich für Pulcheria eine reale Machtfülle feststellen, wie es für keine der anderen hier betrachteten kaiserlichen Frauen möglich ist.

Pulcherias genaues Todesdatum ist nicht bekannt, sie verstarb aber noch im Jahr 453. Der Ruf, den sie sich als christliche Kaiserin erworben hatte, sollte nach ihrem Tode noch lange nachhallen.[135] Bereits zu ihren Lebzeiten, wie auch in der literarischen Tradition nach ihrem Ableben wurde Pulcheria als ebenso machtbewußte wie wirkmächtige Frau präsentiert, von miaphysitischen wie auch pro-nestorianischen Autoren dämonisiert, von den chalcedonischen hingegen verehrt. Bei Pulcheria finden wir uns darüber hinaus in der glücklichen Lage, über eine größere Menge direkter Quellen zu verfügen, Briefe, die von ihr verfaßt oder an sie gerichtet wurden, beziehungsweise – wie etwa in den Akten von Chalcedon – an sie in persönlicher Anwesenheit gerichtete Akklamationen.

Dieser Umstand erweckt den vielleicht fälschlichen Eindruck, daß sie über eine weit größere Autorität verfügte als die anderen Frauen aus ihrer Familie: Pulcheria

---

132 Leo, *Ep.* 116 (PL 54, 1035–1037, hier 1035): „consuetudinem debiti a me officii oportuit custodiri, qua me significarem clementiae vestrae salute gaudere, et incessabilibus a Deo precibus postulare ut vos, et Romanae reipublicae, et catholicae Ecclesiae in omni prosperitate conservet"; vgl. Holum, Theodosian Empresses, 226.

133 Vgl. Frend, Monophysite Movement, 156.

134 Wie jüngst etwa Ilski, Kazimierz: „Die weibliche Frömmigkeit am Hofe von Theodosius II.", in: Karl H. Schneider (Hg.), *Geschlechterrollen in der Geschichte aus polnischer und deutscher Sicht*, Münster 2004, 80. Für Ilski scheint mit dieser Feststellung die Frage nach Pulcherias Bedeutung vor allem in der Selbstdarstellung des Kaisertums ihres Bruders beendet.

135 Ohne genauere Angaben wird die Nachricht von ihrem Tod in den literarischen Quellen zumeist von weitem Lob begleitet: Viele gute Werke habe sie vollbracht, ihren Besitz den Armen vermacht (vgl. etwa Theoph. AM 5945; Zon., *Epit.* 13,25,17; die *Suda* berichtet von nicht näher bestimmbaren Kirchenstiftungen, dem Bau von Armenhäusern und Klöstern [π 2145]). Näheres wußte noch Theod. Lect. 363 zu berichten, der ihr den Bau zweier Marienkirchen in Blachernae (*Chalkoprateia* und *Hodegoi*), sowie einer Kirche für den Märtyrer Laurentius zuschrieb. Auf letztere verweist auch Marc. com. a. 452.

soll offen im Senat gesprochen, sie soll von Nestorius' Vorgänger die Erlaubnis erhalten haben, gemeinsam mit den Priestern die Kommunion zu empfangen, und sie war – soviel ist sicher – bei der nicht unwichtigen sechsten Sitzung des Konzils von 451 anwesend. Es war vielleicht ihr im jugendlichen Alter abgelegtes Keuschheitsgelübde, das es Pulcheria ermöglichte, die Grenzen, die ihr Geschlecht eigentlich determinierten, in dieser Weise zu überschreiten. Das Gelöbnis hatte ihr auf der Ebene, auf der kaiserliche Frauen am stärksten angreifbar waren, eine gewisse Unantastbarkeit verliehen, die ihre politischen Gegner freilich durch gezielte sexuelle Polemik zu torpedieren versuchten. Daß Pulcherias Gegner aber eben diesen Aspekt aufgriffen, um gegen die Kaiserin zu polemisieren, legt die Vermutung nahe, daß sie ihre besondere Autorität zu großen Teilen aus ihrer Enthaltsamkeit bezog.

## 8 AELIA EUDOCIA (ATHENAÏS)

> *„Schön, gebildet, eine Hellenin."*
> *(Malal. 14,4)*

Besonders undurchsichtig erscheint die Biographie der Kaiserin Eudocia: Geboren unter dem Namen Athenaïs, vermutlich in Athen als Tochter eines nicht näher bekannten Philosophen, gelangte sie um 420 in die oströmische Hauptstadt Konstantinopel. Dort empfing sie die Taufe und erhielt mit ihr den Namen Eudocia. Schließlich wurde sie die Gemahlin des amtierenden Kaisers Theodosius II. Für die Geburt einer Tochter, Licinia Eudoxia, wurde Eudocia von Theodosius mit dem *Augusta*-Titels belohnt, außerdem ließ ihr Gatte von diesem Zeitpunkt an Münzen in ihrem Namen prägen. Nach der Vermählung ihrer Tochter mit dem weströmischen Kaiser Valentinian III. 437 begab sich Eudocia auf eine Pilgerfahrt nach Jerusalem, um nicht lange nach ihrer Rückkehr nach Konstantinopel abermals ins Heilige Land aufzubrechen, um dort den Rest ihres Lebens zu verbringen. Was vorgefallen war, daß Eudocia beschlossen hatte, ihren Mann und das prunkvolle Leben am Kaiserhof für immer hinter sich zu lassen, ist Stoff der Legende. Die Ratlosigkeit ihrer Zeitgenossen muß die Spekulationen über diesen radikalen Schritt ihrer Kaiserin befeuert haben. Die Gerüchte, die über ihren Weggang aus Konstantinopel wohl kursierten, dürften der Ursprung jener Eudocia-Legende sein, wie sie uns in schriftlicher Form erstmals aus der Feder des antiochenischen Chronisten Johannes Malalas überliefert ist und seitdem von byzantinischen wie modernen Historikern immer weiter tradiert wurde.[1] Sie soll auch hier Ausgangspunkt der Beschäftigung mit Eudocia sein.

Es ist das Märchen über ein bezaubernd schönes und redegewandtes Mädchen, das von seinen Brüder verstoßen nach Konstantinopel kommt, um vor die Kaiserschwester Pulcheria zu treten und demütig Gerechtigkeit zu erbitten; das wegen seiner besonderen Schönheit das Herz des Kaisers gewinnt, dem zuvor keine Frau gut genug war. Von ihm zur Kaiserin gemacht, verliert Eudocia nach fast zwanzig Ehejahren dessen Gunst wegen eines unglücklichen Mißverständnisses und begibt sich vom Vorwurf des Ehebruchs beschämt ins Exil, wo sie bis zum Ende ihrer Tage gute Werke verrichtet. Die märchenhaften Elemente überschatten ihre Biographie als *Augusta* und ihre Rolle als Gattin eines Kaisers, der immerhin zweiundvierzig Jahre auf dem oströmischen Kaiserthron saß.

Es ist möglich, daß einige Details stimmen und die Legende sogar die Lücken zu schließen vermag, welche die zeitgenössischen Quellen offen lassen. Was sie aber vernachlässigt, sind Eudocias öffentliches Auftreten und ihr politisches Wirken als Repräsentantin des Kaisertums in der Hauptstadt, aber auch an anderen Stationen, wo Spuren auf einen Aufenthalt der Kaiserin verweisen. Diesen aber soll

---

1   Malal. 14,3–8; *Chron. pasch.* 575–580; 584 f.; die Legende findet sich darüber hinaus in einer Vielzahl weiterer byzantinischer Chroniken wieder, z. B. Georg. Mon., *Chron.* 608–610; Theoph. AM 5940; Zon., *Epit.* 13,21,5–19; 23,5–39; für eine gelungene literarische Aufarbeitung des Stoffes Gregorovius, Ferdinand: *Athenaïs. Geschichte einer byzantinischen Kaiserin*, Leipzig 1882; sowie das Kapitel „Athénaïs" in Diehl, Charles: *Figures Byzantines,* Bd. 1, Paris 1906, 25–49.

hier nachgegangen werden. Zwei entschieden gegensätzliche Positionen zur Eudocia-Tradition, beide 1982 publiziert, sind einleitend zu nennen, da sie immer wieder herangezogen und neu diskutiert werden: Kenneth G. Holum lehnt die Darstellung Eudocias bei Malalas nahezu vollständig als literarische Erfindung ab und und vertritt die These, hinter Eudocia hätten eine Reihe von „Traditionalisten" gestanden. Diese hätten die Philosophentochter zur Frau des Kaisers Theodosius gemacht, mit der Absicht, sie als paganes Gegengewicht zur dominierenden Kaiserschwester Pulcheria an den Hof von Konstantinopel zu bringen.[2] Demgegenüber steht die These Alan Camerons, der erklärt, daß gerade Eudocias pagane Herkunft das legendenhafteste Motiv in Malalas' Erzählung sei, die spätere Generationen überhöht hätten, um Eudocias Frömmigkeit als christliche Kaiserin in besonderer Weise hervorzuheben.[3] Anders als Holum akzeptiert Cameron die Rolle Pulcherias bei der Heirat und schließt auch einen späteren Ehebruch Eudocias nicht aus. Die unterschiedliche Bewertung der Eudocia-Biographie nach Malalas ergibt sich ohne Zweifel aus der Quellensituation, wie sie für Eudocia vorliegt, insgesamt.

Ihr Zeitgenosse Socrates fand bereits lobende Worte für Eudocia, ohne allerdings näher ins Detail zu gehen. Socrates' Kirchengeschichte endet 439, als Eudocia gerade von ihrer Pilgerfahrt zurückgekehrt war, so daß sie keine zeitgenössische Quelle für Eudocias Exilzeit darstellt. Über das Wirken Eudocias in Jerusalem während der ersten Pilgerreise sind wir durch die Vita der jüngeren Melania und der des Iberers Petrus unterrichtet. Zwei Briefe aus dem Briefcorpus des römischen Bischofs Leo I. geben Hinweise auf Eudocias politisches Handeln im Exil.[4] Im 6. Jahrhundert notierte Marcellinus sehr nüchtern die Ereignisse im 5. Jahrhundert, während Malalas die Urform der Eudocia-Legende verfaßte, auf die sich nachfolgende Chronisten und Kirchenhistoriker stützten.[5] Anekdoten, die sich bei Malalas nicht finden und die vielleicht auf eine andere mündliche Tradition zurückgehen, führte Theodor Lector aus Konstantinopel in seiner Kirchengeschichte an. Bereits Evagrius äußerte Zweifel an dem von Malalas wohl ebenfalls auf zeitgenössischen Gerüchten basierenden, implizierten Ehebruch. Der unbekannte Autor der Osterchronik aus dem frühen 7. Jahrhundert übernahm hingegen die Version Malalas' nahezu vollständig. Es ist auffällig, daß der Verfasser dieser Chronik anscheinend ein starkes Interesse an Eudocias Geschichte hatte, die er zwischen sonst eher knappen Notizen vergleichsweise ausführlich wiedergibt. Ebenfalls aus dem 7. Jahrhundert stammt die Chronik des Johannes von Nikiu, der als miaphystischer Autor eine andere Perspektive einnimmt und dabei, wie vor ihm auch Evagrius, ausdrücklich Eudocia vom Vorwurf des Ehebruchs freispricht und völlig andere Gründe für ihren Weggang von Konstantinopel anführt. In der Chronik des Theophanes aus dem frühen 9. Jahrhundert sind es schließlich Palastintrigen, in die sich Eudocia aus Naivität und Eifersucht auf ihre Schwägerin Pulcheria selbst verstrickt, und die ihren Sturz in Konstantinopel herbeiführen. Damit ist Theophanes der ein-

---

2  Holum, Theodosian Empresses, 112–146.

3  Cameron, Empress and Poet, 273; 278 f.

4  Leo, *Epp.* 117 (PL 54, 1038, = *ACO* 2,4, 69 f. *Ep.* 63); 123 (PL 54, 1060 f., = *ACO* 2,4, 77 *Ep.* 69) richteten sich unmittelbar an Eudocia.

5  S. oben Anm. 1.

zige unter den Chronisten, der sich tatsächlich polemisch über Eudocia äußerte, während die übrigen nicht frei von Sympathie auf die ihr widerfahrene Ungerechtigkeit verwiesen.

Verschiedentlich finden sich Hinweise auf Eudocias dichterische Tätigkeit: Socrates lobte ihre Fähigkeiten[6] und auch Evagrius berichtet, daß sie als Dichterin ihr Publikum zu begeistern wußte.[7] Eine wohl nachträglich gearbeitete Überschrift eines Epigramms in einem Bad in Palästina weist Eudocia als dessen Urheberin aus.[8] Spätere Autoren, wie besonders Photius und Zonaras, kennen sie als Verfasserin der *Homercentones* und anderer literarischer Werke.[9] Erhalten sind neben diesen die ersten beiden Bücher der ehemals dreiteiligen Legende des heiligen Cyprian.[10] Bedauerlicherweise enthält keines dieser Werke autobiographische Äußerungen der Kaiserin.[11]

## Die Philosophentochter Athenaïs

Über Herkunft und Jugend der Kaiserin Eudocia finden sich kaum verläßliche Angaben. Bevor sie in Konstantinopel die Taufe empfing, trug sie den Namen Athenaïs,[12] der zumindest auf eine pagan-hellenische Tradition in ihrer Familie hinweist, jedoch keine eindeutigen Rückschlüsse auf ihre Religion zuläßt. Während es über Ort und Jahr ihrer Geburt keine genauen Informationen gibt, deutet doch in den Quellen alles darauf hin, daß sie vor ihrer Ankunft in Konstantinopel in Athen

6   Socr. 7,21,8.
7   Evagr. 1,20.
8   *SEG* 32,1502; mit dieser Inschrift beschäftigen sich Green, Judith/Yoram Tsafrir: „Greek Inscriptions from Hammat Gader. A Poem by the Empress Eudocia and Two Building Inscriptions", in: *Israel Exploration Journal* 32(1982), 77–96 und darauf Bezug nehmend Habas (Rubin), Ephrat: „A Poem by the Empress Eudocia: A Note on the Patriarch", in: *Israel Exploration Journal* 46(1996), 108–119.
9   Phot., *Bibl. Cod.* 183 (128a); Zon., *Epit.* 13,23,38 f.; auch verschiedene Einträge in der *Suda* deuten auf Eudocias Interesse an Literatur und Dichtung hin: κ 2776 (behandelt den Dichter und Stadtpräfekten Cyrus, einen Freund und Schützling Eudocias); ω 118; 119 (über den thebanischen Grammatiker Orion, der eine Anthologie für Eudocia zusammengestellt habe, und dessen Vorlesungen sie laut Joh. Tzetz., *Chiliad.* 10,306 neben denen des alexandrinischen Grammatikers Hyperechius gehört haben soll).
10  Für eine moderne italienische Übersetzung mit Einleitung und Kommentar Bevegni, Claudio (Hg.): *Eudocia Augusta. Storia di San Cipriano*, Mailand 2006; in englischer Übersetzung sind die Werke der Eudocia gesammelt bei Plant, Ian Michael: *Women Writers of Ancient Greece and Rome. An Anthology*, London 2004, 198–209, wobei allerdings die Übersetzung der Cypriansvita auf der Ausgabe von Ludwich beruht. Der Anfang des ersten Buches fehlt.
11  Nicht auszuschließen ist, daß Eudocia sich mit dem zum Christentum bekehrten Magier Cyprian in irgendeiner Weise identifizieren konnte (so Hunt, Pilgrimage, 223), oder mit dessen spiritueller Lehrerin Justa, einem in der Jugend zum Christentum bekehrten Mädchen aus einer paganen Familie (Eud. Aug., *de S. Cypr.* 1,9–49 [Bevegni]), von dessen Begegnung mit dem Magier das erste Buch handelt: Cyprian wird durch diese Justa zum christlichen Glauben bekehrt, weil sie alle von ihm beschworenen Dämonen allein mit ihren Gebeten abzuwehren vermag.
12  Socr. 7,21,9.

gelebt hatte.[13] und möglicherweise dort geboren wurde,[14] wie es etwa bei Evagrius heißt (γένει μὲν Ἀθηναίαν).[15] Von ihrem zeitgenössischen Bewunderer Socrates, dem einzigen der drei synoptischen Kirchenhistoriker des 5. Jahrhunderts, der sich überhaupt über Eudocia äußerte, erfahren wir nur wenig: Eher beiläufig erwähnt der Kirchenhistoriker, Eudocias Vater sei der athenische Sophist Leontius gewesen.[16]

Über diesen Leontius ist nichts weiter bekannt. Es ist aber nicht auszuschlie-ßen, daß es sich um denselben Leontius handelt, dem Olympiodor 415[17] nach ei-genen Angaben einen Lehrstuhl für Sophistik in Athen verschafft hatte, den Leon-tius zunächst ablehnte.[18] Seine anfängliche Abneigung gegen die Stelle als Sophist mag an dem von Olympiodor beschriebenen Aufnahmeritual gelegen haben, das jeder Bewerber, „besonders aber ein fremder" (καὶ μάλιστα ξένον),[19] über sich ergehen lassen mußte. Der zitierte Einschub könnte sich auf Leontius beziehen.[20] Einschränkend ist allerdings darauf zu verweisen, daß Olympiodors Ausführungen nur in einem Kommentar des Photius überliefert sind. Der genaue Wortlaut wäre vielleicht erhellender. Dennoch schadet es sich nicht, mit Alan Cameron davon aus-zugehen, daß der von Olympiodor unterstützte Sophist Leontius mit Eudocias Vater identisch ist,[21] die beiden, Olympiodor und Leontius, sich vielleicht in Alexandria

---

13  Eine Verbindung Eudocias zu Athen läßt sich durch die fragmentierte Inschrift einer Statuenba-sis, die nahe des Odeon gefunden wurden, nachweisen (*SEG* 40,184): Wie Sironen, Erkki: „An Honorary Epigram for the Empress Eudocia in the Athenian Agora", in: *Hesperia* 59(1990), 371–374 zeigt, dürfte die Inschrift zu einer Statue der Eudocia gehören, die von Theodosius II. vielleicht anläßlich seiner Vermählung mit ihr, wohl aber nicht später als 430 errichtet wurde (ebd. 374).

14  Holum, Theodosian Empresses, 117 nimmt an, sie sei gebürtige Antiochenerin gewesen und bezieht sich dabei auf eine von Evagrius (1,20) zitierte Äußerung Eudocias in Antiochia, das abgewandelte Homerzitat: „Ὑμετέρης γενεῆς τε καὶ αἵματος εὔχομαι εἶναι". Dagegen spricht, daß der Antiochener Evagrius (ebd.) selbst betont, Eudocia habe damit auf die griechischen Ursprünge der Stadt angespielt („[…] τὰς ἐκ τῆς Ἑλλάδος ἐνταῦθα σταλείσας ἀποικίας αἰνιττο-μένη"); Eudocias athenische Herkunft wird ausführlich diskutiert bei Burman, Athenian Em-press, 81–83.

15  Evagr. 1,20; sowie später Zon. *Epit.* 13,22,5; vgl. Marc. com. a. 421; Malal. 14,4; *Chron. pasch.* 576, die zumindest ausdrücklich von Eudocias griechischer Herkunft sprechen.

16  Socr. 7,21,9; vgl. Theod. Lect. 316.

17  Zu Olympiodors Aufenthalt in Athen 415 s. Blockley, Roger C.: *The Fragmentary Classicising Historians of the Later Roman Empire. Eunapius, Olympiodorus, Priscus and Malchus,* Bd. 1, Liverpool 1981, 27.

18  Olymp. fr. 28; hierzu die Überlegungen von Cameron, Empress and Poet, 274., der davon aus-geht, es müsse sich bei diesem Leontius um Eudocias Vater handeln und schließt, dieser habe bis 415 in Alexandria gelehrt, was auch spätere Hinweise auf Eudocias Ausbildung bei einigen alexandrinischen Gelehrten (s. oben Anm. 9) erklären würde.

19  Olymp. fr. 28.

20  Holum, Theodosian Empresses, 117 geht davon aus, daß Olympiodor bei der Beschreibung dieses Rituals und dem Verweis, daß sich besonders auswärtige Bewerber diesem entwürdigen-den Aufnahmeritual unterziehen mußten, Leontius im Sinne hatte. Auch Cameron, Empress and Poet, 275 f. beschäftigt sich mit der Frage, warum Leontius den Lehrstuhl in Athen zuerst nicht annehmen wollte und vermutet, er könnte zuvor zum Christentum konvertiert sein und deshalb Bedenken gehabt haben.

21  Cameron, Empress and Poet, 274.

kennengelernt hatten, und Eudocia – respektive Athenaïs – dort einen Teil ihrer Ausbildung erhalten haben könnte. Eine mittelbyzantinische Quelle erklärt, zwei ägyptische Grammatiker, Hyperchius und Orion, seien ihre Lehrer gewesen.[22] Letzterer, so heißt es in der *Suda,* habe später eine dreiteilige Anthologie für die Kaiserin Eudocia zusammengestellt.[23]

Daß Eudocia in ihrer Jugend eine gute Bildung erfahren hatte, daran lassen die literarischen Quellen keinen Zweifel. Auch ihr eigenes literarisches Schaffen – wenn auch von modernen Autoren bisweilen abschätzig kommentiert[24] – zeugt von Kenntnissen in den Bereichen der Poetik und der Rhetorik. Zeitlebens scheint Eudocia ein besonderes Interesse für Poesie und Literatur behalten zu haben. Wie weiter unten zu zeigen sein wird, würde sie als Kaiserin öffentlich als Rednerin auftreten und die Patronage für zeitgenössische Dichter übernehmen; ihr literarisches Werk entstand wohl vor allem in der Phase ihres Exils.

Als Tochter eines Sophisten hatte die junge Athenaïs Zugang zur klassischen Kultur und deren Wissensbeständen, und sicher wird auch ihr Vater ein Auge auf ihre Bildung gehabt haben:

> Ἦν γὰρ ἐλλόγιμος· Λεοντίου γὰρ τοῦ σοφιστοῦ τῶν Ἀθηνῶν θυγάτηρ οὖσα ὑπὸ τῷ πατρὶ ἐπαιδεύθη καὶ διὰ λόγων ἐληλύθει παντοίων.[25]

> Sie war nämlich beredt: Da sie ja die Tochter des Athener Sophisten Leontius war, wurde sie von ihrem Vater erzogen und ist in allen Rededisziplinen unterwiesen worden.

Es ist nicht nachzuvollziehen, ob und inwieweit Eudocias Jugend und Erziehung als Athenaïs pagan-religiös geprägt war.[26] Daß Athenaïs erst nach ihrer Ankunft in Konstantinopel getauft wurde und den Namen Eudocia annahm (ἀντὶ Ἀθηναΐδος Εὐδοκίαν ὠνόμασεν),[27] ist kein Beleg dafür, daß sie nicht schon vorher Christin gewesen sein

---

22   S. oben Anm. 9; dazu auch Cameron, Empress and Poet, 275.

23   *Suda,* ω 118: συναγωγὴν γνωμῶν ἤγουν Ἀνθολόγιον πρὸς Εὐδοκίαν τὴν βασιλίδα γυναῖκα Θεοδοσίου τοῦ μικροῦ, βιβλία γ'.

24   Etwa Ludwich, Arthur: „Eudokia, die Gattin des Kaisers Theodosios II., als Dichterin", in: *Rheinisches Museum für Philologie* 37(1882), 208 (Eudocias Werke seien „unwidersprechliche Zeugnisse ihrer grossen geistigen Armuth"); Cameron, Empress and Poet, 279 („no-one would ever have heard of so minor a poet as Eudocia, if she had not become empress"); demgegenüber relativieren Usher, Mark David: „Prolegomenon to the Homeric Centos", in: *AJPh* 118 (1997), 305; 311; 319; van Deun, Peter: „The Poetical Writings of the Empress Eudocia. An Evaluation", in: Jan den Boeft (Hg.), *Early Christian Poetry. A Collection of Essays,* Leiden/New York/ Köln 1993, 278; 281 f. diese wohl zu kritische Sichtweise. Mit den *Centones* beschäftigt sich außerdem Glei, Reinhold F. „Der Kaiserin neue Kleider: Die Homercentonen der Eudocia", in: Bernd Effe / Reinhold F. Glei / Claudia Klodt (Hgg.): „*Homer zweiten Grades". Zum Wirkungspotential eines Klassikers,* Tier 2009, 227–248. Besondere Aufmerksamkeit hat in den letzten Jahren Eudocias Cypriansvita durch den italienischen Philologen Claudio Bevegni erfahren.

25   Socr. 7,21,8; auf ihre Eloquenz und Bildung verweisen auch Theod. Lect. 316; Malal. 14,4; *Chron. pasch.* 576; Theoph. AM 5911; Zon., *Epit.* 13,22,5.

26   Cameron, Empress and Poet, 274–279 etwa vermutet, daß Athenaïs vielleicht gar keine rein pagane Erziehung genossen habe. Vielmehr sei Eudocias früheres Heidentum erst von den späteren Historikern so stark betont worden, weil sie auf diese Weise ihren Übertritt zum Christentum umso rühmlicher erscheinen lassen konnten.

27   Socr. 7,21,9.

kann.[28] Allerdings legte Socrates doch allem Anschein nach darauf Wert, Eudocias Taufe hervorzuheben und deutete mit der erwähnten Namensänderung einen Bekenntniswechsel der Kaiserin an, deren Geburtsname offensichtlich pagane Bezüge hatte: Mit ihrem neuen Namen wollte Eudocia vielleicht ein deutliches Zeichen für die Abkehr von ihrer Jugend setzen; selbst wenn sie ihren Geburtsnamen nie vollständig abgelegt haben sollte, wie Priscus andeutete, „mit beiden Namen wurde sie gerufen" (Ἀθηναῒς ἡ καὶ Εὐδοκία· ἀμφοτέροις γὰρ ἐκαλεῖτο τοῖς ὀνόμασιν).[29]

Warum und unter welchen Umständen es Athenaïs schließlich in die oströmische Hauptstadt verschlug, ist abermals Stoff der Legende. Nach Malalas führte eine Notlage sie nach Konstantinopel: Vor seinem Tod habe Athenaïs' Vater verfügt, daß ihre beiden Brüder, Valerius und Gesius,[30] sein Vermögen erben sollten, Athenaïs aber lediglich einen kleinen Teil seiner Hinterlassenschaft erhalten werde:

„Ἀθηναΐδι τῇ ποθεινοτάτῃ μου γνησίᾳ θυγατρὶ δοθῆναι βούλομαι νομίσματα ἑκατὸν καὶ μόνον· ἀρκεῖ γὰρ αὐτῇ ἡ αὐτῆς τύχη ἡ ὑπερέχουσα πᾶσαν γυναικείαν τύχην."[31]

„Athenaïs, meiner allerliebsten, leiblichen Tochter, will ich nur hundert nomismata geben: Ihr nämlich genügt ihr Glück, welches alles weibliche Glück übersteigt."

Athenaïs wollte sich jedoch auf nicht die ihr vom Vater attestierte *Tyche* verlassen und versucht nach dessen Ableben, die Ungerechtigkeit des väterlichen Testaments anzufechten: Sie fleht ihre Brüder an, ihr den gerechten dritten Teil des Erbes zu geben, Valerius und Gesius aber jagen sie aus dem Haus. Athenaïs sucht daher Obdach bei einer Tante mütterlicherseits, die sie schließlich zu ihrer anderen Tante, einer Schwester des Leontius, nach Konstantinopel führt. Gemeinsam gehen die drei Frauen zum Kaiserhof, um Athenaïs' Brüder bei der Kaiserschwester anzuklagen.[32]

Schon dieser Erbschaftsstreit verleiht Malalas' Erzählung ihre romanhaften Züge. Enterbt und verstoßen kommt Athenaïs nach Konstantinopel, um bald darauf die Kaiserin Eudocia zu werden. Prophetisch habe Leontius dieses Schicksal seiner Tochter vorausgesagt. Später wird auch sie ihr Schicksal erkennen und ihre Brüder nicht strafen, sondern im Gegenteil mit öffentlichen Ämtern belohnen:[33] Als die Brüder erfahren, daß ihre Schwester nun Kaiserin geworden ist, flüchten sie zunächst nach Hellas. Doch Eudocia ist nicht rachsüchtig; sie läßt die beiden aufspüren und zu sich bringen:

---

28  Burman, Athenian Empress, 71 gibt zurecht zu Bedenken, daß Kindstaufe in dieser Zeit noch nicht allgemein üblich war.

29  Prisc. fr. 14 (Blockley, = exc. 8 Carolla).

30  Zu den vermeintlichen Brüdern der Eudocia *PRLE* 2, s. v. „Gessius 2", 510 f. und „Valerius 6", 1145; später soll Eudocia dem Gesius zum Amt des Prätoriumspräfekten von Illyricum verholfen, dem Valerius das Amt des *magister officiorum* verschafft haben, heißt es bei Malal. 14,5 und den von ihm abhängigen Quellen; und wenigstens ein Konsul mit Namen Valerius ist bei Marc. com. a. 432 bezeugt. Es fehlen jedoch verlässlichere Zeugnisse über dessen Verwandtschaft mit Eudocia als Malalas' Bericht, und aus keiner der zeitgenössischen Quellen geht hervor, daß sie überhaupt Geschwister hatte.

31  Malal. 14,4.

32  Diese Geschichte findet sich fast unverändert auch in *Chron. pasch.* 576 f. sowie Joh. Nik. 84,28–32; Zon., *Epit.* 13,22,5–10.

33  Malal. 14,5; *Chron. pasch.* 578 f.; Joh. Nik. 84,35–37; Zon., *Epit.* 13,22,17–19.

„εἰ μὴ ὑμεῖς κακῶς ἐχρήσασθέ μοι, οὐκ ἠναγκαζόμην ἐλθεῖν καὶ βασιλεῦσαι. τὴν οὖν ἐκ τῆς γενέσεώς μου βασιλείαν ὑμεῖς μοι ἐχαρίσασθε· ἡ γὰρ ἐμὴ ἀγαθὴ τύχη ἐποίησεν ὑμᾶς ἀπειθεῖς εἰς ἐμέ, οὐχὶ ἡ ὑμετέρα πρὸς ἐμὲ γνώμη."³⁴

„Wenn ihr mich nicht schlecht behandelt hättet, wäre ich nicht gezwungen gewesen, [hierher] zu kommen und Kaiserin zu werden. So habt ihr mir die mir von Geburt bestimmte Kaiserwürde zukommen lassen. Mein günstiges Schicksal hat euch ja mir gegenüber unerweichlich gemacht, nicht aber eure Haltung zu mir."

Malalas zufolge verließ Athenaïs Athen nach dem Tod ihres Vaters, das heißt zwischen 415 und 420, und fand als Waise wohl Unterschlupf bei ihrem dort lebenden Onkel Asclepiodotus, der spätestens 422 (vielleicht auf Vermittlung Eudocias) in kaiserlichen Dienst trat.³⁵ Daß ihr Vater sie enterbt habe und sie von ihren Brüdern verstoßen worden sei, könnte Malalas des dramatischen Effekts wegen erfunden haben:³⁶ Athenaïs gelingt der soziale Aufstieg von ganz unten an die Spitze der Gesellschaft. Was hier auffällt, ist der Topos der Vorhersehung, des unabänderlichen Schicksals, mit dem Malalas spielt:³⁷ Athenaïs ist zur Kaiserin bestimmt. Damit sich dieses Schicksal erfüllt, muß sie zuvor von ihren Brüdern verstoßen werden, wie sie nach Malalas auch selbst erkennt. Dabei ist der Erbschaftsstreit durchaus vorstellbar: Auch wenn nichts in dieser Geschichte historisch gesichert ist, liefert Malalas doch zumindest eine plausible Erklärung dafür, wie Athenaïs – ein Mädchen aus der Provinz und wahrscheinlich ohne besonders einflußreiche Kontakte in Konstantinopel³⁸ – überhaupt einen Zugang zum Kaiserhof bekommen konnte.³⁹

Auch für Athenaïs' erste Begegnung mit dem Kaiser bleibt Malalas' Bericht die früheste Überlieferung. Wieder spielen vor allem der Zufall und Athenaïs' „günstiges Schicksal" eine Rolle: Theodosius II., inzwischen etwa zwanzig Jahre alt, befand sich gerade auf Brautsuche und hatte seine Schwester Pulcheria damit beauftragt, eine geeignete Frau für ihn zu finden. Seine Bedingungen waren klar formuliert, nicht über adlige Herkunft oder Reichtum müsse seine Braut verfügen, nur jünger (als er?), Jungfrau und die Schönste von allen müsse sie sein.⁴⁰ Während die Brautsuche für den Kaiser erfolglos verläuft, fügt es sich, daß Athenaïs in die oströmische Hauptstadt kommt, „schön, gebildet, eine Hellenin" (εὐπρεπή[ς], ἐλλόγιμο[ς], Ἑλλαδικῆ[ς]).⁴¹ Bald wird sie von ihren Verwandten in Konstantinopel davon überzeugt, eine Petition wegen der ihr widerfahrenen Ungerechtigkeit

---

34 Malal. 14,5.
35 Cameron, Empress and Poet, 276; s. auch *PLRE* 2, s. v. „Asclepiodotus 1", 160.
36 Cameron, Empress and Poet, 277; ähnlich Gregorovius, Athenaïs, 26 f.: „Um das märchenhafte Glück einer jungen Heidin noch durch einen starken Gegensatz zu steigern, hat man sie zu einer Enterbten und Verstoßenen gemacht."
37 Vgl. Holum, Theodosian Empresses, 114.
38 So auch Cameron, Empress and Poet, 277; dagegen Holum, Theodosian Empresses, der hinter Eudocias sozialem Aufstieg traditionalistische Kreise vermutet.
39 Vgl. Burman, Athenian Empress, 67.
40 Malal. 14,3: [Theodosius spricht zu Pulcheria] „ἐγὼ θέλω, εἰ εὕρῃς μοι νεωτέραν εὔμορφον πάνυ, ἵνα τοιοῦτον κάλλος μὴ ἔχῃ γυνὴ εἰς Κωνσταντινούπολιν [...] μόνον παρθένον καὶ εὐπρεπεστάτην πάνυ, ταύτην λαμβάνω."
41 Malal. 14,4.

vor die Kaiserschwester zu bringen. Es wurde bereits gezeigt, daß kaiserliche Frauen häufig die Aufgabe übernahmen, Bittsteller zu empfangen und deren Interessen vor dem Kaiser zu vertreten.[42] Insofern wäre Pulcheria tatsächlich die richtige Anlaufstelle für Athenaïs gewesen; und wie hätte diese das Gesuch der jungen Griechin ablehnen können, wo es doch auch für die kaiserlichen Frauen ein wichtiger Aspekt ihrer Selbstinszenierung war, sich gegenüber Hilfesuchenden wohltätig zu erweisen.

Athenaïs jedenfalls kommt in einem günstigen Moment an den Hof von Konstantinopel. Die Kaiserschwester, beeindruckt von der Schönheit des Mädchens und der Eloquenz, mit der es seine Klage vorzutragen weiß, unterrichtet ihren Bruder.[43] Sie bringt Athenaïs anschließend in ihr eigenes Schlafgemach, wo sich nun Theodosius und sein Studienfreund Paulinus hinter einem Vorhang versteckt halten, um sich im Verborgenen von der Schönheit des Mädchens zu überzeugen; und tatsächlich, kaum hat der Kaiser die schöne Athenaïs erblickt, ist er vor Leidenschaft zu ihr entflammt, und auch Paulinus ist hingerissen (καὶ ἑωρακὼς αὐτὴν ἠράσθη αὐτῆς, καὶ Παυλίνου δὲ θαυμάσαντος αὐτήν).[44] Rasch wird die Vermählung arrangiert, Athenaïs zur Christin gemacht und auf den Namen Eudocia getauft: „Sie war ja Hellenin" (ἦν γὰρ Ἕλλην).[45]

Unbestreitbar hatte Athenaïs die Taufe empfangen müssen, bevor sie die Gattin des Kaisers und damit Repräsentantin eines christlichen Herrschaftsideals werden konnte. Selbst wenn sie vor ihrer Taufe keine hartnäckige Traditionalistin, vielleicht sogar schon Christin gewesen sein sollte, konnten Herkunft und Name der zukünftigen Kaiserin verdächtig wirken. Was den Hergang der von Malalas geschilderten Brautsuche betrifft, gibt Linda-Marie Hans zu bedenken, daß dieser an die Umstände der Vermählung der Eltern von Theodosius II. erinnert,[46] über die wir allerdings nur aus dem polemischen Bericht eines späteren Autors informiert sind. Gerade wegen der Parallelität zur elterlichen Vermählung hält aber Hans die Geschichte für glaubhaft. Theodosius' Vater Arcadius soll die Tochter eines Franken, Eudoxia, ihrer besonderen Schönheit wegen der Tochter des Beamten Rufinus als Gattin vorgezogen haben.[47] Die Brautschau findet in beiden Fällen ohne Kenntnis der zukünftigen Kaiserin statt: Während Athenaïs von dem hinter einem Vorhang versteckten Theodosius beobachtet wird, wird Eudoxia durch den Kaiser Arcadius erwählt, nachdem er ein Bild von ihr gesehen hatte. In beiden Fällen trägt die zukünftige Braut nicht aktiv zur Entscheidung des Kaisers bei. Sie weiß nicht einmal, daß sie zur Wahl steht. Auffällig ist, daß Eudoxias Äußeres in den zeitgenössischen Quellen keine Rolle spielt und ihre Schönheit erst in der romantisierenden Darstellung von Malalas eine größere Bedeutung erhält.[48]

---

42 Hierzu Kapitel III.2.3 dieser Arbeit.
43 Zu Pulcherias Rolle als Ehevermittlerin S. 115 f. dieser Arbeit.
44 Malal. 14,4.
45 Malal. 14,4.
46 Hans, Märchenprinz, 44.
47 Zos. 5,3,1–3; vgl. S. 60 f. dieser Arbeit.
48 Das wohl früheste Zeugnis für Eudocias Schönheit findet sich bei Theod. Lect. 316, wobei hier nur knapp erwähnt wird, Eudocia habe sich „durch Schönheit ausgezeichnet" (κάλλει διαπρεπής).

Wie sowohl Hans als auch Neri zeigen, war Schönheit ein Merkmal, das eine Frau als Kaiserin qualifizieren konnte; unabhängig von ihrer gesellschaftlichen Qualifikation.[49] Ob Athenaïs wirklich so außergewöhnlich schön war, wie sie in den literarischen Quellen beschrieben wird, ist aber nicht primär relevant. Bei dieser Zuschreibung könnte es sich auch um eine nachträgliche Rechtfertigung für die Vermählung des Kaisers mit der „Hellenin" handeln. Denn abgesehen davon, daß die Vermählung von einigen Zeitgenossen als problematisch betrachtet worden sein könnte, falls – worauf der von späteren Autoren verwendete Begriff „Ἕλλην" hindeutet – Eudocia vor ihrer Taufe Heidin gewesen sein sollte, konnte Schönheit die nicht-‚standesgemäße' Herkunft einer Kaisergattin kompensieren und die Kaiserin auf diese Weise legitimieren.[50] Wenn Schönheit als Merkmal der gesuchten Braut höher eingestuft wurde als ihre soziale Herkunft (und in diesem Fall möglicherweise eine pagane Vergangenheit), konnte, so Hans, die Brautsuche über den Kreis der städtischen Elite ausgedehnt werden und damit „eventuelle konkrete Ansprüche einflußreicher Familien der Beamtenaristokratie ignoriert" und die Gefahr einer Usurpation durch die Familie der Braut gemindert werden.[51] Dieses Argument spräche in zweifacher Weise dafür, daß die Brautsuche sich ähnlich abgespielt haben könnte, wie von Malalas beschrieben. Die Brautschau diente auf politischer Ebene dem Zweck, nicht auf die Wahl einer Frau aus der städtischen Oberschicht angewiesen zu sein und so einerseits einer bestimmten Familie auf diese Weise zu viel Zugang zur Machtbasis zu ermöglichen; andererseits zu verhindern, daß der Kaiser seine Loyalität zu sehr an eine Familie band und sich gleichzeitig dem Verdacht aussetzte, die Familie der erwählten Braut zu bevorzugen.

Auch Pulcherias Rolle in der von Malalas geschilderten Szene könnte wenigstens einen realen Hintergrund haben: Die schon von Sozomenus als eigentliche Regentin und Vormund ihres Bruders dargestellte[52] und wohl auch tatsächlich einflußreiche Pulcheria wird es sich nicht haben nehmen lassen, auf etwas so Wichtiges wie die Heirat des Kaisers, die den Fortbestand der Dynastie bedeutete, einzuwirken. Sozomenus' Erklärung, Pulcheria habe die Jungfräulichkeit gelobt und auch ihre Schwestern zu dieser Lebensweise erzogen, „damit sie keinen anderen Mann in den Palast hineinbrächte und jede Rivalität und Intrige von Anfang an unterbunden hätte",[53] legt wenigstens nahe davon auszugehen, daß Pulcheria nicht nur die Erziehung ihrer jüngeren Geschwister, sondern auch die Familienplanung in der Hand hatte. Es ist denkbar, daß sie beabsichtigte, den vornehmen Familien der Stadt die Möglichkeit zu nehmen, über Einheirat ihrer Söhne in die Kaiserfamilie politischen Einfluß zu gewinnen. Bei der Entscheidung Pulcherias für die Philosophentochter könnten ebensolche machtpolitischen Überlegungen im Vordergrund gestanden haben: Athenaïs war gesellschaftlich betrachtet ein Niemand, jedenfalls gilt dies für Konstantinopel.[54] Eine Braut aus der städtischen Oberschicht dagegen

---

49   Hans, Märchenprinz, 36; vgl. Neri, Bellezza, 157 f.
50   Hans, Märchenprinz, 44 f.; Neri, Bellezza, 160 f.; s. Kapitel II,1,3 dieser Arbeit.
51   Hans, Märchenprinz, 36.
52   Soz. 9,1,2; vgl. *Suda*, π 2145.
53   Soz. 9,1,3 (s. S. 112 dieser Arbeit).
54   Cameron, Empress and Poet, 277; vgl. Burman, Athenian Empress, 66.

hätte Pulcherias mächtige Position am Kaiserhof gefährden können. Deren Verwandte hätten versuchen können, durch sie Einfluß auf die kaiserliche Politik zu nehmen und Pulcheria auf diese Weise zurückzudrängen.[55] Unter dem Vorwand, daß nur die Schönste im Reich als Kaisergattin in Frage käme, konnten Heiratsangebote aus der städtischen Elite abgewiesen werden.

Die Sophistentochter Athenaïs aber kam Pulcherias Interessen möglicherweise gelegen. Ihre hellenische Herkunft – unabhängig davon, wie stark Athenaïs wirklich der paganen Tradition anhing – muß für Pulcheria kein Ausschlußkriterum gewesen sein: Athenaïs unterzog sich doch allem Anschein nach bereitwillig der Taufe durch den hauptstädtischen Bischof Atticus.[56] Vielleicht wurde Athenaïs' 'Heidentum' auch erst nachträglich so stark betont, um ihre Konversion zum christlichen Glauben umso vorbildlicher erscheinen zu lassen;[57] – oder um sie umso eindrucksvoller zu inszenieren. Aufgeworfen sei die Frage, ob die 'Bekehrung' der Philosophentochter sich nicht auch gut in die religiöse Selbstdarstellung des kaiserlichen Geschwisterpaares fügte, insbesondere falls – wie Medard Haffner vermutet – die Wahl deswegen auf Athenaïs gefallen war, weil sie Heiden wie Christen gleichermaßen als „Identifikationsfigur" präsentiert werden konnte.[58] Vielleicht muß Priscus' Hinweis, sie sei mit beiden Namen, Athenaïs und Eudocia, gerufen worden, in diesem Zusammenhang gedeutet werden.[59]

## Eudocia Augusta

Die Ehe zwischen Athenaïs, nun Eudocia, und dem Kaiser Theodosius II. wurde am 7. Juni 421[60] geschlossen und wenige Tage später öffentlich mit Wagenrennen und Festspielen im Hippodrom gefeiert.[61] Nach der Geburt der ersten Tochter, Licinia Eudoxia, wurde Eudocia am 2. Januar 423 zur *Augusta* erhoben[62] und von nun an mit Münzprägungen geehrt, wie es im Osten inzwischen wieder etablierte Tradition war: Als Repräsentantin des Kaisertums wurde sie wie die anderen Frauen der theodosianischen Familie als von Gott eingesetzte Kaiserin, symbolisiert durch die sie krönende *manus Dei*, und im vollen Herrscherornat abgebildet. Wie bereits ihrer Schwägerin Pulcheria und ihrer verstorbenen Schwiegermutter Eudoxia hatte man Eudocia neben dem *Augusta*-Titel auch den Gentilnamen der Flaccilla, 'Aelia', verliehen und sie auf diese Weise ebenfalls in die Nachfolge der für ihre Frömmigkeit

---

55  Cameron, Empress and Poet, 277.
56  Socr. 7,21,9; nach Marc. com. a. 416 hatte dieser Atticus Pulcheria und ihren Schwestern ein Buch „de fide et virginitate" gewidmet und kann damit wohl als Verbündeter Pulcherias und ihrer Interessen gelten.
57  Cameron, Empress and Poet, 278 f.
58  Haffner, Medard: „Die Kaiserin Eudokia als Repräsentantin des Kulturchristentums", in: *Gymnasium* 103(1996), 219.
59  Prisc. fr. 14 (Blockley, = exc. 8 Carolla).
60  Das Datum nennt *Chron. pasch.* 578; das Jahr 421 bestätigt Marc. com. a. 421.
61  *Chron. pasch.* 578.
62  *Chron. pasch.* 580.

bekannten ersten Gattin Theodosius' I. gestellt. Eudocia war ihrer Schwägerin Pulcheria nun wenigstens dem Rang nach gleichgestellt.

Während spätere Quellen gewisse Spannungen zwischen den beiden *Augustae* andeuten und dies von modernen Autoren gerne aufgegriffen wurde,[63] um die beiden ranggleichen, wenn auch hinsichtlich Seniorität verschiedenen, Frauen in ein Konkurrenzverhältnis zueinander treten zu lassen, fehlen in den zeitgenössischen Quellen Hinweise darauf, wie die beiden Kaiserinnen von Konstantinopel anfangs zueinander standen, beziehungsweise ob sie überhaupt miteinander konkurrierten. In den religiösen Auseinandersetzungen in den späten 440er Jahren würden die beiden *Augustae* gegensätzliche Positionen einnehmen, so daß Konfliktpotential sicherlich vorhanden war. Anfangs scheinen sie einander kaum in die Quere gekommen zu sein, zumal sie auch gänzlich unterschiedliche Rollen zu erfüllen hatten: Pulcheria als jungfräuliche Kaiserschwester war vor allem im religiösen beziehungsweise kirchenpolitischen Bereich aktiv. Eudocia hingegen kam es als Kaisergattin als vorrangige Aufgabe zu, dem Kaiser legitimen Nachwuchs zu gebären: Eine erste Tochter Licinia Eudoxia, die bereits als Zweijährige mit dem weströmischen Thronfolger Valentinian III. verlobt und 437 mit diesem vermählt werden sollte, wurde Ende 422 geboren, eine zweite Tochter, Flaccilla, verstarb noch im Kindesalter.[64]

Als Repräsentantin des konstantinopolitanischen Kaiserhofes trat vielleicht auch Eudocia öffentlich in Erscheinung, wie sich auch Pulcheria allerdings im religiösen Kontext selbst inszenierte: Der Kirchenhistoriker Socrates erklärt, anläßlich des 422 geschlossenen Friedens mit den Persern habe Eudocia ein Gedicht auf diesen römischen Sieg verfaßt, und möglicherweise hat sie dieses öffentlich vorgetragen,[65] wie sie sich auch auf ihren späteren Reisen als Dichterin vor Publikum präsentieren würde. Ein Auftritt in Konstantinopel anläßlich des Friedensabkommens mit den Persern ist insofern nicht auszuschließen. Es wird nicht zu klären sein, ob derartige Darbietungen der Kaiserin eine Ausnahme blieben, weil sie sich bisweilen auf ihre Ausbildung besann und spontan dazu hinreißen ließ, ihr Können zu präsentieren, oder ob es zum kaiserlichen Repräsentationsprogramm gehörte, Eudocia als traditionell gebildete Sprecherin auftreten zu lassen. Wie sich Eudocias politische Rolle in Konstantinopel über mögliche Auftritte als Dichterin und Rednerin hinaus gestaltet haben könnte, ist den literarischen Quellen nicht zu entnehmen. Hinweise darauf, ob und inwieweit Eudocia das konstantinopolitanische Umfeld als Bühne ihrer Selbstinszenierung nutzte, fehlen. Häufig betätigten kaiserliche Frauen sich als Stifterinnen. So auch Eudocia; doch Bauten, die mit ihrem Namen in Verbindung gebracht werden, finden sich vor allem außerhalb der oströmischen Hauptstadt und stammen aus einer Zeit, in der sie kein persönliches Interesse mehr daran gehabt haben wird, das Kaisertum ihres Gatten zu repräsentieren.

---

63    Insbesondere ist hier auf Holum, Theodosian Empresses, besonders 130–146 und 175–194 zu verweisen.

64    Marc. com. a. 431.

65    Socr. 7,21,7 f.: [...] πολλοὶ τῶν ἐν λόγοις ἀνθούντων εἰς τὸν βασιλέα βασιλικοὺς ἔγραφον λόγους δημοσίᾳ τε τούτους παρήεσαν. καὶ δὴ καὶ ἡ τοῦ βασιλέως γαμετὴ ἡρωικῷ μέτρῳ ποιήματα ἔγραφεν.

Auch ohne klar definierten juristischen Status ergaben sich für die kaiserlichen Frauen durchaus Möglichkeiten politisch zu partizipieren.[66] Wie vor nicht allzu langer Zeit Fergus Millar ausführlich dargelegt hat, war die oströmische Politik unter Theodosius II. wesentlich vom Prinzip der persönlichen Einflußnahme geprägt;[67] und wie bereits andere Beispiele in dieser Arbeit gezeigt haben, war es gängige Praxis, sich an die kaiserlichen Frauen zu wenden, um diese davon zu überzeugen, sich für die eigene Sache stark zu machen. Wenn die spätantike Kaiserin also auch nach wie vor außerhalb der Ämterhierarchie stand, wurde sie doch zumindest von den Zeitgenossen als Person mit direktem Zugang zur kaiserlichen Macht wahrgenommen und ihre politischen Handlungsspielräume akzeptiert. Wenn zwar prinzipiell auch die verschiedenen Würdenträger im kaiserlichen Dienst zu dem Personenkreis gehörten, über den Außenstehende Einfluß auf den Kaiser ausüben konnten, hatte doch die *Augusta* den entscheidenden Vorteil der unmittelbaren Beziehung zum Kaiser.[68]

Gegenüber Pulcheria war Eudocia, wie es scheint, weniger in die Regierungsgeschäfte und die Administration des Reiches involviert. Die zeitgenössischen literarischen Quellen berichten diesbezüglich nichts über sie. Spätere Chroniken deuten allerdings an, daß sie die Möglichkeiten der indirekten Partizipation genutzt haben könnte und vielleicht Freunden und Verwandten zu administrativen Posten verhalf: Nach ihrer Heirat habe die Kaiserin ihre Brüdern entsprechend begünstigt, berichten die Chronisten seit Malalas.[69] Ein Gesius im Amt des Prätoriumspräfekten von Illyricum, wie von Malalas behauptet, ist zwar nicht anderweitig belegt als durch die von ihm abhängigen Quellen, ein Valerius aber wurde im Jahre 431/2 Konsul und ist 435 als *magister officiorum* bezeugt.[70] Eudocias Onkel Asclepiodotus war im Jahre 422/23 Konsul und von 423 bis 425 *praefectus praetorio per Orientem*.[71] Vielleicht auf Veranlassung des Styliten Simeon wurde er aus seinem Amt entlassen. Dieser hatte ihm wohl vorgeworfen, mit Heiden und Juden zu sympathisieren und ein Feind der Christen zu sein.[72]

---

66 Hierzu James, Empresses and Power, 83–100, die die offizielle Rolle der Kaiserin als die einer Stellvertreterin des Kaisers beschreibt. Sie habe die gleichen Möglichkeiten gehabt, Einfluß zu nehmen, wie alle Inhaber öffentlicher Ämter, jedoch mit dem entscheidenden Vorteil, daß ihre Verbindung zur kaiserlichen Politik im Idealfall ein Leben lang bestehen blieb. Im Hintergrund zu wirken sei ihre offizielle Funktion gewesen.

67 Millar, Greek Roman Empire, 193–234.

68 Vgl. James, Empresses and Power, 66.

69 Malal. 14,5; *Chron. pasch.* 579; Joh. Nik. 84,35–37; Zon., *Epit.* 13,22,17–19.

70 Marc. com. a. 432; s. oben Anm. 30.

71 Marc. com. a. 423; *PLRE* 2, s. v. „Asclepiodotus 1", 160.

72 *V. Simeon. Stylit.* 636 f. (zitiert nach der englischen Übersetzung des syrischen Textes von Lent, Frederick: „The Life of St. Simeon Stylites: A Translation of the Syriac Text in Bedjan's Acta Martyrum et Sanctorum, Vol. IV", in: *JAOS* 35(1915), 103–198, hier 193 f.); den Vorwurf des Styliten betrachtet Holum, Theodosian Empresses, 124 f. als Bestätigung für seine These, daß mit Eudocias Aufstieg zur Kaiserin das Heidentum zeitweise gestärkt worden sei. Dagegen ist mit Burman, Athenian Empress, 75 f. einzuwenden, daß es keinerlei Hinweise auf die religiösen Ansichten des Asclepiodotus gibt: Bei juden- und heidenfreundlichen Gesetzen, die unter ihm erlassen wurden, könne es sich ebensogut um Reaktionen auf christliche Übergriffe gehandelt haben. Daher ist Holums These, daß Eudocia mit der Ernennung ihres Onkels zum Präto-

Es ist nicht sicher, ob Paulinus zu Eudocias Günstlingen zählte, wie Holum annimmt.[73] Malalas erklärt, nachdem Theodosius Paulinus zum *magister officiorum* befördert hatte, habe Paulinus – in seiner Funktion als *magister* – regelmäßig die Kaiserin besucht.[74] Zeitgenössische Quellen belegen eine solche Beziehung zwischen Eudocia und Paulinus nicht. Zudem ist Paulinus in der literarischen Tradition bereits ein enger Studienfreund des Kaisers, lange bevor dieser Athenaïs-Eudocia begegnet. Er stand demnach ohnehin in freundschaftlicher Nähe zum Kaiser und bedurfte Eudocias Patronage nicht notwendigerweise, um in der Ämterhierarchie aufzusteigen. Den Hinweis auf ein politisches Verhältnis zwischen Eudocia und Paulinus gab Malalas möglicherweise nur, um die Haltlosigkeit des späteren Vorwurfs des Ehebruchs gegen die Kaiserin zu verdeutlichen. Die Tatsache, daß Gerüchte über ein Liebesverhältnis der beiden kursierten, könnte aber auf eine politische Allianz zwischen Eudocia und Paulinus hindeuten, die allzu verdächtig schien.[75]

Von einem Bündnis zwischen Eudocia und dem Dichter Cyrus berichtet die *Suda*.[76] Cyrus wurde von Theodosius zum Prätoriumspräfekten des Ostens und Stadtpräfekten von Konstantinopel gemacht; beide Ämter habe er zugleich innegehabt.[77] Als Literaturliebhaberin habe Eudocia diesen Cyrus als Dichter hochgeschätzt (ὑπερηγάσθη τὸν Κῦρον, φιλοεπὴς οὖσα)[78] und persönlich dafür gesorgt, daß ihm 440 auch das Konsulat übertragen[79] und er in den Patrizierstand erhoben wurde. Dem Eintrag in der *Suda* zufolge war Cyrus in höchstem Maße von Eudocias Patronage abhängig: Gleich nach ihrer Verbannung aus Konstantinopel sei er Opfer einer Verschwörung geworden (ἀλλὰ αὐτῆς ἀποστάσης τῶν βασιλείων [...] Κῦρος ἐπιβουλευθείς).[80] Möglicherweise hing sein Sturz mit seiner Beliebtheit beim Volk zusammen: Spätere Chronisten schrieben ihm den Bau einer Kirche für die *Theotokos* Maria,[81] die Einführung der nächtlichen Straßenbeleuchtung, die Erweiterung der Stadtmauer, sogar die Erneuerung ganz Konstantinopels zu. Im Beisein des Kaisers Theodosius soll die konstantinopolitanische Stadtbevölkerung ein-

---

riumspräfekten eine konkrete politische Absicht im Sinne einer paganen Renaissance verfolgt habe, kaum haltbar.

73  Holum, Theodosian Empresses, 121 geht davon aus, daß traditionalistische Kräfte die Heirat des Kaisers mit der griechischen Heidin Athenaïs eingefädelt hätten, und sieht in Paulinus die Person mit Zugang zum Kaiserhof, welche die Ausführung des von ihm vermuteten Plans, über die Heirat des Kaisers mit der Sophistentochter das Heidentum zu stärken, erst möglich gemacht hätte.

74  Malal. 14,6.

75  Vgl. James, Empresses and Power, 87.

76  Mit dem Verhältnis von Cyrus und Eudocia beschäftigt sich insgesamt ausführlich der Aufsatz von Cameron, Empress and Poet.

77  Prisc. fr. 8 (Blockley, = fr. 60 Carolla); Malal. 14,16; zur Angabe bei Priscus vgl. Cameron, Empress and Poet, 257.

78  *Suda*, κ 2776.

79  Marc. com. a. 441 nennt ihn als alleinigen Konsul 440/41; Cameron, Empress and Poet, 263 schließt daraus, daß Eudocia Konstantinopel kurz vor Cyrus' Sturz im Herbst 441 verlassen haben muß.

80  *Suda*, κ 2776.

81  *Suda*, κ 2776.

mal gerufen haben: „Constantin hat [die Stadt] gegründet, Cyrus hat sie erneuert. Ihn an seinen Platz, Augustus!" („Κωνσταντῖνος ἔκτισε, Κῦρος ἀνενέωσεν· αὐτὸν ἐπὶ τόπον, Αὔγουστε.").[82] Damit wurde Cyrus quasi als *Augustus* ausgerufen. Dies mußte unweigerlich den Zorn des Kaisers Theodosius wecken: Als Heide angeklagt, wurde Cyrus 441 aller seiner Ämter enthoben und zum Bischof von Cotyaeum in Phrygien gemacht,[83] einer höchst ungastlichen Diözese, wo bereits vier seiner Amtsvorgänger von der ansässigen Bevölkerung gelyncht worden waren.[84] Cyrus allerdings konnte seine Gemeinde überzeugen und überlebte das Amt, anders als es der Plan des Kaisers es vermutlich vorgesehen hatte.[85] Von Cyrus' politischen Sturz soll in Konstantinopel vor allem der Eunuch Chrysaphius profitiert haben,[86] den spätere Quellen mit Eudocias Verbannung in Verbindung bringen. Er hatte den ohnehin schon mißtrauischen Kaiser vielleicht nur daran erinnern müssen, daß Cyrus ein Günstling Eudocias war, um den Dichter loszuwerden.[87]

Was ihre politischen Handlungsspielräume in Konstantinopel anging, setzte Eudocia vielleicht in besonderem Maße auf Patronage: Als Frau hatte auch die Kaiserin keinen Zutritt zum Senat; männliche Günstlinge in öffentlichen Positionen boten ihr daher Gelegenheiten auch dort zu partizipieren, wo es ihr nicht persönlich möglich war.[88] Im Gegenzug hatte sie direkten Zugang zum Kaiser, so daß eine entsprechende Reziprozität potentiell gegeben war.[89] Wie Eudocia ihren Einfluß auf Theodosius und ihre Klientelbeziehungen in Konstantinopel konkret genutzt haben könnte, läßt sich den literarischen Quellen nicht entnehmen, ebensowenig, welche politischen Ziele sie möglicherweise verfolgte. Auch hier äußern sich erst spätere Quellenautoren, die wenigstens andeuten, daß sie im Kontext religiöser Auseinandersetzungen im Vorfeld des zweiten ephesenischen Konzils an der Verdrängung Pulcherias vom Kaiserhof beteiligt war.[90] Sie konstruieren eine persönliche Feindschaft der beiden Kaiserinnen, die so vielleicht nie bestanden hatte, umso mehr, als sich in der Zeit unmittelbar vor der sogenannten Räubersynode keine der beiden *Augustae* mehr am Kaiserhof befand. Um 450 an den Kaiserhof zurückgekehrt, sollte Pulcheria wohl selbst den Befehl geben, den Eunuchen Chrysaphius hinrichten zu lassen.[91] Derartiges hatte sie gegen Eudocia offensichtlich nicht im Sinne, die man, mittlerweile in ihrem palästinischen Exil und bald als

---

82  Malal. 14,16; *Chron. pasch.* 588; Joh. Nik. 84,51; Theoph. AM 5937; Zon. *Epit.* 13,22,51 f.

83  Malal. 14,16; *Suda*, κ 2776; vgl. *Chron. pasch.* 588; Joh. Nik. 84,53; Theoph. AM 5937; Zon., *Epit.* 13,22,52; zur Datierung besonders Cameron, Empress and Poet, 257.

84  Malal. 14,16; *Chron. pasch.* 588 f.; vgl. Cameron, Empress and Poet, 257 widerspricht der allgemeinen Annahme, Cyrus sei erst 443 gestürzt worden, da bereits im Februar 442 sein Nachfolger als Prätoriumspräfekt im Amt war; vgl. Stein, Vom spätantiken zum byzantinischen Staate, 440–444 geht ebenfalls von 441 als dem Jahr aus, in dem Cyrus gestürzt wurde.

85  Malal. 14,16; *Chron. pasch.* 589; Joh. Nik. 84,52–58.

86  *Suda*, θ 145.

87  Cameron, Empress and Poet, 268.

88  James, Empresses and Power, 88.

89  Ebd. 90.

90  Theoph. AM 5940; Zon., *Epit.* 13,23,15–18.

91  Prisc. fr. 3 (Blockley, = fr. 60 Carolla); Theod. Lect. 353; Marc. com. a. 450; Malal. 14,32; *Chron. pasch.* 590.

Aufständische gegen die Beschlüsse von Chalcedon 451, von kaiserlicher Seite aus mehr oder weniger unbehelligt gewähren lassen würde. Auch ob die Absetzung des *praepositus* Antiochus, der nach dem Tod des Kaisers Arcadius zunächst die Vormundschaft der verwaisten kaiserlichen Geschwister übernommen hatte, tatsächlich Eudocia zuzuschreiben ist, wie von Zonaras behauptet,[92] ist fraglich. Priscus und Malalas schreiben dessen Amtsenthebung dem Kaiser selbst zu; nach Theophanes geschah die Absetzung bereits vor der Heirat des Kaisers mit Eudocia: Pulcheria habe daraufhin die Macht übernommen.[93]

Die moderne Geschichtsschreibung vermutet darüber hinaus einen nicht geringen Anteil Eudocias beim Ausbau der Universität von Konstantinopel, als um 425 mehrere Lehrstühle für lateinische und griechische Grammatik und Rhetorik eingerichtet wurden.[94] Cameron weist daraufhin, daß es keine Alternative zur traditionellen Bildung gab, und lehnt Holums Annahme, es handele sie dabei um einen Versuch der Kaiserin, das Heidentum zu stützen, entschieden ab.[95] Grundsätzlich ist es vorstellbar, daß die Kaiserin als Tochter eines Sophisten Interesse daran hatte, auf das Bildungswesen in Konstantinopel einzuwirken.[96] Jedoch ist eine Beteiligung Eudocias bei der Einrichtung solcher Institutionen nicht durch zeitgenössische Quellen belegt.

Tatsächlich sind wir kaum über Eudocias Leben und öffentliches Wirken in Konstantinopel bis Ende der 430er Jahre unterrichtet. Als Kaiserin war aber auch sie – neben den Schwestern des Kaisers – Repräsentantin der kaiserlichen Herrschaft und unternahm in dieser Funktion 438/39 eine Pilgerfahrt.[97] Nach spätantiker (wenigstens oströmischer) Vorstellung war sie, wie auch der Kaiser, von Gott eingesetzt. Hierin fand die Kaiserin eine Basis, sich in der öffentlichen Wahrnehmung zu etablieren: Handlungen, die ihre Frömmigkeit bewiesen, konnten einen enormen Prestigegewinn für die *Augusta* bedeuten.[98] In Konstantinopel taten sich in diesem Bereich vor allem Pulcheria und ihre Schwestern hervor, Eudocias Wirken hingegen scheint hier eher gering gewesen zu sein. Von ihrem Zeitgenossen Socrates erfahren wir aber, daß Eudocia sich nach der Heirat ihrer Tochter öffentlichkeitswirksam auf die Reise nach Jerusalem machte.[99] Theodosius habe sie dort-

92  Zon., *Epit.* 13,22,14 f.; die moderne Forschung mutmaßt dagegen, Pulcheria habe mit Antiochus' Absetzung zu tun gehabt, wofür ebenso zeitgenössische Hinweise fehlen (vgl. Holum, Theodosian Empresses, 94–96; Chew, Virgins und Eunuchs, 214 f.).

93  Prisc. fr. 7 (Blockley, = fr. 53 Carolla); Malal. 14,15; Theoph. AM 5905.

94  Stein, Vom römischen zum byzantinischen Staate, 426; Cameron, Empress and Poet, 285–87; Haffner, Kaiserin Eudokia, 225; Demandt, Alexander: *Geschichte der Spätantike. Das Römische Reich von Diocletian bis Justinian 284–565 n. Chr.*, München 1998, 335–337.

95  Holum, Theodosian Empresses, 125–27.

96  Dieses Interesse läge auch ihren literarischen Aktivitäten zugrunde, die als christliche Dichtungen im klassischen Stil gebildeten Heiden den Zugang zum Christentum hätten erleichtern (Haffner, Kaiserin Eudokia, 225) beziehungsweise gebildeten Christen einen Ersatz für die literarischen Klassiker hätten bieten sollen (Cameron, Empress and Poet, 284).

97  Hunt, Pilgrimage, 222.

98  James, Empresses and Power, 6.

99  Socr. 7,47,1 f.; vgl. Marc. com. a. 439; Evagr. 1,21 bestätigt, daß Eudocia zwei mal nach Jerusalem reiste; Theoph. AM 5927; in anderen Quellen fallen Eudocias Pilgerfahrt und ihr Rückzug nach Jerusalem zusammen: Malal. 14,8; *Chron. pasch.*, 585; Joh. Nik. 87,17–22; Zon.,

hin geschickt, um Gott für die Heirat seiner Tochter Licinia Eudoxia mit dem west-römischen Kaiser Valentinian III. am 29. Oktober 437 zu danken.[100] Durch diese Verbindung hatte man die Dynastie im Westreich einstweilig gesichert, die bereits 424 durch den Usurpator Johannes bedroht worden war.

Zugleich aber soll Eudocia auch selbst einen Eid geschworen haben, das Hei-lige Land aufzusuchen, falls sie die Heirat ihrer Tochter noch erlebe.[101] Flaccilla, die jüngere Tochter des Kaiserpaares, war schon im Kindesalter gestorben.[102] Die nun glückliche Verbindung ihrer älteren Tochter könnte sie zu einem solchen Ge-löbnis bewogen haben. Aber es war vielleicht auch der Besuch Melanias der Jünge-ren am Kaiserhof im Jahre 437,[103] der in Eudocia den Wunsch nach dieser Reise geweckt hatte: Nach langen Gesprächen mit den φιλόχριστοι βασιλίδες habe Mela-nia Theodosius dazu gedrängt, Eudocias Bitte nachzugeben und sie nach Jerusalem ziehen zu lassen, um dort bei den heiligen Stätten zu beten.[104] Melania reiste bald darauf ab. Eudocia wollte zuvor sicher noch die Vermählung ihrer Tochter in Kon-stantinopel feiern, bevor sie sich 438 auf den Weg machte. Es war wohl vor allem diese Reise, durch die Eudocia erstmals eine breite Aufmerksamkeit erregte.

Ihr in den Quellen geschilderter Auftritt in Antiochia, wo sie vor dem Senat – in kaiserlicher Manier auf einem goldenen Thron sitzend,[105] wie der Autor der Oster-chronik wissen will – eine Rede gehalten habe und daraufhin von ihrem antioche-ni-schen Publikum mit Statuenehrungen bedacht worden sei,[106] muß dabei keine Aus-nahme gewesen sein. Schließlich besuchte und beschenkte sie auf ihrem Weg auch andere Städte,[107] in denen sie sich möglicherweise in ähnlicher Form inszenierte. Ihr Aufenthalt in Antiochia jedenfalls war ein voller Erfolg: „Ich rühme mich, von eu-

---

*Epit.* 13,23,36 f. nennt beide Reisen nach Jerusalem, setzt die erste jedoch erst nach dem Vorfall mit Paulinus an.

100 Socr. 7,47,1; Theod. Lect. 334.

101 Socr. 7,47,2; Joh. Nik. 87,18; Theoph. AM 5927.

102 Marc. com. a. 431.

103 *V. Mel.* 50: Der Grund für Melanias Reise nach Konstantinopel war die Entsendung ihres römi-schen Onkels Volusianus in die oströmische Hauptstadt (wohl im Gefolge Valentinians III.) anläßlich der Vermählung Licinia Eudoxias mit dem weströmischen Kaiser.

104 *V. Mel.* 56: Bei den erwähnten kaiserlichen Frauen, mit denen Melania gesprochen haben soll, wird es sich vermutlich um Eudocia und ihre Tochter Licinia Eudoxia handeln. Letztere wird in *V. Mel.* 55 von Melania aufgesucht, nachdem ihre Amme Eleutheria Melanias Onkel kurz vor seinem Tod zum Christentum bekehrt hatte. Pulcheria und ihre Schwestern werden nicht expli-zit erwähnt. Freilich könnten auch sie bei den Gesprächen mit Melania teilgenommen haben. Ihre Abwesenheit im Text mag auf Pulcherias späteres Bekenntnis zum *Chalcedonense* zurück-zuführen sein. Möglicherweise bestanden aber schon in den 430er Jahren religiöse Differenzen zwischen Melania und der Kaiserschwester.

105 *Chron. pasch.* 585 berichtet nicht über die erste Pilgerfahrt Eudocias und beschreibt Eudocias Aufenthalt in Antiochia daher im Zusammenhang mit ihrer zweiten Reise; Evagr. 1,20 f. aber erklärt, zum Dank für die Statuen, welche die Antiochener Eudocia zu Ehren aufgestellt hatten, habe Theodosius die Stadt durch Erweiterung der Stadtmauer vergrößert und Gold für den Wiederaufbau eines zerstörten Bades gestiftet. Eudocia muß also noch als Repräsentantin des Kaiserhofes unterwegs gewesen sein, und es ist daher anzunehmen, daß sie diese Rede auf ihrer ersten Reise ins Heilige Land gehalten hatte.

106 Evagr. 1,20.

107 Socr. 7,47,3.

rem Geschlecht und Blut zu sein" (ὑμετέρης γενεῆς τε καὶ αἵματος εὔχομαι εἶναι),[108] habe sie ihr Lob auf die Stadt geschlossen. Ihrem Publikum gab sie damit zu verstehen, daß sie sich mit ihm identifizierte, sich den Einwohnern der Stadt verbunden fühlte, wie auch der anschließende Kommentar des Antiocheners Evagrius andeutet, sie habe damit auf die griechischen Ursprünge der Stadt angespielt.[109] Die Kaiserin wurde gefeiert, und die Stadt im Gegenzug von Theodosius belohnt. In ihrer Rolle als Repräsentantin des Kaiserhauses hatte die *Augusta* 438 brilliert, wie sie wohl insgesamt ihre Pilgerreise erfolgreich zur Selbstdarstellung nutze.

Vor allem aber würde Eudocia sich auf dieser Reise als fromme Christin inszenieren, die sich durch Kirchenstiftungen – von denen auch andere Quellen, wenn auch weniger konkret, zu berichten wissen[110] – und ihre enge Verbindung zu den beiden Heiligen Melania und Petrus Iberus auszeichnete. Es sind tatsächlich die Viten dieser beiden Persönlichkeiten, die am ehesten Aufschluß über Eudocias Wirken im Heiligen Land in den Jahren 438/9 geben. Die Vita Melanias hebt vor allem die Freundschaft Eudocias zu Melania hervor, in der sie ihre spirituelle Mutter gesehen habe: „Einen doppelten Eid erfülle ich dem Herrn", erklärt Eudocia bei ihrer ersten Begegnung mit Melania, die ihr von Jerusalem entgegenkommt,

> „διπλῆν εὐχὴν ἀποδίδωμι τῷ Κυρίῳ, τό τε προσκυνῆσαι τοὺς ἁγίους τόπους καὶ τὸ θεάσασθαι τὴν ἐμὴν μητέρα· ἐπεθύμησα γάρ, ὡς ἔτι ἐν σαρκὶ δουλεύεις τῷ Κυρίῳ, ἀξιωθῆναι τῆς σῆς ἁγιωσύνης."[111]

> „den, die heiligen Stätten zu verehren und den, meine Mutter zu sehen: Ich wünsche nämlich, daß ich, solange du im Fleisch dem Herrn dienst, deiner Heiligkeit würdig erachtet werde."

Während Eudocia sich gegenüber Melania demütig gibt, ist auch diese ihrerseits voll des Lobes für die Kaiserin. Kaum ist deren baldige Ankunft in Jerusalem gemeldet worden, habe Melania ihren Begleitern erklärt:

> „ἡμῖν πρέπει τοῖς τὸν ζυγὸν τοῦ Χριστοῦ ἐπανῃρημένοις [...] τοιαύτην πιστὴν βασιλίδα εἰς τοὺς οἰκείους ὤμους βαστάζειν, σεμνυνομένους ἐπὶ τῇ δυνάμει τοῦ Κυρίου, ὅτι ἐν ταῖς ἡμέραις ἡμῶν οὕτως φιλόχριστον βασίλισσαν ἔστησεν."[112]

> „Es gebührt uns, daß wir, die wir das Joch Christi auf uns genommen haben, [...] eine so fromme Kaiserin auf unsere eigenen Schultern heben und die Macht des Herrn preisen, weil er in unseren Tagen so eine christusliebende Kaiserin eingesetzt hat."

Später, als Eudocia sich auf die Heimreise nach Konstantinopel gemacht, und Melania sie noch bis Caesarea begleitet hatte, sei es den beiden Frauen schwer gefallen, sich wieder zu trennen, da sie durch spirituelle Liebe verbunden gewesen seien (ἦσαν γὰρ τῇ πνευματικῇ ἀγάπῃ σφόδρα συγκεκολλημένα).[113] Nicht ganz in den Kontext der sonstigen Berichte über Eudocias Pilgerfahrt will sich die Darstellung der Kaiserin in der Lebensbeschreibung des syrischen

---

108 Evagr. 1,20.
109 Evagr. 1,20.
110 Socr. 7,47,3; Evagr. 1,21; Theoph. AM 5927; Zon., *Epit.* 13,23,36–39.
111 *V. Mel.* 58.
112 *V. Mel.* 58.
113 *V. Mel.* 59.

Wundertäters und radikalen Archimandriten Barsauma einfügen.[114] Die vermutlich im 6. Jahrhundert verfaßte Vita[115] erzählt von Begegnungen Eudocias mit dem syrischen Mönch vermutlich während ihrer Pilgerreise 438/9:[116] Eudocia bittet Barsauma darum, ihr den Weg zum ewigen Leben zu weisen, der ihr mit *Dan.* 4,27 erklärt, sie müsse Mitleid mit den Armen zeigen und Almosen geben. Wenn es Eudocia auch zunächst nicht einleuchten will, wie es ihr gelingen solle, sich von ihren Sünden zu befreien, indem sie Geld gebe – davon habe sie ohnehin im Überfluß und müsse also kein Opfer bringen, die Märtyrer aber hätten doch alle am Leib gelitten –, läßt sie sich von Barsauma überzeugen und beginnt damit, Almosen zu verteilen; eine Praxis, die sie bis zum Ende ihres Leben beibehalten würde.[117] Schließlich bittet sie Barsauma um seinen Mantel, um ihn als Reliquie zu behalten und schenkt ihm im Gegenzug ihren kostbaren Schleier, damit er ihn als Altartuch Gott weihe.[118] Auffällig ist die Parallele zu einer ebenfalls syrischen Anekdote über Pulcheria, wonach deren Umhang als Altartuch in der großen Kirche von Konstantinopel verwendet wurde, bis er im Streit von Nestorius entfernt worden sei.[119]

Daneben kommt die Vita auf eine merkwürdige zweite Begegnung mit Barsauma wohl gegen Ende von Eudocias Aufenthalt in Jerusalem zu sprechen: Eudocia habe den galileischen Juden erlaubt, in den Ruinen des salomonischen Tempels in Jerusalem zu beten, und befohlen, die sich dort versammelnden Juden unbeschadet zu lassen. Als Barsauma mit seinem Gefolge radikaler Mönche in Jerusalem ankommt, haben sich dort bereits Juden aus allen Städten des Reiches und aus Persien zum Beten eingefunden. Nach einer Begegnung mit Barsauma und seinen Anhängern klagen die versammelten Juden, die syrischen Mönche hätten sie überfallen und gesteinigt. Sie suchen Eudocia in ihrem Palast in Bethlehem auf und bringen zum Beweis einige der vermeintlich bei diesem Überfall Verstorbenen mit. Eudocia gibt sogleich den Befehl, Barsaumas Anhänger auf gleiche Weise zu strafen, wie es den Juden geschehen sei. Als sich herausstellt, daß diese wegen der Steinigung durch Barsauma gelogen haben, erweist Eudocia sich ihnen gegenüber dennoch gnädiger als gegenüber Barsauma und seinen Gefolgsleuten, die, zwi-

---

114 Die Publikation der vollständigen Übersetzung der Vita mit Kommentar durch Andrew Palmer, der sie deutlich früher als andere datiert, steht derzeit noch aus; als Teiledition stehen mir daher lediglich die Exzerpte der Vita von Nau, Francois: „Résumé de Monographies Syriaques. Histoire de Barṣauma de Nisibie", in: *ROC* 18(1913), 207–276; 379–389; 19(1914), 113–134; 278–289 zur Verfügung.

115 Den Wert der Quelle diskutiert Honigmann, Ernst: *Le couvent de Barṣaumā et le patriarcat jacobite d'Antioche et de Syrie*, Louvain 1954, 6–23; zur Datierung ebd. 21 f.: Honigmann nimmt an, daß der Autor neben Theodorets Kirchengeschichte auch die Chronik von Malalas gekannt haben müsse.

116 Datierung bei Nau, wie oben Anm. 114: *ROC* 19(1914), 113; 118; Holum, Theodosian Empresses, 217 dagegen datiert die zweite Begegnung Eudocias mit Barsauma auf den Beginn ihres Exils in Jerusalem, erklärt diese Datierung aber nicht. Da zumindest in den Exzerpten nichts darauf hindeutet, daß während der fraglichen Zeitspanne ein Konflikt zwischen Eudocia und dem Kaiserhof bestanden haben könnte, folge ich Nau.

117 *V. Barsauma, ROC* 19(1914), 116.

118 *V. Barsauma, ROC* 19(1914), 117.

119 S. 120 dieser Arbeit.

schenzeitlich unter Arrest gesetzt, nicht einfach freigelassen werden. Eine aufge-
brachte Menge versammelt sich schließlich vor Eudocias Palast, um den Flammen-
tod der Kaiserin zu fordern. Erst durch das Eingreifen des inzwischen angereisten
Präfekten von Caesarea können Ausschreitungen verhindert werden.[120]

Die Geschichte, wie die syrische Vita sie schildert, ist nicht anderweitig belegt.
Bemerkenswert ist, daß Eudocia in der wohl über ein Jahrhundert später verfaßten
Vita anscheinend vollkommen selbständig Befehle erteilen kann, wenn sie auch
politisch völlig unverständig scheint und unfähig ist zu reagieren, als ihre Anordnung sich als Fehler erweist.[121] Wie andere literarische Quellen verweist auch die
Legende des Barsauma auf Eudocias Stiftertätigkeit und Maßnahmen der Armenfürsorge im Heiligen Land. So negativ die syrische Vita Eudocia schildert, ihre
Reputation als Wohltäterin im Heiligen Land war groß genug, daß auch religiöse
und politische Feinde ihr soziales Engagement nicht leugnen konnten; die hier zitierte Vita freilich schreibt es Barsauma zu, der Kaiserin diesen Weg gewiesen zu
haben. Sie zeichnet daneben jedoch ein deutlich feindseliges Bild der Kaiserin.[122]

Nach Ansicht anderer Autoren erwies Eudocia sich in Jerusalem vor allem als
demütige Christin: Bei einem Besuch in einem Frauenkloster habe sie die dort lebenden Jungfrauen als ihre Schwestern betrachtet und gewünscht, sich in dem von Melania errichteten Männerkloster segnen zu lassen.[123] Von einer anscheinend schwe-
ren Fußverletzung wurde Eudocia geheilt, als sie schließlich die Grabeskirche aufsuchte, bei der Melania bereits einige Zeit gebetet hatte.[124] Neben der *Vita Melaniae*
berichtet der Biograph des Iberers Petrus von Eudocias eigenen Aktivitäten in Palästina. Eudocia und Petrus waren alte Bekannte: Um 429 war der aus dem georgischen
Iberien stammende Petrus, Sohn des Königs Buzmir, im Alter von zwölf Jahren als
politische Geisel an den Hof von Konstantinopel gekommen,[125] wo er von Theodosius und Eudocia wie ein Sohn erzogen worden sei,[126] schreibt sein Biograph, und
sich bis mindestens 437, als auch Melania den Hof besuchte, dort aufgehalten haben
muß. Von Melania empfing er dort auch die Taufe.[127] Heimlich sei Petrus eines
Nachts aus dem Kaiserpalast geflohen, da Kaiser Theodosius seinem Wunsch nicht

---

120  Die gesamte Episode: *V. Barsauma, ROC* 19(1914), 119–124.
121  Dazu Honigmann, Couvent de Barsauma, 17 f.
122  Jülicher, Adolf: „Barsuma 1", in: *RE* III,1(1895), 29 nennt Barsauma einen „fanatische[n] An-
     hänger des Monophysitismus"; nach *V. Barsauma, ROC* 19(1914), 278 f., wird Barsauma von
     seinen Gegnern unterschiedlichster Konfessionen sowohl als Miaphysit (von den Anhängern
     der Zweinaturenlehre), als auch als „Dyophysit" (von den Miaphysiten), als auch als Nestoria-
     ner angegriffen. Während bereits Honigmann, Couvent de Barsauma, 16–18 die Vita des syri-
     schen Archimandriten als gänzlich ahistorisch verwarf, scheint Holum, Theodosian Empresses,
     217–219 die hier geschilderte Anekdote dagegen für eine wahre Begebenheit zu halten.
123  *V. Mel.* 58.
124  *V. Mel.* 59.
125  Joh. Ruf., *V. Petr. Iber.* 24 (aus dem Syrischen übers. von Horn, Cornelia B./Robert R. Phenix
     [Hgg.]: *John Rufus. The Lives of Peter the Iberian, Theodosius of Jerusalem, and the Monk
     Romanus*, Atlanta 2009); mit dem Verhältnis Eudocias zu Petrus dem Iberer beschäftigt sich
     Horn, Cornelia B.: „Empress Eudocia and the Monk Peter the Iberian: Patronage, Pilgrimage
     and the Love of a Foster-Mother in Fifth-century Palestine", in: *ByzF* 28(2004), 197–213.
126  Joh. Ruf., *V. Petr. Iber.* 25.
127  Joh. Ruf., *V. Petr. Iber.* 40 f.

nachgeben wollte, ihn fortgehen zu lassen, um ein asketisches Leben zu führen.[128] Vielleicht war dies einer der Gründe, warum Petrus die Begegnung mit Eudocia scheute, als diese 438 nach Jerusalem kam. Petrus lebte zu diesem Zeitpunkt in dem von Melania auf dem Ölberg errichteten Kloster, wo ihr Biograph Gerontius Abt war.[129] Dieses suchte Eudocia auf, wie auch die *Vita Melaniae* berichtet, ohne dort auf ihren Ziehsohn Petrus zu treffen. Verschiedentlich versuchte Petrus, ein Zusammentreffen mit Eudocia in Palästina zu vermeiden, wie er als Mönch auch den Kontakt zu seinen leiblichen georgischen Verwandten abgebrochen hatte.[130] Nicht immer würde es ihm gelingen, sich Eudocia zu entziehen.[131] Es ist dabei unerheblich, ob Petrus 438 fürchtete, daß Eudocia versuchen könnte, ihn zur Rückkehr nach Konstantinopel zu bewegen, oder ob es eine rein asketische Motivation war, die ihn dazu veranlaßte, sein Versteckspiel mit der Kaiserin zu spielen.[132] Sein Biograph zeigte sich jedenfalls an Eudocias Wirken in Jerusalem sehr interessiert: Sie habe die nördlich von Jerusalem gelegene Stephanuskirche erbaut und den alexandrinischen Patriarchen Cyrill eingeladen, diese zu weihen sowie an der Niederlegung der Stephanusreliquien teilzuhaben und sie liturgisch zu begleiten.[133] Ob Cyrill, wie Johannes von Nikiu behauptet, tatsächlich auf Anordnung Theodosius' als Begleiter der Kaiserin[134] oder von ihr unabhängig in Jerusalem war, ist nicht sicher. Hunt hält es für durchaus möglich, daß Cyrill Eudocia in seiner Funktion als neuer ‚Hoftheologe' auf ihrer Reise begleitete.[135] In der Bemerkung Johannes' von Nikiu sieht Burman ihre These bestätigt, daß Eudocia bis zu ihrer Abreise Anhängerin des 431 als Häretiker verdammten Nestorius gewesen sei. Erst die gemeinsame Pilgerfahrt mit Cyrill, dem schärfsten Gegner des Nestorius, habe nun aus Eudocia die entschiedene Anti-Nestorianerin gemacht, als die sie später bekannt werden sollte.[136]

Es ließe sich einwenden, daß nichts über Eudocias religiöse Ansichten vor ihrer Zeit als Exilantin in Jerusalem bekannt ist, wenn auch häufig angenommen wurde, daß sie wie ihr Gatte Theodosius vor dem Konzil von Ephesus 431 auf der Seite des konstantinopolitanischen Patriarchen gestanden habe.[137] Auch ist es nicht gesichert, daß sie wirklich auf Wunsch des Kaisers von Cyrill begleitet wurde. Ebensogut

128 Joh. Ruf., *V. Petr. Iber.* 29 f.

129 Joh. Ruf., *V. Petr. Iber.* 44.

130 Joh. Ruf., *V. Petr. Iber.* 12.

131 Joh. Ruf., *V. Petr. Iber.* 71 berichtet von der Begegnung während Eudocias Exilzeit in Jerusalem. Petrus habe sich dem öffentlichen Druck gebeugt, als er sich endlich mit Eudocia traf.

132 Vgl. Horn, Eudocia and the Monk, 200.

133 Joh. Ruf., *V. Petr. Iber.* 49.

134 Joh. Nik. 87,20.

135 Hunt, Pilgrimage, 230 f.

136 Burman, Julia: „The Christian Empress Eudokia", in: Jacques Y. Perreault (Hg.), *Les femmes et le monachisme byzantin. Actes du symposium d'Athens, 28–29 mars 1988 (= Women and Byzantine Monasticism)*, Athen, 1991, 54 f.

137 Holum, Theodosian Empresses, 158 f.; Hunt, Pilgrimage, 234; Gregorovius, Athenais, 71 f. hält es dagegen für eher unwahrscheinlich, daß Eudocia jemals Nestorianerin war: Zwar müsse ihr als Konvertitin die Position der Nestoriusgegner seltsam erschienen sein, „denn nur Heiden pflegten von den Müttern ihrer Götter zu fabeln", ihr späteres beharrliches Festhalten am Miaphysitismus deute allerdings eher darauf hin, daß sie keine Anhängerin des Nestorius war.

könnten die beiden sich erst dort begegnet sein. Eudocias Pilgerfahrt kann daher nicht als Beweis dafür herhalten, daß die Kaiserin die Position des Nestorius über dessen Absetzung hinaus beibehalten habe, sollte sie diese überhaupt je vertreten haben. Melania habe 437 in Konstantinopel mit vielen Frauen der Oberschicht über Nestorius debattiert;[138] so vielleicht auch mit Eudocia. Schenkt man Melanias Biographen Glauben, Eudocia habe die Reise nach Jerusalem 438 angetreten, um ihre „geistige Mutter" zu besuchen, ist vielmehr zu fragen, ob Eudocia sich nicht bereits damals – und möglicherweise angeregt durch die Gespräche mit der Heiligen am Kaiserhof – zum Miaphysitismus bekannte.[139]

Weiter berichtet nun Johannes Rufus, Eudocia habe das von Melania auf dem Ölberg errichtete Martyrium reich ausgestattet, nachdem in ihrem Beisein die Reliquien der Persischen Märtyrer sowie die der Vierzig Märtyrer von Sebastia niedergelegt wurden. Auf Eudocias Stiftung hat damals wohl auch eine Inschrift verwiesen.[140] In Jerusalem hatte Eudocia ihre Frömmigkeit durch Kirchenstiftungen und ihre tiefe Freundschaft zu Melania bewiesen (Petrus hatte sich ihr ja entzogen). Eudocias durch ein Gebet in der Grabeskirche bewirkte Heilung zeigte zudem, daß sie die Gnade Gottes besaß. An dieses Ereignis erinnerte wohl auch die in der *Anthologia Graeca* erfaßte Inschrift, die Eudocia als demütig Betende am Grabe Christi lobt und die ebenfalls die göttliche Gnade betont, über die Eudocia verfügt habe, die gar Ursache ihres eigenen Aufstiegs zur Kaiserin sei:

Ἡ μὲν σοφὴ δέσποινα τῆς οἰκουμένης, / ὑπ᾿ εὐσεβοῦς ἔρωτος ἠρεθισμένη, / πάρεστι δούλη, προσκυνεῖ δ᾿ ἑνὸς τάφον / ἡ πᾶσιν ἀνθρώποισι προσκυνουμένη. / ὁ γὰρ δεδωκὼς τὸν θρόνον καὶ τὸν γάμον / τέθνηκεν ὡς ἄνθρωπος, ἀλλὰ ζῇ θεός.[141]

Die weise Herrin der Welt, / erscheint von gottesfürchtiger Liebe angetrieben / wie eine Sklavin, sie verehrt das Grab des Einen, / die selbst von allen Menschen verehrt wird. / Denn der, der ihr den Thron und die Ehe gegeben hat, / ist als Mensch gestorben, aber lebt als Gott.

439 kehrte sie von ihrer Pilgerfahrt zurück, auf der sie nicht nur Jerusalem, sondern alle auf ihrem Weg gelegenen Städte beschenkt hatte.[142] Wie Marcellinus berichtet, brachte sie einen Teil der Reliquien des Erzmärtyrers Stephanus mit sich, die später in der von Pulcheria zu Ehren des heiligen Laurentius erbauten Basilika niedergelegt wurden.[143] Eudocias Pilgerreise insgesamt und die Tatsache, daß sie bei ihrer Rück-

---

138  *V. Mel.* 54.

139  Clark, Elizabeth A.: „Claims on the Bones of Saint Stephen. The Partisans of Melania and Eudocia", in: *Church History* 51(1982), 148.

140  Joh. Ruf., *V. Petr. Iber.* 49; vgl. *V. Mel.* 58.

141  *Anth. Graec.* 1,105.

142  Socr. 7,47,3.

143  Marc. com. a. 439; da derselbe Chronist den Abschluß des Baus der Kirche erst auf das Jahr 453 datiert (Marc. com. a. 453: Pulcheria [...] beati Laurentii atrium inimitabili opere consummavit) meint Livrea, Enrico: „L'imperatrice Eudocia e Roma. Per una datazione del *de S. Cypr.*", in: *ByzZ* 91(1998), 84, es müsse sich in tatsächlich um die ältere Laurentiusbasilika in Rom handeln. Dagegen ist einzuwenden, daß Marcellinus, dessen Publikum bereits eine fertige Laurentiuskirche in Konstantinopel kannte, es wahrscheinlich erwähnt hätte, wenn er nicht eben diese Kirche gemeint hätte. Zur Frage wann und unter welchen Umständen welche Reliquie des Erzmärtyrers nach Konstantinopel gelangte allgemein: Holum, Kenneth G. / Gary Vi-

kehr die Stephanusreliquien mit sich führte, bedeutete für sie einen enormen Zugewinn an öffentlichem Prestige, das nun vielleicht sogar dasjenige ihrer Schwägerin
in den Schatten stellte.[144] Ihr Besuch in Jerusalem mag Eudocias Zeitgenossen gar
an Constantins Mutter Helena erinnert haben.[145] Allerdings fehlen entsprechende
zeitgenössische Vergleiche, so daß nicht zu klären ist, ob Eudocia diese Reise bewußt und in selbstdarstellerischer Absicht als Reminiszenz an Helena als Prototyp
einer christlichen Kaiserin unternommen hatte, wie etwa Holum und James vermuten.[146] Tatsächlich war es erst ihre Schwägerin Pulcheria, die nach ihrer Vermählung
mit Marcian dezidiert Helena als ‚role-model‘ für sich in Anspruch nahm.[147]

Bis zu Eudocias Pilgerfahrt sind keine Aktivitäten religiöser Selbstinszenierung der Kaiserin belegt, wie wir sie von anderen *Augustae* (vor allem Eudoxia u.
Pulcheria) kennen. Nicht zu datieren ist der Bau der kleinen Polyeukteskirche in
Konstantinopel, die später von ihrer Urenkelin Anicia Juliana im Wettstreit mit Ju-
stinian prachtvoll überbaut und reich ausgestattet wurde.[148] Eudocias Reise nach
Jerusalem 438/39 zeigt, daß sie spätestens jetzt damit begann, als *Augusta* in theo-
dosianischer Tradition aufzutreten: Auf ihrer Reise soll sie unzählige christliche
Werke vollbracht haben. Sie reiste möglicherweise im Auftrag von Theodosius und
nutzte ihre Pilgerfahrt, um sich als christliche Kaiserin einen Namen zu machen.
Inschriften wie die bei Johannes Rufus erwähnte oder diejenige über ihr Gebet am
Grabe Christi würden noch lange und für Besucher und Bewohner der jeweiligen
Städte sichtbar an ihre Stiftungen einerseits und an sie selbst als fromme Kaiserin
andererseits erinnern. Freilich soll ihr nicht abgesprochen werden, daß sie den wei-
ten Weg nach Jerusalem auch aus ernstgemeinter Frömmigkeit auf sich genommen
hat. Mit den Reliquien des Erzmärtyrers Stephanus nach Konstantinopel zurück-
kehrend, erlebte sie vielleicht den Höhepunkt ihrer Karriere am Kaiserhof und zog
sich damit möglicherweise die Mißgunst anderer Kräfte am Hofe zu. Wieder mangelt es jedoch an direkten Zeugnissen und finden sich stattdessen eine Vielzahl unterschiedlicher Anekdoten und Legenden.

## Die Apfel-Affäre

Schon kurz nach ihrer Rückkehr aus Jerusalem verließ Eudocia Konstantinopel erneut und diesmal endgültig. Abermals führte ihr Weg sie ins Heilige Land. Die
Spekulationen um ihren Weggang dürften den im folgenden Jahrhundert entstande-

kan: „The Trier Ivory, Adventus Ceremonial and the Relics of St. Stephen", in: *DOP* 33(1979),
115–133; Wortley, John: „The Trier Ivory Reconsidered", in: *GRBS* 21(1980), 381–394; Clark,
Elizabeth A.: „Claims on the Bones of Saint Stephen. The Partisans of Melania and Eudocia",
in: *Church History* 51(1982), 141–156.

144 Holum, Theodosian Empresses, 189; Hunt, Pilgrimage, 234.

145 Leppin, Hartmut: *Von Constantin dem Großen zu Theodosius II.: Das christliche Kaisertum bei
den Kirchenhistorikern Socrates, Sozomenus und Theodoret*, Göttingen 1996, 141.

146 Holum, Theodosian Empresses, 197; James, Empresses and Power, 91.

147 Vgl. S. 130 f. dieser Arbeit.

148 *Anth. Graec.* 1,10; Burman, Athenian Empress, 87 nimmt an, Eudocia habe diese Kirche schon
kurz nach ihrer Vermählung mit Theodosius II. errichten lassen.

nen und in byzantinischer Zeit immer weiter ausgeschmückten Eudocia-Roman begründet haben. Die in verschiedenen Varianten überlieferte Geschichte ist kaum erhellend. Sie zeigt lediglich, welche Geschehnisse die spätantiken und frühbyzantinischen Autoren als möglich in Betracht zogen und welcher Topik sie sich bedienten, um sie ihrem Publikum suggestiv zu vermitteln.

Bekannt wurde besonders die von Malalas beschriebene Tragödie um einen phrygischen Apfel, den ein armer Mann Theodosius an *Epiphanias* zum Geschenk macht. Der Apfel ist von so bemerkenswerter Größe, daß Theodosius den Schenkenden mit 150 Goldstücken belohnt. Anschließend schickt Theodosius den Apfel an Eudocia, die ihn dem erkrankten Paulinus überbringen läßt. Der wiederum, nichts von der Herkunft des Apfels ahnend, schickt ihn an Theodosius zurück. Der Kaiser erkennt den Apfel, glaubt sich von seiner Gattin betrogen, um so mehr als sie ihm, herbeizitiert um sich zu rechtfertigen, zweimal schwört den Apfel selbst gegessen zu haben. Paulinus wird daraufhin hingerichtet. Beschämt von diesem Vorfall – weiß doch schon bald jeder, daß Paulinus ihretwegen getötet worden ist –, geht die Kaiserin nach Jerusalem, um nie wieder in die oströmische Hauptstadt zurückzukehren. Noch auf ihrem Totenbett habe sie ihre Unschuld am Tod des Paulinus beteuert.[149]

Gab es Gerüchte über einen Ehebruch Eudocias?[150] Der Apfel, in der antiken wie byzantinischen Folklore ein häufig verwendetes Symbol für die erotische Liebe,[151] ist hier eine recht deutliche Anspielung auf eine außereheliche Liebesbeziehung. So deutet hier auch Theodosius die Situation. Gleichzeitig ist Malalas darum bemüht, Eudocias Unschuld zu betonen und den Vorfall als Mißverständnis zu beschreiben.[152] Wenn Theodosius aber, wie der Kirchenhistoriker Socrates als Zeichen der Frömmigkeit des Kaisers hervorhebt, nie ein Todesurteil vollstrecken ließ,[153] mußten die Zeitgenossen durch die Nachricht von der von Theodosius angeordneten Hinrichtung seines *magister officiorum* und möglicherweise Jugendfreundes, Paulinus, hellhörig werden;[154] besonders dann, wenn Eudocia den Hof relativ bald danach verlassen haben sollte, zumal der Grund für das Todesurteil unbekannt schien. Die genaue Chronologie der Ereignisse ist nicht gesichert. Ausführlich hat sich Cameron damit beschäftigt und ist zu dem Schluß gekommen, daß entsprechende Gerüchte über eine Verbindung zwischen Paulinus und Eudocia deshalb aufgekommen sein könnten, da tatsächlich eine zeitliche Nähe zwischen Pau-

---

149 Malal. 14,8.

150 Ein Halbsatz in Nestorius' Verteidigungsschrift deutet dies an: „tu viens de voir […] ce démon, prince de l'adultère, qui avait jeté l'impératrice dans l'opprobre e la honte." (Nestorius, *Liber Heraclides* 520 [zitiert nach der französischen Übersetzung des syrischen Originals von François Nau, *Le livre d'Héraclide,* Paris 1910, 331]).

151 Littlewood, Anthony R.: „The Symbolism of the Apple in Byzantine Literature", in: *JÖB* 23(1974), besonders 46–48.

152 Cameron, Empress and Poet, 258 f.; Holum, Theodosian Empresses, 177.

153 Socr. 7,22,8 f.

154 Cameron, Empress and Poet, 266. Die Hinrichtung Paulinus' ist historisch gesichert, problematisch allerdings ist die Datierung: Marc. com. a. 440; *Chron. pasch.* 585; Theoph. AM 5940. Nach Cameron scheint das von Marcellinus genannte Jahr 440 wahrscheinlich.

linus' Hinrichtung und Eudocias Rückzug vom Kaiserhof (nach Cameron 440/441) bestand.[155]

Evagrius deutet an, daß zumindest irgendeine Skandalgeschichte im Umlauf war, wenn er schreibt, die Erklärung, warum Eudocia zweimal nach Jerusalem reiste und was sie dort überhaupt wollte, solle man den Historikern überlassen, „wenn sie mir auch nicht die Wahrheit zu sprechen scheinen" (καὶ ὅτου μὲν χάριν ἢ τί πρωτοτύπως ὥς φασι βουλομένη, τοῖς ἱστορήσασι καταλειπτέον, εἰ καὶ μὴ ἀληθίζεσθαί μοι δοκοῦσιν).[156] Allerdings muß diese Stelle sich nicht zwangsläufig auf Gerüchte über ein außereheliches Verhältnis Eudocias beziehen. Aus der Retrospektive könnte Evagrius, ausdrücklicher Befürworter des *Chalcedonense*, auch Eudocias ‚miaphystische' Umtriebe in Jerusalem im Sinn gehabt haben, die ihm, da er sich ansonsten sehr wohlwollend über Eudocia äußert, übertrieben oder gar unglaubwürdig erschienen sein könnten.

Der miaphystische Chronist Johannes von Nikiu war sich sicher, „Häretiker" hätten die Geschichte von Eudocia und Paulinus verbreitet.[157] Während Malalas und womöglich Evagrius nur andeuten, daß die Vermutungen über die Untreue der Kaiserin falsch seien, nennt Johannes im 7. Jahrhundert einen ganz anderen Grund für die Hinrichtung des Paulinus: Dieser einstige Jugendfreund des Kaisers habe geplant, Theodosius zu stürzen, sei aber verraten worden.[158] Eudocia aber habe nichts damit zu tun gehabt.[159] Belegt ist eine von Paulinus geplante Usurpation nicht. Gerede über ein Verhältnis der Kaiserin mit dem *magister officiorum* konnten jedoch implizit den Verdacht enthalten, Theodosius zu Fall zu bringen und an seiner Stelle Paulinus auf den Kaiserthron zu setzen.[160] Falls Theodosius die Gerüchte für wahr hielt, könnte er in Eudocia tatsächlich eine Bedrohung seiner Herrschaft gesehen haben, die als *Augusta* einen Nachfolger ihres Gatten über Heirat legitimieren konnte, wie bald ihre Schwägerin Pulcheria und wenige Jahrzehnte später Ariadne zeigen würden. Ob Eudocia wirklich ein Verhältnis mit Paulinus oder einem anderen Höfling hatte, ist ebensowenig nachzuweisen wie vollständig auszuschließen. Cameron überlegt, daß der nicht sicher bezeugte Sohn des Kaiserpaares Arcadius aus Eudocias Verhältnis mit Paulinus hervorgegangen sein könnte.[161] Sollte es die-

---

155 Cameron, Empress and Poet, 259; 263; Camerons Ausführungen zur Datierung insgesamt: 259–266; ebenso Burman, Athenian Empress, 69; dagegen geht Holum, Theodosian Empresses, 178 f. von einer späteren Datierung aus. Ich folge hier Camerons Aufschlüsselung anhand der Daten zu Paulinus' Hinrichtung (im Jahr 440) und Cyrus' Absetzung (im Jahr 441), die erst nach Eudocias Verbannung erfolgt sei (*Suda*, κ 2776).

156 Evagr. 1,21.

157 Joh. Nik. 87,13; in 87,26 schreibt Johannes die Verbreitung des Gerüchtes einigen Bischöfen, u. a. dem Patriarchen von Konstantinopel, Flavian, zu.

158 Joh. Nik. 87,10 f.

159 Joh. Nik. 87,13.

160 Holum, Theodosian Empresses, 193 f.; Burman, Athenian Empress, 68; dagegen meint Scharf, Apfel-Affäre, 449, man hätte schon einen Tod des Kaisers herbeiführen müssen, der ausreichend natürlich erschien, um Paulinus als Kaiser legitimieren zu können; ein Plan der auch nicht gänzlich undenkbar ist.

161 Cameron, Empress and Poet, 266 f.

sen Sohn und potentiellen Thronfolger Arcadius II. gegeben haben,[162] und Theodosius den Gerüchten um seine Frau Glauben geschenkt haben und außerdem den gleichen Schluß gezogen haben wie Cameron, könnte hierin wohl der Grund für Theodosius' Reaktion zu finden sein.

Eudocia habe sich in Machtkämpfe verstrickt, weiß Theophanes zu berichten: In seiner Darstellung, die allerdings eine Reihe chronologischer Unstimmigkeiten enthält,[163] nutzt der nach Einfluß auf den Kaiser strebende Eunuch und Kammerdiener Chrysaphius Eudocias Naivität und ihre Neigung zur Eifersucht auf ihre Schwägerin Pulcheria aus, um diese zu verdrängen. Nachdem ein erster Plan, Theodosius dazu zu überreden, Pulcheria ihren *Praepositus* zu entziehen scheitert, bringt der Eunuch Eudocia dazu, den Kaiser davon zu überzeugen, daß die fromme Pulcheria zur Diakonisse zu machen sei.[164] Theodosius willigt tatsächlich ein, aber seine Schwester erfährt rechtzeitig von dem Plan und geht nach Hebdomon ins Exil, woraufhin Chrysaphius ihre Position einnimmt und den Palast regiert.[165] Später erkennt Theodosius Chrysaphius' Intrigenspiel, verbannt den Eunuchen, macht Eudocia schwere Vorwürfe und bringt schließlich auch die lange vergangene Episode mit Paulinus wieder gegen sie vor, bis Eudocia ihn in ihrer Verzweiflung darum bittet, sie nach Jerusalem zu schicken.[166]

Was immer der wahre Grund für Eudocia Rückzug aus Konstantinopel war, ein offener Bruch mit dem Kaiserhof läßt sich mit einiger Sicherheit erst 444 feststellen, als sie den *comes domesticorum* Saturninus tötete oder töten ließ.[167] Dieser hatte zuvor im Auftrag Theodosius' zwei von Eudocia geistlichen Begleitern, den Diakon Johannes und den Presbyter Severus, ermordet. Nach Marcellinus entzog Theodosius ihr daraufhin den Hofstaat, der sie auf ihrer Reise begleitete (*Eudocia [...] Saturninum protinus obtruncavit, statimque mariti imperatoris nutu, regiis spoliata ministris*).[168] Eudocia muß Konstantinopel demnach als Kaiserin mit allen Würden verlassen haben[169] und selbst nach diesem Vorfall behielt sie Titel und Status der *Augusta,* vor allem aber ihren Besitz und ihre Reichtümer, die es ihr ermöglichten, in Jerusalem Kirchen zu bauen und für wohltätige Zwecke zu stiften.

162  Scharf, Apfel-Affäre, 435, hält die Existenz eines Arcadius II. für sehr wahrscheinlich.

163  So habe nach Theoph. AM 5940 Eudocia unter dem Einfluß Chrysaphius' Theodosius zur Einberufung des zweiten Konzils von Ephesus gedrängt. Dies ist schon deswegen nicht möglich, da die Kaiserin sich 449 nachweislich schon seit längerer Zeit nicht mehr am Hof aufhielt.

164  Dieses Vorhaben schildert bereits Joh. Nik. 87,33 allerdings in einem anderen Zusammenhang und auf eigene Initiative Theodosius', nachdem dieser zuvor von seiner Schwester öffentlich bloßgestellt worden sei (s. oben S. 116 mit Anm. 39).

165  Theoph. AM 5940.

166  Theoph. AM 5942; zum Konflikt zwischen Pulcheria und Chrysaphius vgl. 115 f. dieser Arbeit.

167  Marc. com. a. 444; Prisc. fr. 14 (Blockley, = exc. 8 Carolla) bestätigt den Mord an Saturninus, gibt allerdings keinen Grund für Eudocias Tat an. Auch Theoph. AM 5942 kennt die Hinrichtung der beiden Geistlichen Severus und Johannes auf Befehl Theodosius'.

168  Marc. com. a. 444.

169  Joh. Ruf., *V. Petr. Iber.* 71: She made a journey carried about like a queen through all the cities and came to the Holy City [...]; vgl. außerdem Holum, Theodosian Empresses, 194; Burman, Athenian Empress, 69; dies., Christian Empress, 55; Haffner, Kaiserin Eudokia, 220.

Cameron vermutet, daß auf diese Weise ein öffentlicher Skandal verhindert werden sollte.[170] Entsprechend ließe sich auch der Umstand deuten, daß Paulinus nicht in Konstantinopel, sondern im weit entfernten Kappadokien hingerichtet worden war.[171]

Freilich könnte Eudocia auch aus persönlicher Frömmigkeit, dem Vorbild ihrer spirituellen Mutter Melania folgend, das Leben am Kaiserhof aufgegeben haben, wie in der Vita des Iberers Petrus angedeutet.[172] Nach Malalas verließ sie Konstantinopel auf eigenen Wunsch, um in Jerusalem zu beten, wenn dieser Wunsch auch im Zusammenhang mit dem Vorfall mit Paulinus geäußert wird.[173] Dabei wäre es denkbar, daß Malalas aus Gründen der dramatischen Wende versuchte beide Ereignisse, Paulinus' Hinrichtung und Eudocia Entschluß den Hof zu verlassen, zusammenzubringen:[174] Der unbegründet eifersüchtige Kaiser bricht mit seinem Jugendfreund, den er sogar töten läßt, und seiner unschuldig verdächtigten Gattin. Allerdings sprechen verschiedene Aspekte dafür – insbesondere aber die Ermordung des Saturninus und die möglichen Gründe, die Eudocia dazu veranlaßten –, daß es vielleicht spätestens seit ihrer Rückkehr nach Konstantinopel 439 zu Spannungen am Hof gekommen war, welche Eudocias Exil erklären könnten: Bereits Theodor Lector kennt die Geschichte, wonach Pulcheria ihrem Bruder einmal wegen seiner Unaufmerksamkeit beim Unterschreiben wichtiger Dokumente einen Streich gespielt habe, der auch auf Eudocias Kosten ging: Um seine Fahrlässigkeit zu rügen, habe Pulcheria Theodosius einmal ein Schreiben untergeschoben, das dieser unterzeichnet haben soll, ohne zu bemerken, daß er damit seine Gattin Eudocia seiner Schwester Pulcheria als Sklavin zum Geschenk machte.[175] Die Anekdote deutet zumindest an, daß Pulcheria Eudocia gelegentlich an ihre geringere soziale Herkunft erinnert haben könnte, daß sie darüber hinaus vielleicht allzu selbständiges Handeln Eudocias zu unterbinden versuchte. In den zeitgenössischen Quellen erscheint Pulcheria durchaus als die dominantere Persönlichkeit vor allem in religiösen Belangen, und sollte Eudocia 439 neben ihrem gesteigerten Prestige auch mit einer gefestigten miaphystischen Überzeugung an den Hof zurückgekehrt sein, könnte dies Pulcheria mißfallen haben. Schenkt man Marcellinus' Eintrag unter dem Jahr 444 Glauben, daß Theodosius seiner Gattin und ihren Begleitern den Mörder Saturninus nachschickte, muß man in erster Linie von einem ernsthaften Zerwürfnis zwischen Eudocia und ihrem Mann ausgehen, welche Ursachen dem auch immer zugrunde gelegen haben mögen. Der Vorwurf der ehelichen Untreue gegen Eudocia wäre zumindest eine plausible Erklärung. Schließlich hätte diese in der

---

170 Cameron, Empress and Poet, 263.
171 Scharf, Apfel-Affäre, 449; zur Hinrichtung des Paulinus in Kappadokien besonders Marc. com. a. 440.
172 Joh. Ruf., *V. Petr. Iber.* 71: „Eudocia [...] having taken up the zeal of Melania [...] also yearned for quietude and to dwell in the Holy City"; Frömmigkeit als Motiv für Eudocias Rückzug vermutet besonders Seeck, Otto: „Eudokia", in: *RE* VI(1909), 908.
173 Malal. 14,8; *Chron. pasch.* 585
174 Burman, Athenian Empress, 67.
175 Theod. Lect. 352: Πουλχερία ἡ ἀδελφὴ αὐτοῦ σοφῶς ὑπῆλθεν αὐτόν, δωρεὰν ὑποβαλοῦσα Θεωδοσίῳ ἐκχωροῦσαν πρὸς δουλείαν Εὐδοκίαν τὴν γαμετὴν αὐτοῦ; vgl. Joh. Nik. 87,29–33; Theoph. AM 5941; *Suda*, π 2145; Zon., *Epit.* 13,23,24 f.

Konsequenz eine Gefährdung der dynastischen Thronfolge bedeuten können, besonders aber bei Bekanntwerden auch die Integrität von Theodosius' Kaisertum infrage gestellt, dessen Repräsentantin auch Eudocia war.

## Kaiserin im Exil

Zu Beginn der 440er Jahre verließ Eudocia den Kaiserhof von Konstantinopel; ob aus freien Stücken oder vermutlich eher weil sie bei ihrem Gatten in Ungnade gefallen war, ist nicht eindeutig. Jedenfalls beließ man ihr ihren Status, ihren Reichtum und ihre Dienerschaft, bis sie vielleicht eigenhändig den von Theodosius beauftragten Mörder ihrer beiden geistlichen Begleiter tötete. Auch dann aber entzog man ihr lediglich ihren Hofstaat, und es wurde wohl die Münzprägung in ihrem Namen eingestellt.[176] Eudocia muß jedoch ein großes eigenes Vermögen behalten haben, das es ihr in Zukunft ermöglichen sollte, Kirchen und Klöster, Pilger- und Armenhäuser zu bauen und auszustatten,[177] und konnte daneben wohl über die kaiserlichen Besitzungen in Palästina verfügen.[178] Auch wird ihr der Wiederaufbau eines zerstörten Teils der Stadtmauer im Süden der Stadt zugeschrieben,[179] ein Unternehmen, zu dem sie sich laut Malalas durch einen Psalm (51,20) direkt berufen gefühlt habe: „Um meinetwillen sagte der Prophet David, in deinem Wohlgefallen (εὐδοκία), Herr, werden die Mauern Jerusalems erbaut" („δι' ἐμὲ εἶτεν Δαβὶδ ὁ προφήτης, ὅτι καὶ ἐν τῇ εὐδοκίᾳ σου οἰκοδομηθήσεται τὰ τείχη Ἱερουσαλήμ, κύριε").[180] Durch diese Bautätigkeit konnte sich Eudocia nun fernab von Konstantinopel im palästinischen Exil als Kaiserin etablieren.

Ihre Schwägerin Pulcheria kehrte Ende der 440er Jahre an den Kaiserhof zurück. Der Kaiser Theodosius, ihr Bruder, starb 450 an den Folgen eines Reitunfalls, der auch die Karriere und das Leben seines Chefeunuchen Chrysaphius beendete, der maßgeblich an Pulcherias Verdrängung aus dem Palast beteiligt gewesen sein soll. Auf Befehl Pulcherias wurde Chrysaphius hingerichtet. Da die beiden jüngeren Schwestern bereits verstorben waren, oblag es nun Pulcheria, die theodosianische Dynastie im Oströmischen Reich aufrechtzuerhalten. So heiratete sie im Alter von 51 Jahren, ohne ihr Virginitätsgelübde aufzugeben, den wenig jüngeren *magis-*

---

176  *RIC* 10,332; 335 sind die letzten Münzen (*Semissis* und *Tremissis*) mit Eudocias Porträt, die die *RIC* verzeichnet und der Prägung anläßlich Theodosius' 42. Regierungsjahres und seines 18. Konsulats zugerechnet werden. Allerdings fehlen bei dieser Eudocia-Prägung eindeutige Datierungsmöglichkeiten.

177  Joh. Ruf., *Plerophoriae* 11 (übers. Nau, PO 8,1, 27) nennt konkret die Stiftung eines bronzenen Kreuzes für eine Kirche in Jerusalem 451; zu Eudocias Bauten und Stiftungen auch Cyrill. Scyth., *V. Euthymii* 35; Malal. 14,8; Evagr. 1,21 f.; *Chron. pasch.* 585; Joh. Nik. 87,21; Theoph. AM 5947; Zonar., *Epit.* 13,23,36.

178  So gibt es Hinweise, daß sie sich auf einem kaiserlichen Anwesen in Jamina aufgehalten hatte (Joh. Ruf., *V. Petr. Iber.* 166); daß ihr in Palästina die Orte Kefar Turban (Joh. Ruf. *de ob. Theod.* 9) und Ganta (Joh. Ruf., *Plerophoriae* 20 [PO 8,1, 39 f.]) gehörten, und sie vielleicht einen Palast in Bethlehem besaß (*V. Barsauma, ROC* 19[1914], 121).

179  Malal. 14,8; Evagr. 1,21; *Chron. pasch.* 585; Joh. Nik. 87,22.

180  Malal. 14,8.

*ter militum* Marcian. Mit diesem als Kaiser an ihrer Seite nahm sie ihr wichtigstes religionspolitisches Projekt in Angriff, das Konzil von Chalcedon, das die Beschlüsse des ephesenischen Konzils von 449 rückgängig machen sollte, welches im Streit um die Natur Gottes den Miaphysiten einen Etappensieg eingebracht hatte.[181]

In Jerusalem übte Eudocia derweil ihre βασιλεία zugunsten dieser in Chalcedon verdammten Lehre aus. Wie sich ihr politisches Engagement in Palästina konkret gestaltete, ist aufgrund der Quellenlage schwerlich festzustellen;[182] literarische Quellen, die konfessionell neutral über diese Phase in Eudocias Leben berichten könnten, existieren nicht. Eudocias Bautätigkeit, ihre Stiftungen und ihr soziales Engagement sind gut bezeugt und werden zu ihrem Ansehen soweit beigetragen haben, daß sie als Patronin über eine gewisse Autorität in Palästina verfügte. Als Patronin in religiösen Belangen unterstützte die Kaiserin im palästinischen Exil die aufständischen Miaphysiten. Johannes Rufus berichtet nicht nur von der Begegnung Eudocias mit ihrem einstigen Ziehsohn Petrus Iberus, den sie nun als ihren geistigen Vater betrachtet habe;[183] sie soll sich auch erfolgreich bei Kaiser Marcian für einige Mönche eingesetzt haben, die dieser ins Exil geschickt hatte, auf Eudocias Intervention hin aber nach Palästina habe zurückkehren lassen.[184]

Es ist bemerkenswert, daß Pulcheria und Marcian, gegen deren Prestigeprojekt die von Eudocia unterstützten Unruhen sich richteten, die exilierte Kaiserin anscheinend gewähren ließen.[185] Marcian wandte sich lediglich, vermutlich im Frühjahr 453, an den römischen Bischof Leo: Er solle Eudocia ermahnen, sich zum *Chalcedonense* zu bekennen. Dies erwähnt Leo in einem Brief, den er im April 453 an Julian, den Bischof von Kos sandte, um ihn um eine Rückmeldung über die Wirkung seines Schreibens an Eudocia zu bitten.[186] Leo erklärt darin weiter, auch Valentinian III. (*clementissimus princeps filius suus*)[187] um ein Schreiben an Eudocia gebeten zu haben. Obwohl sie sich als offen Abtrünnige zeigte, stellte der römische Bischof Eudocias βασιλεία wohl nicht infrage: In seinem Schreiben an Julian ist die Kaiserin noch immer „filia nostra clementissima Augusta Eudocia."[188]

Seinen Brief an Eudocia sandte Leo im Juni 453. Offensichtlich vermutete er, daß Eudocia großen Einfluß auf die Mönche in Palästina habe; diesen möge sie

---

181 S. 128 f. dieser Arbeit.
182 Vgl. Holum, Theodosian Empresses, 217–219, der vielleicht zu sehr der Darstellung in der Basaumavita vertraut (s. oben Anm. 122) nimmt an, Eudocia habe ihre Bautätigkeit v. a. deswegen aufgenommen, weil sie der Unterstützung der Christen bedurfte. Holums Argumentation hierzu fußt auf seiner These, Eudocia habe immer eine eher traditionalistische Politik betrieben.
183 Joh. Ruf., *V. Petr. Iber.* 71.
184 Joh. Ruf., *de ob. Theod.* 8 f.; vgl. ders. *Plerophoriae.* 25 (PO 8,1 62 f.).
185 Mit Eudocias Autonomie in Palästina beschäftigt sich nach Analyse v. a. der hagiographischen Schriften, wie auch der späteren byzantinischen Tradition insgesamt Motta, Daniela: „L'imperatrice Eudocia nella tradizione agiografica", in: *Salesianum* 67(2005), besonders 907–909.
186 Leo, *Ep.* 117 (PL 54, 1037–1039, hier 1038).
187 Leo, *Ep.* 117 (PL 54, 1038).
188 Leo, *Ep.* 117 (PL 54, 1038).

nutzen und die Aufständischen zur Umkehr bewegen.[189] Der Brief lobt eindringlich Eudocias Frömmigkeit und spricht sie in ihrer Rolle als politisch-religiöse Autorität in Palästina an, erzielte jedoch wohl nicht die gewünschte Wirkung: Das von Leo erbetene Antwortschreiben, in dem Eudocia ihm über ihren Erfolg hätte berichten sollen, blieb aus. Versuche, Eudocia vom *Chalcedonense* zu überzeugen, lassen erahnen, daß man in Rom und Konstantinopel annahm, Eudocia verfüge über das nötige Ansehen, um die Unruhen in Palästina zu beenden; und vielleicht hätte allein ihr Bekenntnis zu Chalcedon ausgereicht.

Einer etwa ein Jahrhundert später verfaßten Vita aus der Feder des Cyrillus von Skythopolis zufolge drängten 455 auch ihr Bruder Valerius und der Gatte ihrer Enkelin Placidia, Olybrius, Eudocia dazu, der miaphysitischen Lehre abzuschwören.[190] Bedrückt von der Nachricht, daß ihre Tochter Licinia Eudoxia und ihre Enkelinnen nach Afrika entführt worden waren,[191] habe sie sich an den Styliten Symeon und den Einsiedler Euthymius gewandt, die sie endlich zur Umkehr bewegt hätten.[192] Es fällt auf, daß keine zeitgenössischen Quellen Eudocias Rückkehr zur ‚Orthodoxie' bezeugt. Spätere ‚orthodoxe' wie miaphysitische Autoren sollten sich in der Regel gleichermaßen positiv über Eudocia äußern.[193] Falls sie sich, wie einige Quellen seit dem 6. Jahrhundert behaupten, am Ende ihres Lebens zu Chalcedon bekannte, hatte sie offensichtlich doch nicht das Ansehen der Miaphysiten verloren.[194]

Es ist nicht bekannt, ob Pulcheria und Marcian sich jemals selbst direkt an Eudocia gewandt hatten. Zumindest wissen wir, daß sie einige Briefe an Antichalcedonier in Palästina schickten. Falls es ein Zerwürfnis zwischen beiden Kaiserinnen gegeben hatte, war die Kluft vielleicht zu groß. Dennoch scheint Pulcheria den Status ihrer abtrünnigen Schwägerin weiter geachtet zu haben. Denn während sie nach dem Tod ihres Bruders 450 nicht lange zögerte und kurzen Prozeß mit Chrysaphius machte, ließ Pulcheria Eudocia im Heiligen Land wohl in Frieden, und auch in Konstantinopel tastete man die Erinnerung an sie nicht an: Noch im 9. Jahrhundert konnte man Eudocias Standbild im Tribunal des großen Palastes in einer Gruppe kaiserlicher Statuen (unter diesen auch das Abbild Marcians) bewundern.[195] In den *Epitome* des Theodor Lector findet sich ein Hinweis, daß es vielleicht sogar den Versuch einer Annäherung gegeben haben könnte: Zwischen dem Eintrag, über die Hinrichtung des Chrysaphius durch Pulcheria und demjenigen über ihre Vermählung mit Marcian steht die Notiz, daß Eudocia Pulcheria ein Gemälde der Jungfrau Maria

---

189 Leo, *Ep.* 123 (PL 54, 1060 f.).
190 Cyrill. Scyth., *V. Euthymii* 30.
191 Cyrill. Scyth., *V. Euthymii* 30.
192 Cyrill. Scyth., *V. Euthymii* 30.
193 Vgl. hierzu auch die Diskussion v. a. miaphysitischer Berichte bei Livrea, Enrico: „L'imperatrice Eudocia Santa?", in: *Zeitschrift für Papyrologie und Epigraphik* 119(1997), 52 f.
194 Positiv äußerte sich, wie oben gezeigt, besonders Johannes Rufus; vgl. aber auch das Lob der Eudocia bei Joh. Nik. 87,45: „And she refused to communicate with Juvenal, bishop of Jerusalem, and the men who had assembled in Chalcedon; for she knew that they had changed the true faith of our holy Fathers and of the orthodox emperors; but she was blessed by priests (and) monks through her friendship and communion with Theodosius, patriarch of Alexandria".
195 *Parast. Synt. Chron.* 36; vgl. *Suda*, σ 1084; τ 950.

aus Jerusalem geschickt habe.[196] Sollte es Pulcherias Einfluß gewesen sein, der Marcian nach dem Konzil von Chalcedon und auch über ihren Tod im Juli 453 hinaus davon abhielt, Eudocias Mittel zu beschneiden, mit denen sie ihre Bauprojekte, aber auch aufständische Mönche und anti-chalcedonische Geistliche unterstützte und finanzierte?[197] War es dem Kaiserpaar sogar willkommen, daß die zwar abtrünnige Schwägerin, die aber noch immer Repräsentantin des Kaisertums war, sich dort als Euergetin betätigte? Auch bot sich den beiden die Gelegenheit, gegenüber einer gefallenen Verwandten Milde zu zeigen.[198] Eudocias Wirken im Palästina schlug immerhin Wellen bis Rom und weckte doch so viel öffentliche Aufmerksamkeit, daß auch das Nichteinschreiten Pulcherias und Marcians in diesem Fall zur Kenntnis genommen worden sein muß. Wenigstens scheinen weder Pulcheria noch Marcian nach Pulcherias Ableben 453 in Eudocia irgendeine ernstzunehmende Gefahr oder gar eine Konkurrenz für ihre eigene Legitimität gesehen zu haben. Im Exil überlebte Eudocia sie beide. Sie selbst verstarb am 20. Oktober 460,[199] vielleicht infolge einer längeren Krankheit,[200] und wurde in der von ihr erbauten und kurz zuvor von ihr geweihten Stephanuskirche im Norden Jerusalems bestattet.[201]

196  Theod. Lect. 353: ἡ Εὐδοκία τῇ Πουλχερίᾳ τὴν εἰκόνα τῆς θεομήτορος, ἥν ὁ ἀπόστολος Λουκᾶς καθιστόρησεν, ἐξ Ἱεροσολύμων ἀπέστειλεν; vgl dazu aber den Kommentar von Hansen.
197  Joh. Ruf., V. Petr. Iber. 166 berichtet, Eudocia habe das Personal für eine von ihr gestiftete Kirche angestellt und vergütet.
198  Vgl. Holum, Theodosian Empresses, 224.
199  Dieses Datum nennt Cyrill. Scyth., V. Euthymii 35, Euthymius habe ihr bei einer weiteren Begegnung den baldigen Tod vorausgesagt.
200  Joh. Ruf., V. Petr. Iber. 166 erklärt, sie habe regelmäßig unter körperlichen Beschwerden gelitten, die vielleicht nur zeitweise gelindert werden konnten (der Text spricht von einer früheren Heilung, ist aber nicht ganz eindeutig).
201  Evagr. 1,22; vgl. Seeck. Eudokia, 909; zu Lage und Datierung des Baus s. Brakmann, Heinzgerd / Ute Wagner-Lux: „Jerusalem I", in: RAC 17(1996), 699 f.

# 9 JUSTA GRATA HONORIA

> *„Sie trug auch selbst das kaiserliche Szepter."*
> *(Prisc. fr. 17)*

Die beiden zuletzt betrachteten *Augustae*, Pulcheria und Eudocia, konnten bisweilen auch in politischer Hinsicht recht autonom handeln und vertraten zeitweilig öffentlich Positionen, die nicht denjenigen des je amtierenden Kaisers entsprachen. Pulcheria wich seit den frühen 430er Jahren von der religiösen Haltung ihres Bruders Theodosius II ab. Ihre Schwägerin Eudocia – wenn man davon ausgeht, daß die Trennung von ihrem Gatten persönliche Gründe hatte – erlangte ihre Autonomie im Exil, wo sie sich gegen die von Marcian und Pulcheria vertretene ‚chalcedonische' Orthodoxie positionierte. Es ist diese Autonomie der kaiserlichen Frauen, die vielleicht auch für das folgende Beispiel eine Rolle spielt: Honoria ist für das Anliegen einer Arbeit, die versucht die Grundlagen sozialer und symbolischer Macht kaiserlicher Frauen zu ergründen, besonders interessant. Woher die kaiserlichen Frauen die Macht hatten, die ihnen ihre politischen Handlungsspielräume eröffnete, spielt in den zeitgenössischen literarischen Quellen keine Rolle: Ihre Macht ergab sich aus ihrer besonderen sozialen Stellung; darüber bestand weitgehend Konsens, und in der Regel wird dies in den literarischen Quellen nicht infrage gestellt. Was gesellschaftlicher Konsens ist, was allgemein als normenkonforme Realität anerkannt ist, muß nicht thematisiert werden, beziehungsweise wird schon deshalb nicht thematisiert, weil es gar nicht erst als besonderes Phänomen erkannt wird. Anders sieht es dagegen aus, wenn die gesellschaftliche Wirklichkeit zum Problem wird;[1] wenn – wie in diesem Fall – deviantes Verhalten nur eines Individuums die soziale Ordnung, und damit die Sicherheit der anderen Mitglieder der Gesellschaft zu gefährden droht.

Honoria wurde um 418 als Tochter der Galla Placidia und des Constantius geboren und war etwa ein Jahr älter als ihr Bruder Valentinian III.[2] Dieser wurde nach der Niederschlagung der Usurpation des Johannes im Weströmischen Reich 425 durch den oströmischen Kaiser Theodosius II. zum *Augustus* ernannt, damit er dort die Nachfolge seines 423 verstorbenen Onkels Honorius antreten und die Herrschaft der Dynastie im Westen sichern konnte. Die Geschäfte für den damals erst sechsjährigen Kaiser sollte seine Mutter Galla Placidia führen. Ob Honoria bereits damals, oder nur wenig später, mit dem *Augusta*-Titel geehrt wurde, ist in der Forschung umstritten: Bury nimmt ihre Erhebung zur *Augusta* um 425 als gesichert an, wenn auch die Verleihung des Titels an eine Achtjährige ungewöhnlich wäre.[3] Gegen Bury schätzt Martindale, die Erhebung Honorias zur *Augusta* habe um das Jahr 437 und erst nach Valentinians III. Hochzeit mit Licinia Eudoxia stattgefun-

---

1    Berger, Peter L./Thomas Luckmann: *Die gesellschaftliche Konstruktion der Wirklichkeit*, 23. Aufl., Frankfurt 2010, 45.

2    Ihr Geburtsjahr ist in keiner der Quellen vermerkt, die Hochzeit ihrer Eltern jedoch fand 417 statt und Olymp. fr. 33 erklärt, nach der Hochzeit sei zuerst Honoria geboren worden, später Valentinian, der im Jahre 419 das Licht der Welt erblickte (Marc. com. a. 419).

3    Bury, John B.: „Justa Grata Honoria", in: *JRS* 9(1919), 1–13, hier 3; so auch Seeck, Otto: „Honoria", in: *RE* VIII,2(1913), 2292.

*Abb. 3: D(omina) N(ostra) IVST(a) GRAT(a) HONORIA
P(ia) F(elix) AVG(usta) // BONO REI PVBLICAE.
Solidus, Ravenna ca. 430–445, RIC 10,2022
(Münzkabinett, Staatliche Museen zu Berlin, 18200544).*

den.[4] Für beide Annahmen fehlen eindeutige Belege in den literarischen Quellen. Wohl bald nach Valentinians Thronbesteigung begann man damit, Münzen in Honorias Namen zu prägen, aber auch hier bleiben letztlich nur Vermutungen.[5] Goldmünzen für Honoria wurden anscheinend ausschließlich in Ravenna geprägt und gelangten möglicherweise gar nicht erst in den Osten des Reiches.[6] Die Münzen verraten zweifelsfrei, daß sie den Titel trug: Gemäß Tradition nennen diese Münzen ihren vollen Namen und ihre Titulatur. Auch wird Honoria auf diesen Münzen im vollen kaiserlichen Ornat abgebildet (s. Abbildung 3).[7]

Außerdem nannte eine literarisch überlieferte Inschrift in der Kirche *San Giovanni Evangelista* in Ravenna Honoria mit ihrem Titel: Als das Schiff, das Galla Placidia und ihre Kinder 425 von Konstantinopel nach Ravenna zurückbringen sollte, in einen Sturm geriet, hatte die Mutter geschworen, dem Heiligen eine Kirche zu stiften, wenn ihr Schiff nicht sinke, wie auch besagte Inschrift vermerkte:

> Sancto ac beatissimo / apostolo Iohanni evangelistae / Galla Placidia Augusta / cum filio suo / Placido Valentiniano Augusto / et filia sua / Iusta Grata Honoria Augusta / liberationis periculum maris / votum solvent.[8]

Honoria war nach ihrer Mutter Galla Placidia das zweite weibliche Mitglied der theodosianischen Dynastie im Westen, dem die *Augusta*-Würde verliehen und die

---

4    *PLRE* 2, s. v. „Honoria", 568; so auch Scharf, Apfel-Affäre, 440.

5    Grierson, Philip / Melinda Mays: *Catalogue of Late Roman Coins in the Dumbarton Oaks Collection and in the Whittemore Collection. From Arcadius and Honorius to the Accession of Anastasius*, Washington D. C., 1992, 242 gehen von einem Beginn der Münzprägungen für Honoria um 426 aus.

6    Metcalf, William E.: „A Nummus of Honoria and a Necanummium of Constans II from the excavations at Carthage", in: *The Numismatic Chronicle* 141(1981), 154–156 will eine in Rom geprägte Kupfermünze gefunden haben.

7    *RIC* 10, 2021; 2022.

8    *CIL* 11,276 (= *ILS* 818; = *ILCV* 20); Agnellus, *Lib. Pont.* 42. Die heutige Kirche in Ravenna ist eine Rekonstruktion des Baus aus dem 5. Jahrhundert. Von der Inschrift und dem ursprünglichen Schmuck ist nichts mehr erhalten.

Ehrung durch Münzprägungen zuteil wurde. Es wäre denkbar, daß es seit der Einsetzung Valentinians III. als weströmischer Herrscher Bestrebungen gab, im Sinne der nun auch faktisch wiederhergestellten Reichseinheit eine symbolische Angleichung der beiden Kaiserhöfe voranzutreiben; in diesem Zusammenhang könnte der Titel der *Augusta* an Honoria verliehen worden sein: Dem kaiserlichen Geschwisterpaar Theodosius II. und Pulcheria im Osten entsprach nun ein kaiserliches Geschwisterpaar im Westen, Valentinian III. und Honoria. Schon Bury vertrat die These, daß Honoria nach dem Vorbild der Pulcheria das Virginitätsgelübde abgelegt hatte, wofür es allerdings in den Quellen ebenfalls keine direkten Belege gibt.[9] Lediglich die Tatsache, daß sie noch in den 440er Jahren nicht verheiratet war, spricht dafür. Folgt man Bury in Bezug auf die Datierung, müßte Honoria ihr Gelübde als Achtjährige abgelegt haben. Unabhängig jedoch von ihrem Alter zum Zeitpunkt des Gelöbnisses ist festzuhalten: Indem Honoria – aus freien Stücken oder nicht – ein Leben in Keuschheit gelobte, war gewährleistet, daß es keinen männlichen Konkurrenten für Valentinian III. am weströmischen Kaiserhof geben würde.

Honoria war als Kaiserschwester und zudem als Frau, die sich dem prestigeträchtigen Lebensstil einer Jungfrau geweiht hatte, nun eigentlich in einer Position, in der man große Leistungen von ihr hätte erwarten können: Längst war es in Konstantinopel üblich, daß die kaiserlichen Frauen wenigstens indirekt politisch partizipierten und durch wohltätige Handlungen, wie Kirchenstiftungen, Pilgerreisen und ähnliches als Repräsentantinnen des Kaiserhauses öffentlich in Erscheinung traten. Und auch Galla Placidia, Honorias Mutter, betätigte sich inzwischen vor allem in Ravenna, aber auch in Rom, eifrig darin, christliche Werke zu vollbringen. Von Honoria allerdings erfahren wir nichts dergleichen.

Tatsächlich ist Honoria nur für eine Episode in ihrem Leben bekannt, die sich aus verschiedenen Quellen rekonstruieren läßt: Noch im 10. Jahrhundert hielt man in der *Suda* folgende kurze Notiz über Honoria fest:

> Ὀνωρία, ἀδελφὴ Βαλεντινιανοῦ· ἥτις καὶ αὐτὴ τῶν βασιλικῶν εἴχετο σκήπτρων. Εὐγενίῳ δέ τινι τὴν ἐπιμέλειαν τῶν αὐτῆς ἔχοντι πραγμάτων ἥλω ἐς λάθριον ἐρχομένη λέχος, καὶ ἐπὶ τῷ ἁμαρτήματι ἀνηρέθη μὲν ἐκεῖνος, ἡ δὲ τῶν βασιλείων ἐξηλάθη.[10]

> Honoria, die Schwester Valentinians: sie besaß auch selbst das kaiserliche Szepter. Sie wurde aber ertappt, weil sie mit einem gewissen Eugenius, der mit der Verwaltung ihrer Angelegenheiten beauftragt war, heimlich das Bett teilte; und wegen dieses Vergehens wurde er getötet, sie aber aus dem Palast verbannt.

Honorias heimliche Liebschaft konnte leicht als Affront gegen ihren Bruder Valentinian aufgefaßt werden und hätte sich zum Skandal entwickeln können, wäre die

---

9   Bury, Honoria, 4 f. begründet dies damit, daß sich auf den Rückseiten der Münzen für Honoria und Pulcheria kein Stern befände, um sie symbolisch von Eudocia und Galla Placidia, die erste verheiratet mit Theodosius II., die zweite Witwe von Constantius III., zu unterscheiden. Es ist möglich, daß Bury noch nicht alle Münztypen kannte: Es gab auch Münzen für Honoria (*RIC* 2022) und Pulcheria (*RIC* 226), auf deren Rückseite ein Stern abgebildet ist; insofern ist dieses Argument nicht haltbar.

10  *Suda,* o 404; Prisc. fr. 17 (Blockley, = fr. 62 Carolla); Joh. Ant. fr. 292 (Roberto, = fr. 223 Mariev, = fr. 199 Müller).

Geschichte publik geworden. Ob sie durch ihre Affäre mit Eugenius wirklich
schwanger wurde, wie Marcellinus zu wissen glaubte,[11] ist nicht bekannt. Die Gefahr einer Schwangerschaft allerdings bestand natürlich. Schon deswegen konnte
man am Hof von Ravenna diese Verbindung keinesfalls dulden, hätte doch ein
eventueller Nachkomme Honorias Anspruch auf den Kaiserthron erheben und entweder Valentinian selbst oder dessen Nachfolger die Herrschaft streitig machen
können. Aber auch so war Honorias Affäre politisch hochbrisant, denn es handelte
sich bei ihrem Liebhaber nicht um einen einfachen Diener: Eugenius war „mit der
Verwaltung ihrer Angelegenheiten beauftragt" (τὴν ἐπιμέλειαν τῶν αὐτῆς ἔχοντι
πραγμάτων) und im Rang vielleicht höher als ein *procurator*, wie bei Marcellinus
comes zu lesen.[12]

Leicht konnte der Verdacht aufkommen, daß Gegner des Kaisers mit Hilfe Honorias den Sturz Valentinians vorbereiteten, und vielleicht verdächtigte man sie
auch selbst eines solchen Vorhabens, wie zumindest die Reaktion Valentinians vermuten läßt, über die Johannes von Antiochia berichtet:[13] Nachdem ihre heimliche
Affäre aufgedeckt und ihr Liebhaber hingerichtet worden war, wurde Honoria mit
Herculanus verlobt, „einem Mann konsularischen Ranges und von so guter Gesinnung, daß man ihn keinerlei Machenschaften gegen das Kaisertum oder eines Auf-
ruhrs verdächtigte" (ἀνδρὶ ὑπατικῷ καὶ τρόπων εὖ ἔχοντι, ὡς μήτε πρὸς βασιλείαν
μήτε πρὸς νεωτερισμὸν ὑποτοπεῖσθαι).[14] Tatsächlich würde Valentinian Herculanus das Amt des Konsuls im Jahr 451 übertragen,[15] möglicherweise um diesen für
seinen Dienst am Kaiserhaus zu belohnen. Sollte Honorias Affäre mit Eugenius,
wie als einziger unter den spätantiken Historiographen Marcellinus behauptete,[16]
zu einer Schwangerschaft geführt haben, könnte Honorias Vermählung mit Herculanus beschlossen worden sein, um eine außereheliche Schwangerschaft der Kaiserschwester zu vertuschen.

Honoria aber, anstatt sich ihrem Schicksal zu fügen, setzte auf Konfrontation
und sandte einen Boten mit einem Hilfegesuch zu Attila dem Hunnenkönig, damit
der sich ihrer Sache annehme. Zur Bekräftigung ihrer Bitte ließ sie Attila auch ihren

---

11  Marc. com. a. 434: Honoria […] ab Eugenio procuratore sua stuprata concepit; zu Eugenius
   auch *PLRE* 2, s. v. „Eugenius 1", 416.

12  Falls der oben zitierte Eintrag aus der *Suda* (s. oben Anm. 10) Priscus' eigenen Wortlaut wiedergibt, ließe sich annehmen, daß Marcellinus der Kürze wegen die Umschreibung von Eugenius' Aufgabenbereich mit einer griffigen lateinischen Amtsbezeichnung übersetzt hat. Die
   Aufgabe, kaiserliche Angelegenheiten zu verwalten, kann auf viele Hofämter zutreffen, denn
   es wird ja nicht explizit, um welche es sich hier handelt.

13  Zur Honoria-Affäre vgl. auch die Darstellung bei Wirth, Gerhart: *Attila. Das Hunnenreich und
   Europa*, Stuttgart/Berlin/Köln 1999, 93–97; zur Auseinandersetzung mit chronologischen Unstimmigkeiten bes. 94; außerdem für eine breitere Reflexion der Affäre im Kontext der Politik
   Valentinians III. einerseits und der hunnisch-römischen Beziehungen andererseits Kelly, Christopher: *Attila the Hun. Barbarian Terror and the Fall of the Roman Empire*, London 2008,
   177–189.

14  Prisc. fr. 17 (Blockley, = fr. 62* Carolla); Joh. Ant. fr. 292 (Roberto, = fr. 223 Mariev, = fr. 199
   Müller); zu Herculanus *PLRE* 2, s. v. „Fl. Bassus Herculanus 2", 544 f.

15  Marc. com. a. 452.

16  Marc. com. a. 434.

Ring überbringen. Der wiederum wollte Honorias Hilferuf daher sogleich als Heiratsantrag verstanden wissen und nutze seine vermeintlich Verlobte fortan wiederholt als Druckmittel gegen das römische Reich:

> παρὰ τὸν Ἀττήλαν Ὑάκινθον εὐνοῦχον ἐκπέμπει τινά, ὥστε ἐπὶ χρήμασιν αὐτῇ τιμωρήσει τῷ γάμῳ· ἐπὶ δὲ τούτοι καὶ δακτύλιον ἔπεμψε, πιστουμένη τὸν βάρβαρον. Καὶ ὁ μὲν παρεσκεύαζεν ἑαυτὸν χωρεῖν κατὰ τῆς τῶν ἑσπερίων βασιλείας.[17]

> Sie schickte Hyacinthus, einen Eunuchen, zu Attila, damit er gegen Geld ihre Hochzeit räche. Zudem schickte sie auch ihren Ring und vertraute sich dem Barbaren an. Der machte sich bereit, in den Westen des römischen Reiches aufzubrechen.

An dieser Stelle muß kurz auf die Chronologie der Ereignisse eingegangen werden. Marcellinus und nach ihm Jordanes legen Honorias Affäre mit Eugenius in das Jahr 434.[18] Daß diese Datierung nicht stimmig sein kann, hat bereits Bury dargelegt:[19] Zum einen liegt zwischen den Jahren 434 und 450, als Attila sich gegen Italien wandte, eine zu große zeitliche Distanz, zum anderen wurde Honoria noch einige Jahre später lobend erwähnt, nämlich in einem Gedicht des Merobaudes (ca. 443) und in einer von Agnellus zitierten Inschrift (nach 439).[20] Marcellinus scheint sich an dieser Stelle geirrt zu haben, und es ist anzunehmen, daß sich Honoria erst im Jahre 449, ihrer heimlichen Liebschaft überführt, an Attila wandte, wie die Berichte von Priscus und Johannes von Antiochia nahelegen. Weiter ist unklar, ob Honoria wirklich zur Strafe nach Konstantinopel geschickt wurde:

> Honoria, [...] ab Eugenio procuratore sua stuprata concepit, palatioque expulsa Theodosio principi de Italia transmissa Attilanem contra Occidentalem rem publicam concitabat.[21]

> Honoria, [...] wurde von ihrem Prokurator Eugenius geschändet und empfing, und nachdem sie aus dem Palast geworfen und von Italien weg zu dem Kaiser Theodosius geschickt worden war, rief sie Attila gegen das Westreich herbei.

Marcellinus Angabe, Honoria sei nach Konstantinopel geschickt worden, ist höchst unsicher: Ihr unmittelbarer Zeitgenosse Priscus, der sich während der fraglichen

---

17  Prisc. fr. 17 (Blockley, = fr. 62 Carolla); Joh. Ant. fr. 292 (Roberto, = fr. 223 Mariev, = fr. 199 Müller).

18  Marc. com. a. 434; vgl. Jord., *Rom.* 328 f.

19  Bury, Honoria, 11 f. Dagegen argumentiert Gračanin, Hrvoje: „The western Roman embassy to the court of Attila in A. D. 449", in: *ByzSlav* 61(2003), 53–74, hier 65, daß das von Marcellinus angegebene Datum stimme. Honoria sei nach Konstantinopel geschickt worden, wo ihre jungfräulichen Tanten (Pulcheria, Arcadia und Marina) sie hätten beeinflussen sollen. Um einen Skandal zu vermeiden, habe man ihre Affäre mit Eugenius aber nicht publik gemacht und ihr den *Augusta*-Titel belassen. Nach ihrer Läuterung und spätestens anläßlich der Hochzeit Valentinians III. mit Licinia Eudoxia 437 sei sie nach Ravenna zurückgekehrt; so auch Holum, Theodosian Empresses, 1 f. (der hier angekündigte Artikel „Justa Grata Honoria and the Scepter of the Empire [Prisc. fr. 15]" ist bedauerlicherweise nicht erschienen). Angesichts fehlender Belege für Honorias Aufenthalt in Konstantinopel in anderen Quellen ist diese Deutung jedoch wenig haltbar.

20  Beide erwähnen auch Licinia Eudoxia, die 437 mit Valentinian III. verheiratet wurde: Merob. *Carm.* 1,13 f. (s. hierzu Clover, Frank M.: *Flavius Merobaudes. A Translation and Historical Commentary*, Philadelphia 1971, 22) beziehungsweise Agnellus 42 (= *CIL* 11,276) nennt Licinia Eudoxia *Augusta*; die Inschrift muß daher 439 oder später entstanden sein.

21  Marc. com. a. 434, ähnlich Jord., *Rom.* 328.

Zeit, also 449, wenn man davon ausgeht, daß Marcellinus Datierung nicht richtig ist, als oströmischer Gesandter am Hofe Attilas aufhielt, äußert sich dazu nicht, dürfte aber durchaus darüber informiert gewesen sein, wenn Honoria zeitgleich in Konstantinopel gewesen wäre. Bei Johannes von Antiochia, der sich bei seinen Ausführungen hierzu an Priscus orientiert haben dürfte, liest sich der Bericht vielmehr so, als habe man in Konstantinopel von der ganzen Angelegenheit erst erfahren, als Attila sich bereits auf seinen Feldzug gegen das Imperium vorbereitete:

Ἦκε γάρ τις ἀγγέλλων, τὸν Ἀττήλαν τοῖς κατὰ τὴν Ῥώμην ἐπιθέσθαι βασιλείοις, Ὀνωρίας τῆς Βαλεντινιανοῦ ἀδελφῆς ἐς ἐπικουρίαν ἐπικαλεσαμένης αὐτόν. […] Θεοδόσιος μεμαθηκὼς, ἐπιστέλλει τῷ Βαλεντινιανῷ τὴν Ὀνωρίαν ἐκπέμπειν τῷ Ἀττήλᾳ.[22]

Einer der Boten aber meldete, daß Attila sich gegen die Kaiser von Rom rüstete, weil Honoria, die Schwester Valentinians, ihn zu Hilfe gerufen hatte. […] Als Theodosius davon erfuhr, befahl er Valentinian, Honoria an Attila auszuliefern.

Dem Befehl seines Onkels, Honoria dem Hunnenkönig zu übergeben, kam Valentinian allerdings nicht nach, sondern ließ die Sache untersuchen – das heißt er ließ den Eunuchen Hyacinthus, der Attila Honorias Botschaft überbracht hatte, foltern und ihm schließlich den Kopf abschlagen. Honoria aber wurde, so Johannes weiter, durch die flehenden Bitten ihrer Mutter Galla Placidia vor einem ähnlichen Schicksal bewahrt:

Seine Schwester Honoria aber übergab Valentinian als Geschenk der Mutter, die lange um sie gefleht hatte. So wurde Honoria damals ‚vor der Bestrafung' gerettet (Ὀνωρίαν δὲ τὴν ἀδελφὴν Βαλεντινιανὸς τῇ μητρὶ δῶρον ἔδωκε πολλὰ αἰτησαμένῃ αὐτήν. Οὕτως μὲν οὖν Ὀνωρία τότε τῆς ‚κολάσεως' ἀπελύετο).[23]

Über Honorias weiteres Leben schweigen die Quellen. 449/50 wurde sie mit dem späteren Konsul Herculanus verlobt, vielleicht auch verheiratet:[24] Von Priscus erfahren wir, daß Attila nach der Thronbesteigung Marcians in Konstantinopel im Jahre 450 in beide Reichshälften Boten aussandte, die im Osten jährliche Tributzahlungen einfordern, im Westen aber Druck in der Sache um Honoria machen sollten:

Ὅτι ὡς ἠγγέλθη τῷ Ἀττήλᾳ τὸν Μαρκιανὸν ἐς τὰ κατὰ τὴν ἕω Ῥωμαϊκὰ παρεληλυθέναι βασίλεια μετὰ τὴν Θεοδοσίου τελευτήν, ἠγγέλθη δὲ αὐτῷ καὶ τὰ τῆς Ὀνωρίας πέρι γεγενημένα, πρὸς μὲν τὸν κρατοῦντα τῶν ἑσπερίων Ῥωμαίων ἔστελλε τοὺς διαλεξομένους μηδὲν Ὀνωρίαν πλημμελεῖσθαι, ἣν ἑαυτῷ πρὸς γάμον κατενεγύησε· τιμωρήσειν γὰρ αὐτῇ, εἰ μὴ καὶ τὰ τῆς βασιλείας ἀπολάβῃ σκῆπτρα.[25]

Als es Attila gemeldet wurde, daß Marcian nach dem Ende des Theodosius im Oströmischen Reich die Herrschaft übernommen hatte, wurde ihm auch gemeldet, was mit Honoria geschehen war; er schickte zu dem weströmischen Herrscher, um zu erklären, daß Honoria kein Unrecht geschehen solle, mit der er sich verlobt hatte: Er werde sie rächen, wenn man ihr nicht auch das kaiserliche Szepter zurückgebe.

---

22   Prisc. fr. 17 (Blockley, = fr. 62 Carolla); Joh. Ant. fr. 292 (Roberto, = fr. 223 Mariev, = fr. 199 Müller).

23   Joh. Ant. fr. 292 (Roberto, = fr. 223 Mariev, = fr. 199 Müller), die Einfügung ‚κολάσεως' nach Roberto.

24   *PLRE* 2, s. v. „Herculanus 2", 544 f.

25   Prisc. fr. 20,1 (Blockley, = exc. 15 Carolla).

Seine Boten kamen jedoch unverrichteter Dinge zurück. Marcian ließ Attila ausrichten, daß er nicht gewillt sei, ihm Tribut zu leisten, solange er mit Krieg drohe. Aus dem Westen lautete die Nachricht,

Ὀνωρίαν αὐτῷ ἐς γάμον ἐλθεῖν μήτε δύνασθαι ἐκδεδομενην ἀνδρί· σκῆπτρον δὲ αὐτῇ μὴ ὀφείλεσθαι· οὐ γὰ‹ρ› θηλειῶν, ἀλλὰ ἀρρένων ἡ τῆς Ῥωμαϊκῆς βασιλείας ἀρχή.[26]

„daß Honoria nicht seine Frau werden könne, da sie bereits mit einem anderen Mann verheiratet sei, daß ihr das Szepter aber nicht gebühre: denn die Herrschaft über das römische Reich gehöre nicht den Frauen, sondern den Männern"

Das allerdings war nur die halbe Wahrheit: Nur kurze Zeit davor, das heißt noch im selben Jahr, hatte Pulcheria, die Schwester des gerade verstorbenen Theodosius' II., durch Heirat einen einfachen Soldaten zum Kaiser erhoben: Es handelte sich um den oben erwähnten Marcian, und es ist recht wahrscheinlich, daß Attila, als man ihm meldete, daß in Konstantinopel ein neuer Kaiser den Thron bestiegen habe, auch über die Umstände dieser Thronfolge informiert wurde. In der Tat könnte Attila sich daher von einer Heirat mit Honoria versprochen haben, früher oder später einmal Ansprüche auf die Herrschaft über den westlichen Reichsteil geltend machen zu können.

Nach kurzem Überlegen, so berichtete Priscus weiter, habe Attila sich entschieden, zuerst den Westen des Reiches anzugreifen.[27] 451 jedoch mußte Attila eine Niederlage hinnehmen und zog sich zurück, nicht ohne jedoch erneut die Herausgabe Honorias als seine Braut und diesmal mit ihr das halbe Reich zu fordern:

παραχωρεῖν δὲ αὐτῷ τὸν Βαλεντινιανὸν καὶ τοῦ ἡμίσεως τῆς βασιλείας μέρους, ὡς καὶ τῆς Ὀνωρίας διαδεξαμένης μὲν παρὰ πατρὸς τὴν ἀρχήν, ταύτης δὲ τῇ τοῦ ἀδελφοῦ ἀφαιρεθεῖσαν πλεονεξίᾳ.[28]

Valentinian aber solle ihm den halben Teil des Reiches überlassen, weil auch Honoria die Herrschaft von ihrem Vater geerbt habe, derer sie aber durch die Habsucht ihres Bruders beraubt worden sei.

Da man am weströmischen Kaiserhof die alte Haltung beibehielt, zog Attila 452 gegen Italien, mußte sich aber schon bald erneut geschlagen geben. Auch wenn es späteren Chronisten so erschienen sein mag, war Honoria sicher nicht der einzige Grund, warum Attila das Imperium bedrohte.[29] Ihm dürfte es vor allem um Tributzahlungen gegangen sein. Der Hilferuf der Kaiserschwester aber kam ihm wohl sehr gelegen, hatte sie ihm damit doch einen geeigneten Vorwand für seine Forde-

---

26  Prisc. fr. 20,1 (Blockley, = exc. 15 Carolla).
27  Mit der Position Attilas und seinen Gründen für die Invasion in Italien 452 beschäftigt sich besonders Zecchini, Giuseppe: „Attila in Italia. Ragioni politiche e sfondo ‚ideologico' di un'invasione", in: *Aevum* 67(1993), 189–198. Auch für Zecchini stellt die Episode mit Honoria ein Schlüsselereignis in den diplomatischen Beziehungen zwischen Römern und Hunnen dar (ebd. 191), die er insbesondere im Kontext der politischen Gegnerschaft Galla Placidias und Aëtius untersucht (besonders 193 f.).
28  Prisc. fr. 20,3 (Blockley, = exc. 16 Carolla); ähnlich liest sich die Sache bei Jord., *Get.* 223: Graviora se in Italia inlaturum, nisi ad se Honoriam […] cum portione sibi regalium opum debita mitterent (er [Attila] werde schlimmeres über Italien bringen, wenn ihm nicht Honoria […] mit dem ihr gebührenden Anteil an der Herrschaft übergeben würde).
29  Theoph. AM 5943.

rungen geliefert. Honorias Versuche, Attila zu ihrem Retter zu machen, enthielten eine gewisse Brisanz für die außen- wie innenpolitische Lage des römischen Reiches: Als Barbar und Heide wäre Attila, selbst wenn es zu einer Eheschließung mit Honoria gekommen wäre, kaum als römischer Kaiser anerkannt worden. Honoria wird sich dessen bewußt gewesen sein, Attilas Forderungen weisen aber darauf hin, daß zumindest er sich einen Anspruch auf Herrschaft im Westen versprochen haben könnte.[30]

Auch Attila wird bekannt gewesen sein, daß der Westgotenkönig Athaulf seine Verhandlungsposition mit Westrom einmal sehr zu seinen Gunsten hatte verbessern können, nachdem er sich mit der Schwester des damals regierenden Kaisers vermählt hatte. Zecchini legt diesbezüglich dar, daß die damalige Eheschließung zwischen Galla Placidia und Athaulf ein Vorbild für die vermeintliche Verlobung zwischen Honoria und Attila gewesen sei,[31] und die Verbindung zwischen Honoria und Attila einer Initiative Galla Placidias entsprungen sein könnte, die vielleicht ein Bündnis mit den Hunnen anstrebte.[32] Einschränkend ist jedoch darauf hinzuweisen, daß wir weder zweifelsfrei wissen, ob es 416 Galla Placidias freier Wille gewesen war, Athaulf zu heiraten, wie Zecchini annimmt,[33] noch ob sie mit der Vermählung einen politischen Plan verfolgt hatte, und daß es ebenso ungeklärt ist, ob Honoria Attila überhaupt eine Vermählung in Aussicht gestellt hatte, als sie sich an ihn wandte. Daher kann für diese Episode lediglich Attilas Motivation, auf der Auslieferung Honorias zu beharren, mit einiger Plausibilität nachvollzogen werden: Als Geisel der Hunnen, sei es als ihre Gefangene, sei es als ihre Königin, hätte Honoria für Attila einen Nutzen gehabt und seine Position gegenüber den beiden römischen Kaisern wesentlich gestärkt. Ganz ähnlich hatte sich die Situation zwischen Westgoten und Römern um 416 dargestellt. Und was, wenn aus einer Verbindung zwischen Attila und Honoria ein Sohn hervorgegangen wäre? Auch hier sei an Galla Placidia und Athaulf erinnert, deren gemeinsamer Sohn bezeichnenderweise den Namen Theodosius erhalten hatte.[34]

Wir wissen nicht, wie viel von dieser Geschichte an die zeitgenössische Öffentlichkeit gelangte. Dem Ansehen Valentinians III., der gemeinhin als schwacher Kaiser galt, dürfte diese Episode durchaus geschadet haben. Schließlich lautete die Botschaft, daß nicht einmal die eigene Schwester seine Befehlsgewalt, sein Kaiser-

---

30   Die Idee des Bündnisses über die Heirat mit einer Römerin hatte Attila wohl bereits im Blick; vgl. Prisc. fr. 14 (Blockley, = exc. 8 Carolla): Attila, heißt es hier, habe Theodosius II. den Frieden angeboten, wenn er ihm eine Frau verschaffe. Theodosius habe sich zunächst auf diesen Handel eingelassen, das Versprechen aber nicht eingehalten. Riet er seinem Amtskollegen Valentinian deshalb, Honoria zu Attila zu schicken?

31   Zecchini, Attila, 192.

32   Ebd. 194

33   Ebd. 192.

34   S. 90 f. dieser Arbeit; vgl. Zecchini, Attila, 193 f., der die Möglichkeit in Betracht zieht, daß auch Galla Placidia ein politisches Interesse an einer Verbindung ihrer Tochter mit Attila hatte, da sie zum einen darauf gehofft haben könnte, mit seiner Hilfe ihren alten Gegner Aëtius zu beseitigen und zugleich ein römisch-barbarisches Bündnis, wie sie es selbst durch ihre Verbindung mit Athaulf zu erreichen versucht habe, nun doch noch über die Vermählung ihrer Tochter mit dem Hunnenführer zu verwirklichen.

tum anerkannte und lieber mit den Hunnen paktierte. Als Attila 453 unerwartet starb, löste sich das Problem für die Römer von selbst. Was beim Blick in die literarischen Quellen in Bezug auf Honoria aber ins Auge fallen muß, ist das stetige Betonen ihrer βασιλεία: Auch sie habe das kaiserliche Szepter getragen (καὶ αὐτὴ τῶν βασιλικῶν εἴχετο σκήπτρων). Das Szepter als Zeichen der Königsherrschaft ist für das Altertum allgemein belegt. Nach Alföldi gehörte es seit dem späten 3. Jahrhundert auch im Römischen Reich zum festen Bestandteil der kaiserlichen Insignien,[35] wobei es aber bereits seit Livia auch auf bildlichen Darstellungen kaiserlicher Frauen zu finden ist.[36] Auch die üblicherweise als Ariadne identifizierte Kaiserin auf der Elfenbeintafel im florentiner Bargello trägt in ihrer Linken als Attribut ein Szepter.[37]

Wenigstens in der herrschaftlichen Repräsentation war die Vorstellung gängig, daß kaiserliche Frauen Herrschaftsinsignien trugen, und Priscus als Zeitgenosse Honorias schrieb ihr auch den tatsächlichen Besitz des Szepters zu. Zur Frage, was es bedeutete, daß kaiserliche Frauen über Insignien des Kaisertums verfügten, scheint besonders die von Priscus geschilderte Verhandlung zwischen Attila und Rom aufschlußreich: Attila habe gefordert, man solle Honoria das kaiserliche Szepter zurückgeben, worauf man ihm von Rom aus erklärt habe, „daß ihr das Szepter nicht gebühre: denn die Herrschaft über das Römische Reich gehöre nicht den Frauen, sondern den Männern."[38] Die Antwort aus Rom impliziert eindeutig die Bedeutung des Szepters der Honoria als Zeichen kaiserlicher Herrschaft, und ebenso läßt die von Priscus gewählte Formulierung „τὰ τῆς βασιλείας σκῆπτρα" darauf schließen.[39] Eine adäquate Übersetzung dieses Ausdrucks ins Deutsche wird durch die Bedeutungsnuancen des griechischen Wortes βασιλεία erschwert, das im weitesten Sinne den Herrschaftsbereich (geographisch und zeitlich) eines autokratischen Souveräns, sowie auch konkret das Herrscheramt an sich bezeichnen konnte.[40] Priscus zufolge wandte Attila nun ein, daß auch Honoria „die Herrschaft [hier ἡ ἀρχή, die Herrschaft als Amt?] von ihrem Vater geerbt habe."[41]

Der Besitz des Szepters ging demnach mit einem Herrschaftsanspruch einher. Wenn dieser aber – wie man in Rom behauptete – einer kaiserlichen Frau bedingt durch ihr Geschlecht nicht zukam, so stellt sich doch die Frage, warum Honoria das Szepter je innegehabt haben sollte, vor allem wenn dieses doch eindeutig mit einem Herrschaftsanspruch identifiziert wurde. Nicht restlos zu klären ist freilich, ob es sich hier um einen realen Gegenstand handelte, oder σκῆπρον hier nur metapho-

---

35  Alföldi, Repräsentation, 230.

36  Ebd. 233; dazu ausführlicher Filippini, Erica: „Iconografia monetale del potere femminile: l'attributo dello scettro", in: Maria Caccamo Caltabiano / Carmela Raccuia / Elena Santagati (Hgg.), *Tyrannis, basileia, imperium. Forme, prassi e simboli del potere politico nel mondo greco e romano. Atti delle giornate seminariali in onore di Sebastiana N. Consolo Langher (Messina, 17–19 dicembre 2007)*, Messina 2010, 477–485.

37  Hierzu ausführlich Angelova, Ivories.

38  Prisc. fr. 20,1 (Blockley, = exc. 15 Carolla).

39  Philost. 12,12 etwa vermerkte für die Erhebung ihres Vaters Constantius zum *Augustus* durch Honorius: εἰς τὸ τῆς βασιλείας προσλαμβάνεται σκῆπτρον.

40  Vgl. S. 21 dieser Arbeit.

41  Prisc. fr. 20,3 (Blockley, = exc. 16 Carolla).

risch oder besonders im Plural σκῆπτρα stellvertretend für die Insignien der kaiserlichen Frau allgemein zu verstehen ist. Das ist allerdings auch nicht relevant. Denn in jedem Fall nutzte Priscus die Idee des Szepters, um zu verdeutlichen, daß auch Honoria als Schwester des amtierenden Kaisers an dessen βασιλεία teilhatte.[42]

Bedauerlicherweise ist Priscus' Darstellung nur in fragmentierter beziehungsweise exzerpierter Form erhalten, so daß vieles offen bleiben muß, um so mehr als wir Priscus eigenen Wortlaut nicht kennen. Seine Reflexionen über die βασιλεία der Honoria sind jedoch in höchstem Maße spannend und werfen Fragen auf, die offensichtlich auch schon Priscus umgetrieben haben: In welchem Verhältnis stehen βασιλεία und ἀρχή miteinander und welchen Anspruch hat die *Augusta* als Inhaberin der βασιλεία an der ἀρχή. Wenn Priscus Attila sagen läßt, auch Honoria habe die Herrschaft (ἀρχή) von ihrem Vater geerbt, und daher stehe ihr ein Teil des Reiches ebenso zu wie ihrem Bruder, und Priscus dies möglicherweise völlig unkommentiert so stehen ließ, wie es durch Photius überliefert ist, so deutet dies darauf hin, daß Priscus selbst diese Möglichkeit nicht gänzlich ausschloß. Für den Historiker Priscus war die Vorstellung anscheinend gar nicht so abwegig, daß Honoria kraft ihrer Herkunft einen Anspruch auf ἀρχή hatte.

Im Kontext der Ereignisse um Honoria erklärte Priscus auch, daß gerade erst Marcian an die Herrschaft im Osten gekommen war. Dessen Kaisertum legitimierte sich dadurch, daß er eine Ehe mit Pulcheria eingegangen war, welche durch ihr dynastisches Potential βασιλεία und ἀρχή auf ihn übertragen hatte. Möglicherweise waren es die Umstände dieser Thronbesteigung und die Rolle, die Pulcheria dabei eingenommen hatte, die Priscus dazu anregten, die Möglichkeit weiblicher ἀρχή in Betracht zu ziehen. Schließlich war es bei Marcians Erhebung nicht ganz mit rechten Dingen zugegangen, wäre es doch eigentlich an Valentinian III. gewesen, nach dem Tode seines Onkels einen neuen Amtskollegen zu benennen. Hatte die Übertragung des oströmischen Kaisertums auf Marcian durch Pulcheria 450 wenigstens im Osten eine neue Debatte im spätantiken Herrschaftsdiskurs um Status und Befugnisse der *Augusta* ausgelöst?

Im Verlauf des 5. Jahrhunderts hatte die Rolle der kaiserlichen Frau zunächst in der östlichen Reichshälfte eine deutliche Aufwertung erfahren, wobei sozialer Status und symbolisches Kapital der kaiserlichen Frauen schon seit Beginn des römischen Kaisertums auf eine breite Akzeptanz stießen – aus traditionellen Gründen im Osten möglicherweise stärker als im Westen. Herrschaft in eigenem Namen und als Amt, ἀρχή, hatte aber auch im Osten keine römische Kaiserin je ausgeübt. Was aber bedeutete es, wenn die Einsetzung eines Kaisers nur kraft Einwilligung der *Augusta* gelang? Möglicherweise verraten Priscus' Reflexionen über Honorias βασιλεία mehr über politische Realität in der östlichen Reichshälfte um 450 als über die im Westen, wo kaiserliche Frauen nicht die breiten Handlungsspielräume der oströmischen *Augustae* gehabt zu haben scheinen.

Honorias Mutter Galla Placidia war die erste *Augusta* im Westen, die in der theodosianischen Tradition kaiserlicher Frauen stand. Als stellvertretende Regentin im Namen ihres Sohnes war ihre politische Funktion vor allem eine herrschaftssta-

---

42   Vgl. Holum, Theodosian Empresses, 4.

bilisierende beziehungsweise -bewahrende. Auch Honoria, so wird man gehofft haben, als man ihr den *Augusta*-Titel verlieh, würde einmal als Repräsentantin der Herrschaft ihres Bruders Stabilität und Akzeptanz seines Kaisertums in der Öffentlichkeit fördern. Diesen Erwartungen aber kam sie nicht nach, sondern trat aus ihrer repräsentativen Funktion heraus in direkte Opposition zu ihrem Bruder Valentinian. Über ihre Motive läßt sich nur spekulieren, ebenso über die Frage, ob sie tatsächlich geplant hatte, ihren Bruder mit Hilfe ihres Hofbeamten zu stürzen.[43] Daß sie sich später jedoch an Attila wandte, kann nur als Angriff auf das Kaisertum ihres Bruders verstanden werden.

Was nach Attilas Tod mit Honoria geschah, ob sie überhaupt den Tod ihrer Mutter Galla Placidia Ende 450 überlebt hat, ist nicht bekannt. Die Herrschaft ihres Bruders Valentinian III. wird häufig als der Anfang vom Ende des Weströmischen Reiches betrachtet. Für die instabile politische Lage kann man Honoria sicherlich nicht allein verantwortlich machen. Allerdings hat sie vielleicht zum Prestigeverlust ihres Bruders und damit indirekt zu der Krise, in der sich das Imperium zu Beginn der 450er Jahre befand, mit beigetragen. „Eine wirklich empörende Missetat, daß sie die Zügellosigkeit ihrer Lust mit öffentlichem Unheil erkaufen wollte" (*prorsus indignum facinus, ut licentiam lividinis malo publico conpareret*), sollte der Chronist Jordanes später einmal über sie urteilen.[44]

---

43   So etwa Zecchini, Attila, 191.
44   Jord., *Get.* 224.

## 10 LICINIA EUDOXIA

*„Heil des Ostens, Glück des Westens."*
*(RIC 10,269)*

Große Erwartungen drückte die von Theodosius II. im Jahre 439 anläßlich der Erhebung seiner Tochter zur *Augusta* 438 in Auftrag gegebene Münzprägung aus:[1] „Heil des Ostens, Glück des Westens" *(salus orientis felicitas occidentis)* verkündeten die im Namen Licinia Eudoxias im römischen Osten verbreiteten *Solidi*. Im Jahr zuvor vor hatte die Tochter des oströmischen Kaiserpaares Konstantinopel verlassen, um Kaiserin des weströmischen Teilreiches zu werden.[2]

Licinia Eudoxia war Ende 422 als erstes Kind des Theodosius und der Athenaïs-Eudocia geboren worden[3] und sollte als einziges Kind aus dieser Ehe das Erwachsenenalter erreichen.[4] Doch schon 424, als sie mit dem gerade von ihrem Vater zum *Caesar* erhobenen, damals fünfjährigen Valentinian verlobt wurde, werden ihre Eltern alle Hoffnung in ihre Tochter gesetzt haben. Auch wenn es sich bei diesem Bündnis möglicherweise zunächst nur um einen ‚Plan B' des oströmischen Kaisers gehandelt hatte: Theodosius hatte nämlich bereits den Vater Valentinians, Constantius III., nicht anerkannt, als dieser von Honorius 421 zum *Augustus* und Mitregenten im Westen ernannt worden war. Als Constantius aber schon nach kurzer Regentschaft verstorben war, baute Theodosius wohl zunächst eher darauf, nach dem Tode seines Onkels Honorius die Alleinherrschaft über das römische Imperium für sich zu gewinnen, als daß er beabsichtigte, das weströmische Kaisertum seinem minderjährigen Cousin Valentinian zu überlassen.[5]

Dieser Valentinian hielt sich zusammen mit seiner Schwester Honoria und seiner Mutter Galla Placidia in Konstantinopel auf, als Honorius 423 in Ravenna verstarb, und sich nach einiger Zeit der Thronvakanz, gestützt von einem Teil der Senatorenschaft, der Usurpator Johannes in Rom erhob. Theodosius, der mit der Regelung der Thronfolge im Westen zu lange gezögert hatte, sah sich nun zu raschem Handeln gezwungen und ließ in Thessalonike den fünfjährigen Valentinian zum *Caesar* erheben, unterstellte ihn der Vormundschaft seiner Mutter Galla Placidia, der er den Rang der *Augusta* übertrug und verlobte Valentinian mit seiner Tochter Licinia Eudoxia. Anschließend schickte er ihn mit seiner Familie zurück in den Westen, um die dortige Bevölkerung an ihre Loyalität gegenüber der theodosianischen Dynastie zu erinnern.

Die Verlobung der oströmischen Kaisertochter Licinia Eudoxia mit dem weströmischen *nobilissimus puer* hatte die dynastische Verbindung der beiden Kaiser-

---

1   *RIC* 10,269.

2   *Chron. Gall. 511*, 598 deutet ihre Erhebung für das Jahr 438 an; Agnellus, *Liber Pont.* 31 nennt den 6. August.

3   Marc. com. a. 422; *Chron. pasch.* 578.

4   Marc. com. a. 431 erwähnt den Tod der jüngeren Tochter Flaccilla. Falls es neben den beiden Töchtern einen Sohn Arcadius gegeben haben sollte, was besonders Scharf, Apfel-Affäre, 435 für sehr wahrscheinlich hält, dürfte auch dieser noch im Kindesalter ums Leben gekommen sein.

5   Vgl. auch Stein, Geschichte des spätrömischen Staates, 122.

höfe von Konstantinopel und Ravenna erneuert. Dennoch hatte Theodosius zum Zeitpunkt der Verlobung nicht die Absicht gehabt, Valentinian auf den weströmischen Kaiserthron zu setzen. Denn selbst nachdem Johannes von den Truppen geschlagen worden war, die der oströmische Kaiser ebenfalls in den Westen geschickt hatte, soll er weiter mit der Thronbesetzung gezögert haben.[6] Die durch die Verlobung seiner Tochter mit einem Nachkommen des weströmischen Zweigs der Dynastie beschlossene Verbindung stärkte schließlich auch seine, Theodosius', Ansprüche im Westen. Dennoch entschied er sich letztendlich dazu, Valentinian zum Kaiser des Weströmischen Reiches zu ernennen.[7] Ein noch längeres Vertagen der Thronregelung hätte auch seinem Ansehen schaden können, und zumindest versprach die über Licinia Eudoxia bestehende Verbindung zwischen beiden Reichshälften eine künftig bessere Kooperation der beiden Kaiserhöfe, als sie sich während der letzten dreißig Jahre gestaltet hatte. Sie versprach darüber hinaus den Fortbestand der Dynastie im Westen.

Licinia Eudoxia kann daher als dynastisches Bindeglied zwischen Ost und West verstanden werden. Dies ist keine Beschreibung der Kaiserin, die sich auch nur andeutungsweise in den literarischen Quellen finden ließe. Tatsächlich ist den, wenn schon nicht zeitgenössischen, so doch wenigstens zeitnahen Quellen ausgesprochen wenig über die oströmische Prinzessin beziehungsweise weströmische *Augusta* zu entnehmen. Prägend wirkte auf die junge Kaisertochter sicher das als nahezu monastisch beschriebene Klima am Kaiserhof von Konstantinopel,[8] wo sie in ihrer Mutter Eudocia wie auch in ihrer Tante Pulcheria zudem zwei starke Vorbilder hinsichtlich weiblicher βασιλεία hatte. Eudocia, von der es heißt, sie habe als Tochter eines Sophisten großen Wert auf Bildung gelegt, wird zudem ein Auge darauf gehabt haben, daß ihrer Tochter eine angemessene Erziehung zuteil wurde. Licinia Eudoxia hatte von klein auf also die besten Voraussetzungen dafür, den Habitus der christlichen *Augusta* auszubilden, den die spätantiken Geschichtsschreiber für andere kaiserliche Frauen häufig bewundernd hervorhoben. Um so erstaunlicher ist es daher, daß dieselben Quellen diesbezüglich ausgerechnet zu Licinia Eudoxia schweigen.[9]

Lediglich in der *Vita Melaniae* wird Licinia Eudoxia kurz als „εὐσεβεστάτη βασιλίς" erwähnt. Ihre Amme Eleutheria[10] hatte Melanias Onkel, da seine Nichte schwer erkrankt war, sterbend zu sich gerufen und wurde durch diese zum Christen-

---

6 Socr. 7,24,1.

7 Olymp. fr. 43; Philost. 12,14; Socr. 7,24,3–5; Prosp. Tiro 1289 (a. 425); Hyd. Lem. 85 (a. 424/5); Marc. com. a. 425; Jord., *Rom.* 328; Malal. 14,7; *Chron. pasch.* 580; Joh. Nik. 84,47; Theoph. AM 5915.

8 Socr. 7,22,2–4; Theodt. 5,36,4 f.

9 Was freilich nicht bedeutet, daß sich dieser Habitus nicht in ihrem Verhalten äußerte. Die weitgehende Nichtbeachtung Licinias Eudoxias als *Augusta* erklärt sich vielleicht damit, daß sie als weströmische Kaiserin für die oströmischen Geschichtsschreiber weniger interessant war, oder ihnen Informationen über sie weniger zugänglich waren, während vergleichbare Werke aus weströmischer Perspektive fehlen.

10 Es ist nicht sicher, ob Licinia Eudoxias Amme mit der gleichnamigen *cubicularia* ihrer Tante Pulcheria zu identifizieren ist (letztere *PLRE* 2, s. v. „Eleuthera", 389).

tum bekehrt.[11] Licinia Eudoxia wurde außerdem im Beisein ihrer Mutter von Melania in ihrem Palast in Konstantinopel aufgesucht, wo die beiden kaiserlichen Frauen intensive Gespräche mit der Heiligen führten.[12] Anders als ihre Mutter würden die Gespräche Licinia Eudoxia aber wohl nicht dauerhaft in ihrem religiösen Empfinden prägen. Während ihre Mutter sich der miaphysitischen Überzeugung Melanias anschloß, würde Licinia Eudoxia in der Debatte um Eutyches die Position des römisches Bischofs einnehmen.

Erst als der inzwischen mündige Valentinian III. 437 nach Konstantinopel reist, um dort die Vermählung mit Licinia Eudoxia zu feiern, und seine Braut anschließend mit sich nach Ravenna führt, findet Licinia Eudoxia wieder – wenn auch kurz – Beachtung in den historiographischen Quellen.[13] In welchem Maße die Eheschließung in Konstantinopel gefeiert wurde, läßt sich nur erahnen: Anläßlich des Ereignisses hatte Theodosius in Konstantinopel *Solidi* mit seinem Konterfei auf dem Avers schlagen lassen.[14] Die Rückseite dieses Münztypus trägt die Legende FELICITER NUBTIIS und zeigte das stehende Brautpaar, Valentinian im linken, Licinia Eudoxia im rechten Feld. Mittig hinter ihnen steht etwas größer abgebildet der Brautvater Theodosius, der beiden je eine Hand auf die Schulter legt und die jungen Brautleute, die sich die je rechte Hand reichen, so zum Bund der Ehe zusammenzuführen scheint (s. Abbildung 4). Licinia Eudoxia trägt bereits hier den ungewöhnlichen Kopfschmuck, mit dem sie Jahre später erneut auf Münzen abgebildet werden sollte.

Den Winter nach ihrer Hochzeit verbrachten Licinia Eudoxia und Valentinian noch in Thessalonike,[15] bevor sie nach Italien zurückkehrten und in Ravenna Einzug hielten.[16] Dort wurde Licinia Eudoxia am 8. August des Folgejahres zur *Augusta* erhoben.[17] Vielleicht hatte sie Valentinian zu diesem Zeitpunkt ihre erste Tochter Eudocia geboren, denn oft – wenn auch nicht immer – ging diese besondere Ehrung für die Frau des Kaisers mit der Geburt legitimer Nachkommen einher; die Geburtsdaten ihrer beiden Töchter aber, Eudocia und Placidia, werden in den Quellen nirgendwo erwähnt. Dem Rang nach zog Licinia Eudoxia nun mit ihrer Schwiegermutter Galla Placidia und ihrer Schwägerin Honoria gleich, wenngleich diese als *Augustae seniores* blieben. Es fehlen Hinweise in den spätantiken Geschichtswerken, wie sich Licinia Eudoxias neue Rolle als Kaisergattin und *Augusta* gestaltet haben könnte. Eine spätere Quelle vermerkte für das Jahr 439 in auffälligem Wortlaut: „Eudoxia Ravenna regnum accepit."[18]

---

11   *V. Mel.* 55: [Volusian] ἐκάλεσεν τὴν τροφὸν τῆς εὐσεβεστάτης βασιλίδος Εὐδοξίας, τὴν κυρίαν Ἐλευθερίαν, καὶ σὺν Θεῷ ἐφωτίσθη.
12   *V. Mel.* 56.
13   Socr. 7,44,3; Prosp. Tiro 1328 (a. 437); Marc. com a. 437; Theod. Lect. 332; Jord., *Rom.* 329 f.; *Ann. Rav.* a. 437 (nennt als Datum den 27. Oktober); Cassiod., *Chron.* a. 437; Malal. 14,5; Evagr. 1,20; *Chron. pasch.* 582.
14   *RIC* 10,267.
15   Marc. com. a. 437.
16   Marc. com. a. 438; Jord., *Rom.* 330; *Ann. Rav.* a. 438.
17   *Chron. Gall. 511,* 599; *Ann. Rav.* a. 439; Agnellus, *Liber Pont.* 31.
18   *Chron. Gall. 511,* 598.

*Abb. 4: FELICITER NUBTIIS.*
*Solidus anläßlich der Vermählung Licinia Eudoxias und Valentinians III.,*
*Konstantinopel 437, RIC 10,267*
*(Münzkabinett, Staatliche Museen zu Berlin, 18202348).*

Seit dieser Zeit wurden in beiden Reichshälften Münzen in Eudoxias Namen emittiert. Die im Osten geschlagenen Münzen bildeten sie in der für die theodosianischen *Augustae* üblichen Weise im Profil mit Blick nach rechts ab: Sie trägt auf ihren Münzbildnissen ein Rosetten- oder Perlendiadem, *paludamentum* und auf den *Solidi* wird sie von der Hand Gottes gekrönt. Die Legende auf den Münzvorderseiten nennt sie mit der für die oströmischen *Augustae* üblichen Titulatur AEL(ia) EVDOXIA AVG(usta). Eine Besonderheit stellen die oben erwähnten Münzen von 439 dar, deren Revers sich mit der Umschrift SALVS ORIENTIS FELICITAS OCCIDENTIS direkt auf Licinia Eudoxia beziehen; die Legende umkränzt ein Chi-Rho.[19] Während der im Osten verwendete Münztypus bis zum Ende der Emissionen für Licinia Eudoxia[20] ikonographisch prinzipiell unverändert blieb,[21] listet die *RIC* gleich vier Münztypen, die im Westen zu Ehren der *Augusta* geschlagen wurden. Zwei dieser Typen (nach *RIC* LE2 und LE5) zeigen Licinia Eudoxia genau wie die oströmischen Münzen im Profil nach rechts gewandt, mit Diadem und Feldherrenmantel, wobei die Legende auf dem Avers des LE2-Typs D(omina) N(ostra) ELIA (sic!) EVDOXIA P(ia) F(elix) AVG(usta) lautet, die oströmische Titulatur

---

19   *RIC* 10,269.

20   Hierzu: Abaecherli Boyce, Aline: „Eudoxia, Eudocia, Eudoxia. Dated Solidi of the Fifth Century", in: *American Numismatic Society. Museum Notes* 6(1954), 140 f.: Die Münzprägung für Licinia Eudoxia endete im Osten nicht mit dem Tode Theodosius' II., sondern wurde unter Marcian fortgeführt (s. *RIC* 10,513), was Abaecherli Boyce auf Licinia Eudoxias besondere Bedeutung für die theodosianische Dynastie seit der Verbannung ihrer Mutter Eudocia aus Konstantinopel um 443 zurückführt: „[…] for if the two parts of the Empire were ever to be united again, […] they would have to be united under a son of Eudoxia and Valentinian" (ebd. 140).

21   Die *RIC* listet verschiedene Reihen von *Solidi* ähnlichen Typs, die zwischen 430 und 450 herausgegeben wurden *RIC* 10,264; 267 (beide datiert 430–450, Revers VOT XXX MVLT XXXX); 290; 298; 296; 306; 318; 328; 329 (datiert 441–450, Revers: IMP XXXXII COS XVII PP); daneben zwei *Tremisses* von ca. 444 (ohne *manus Dei*).

*Abb. 5: Solidus für Licinia Eudoxia.*
*Auf dem Avers die Kaiserin frontal mit ‚Strahlenkrone' und Perlenschmuck. Auf dem Revers*
*SALVS REI PUBLICAE: die Kaiserin thronend mit globus cruciger und Kreuzszepter,*
*Ravenna 439–450, RIC 10,2023*
*(Münzkabinett, Staatliche Museen zu Berlin, 18200543).*

hier also (in veränderter Schreibweise) übernommen wurde;[22] während der LE5-Typ sie LICINIA EVDOXIA P(ia) F(elix) AVG(usta) nennt.[23]

Ikonographisch auffällig sind hingegen die von *RIC* mit LE3 und LE4 bezeichneten Typen, je *Solidi*, emittiert zwischen 439 und 455, die Licinia Eudoxia in einer einzigartigen Weise zeigen: Der von beiden häufigere Typ LE3 (s. Abbildung 5) wurde sowohl in Ravenna als auch in Rom geschlagen und trägt auf der Vorderseite das außergewöhnliche Porträt der Kaiserin, nicht im Profil, sondern frontal mit weit geöffneten Augen. Das an sich stellt bereits eine Singularität im gesamten fünften Jahrhundert und darüber hinaus dar; ebenfalls einzigartig ist aber der Kopfschmuck, den Licinia Eudoxia auf diesen Münzen trägt: Es handelt sich hierbei nämlich nicht um das übliche Diadem, das man von anderen Kaiserinnenporträts kennt, sondern um einen Haarschmuck aus zwei Reihen Perlenschnüren, die von einem rosettenförmigen Stirnjuwel in der Mitte aus je nach links und rechts abgehen und von den Schläfen an lose an beiden Seiten bis fast auf die Schultern herunterfallen.[24] Über dem Stirnjuwel ist ein Kreuz angebracht, das auf beiden Seiten von drei Zacken flankiert wird. Der Kopfschmuck erinnert in seiner Gestaltung an eine Strahlenkrone. Ihn lediglich als Ausdruck eines extravaganten Geschmacks der Kaiserin zu betrachten,[25] scheint daher zu kurz gegriffen. Guarducci fühlte sich angesichts des

---

22  *RIC* 10,2074 (*Tremissis*, datiert 455, das Revers zeigt lediglich ein Kreuz in einem Kranz); 2093 (Halb-*Siliqua*, datiert 455, auf dem Revers ein Chi-Rho in einem Kranz).

23  *RIC* 10,2056 (*Semissis*, datiert 455, auf dem Revers ein Chi-Rho mit der Legende SALVS REI PVBLICAE).

24  Guarducci, Margherita: „Licinia Eudoxia imperatrice d'Occidente", in: *Bullettino della Commissione Archeologica Comunale di Roma* 93(1989/90), 41.

25  Vgl. Delbrueck, Spätantike Kaiserporträts, 31, der Licinia Eudoxia mit Verweis auf diese Darstellungsweise als „Modeschöpferin" bezeichnet und einen „Nachklang an die constantinische Strahlenkrone" ausschließt (ebd. 66); Koenen, Ulrike: „Symbol und Zierde auf Diadem und Kronreif spätantiker und byzantinischer Herrscher und die Kreuzauffindungslegende bei Ambrosius", in: *JbAC* 29(1996), 186 identifiziert dagegen Licinia Eudoxias Diadem klar als Strahlenkrone mit neuhinzugekommener christlicher Symbolik.

von Strahlen umgebenen Kreuzes an die legendäre Vision Constantins an der Milvischen Brücke erinnert.[26] Als Symbol des Schutzes wie des Sieges fungiere das Kreuz auch auf Licinia Eudoxias Kopfschmuck; „un auspicio di prottezione e di vittoria per l'imperatrice e per l'Impero, auspicio al quale s'intona bene la leggenda […] di *Salus rei publicae*."[27]

Nicht weniger auffällig als die Vorderseite dieses Münztyps ist sein Revers. Denn auch bei der Abbildung auf der Münzrückseite handelt es sich, von der Legende SALVS REI PVBLICAE abgesehen, nicht um Standardsymbolik: Interessant erscheint die Darstellung besonders angesichts der Überlegungen in Bezug auf ihre Schwägerin Honoria und die Bedeutung des Szepters.[28] Denn abgebildet auf dem Münzrevers ist Licinia Eudoxia auf einem Thron sitzend; in der rechten hält sie den *globus cruciger,* in der linken ein langes Kreuzszepter. Das Bild erinnert an die beiden Elfenbeintafeln in Wien und Florenz, die eine Kaiserin – vermutlich Ariadne – ebenfalls einmal thronend mit *globus* und einmal stehend mit *globus* und Szepter zeigen.[29]

Wenn das Szepter im zeitgenössischen Verständnis als Symbol der βασιλεία verstanden wurde – ähnliches läßt sich auch für den *globus* annehmen–, dann deutet das Szepter in der Hand der *Augusta* auf einen gewissen Herrschaftsanspruch, beziehungsweise eine ‚legitime' Teilhabe an der Herrschaft ihres Mannes hin.[30] In diesem Zusammenhang erhält auch der oben bereits erwähnte Vermerk des gallischen Chronisten von 511, „Eudoxia Ravenna regnum accepit", ein stärkeres Gewicht,[31] auch wenn ein zeitgenössischer römischer Autor wahrscheinlich nicht von *regnum,* sondern wenn überhaupt von *imperium* gesprochen hätte.

Zu verweisen ist noch auf den vierten Münztyp (LE4), der 455 in Rom geschlagen wurde und Licinia Eudoxia auf dem Avers ebenfalls frontal mit einem noch einmal anderen Kopfschmuck, ähnlich dem auf der *Feliciter Nubtiis*-Prägung von 437, zeigt. Auf dem Revers mit der Umschrift VOT XXX MVLT XXXX sind nebeneinander Valentinian im rechten und, kaum nennenswert kleiner dargestellt, Licinia Eudoxia im linken Feld abgebildet. Beide stehen frontal und halten je ein Szepter, Valentinian in der linken, Eudoxia in der rechten Hand, mit dem sie zur Mitte deutet.[32] Die Abbildung erinnert an vergleichbare Münzen, die auf dem Revers den *senior Augustus* mit seinem Amtskollegen zeigen.[33] Dieses Bild hatte

---

26   Guarducci, Licinia Eudoxia, 48.
27   Ebd. 50.
28   Vgl. hierzu in dieser Arbeit S. 174 f.
29   Vergleichbar aber nicht gleich sind die Abbildungen Valentinians III. auf den Rückseiten der anläßlich seines zweiten und dritten Konsulats geschlagenen Münzen (*RIC* 10,2032–2036), die den Kaiser ebenfalls thronend, aber im Konsulgewand mit *mappa* und Szepter zeigen.
30   Legitim ist hier nicht im Sinne einer gesetzmäßigen Verankerung gemeint, sondern im Sinne des im Herrschaftsdiskurs als legitim anerkannten Teilhaberschaft der *Augusta* an der βασιλεία ihres Mannes.
31   *Chron. Gall. 511*, 598.
32   *RIC* 10,2046.
33   Etwa die 425–429 von Theodosius II. herausgegebenen Prägungen mit ihm selbst und Valentinian III. auf dem Revers (*RIC* 10,237; 243); ebenso Longo, Katia: „Le *Augustae* e il cerimoniale di corte", in: Maria Caccamo Caltabiano / Daniele Castrizio / Mariangela Puglisi (Hgg.), *La*

früher schon einmal Claudian evoziert, als er in seinem *Epithalamium* zur Vermählung des Honorius mit Maria, die Braut als *consors imperii* bezeichnete.[34]

Es ist recht wahrscheinlich, daß Licinia Eudoxia an der Regentschaft ihres Mannes Anteil hatte und vielleicht einen gewissen Einfluß ausübte. Ob sie sich dabei aber gegenüber Valentinians Mutter Galla Placidia emanzipieren konnte, sofern das überhaupt nötig war, ob sie deren Einfluß möglicherweise sogar zurückdrängte, läßt sich weder ausschließen noch sicher sagen. In der bildlichen Repräsentation wurde Licinia Eudoxia jedenfalls über die Insigniensymbolik stärker als jede andere *Augusta* vor ihr als Regentin stilisiert.[35] Von einer faktischen Gleichberechtigung mit dem Kaiser soll freilich keine Rede sein, schließlich stand per Definition nur der Kaiser über dem Gesetz, während die *Augusta* ihm untergeordnet blieb.[36] Die im 5. Jahrhundert zunehmende symbolische Angleichung der *Augusta* an den Kaiser ist aber nicht von der Hand zu weisen.

Welche Kompetenzen oder Privilegien einer kaiserlichen Frau mit dem *Augusta*-Titel übertragen wurden, ist nicht definiert, und es ist schwer zu fassen, wie sich die βασιλεία der kaiserlichen Frauen allgemein äußerte. Umso schwieriger ist es, Licinia Eudoxias Rolle als Kaiserin im Speziellen zu fassen, denn wo die literarischen Quellen schweigen, bleibt lediglich die Sprache der Münzen.[37] Diese sind zwar nicht Ausdruck der politischen Wirklichkeit, aber zeigen doch wenigstens, welche Wahrnehmung der *Augusta* man vonseiten des Kaiserhofs in der Öffentlichkeit erzeugen wollte. Im Falle Licinia Eudoxias ist die Sprache der Münzen beeindruckend deutlich.

Vergleichsweise schwach ist demgegenüber ihre Repräsentation in den *Carmina* des Hofdichter Merobaudes,[38] der als Quelle allerdings schwierig ist.[39] Die Tradition, welche Licinia Eudoxia als Stifterin der um 442 unter Sixtus III. auf dem Esquilin in Rom errichteten Basilika *San Pietro in Vincoli* (oder häufig *Basilica Eudossiana*) nennt, und sie mit der dort aufbewahrten Kettenreliquie in Verbindung

---

*tradizione iconica come fonte storica. Il ruolo della numismatica negli studi di iconografia,* Reggio Calabria 2004, 493.

34  Claud., *Epithal.* 277; hierzu Kapitel III,2,4 dieser Arbeit.

35  Vgl. Longo, Le *Augustae* e il cerimoniale di corte, 492.

36  *Dig.* 1,3,31: Princeps legibus solutus est: augusta autem licet legibus soluta non est, principes tamen eadem illi privilegia tribuunt, quae ipsi habent (hierzu Kapitel III,1,1 dieser Arbeit).

37  Die wenigen Inschriften, die ihren Namen tragen, bringen kaum mehr Aufschluß: Lediglich erwähnt wurde Licinia Eudoxia in der bereits an anderer Stelle zitierten Inschrift in *San Giovanni Evangelista* in Ravenna unter den anderen Mitgliedern der kaiserliche Familie (*CIL* 11,276). Eine Inschrift in *San Pietro in Vincoli* in Rom erwähnte die Vollbringung eines Gelübdes durch Licinia Eudoxia im Namen ihrer Eltern (*ILCV* 1779, = *ILS* 1,819). Daneben gab es in Rom eine Widmung für Licinia Eudoxia von einem Flavius Florenus ihrer *pietas* wegen (*CIL* 6,40806).

38  Merob., *Carm. I und II;* sowie dazu die Kommentare bei Clover, Frank M.: *Flavius Merobaudes. A Translation and Historical Commentary,* Philadelphia 1971, 16–28 und (zu *Carm. I)* Barnes, Timothy D.: „Merobaudes on the Imperial Family", in: *Phoenix* 28 (1974), 314–319.

39  Etwa Consolino, Franca Ela: „Poesia e propaganda da Valentiniano III ai regni romanobarbarici (Secc. V–VI)," in: dies. (Hg.), *Letteratura e propaganda nell'Occidente latino da Augusto ai regni romanobarbarici. Atti del Convegno Internazionale Arcavacata di Rende, 25–26 maggio 1998,* Rom 2000, 188 f.

bringt,[40] ist nicht durch zeitgenössische Berichte belegt. Lediglich die Überlieferung einer diffusen Inschrift stellt eine Verbindung zwischen Licinia Eudoxia und der römischen Kirche her: „Theodosius pater Eudocia cum coniuge votum cumque suo supplex Eudoxia nomine solvit."[41]

Um was für ein Votum der Eltern es sich gehandelt haben könnte, und ob die Inschrift sich auf eine besondere Stiftung Licinia Eudoxias für die Kirche bezieht, bleibt hier völlig unklar. Das einzige Gelöbnis der Eltern, das in Verbindung mit Licinia Eudoxia überliefert ist, ist der bei Socrates erwähnte Schwur ihrer Mutter, nach Jerusalem zu pilgern, falls sie die Vermählung ihrer Tochter erleben sollte.[42]

Es ist nicht auszuschließen, daß Licinia Eudoxia in irgendeiner Form für die Kirche gestiftet hatte, war dies doch die Art von Euergetismus, durch die sich die kaiserlichen Frauen bevorzugt hervortaten und ihre Frömmigkeit demonstrierten. Als treue Nicänerin schrieb sie außerdem einen der Briefe an Theodosius II. in Bezug auf das zweite Konzil von Ephesus, das eine *confusio* des christlichen Glaubens bewirkt habe, und in dem sie besonders die Absetzung Flavians, bis dahin Bischof von Konstantinopel, beklagt.[43] Der kurze Brief, eines von wenigen Selbstzeugnissen kaiserlicher Frauen des fünften Jahrhunderts, ist – obwohl an den Vater gerichtet – kaum persönlich gehalten. Es wäre müßig, hier über eigene theologische Überlegungen der *Augusta* zu spekulieren. Denn das Schreiben, eines von vieren, die Leo I. bei der kaiserlichen Familie in Auftrag gegeben hatte,[44] gibt wohl lediglich die Worte des römischen Bischofs und seiner Kollegen wieder. Diese hatten sich, auch das wird in diesem Brief erklärt, wegen des Konzils an die kaiserliche Familie gewandt, als sie kurz nach ihrem Einzug in Rom um 449 *Sankt Peter* aufsuchte.[45]

In den spätantiken Chroniken wird Licinia Eudoxia erst wieder im Jahr 455 erwähnt, und um diese Zeit müssen auch die Gerüchte ihren Anfang genommen haben, die zu ihrer Legendenbildung beitrugen. Was im Jahr 455 geschah, läßt sich auf ungefähr folgende Ereignisse herunterbrechen: Nach dem Tode Attilas hatte Valentinian III. den Plan gefaßt, sich seines einflußreichen Heermeisters Aëtius zu entledigen und ihn vielleicht eigenhändig getötet.[46] Ein halbes Jahr später wurde der Kaiser von einigen Anhängern des Aëtius auf dem römischen Marsfeld selbst

---

40 Vgl. Hülsen, Christian: *Le chiese di Roma nel Medio Evo,* Florenz 1927, 418 f.; Guarducci, Licinia Eudoxia, 48; grundlegend zu Entstehung und Architektur der Basilika Krautheimer Richard: „S. Pietro in Vincoli and the Tripartite Transept in the Early Christian Basilica", in: *Proceedings of the American Philosophical Society* 84(1941), 353–429; zur Verbindung der Kirche mit Licinia Eudoxia besonders 401 f.

41 *ILCV 1779*; Krautheimer, S. Pierto in Vincoli, 408 nimmt an, daß die ab dem 8. Jahrhundert belegte Bezeichnung der Kirche als „Eudossiana" auf ein Mißverständnis der Inschrift zurückzuführen ist.

42 Socr. 7,47,2.

43 Leo, *Ep.* 57 (PL 54, 861–864).

44 Vgl. S. 151 dieser Arbeit.

45 Leo, *Ep.* 57 (PL 54, 861).

46 So Prosp. Tiro 1373 (a. 454); Hyd Lem. 160 (a. 454); Prisc. fr. 30,1 (Blockley, = fr. 71 Carolla); Marc. com. a. 454; Joh. Ant. fr. 293,1 (Roberto, = fr. 224 Mariev, = fr. 201 Müller); vgl. *Ann. Rav.* a. 454 erwähnt keine Beteiligung Valentinians an Aëtius' Ermordung, als Datum wird der 21. September genannt.

ermordet.[47] Schon am nächsten Tag wurde Petronius Maximus zum Kaiser erhoben,[48] dem einige Quellen eine Beteiligung an der Ermordung Valentinians zuschreiben, oder ihn sogar als Mörder identifizieren.[49] Dieser Maximus zwang Valentinians Witwe Licinia Eudoxia dazu, die Ehe mit ihm einzugehen,[50] und verlobte vielleicht eine ihrer beiden Töchter mit seinem Sohn Palladius, den er sogleich zum *Caesar* erhoben hatte.[51]

Der Versuch des Maximus, sein Kaisertum über eine Ehe mit Licinia Eudoxia zu legitimieren, ist keineswegs abwegig. Bereits 450 hatte Pulcheria gezeigt, daß es kaiserlichen Frauen möglich war, einen legitimen Kaiser zu stellen, indem sie eine eheliche Verbindung mit ihm eingingen. Daß ein solches Vorgehen keine Ausnahmeerscheinung bleiben sollte, zeigt das jüngere Beispiel der Ariadne, die, aufgefordert von Senat und konstantinopolitanischer Stadtbevölkerung, die Nachfolge ihres verstorbenen Mannes zu regeln, auf die gleiche Weise Anastasius zum Kaiser machte. Unter anderen Umständen hätte Petronius Maximus mit seinem Vorgehen erfolgreich sein können. Offensichtlich war aber Licinia Eudoxia, die als Nachfolger Valentinians III. übrigens Majorian (weströmischer Kaiser 457–461) bevorzugt haben soll,[52] nicht gewillt, dem mutmaßlichen Mörder ihres Mannes diese Chance auf ein legitimes Kaisertum einzuräumen.

An eben diesem Punkt setzte die Legendenbildung ein: Der Usurpator Maximus war wohl bereits tot, als die Vandalen Anfang Juni 455 Rom überfielen und plünderten:[53] „Wie böse Zungen behaupten" (*ut mala fama dispergit*), so der Zeitgenosse Hydatius,[54] sei es Licinia Eudoxia gewesen, die Geiserich einen Brief mit Bitte um ihre Rettung gesandt habe.[55] Die reduzierte Version der Legende ist noch in den jüngeren byzantinischen Geschichtswerken überliefert,[56] eine ausführliche Darstellung findet sich in Procops *Vandalenkriegen*. Gemeinsam ist beiden Versionen, daß die Geschehnisse von 455 darin ursächlich auf die Verderbtheit Valentinians III. zurückgeführt werden: Der habe ein ausschweifendes, lüsternes Leben geführt und obwohl er mit Licinia Eudoxia eine sehr schöne, anmutige Frau (εὐπρεπεστάτη) gehabt habe, sich mit anderen Frauen umgeben, so die einen;[57] er habe die für ihre

---

47  Für das Datum 16. März *Ann. Rav.* a. 455.

48  *Ann. Rav.* a. 455.

49  Marc. com. a. 455; Jord., *Rom.* 334; Procop, *de bellis* 3,4,36; Malal. 14,26; Evagr. 2,7; Theoph. AM 5947; Zon., *Epit.* 13,25,22.

50  Prosp. Tiro 1375 (a. 455); Hyd. Lem. 162 (a. 455); Prisc. fr. 30,1 (Blockley, = fr. 71* Carolla); Joh. Ant. fr. 293,1 (Roberto, = fr. 224 Mariev, = fr. 201 Müller).

51  Hyd. Lem. 162 (a. 455).

52  Joh. Ant. fr. 293,1 (Roberto; = fr. 224 Mariev; = fr. 201 Müller).

53  *Ann. Rav.* a. 455. gibt das Datum seiner Ermordung mit dem 31. Mai an, Geiserichs Überfall auf Rom wird auf den 2. Juni datiert.

54  Hyd. Lem. 167 (a. 456?); so auch Prisc. fr. 30,1 (Blockley, = fr. 71 Carolla); Joh. Ant. fr. 293,1 (Roberto, = fr. 224 Mariev; = fr. 201 Müller).

55  Marc. com. a. 455; Jord., *Rom.* 334.

56  *Zon., Epit.* 13,25,20–26; Cedr. 1,605 f.; Niceph. Call. 15,11.

57  Theoph. AM 5947; Zon., *Epit.* 13,25,20; Niceph. Call. 15,11; Cedr. 1,605 wirft Valentinian dagegen Aberglauben und den Umgang mit Zauberern vor; Licinia Eudoxias Anmut ist jeweils als Kontrast zu Valentinians Übeltaten zu lesen.

Schönheit berühmte Frau des Petronius Maximus begehrt, sie unter einem Vorwand in den Palast gelockt und vergewaltigt, so Procop.[58] Seinen Lebensstil habe Valentinian mit einem schändlichen Tod durch die Hand des Maximus bezahlt, während der Mörder seine Witwe Eudoxia mit Gewalt zur Ehe zwang und sich seines Kaisertums bemächtigte.[59] Aus Rache,[60] und weil sie fürchtete, ihre σωφροσύνη sollte ihr nun ausgerechnet vom Mörder ihres Mannes genommen werden,[61] und auch weil sie nach dem Tode ihres Vaters und ihrer Tante nicht auf Hilfe aus dem Osten hoffen konnte,[62] habe sie einen Hilferuf an den inzwischen verbündeten Vandalenkönig Geiserich gesandt.

Der kam nach Rom. Ob auf Einladung Licinia Eudoxias oder nicht, sei dahingestellt. Nachdem bereits Serena Alarich zur Plünderung Roms bestellt haben soll, Honoria einen Hilferuf an Attila gesandt hatte, scheint es sich um einen fast zu offensichtlichen Topos zu handeln, daß auch Licinia Eudoxia diesen Weg gewählt habe. Andererseits hatte es bereits seit einiger Zeit ein römisch-vandalisches Abkommen gegeben, in dessen Kontext auch Geiserichs Sohn Hunerich einige Zeit als diplomatische Geisel am weströmischen Kaiserhof verbracht hatte und vielleicht mit der älteren Tochter Valentinians III. und Licinia Eudoxias verlobt worden war.[63] Nebenbei ist zu bemerken, daß Licinia Eudoxia trotz des Vorwurfs der Konspiration mit Geiserich, dennoch die einzige Beteiligte ist, die in den verschiedenen Darstellungen des Geschehens einigermaßen wohlwollend beurteilt wird. Denn unabhängig davon, welcher Version man folgt, war es doch in jedem Fall eine Notsituation, die Licinia Eudoxia zu ihrem folgenreichen Schritt veranlaßt hatte.

Die unter Geiserich nach Rom gekommenen Vandalen plünderten die Stadt ganze vierzehn Tage lang[64] und entführten am Ende Licinia Eudoxia und ihre beiden Töchter nach Karthago.[65] Dort wurde Eudocia mit Hunerich verheiratet.[66] Aus der Ehe ging ein Sohn, Hilderich, hervor, der wie sein Vater und Großvater

58 Procop, *de bellis* 3,4,17; Joh. Ant. fr. 293,2 (Roberto, = fr. 201 Müller, nach Mariev *spurium*); vgl. Evagr. 2,7: τὴν Μαξίμιου γαμετὴν Οὐαλεντινιανὸς ὕβρισε.

59 Procop, *de bellis* 3,4,36; Evagr. 2,7; Joh. Ant. fr. 293,2 (Roberto, = fr. 201 Müller, nach Mariev *spurium*); Theoph. AM 5947; Zon., *Epit.* 13,25,22; Cedr. 1,605 f.; Niceph. Call. 15,11.

60 Procop, *de bellis* 3,4,37 f.; Joh. Ant. fr. 293,2 (Roberto; = fr. 201 Müller; nach Mariev *spurium*); vgl. Malal. 14,26, der aber die erzwungene Vermählung nicht erwähnt; Zon., *Epit.* 13,25,23; Cedr. 1,606.

61 Evagr. 2,7.

62 Procop, *de bellis* 3,4,39; Theoph. AM 5947; Niceph. Call. 15,11 erwähnt, daß sie auch noch einen Groll gegen die Mutter hegte und daher auch diese nicht um Hilfe bitten mochte.

63 Procop, *de bellis* 3,4,13–15; die Verlobung Eudocias mit Hunerich um 442 hält Martindale *PLRE* 2, s. v. „Hunericus", 573 für möglich.

64 *Ann. Rav.* a. 455.

65 Prosp. Tiro 1375 (a. 455); *Ann. Rav.* a. 455; Procop, *de bellis* 3,5,3; Marc. com. a. 455; Jord., *Rom.* 344; Malal. 14,26; Evagr. 2,7; *Chron. pasch.* 592; Joh. Ant. fr. 293,2 (Roberto, = fr. 201 Müller, nach Mariev *spurium*); Theoph. AM 5947; Zon., *Epit.* 13,25,26; Cedr. 1,606; Niceph. Call. 15,11.

66 Procop, *de bellis* 3,5,6; Malal. 14,26; Evagr. 2,7; *Chron. pasch.* 592 (verwechselt Eudocia mit Honoria); Joh. Ant. fr. 296 (Roberto, = fr. 227 Mariev, = fr. 204 Müller); Theoph. AM 5947; Zon., *Epit.* 13,25,27; Cedr. 1,606; Niceph. Call. 15,11; hierzu auch Hartmann, Martina: *Die Königin im frühen Mittelalter*, Stuttgart 2009, 6 f.

einmal König der Vandalen werden sollte. Nach sechzehn Ehejahren – Mutter und Schwester waren zu diesem Zeitpunk längst ins römische Reich zurückgekehrt – soll Eudocia ihren Mann wegen seines arianischen Glaubens verlassen und über Konstantinopel nach Jerusalem gereist sein, wo sie sich bis zu ihrem Lebensabend niederließ.[67]

Es ist unklar, ob die zweite Tochter Placidia 455 bereits mit Olybrius verlobt oder sogar schon mit ihm verheiratet war,[68] der später von Geiserich als Kaiseranwärter unterstützt worden sein soll[69] und 472 tatsächlich für wenige Monate legitimer Herrscher in Rom war. So ungenau die Überlieferung ist, spricht Geiserichs Vorgehen doch dafür, daß er das unter Valentinian III. geschlossene Bündnis trotz veränderter Umstände beibehalten wollte und dies vielleicht über die Heiratspolitik zu erreichen versuchte. Gleichzeitig bedurfte es jedoch langwieriger Verhandlungen mit dem Kaiserhof in Konstantinopel, bis es schließlich Kaiser Leo 462 gelang, Licinia Eudoxia und ihre Tochter Placidia nach Konstantinopel zu holen.[70]

Dort angekommen habe Licinia Eudoxia von ihrem Schwiegersohn Olybrius von den Wundertätigkeiten des Styliten Daniel erfahren, der sich zu diesem Zeitpunkt nahe der oströmischen Hauptstadt aufhielt. Licinia Eudoxia habe nach den Erzählungen des Olybrius dringend begehrt, den Heiligen zu treffen, und ihn schließlich auf seinem Hügel aufgesucht, um seinen Segen zu erhalten. Die Vita des Styliten berichtet weiter, sie habe ihm ihr Land angeboten, das er jedoch abgelehnt habe. Mit einem Gefühl der wohl spirituellen „Erbauung" (οἰκοδομηθεῖσα), welche die Rede des Heiligen bei ihr hinterlassen habe, verabschiedete sich die „allerfrömmste Kaiserin" (ἡ πιστοτάτη βασίλισσα).[71] Diese Information aus der Lebensbeschreibung des Styliten Daniel ist die letzte Aktion Licinia Eudoxias, die in den literarischen Quellen überliefert ist.

Die *Anthologia Graeca* verzeichnet ein Epigramm aus der *Hagia Euphemia*, wonach Licinia Eudoxia den Bau der Kirche begonnen, später ihre Tochter Placidia gemeinsam mit ihrem Mann Olybrius den Schmuck der Kirche bereitgestellt, und ihre Enkelin Anicia Juliana schließlich der Kirche durch reiche Spenden den letzten Glanz verliehen habe. Die ersten Zeilen des Gedichts weisen Licinia Eudoxia klar als Stifterin aus:[72]

Εἰμὶ δόμος Τριάδος, τρισσὴ δέ με τεῦξε γενέθλη. / πρώτη μὲν πολέμους καὶ βάρβαρα φῦλα φυγοῦσα / τεύξατο καί μ' ἀνέθηκε Θεῷ ζωάγρια μόχθων / Θευδοσίου θυγάτηρ Εὐδοξία·[73]

---

67  Zon. *Epit.* 13,25,29 f.
68  So *V. Dan.* 35; Procop, *de bellis,* 3,5,6; Malal. 14,26; Theoph. AM 5947; Zon., *Epit.* 13,25,27; Cedr. 1,606; nach Hyd. Lem. 216 (a. 462/3?) wurde die Ehe erst geschlossen, nachdem Geiserich Placidia und ihre Mutter nach Konstantinopel gesandt hatte; so auch Evagr. 2,7; Niceph. Call. 15,11, nach denen die Ehe allerdings von Marcian erzwungen worden sein soll, der zu diesem Zeitpunkt bereits nicht mehr am Leben war.
69  Malal. 14,45; Joh. Ant. fr. 296 (Roberto, = fr. 227 Mariev, = fr. 204 Müller).
70  Procop, *de bellis,* 3,5,6; Evagr. 2,7; *Chron. pasch.* 592; Zon., *Epit.* 13,25,28 f.; Cedr. 1,606; Niceph. Call. 15,11.
71  *V. Dan.* 35.
72  Janin, Raymond: „Les églises Saint-Euphémie à Constantinople", in: *Échos d'oriente* 31(1932), 277; vgl. *Chron. pasch.* 594 nennt nur Placidia und Olybrius als Stifter der Kirche.
73  *Anth. Graec.* 1,12.

> Ich bin ein Haus der Drei, denn drei aus einem Geschlecht haben mich gemacht. / Als erste, nachdem sie Krieg und Barbaren entflohen war, / hat mich Gott zum Dank für die Errettung aus ihrer Not errichtet / Theodosius' Tochter Eudoxia.

Damit verliert sich die Spur der letzten *Augusta* der theodosianischen Dynastie. Die großen Erwartungen, welche Theodosius II. und Eudocia bei der Vermählung ihrer Tochter mit Valentinian III. geknüpft hatten, erfüllten sich nicht. Licinia Eudoxia, die das Bindeglied zwischen Ost und West hätte werden sollen, scheiterte nicht selbst. Es waren die politischen Umstände und zum Teil wohl das Versagen ihres Mannes Mitte der 450er Jahre, die zum Ende der theodosianischen Dynastie beigetragen hatten. Ihr Prestige, das sie als Tochter des oströmischen Herrschers und *Augusta* des Weströmischen Reiches innehatte, behielt sie dennoch bis zu Ende ihres Lebens. Trotz der Gerüchte um eine Konspiration mit Geiserich scheint sie ihre kaiserlichen Würden nie verloren zu haben, selbst als längst eine andere Dynastie im Osten herrschte.[74] Auch pflegte sie wohl weiter das zu erfüllen, was von einer kaiserlichen Frau erwartet wurde, indem sie sich als Euergetin gab und Kirchen stiftete und als Zeichen persönlicher Frömmigkeit die Begegnung mit dem Styliten Daniel suchte, dem sie angeboten haben soll, sich auf ihrem Grundbesitz niederzulassen.

Das dynastische Potential, das Licinia Eudoxia auf ihre Töchter übertragen hatte, versuchte man 472 mit der Erhebung ihres Schwiegersohns Olybrius, dem Gatten ihrer Tochter Placidia, noch einmal zu aktivieren, um diesen als legitimen Kaiser in der weströmischen Reichshälfte zu installieren. Olybrius aber starb nach kurzer Regentschaft – allerdings eines natürlichen Todes, worauf in dieser letzten Phase des weströmischen Kaisertums durchaus zu verweisen ist. Seine ihm von Placidia geborene Tochter Anicia Juliana, Licinia Eudoxias Enkelin, würde das von ihren Eltern geerbte symbolische Kapital, das ihr Titel *nobilissima* noch immer zum Ausdruck brachte, Ende des 5. und zu Beginn des 6. Jahrhunderts mehrfach zum Einsatz bringen. Kaiserin, *Augusta* wurde sie nie. Als Stifterin und also Wohltäterin, freilich nicht zu vernachlässigen auch aufgrund ihrer Herkunft, genoß sie dennoch Ansehen und Einfluß, in welchem sie ihren weiblichen Vorfahren nicht nachstehen sollte.

---

74   Wenigstens in der *V. Dan.* 35 wird sie weiter βασίλισσα genannt.

# III SELBSTDARSTELLUNG, REPRÄSENTATION UND LITERARISCHE REFLEXION

## 1 KAISERLICHE FRAUEN IN DER OFFIZIELLEN REPRÄSENTATION

In der Repräsentation des Kaiserhauses spielten die kaiserlichen Frauen seit der Zeit des ersten *princeps* eine Rolle. Es wurden Münzen in ihrem Namen geprägt, ihre Statuen standen an Plätzen des öffentlichen Lebens, Inschriften erinnerten an sie. Mit Aelia Eudoxia wurde es wohl erstmals Praxis, Bildnisse der *Augusta* in die Provinzen des Reiches zu schicken und so ihre Erhebung anzuzeigen.[1] Als Besonderheit der Spätantike läßt sich das erstaunlich selbständige Auftreten der kaiserlichen Frau in der Öffentlichkeit vermerken, welches so weit ging, daß manche Kaiserin sich vielleicht mehr selbst vor einem Publikum inszenierte als das Kaiserhaus zu repräsentieren, dem sie angehörte. Was sich für die Spätantike hingegen kaum fassen läßt, sind die Reaktionen des Publikums, das heißt der jeweils situativen Öffentlichkeit, mit der kaiserliche Frauen entweder in Interaktion tragen oder aber die Empfänger, an denen sich ikonographische oder epigraphische Formen kaiserlicher Selbstdarstellung und offizielle Repräsentation kaiserlicher Frauen richteten. Welche Wirkung erzielten Formen und Medien offizieller Repräsentation zum einen und der Selbstdarstellung kaiserlicher Frauen zum anderen? Einen Hinweis darauf könnten die literarischen Quellen liefern, die in einigen Fällen Repräsentation und Auftreten kaiserlicher Frauen reflektieren und so zumindest die Vermutung zulassen, daß Titulaturen und Insignien kaiserlicher Frauen ihre Wahrnehmung beeinflußten.

### 1.1 Titel und Titulaturen

Unter Titulatur werden hier sowohl tatsächliche Titel und Ehrenbezeichnungen, als auch weitere Bezeichnungen der kaiserlichen Frauen, die sich in den schriftlichen Quellen finden, sowie beschreibende Attribute oder Titulaturen verstanden, mit welchen die kaiserlichen Frauen daneben bezeichnet wurden. Dabei kann eine Unterscheidung zwischen denjenigen Titulaturen getroffen werden, die sich in „offiziellen Dokumenten" (Münzen, Inschriften, Leges, Briefen) finden,[2] und solchen, die ausschließlich in den literarischen Quellen verwendet werden. Nach Rösch, dessen Leitgedanke, daß die kaiserlichen Titel Ausdruck von Macht und Machtgrundlage des Herrschers und die Verwendung des Titels Zeichen der Anerkennung derselben

---

1    Vgl. Pekáry, Das römische Kaiserbildnis, 25.
2    Hierbei folge ich der Definition bei Maslev, Staatsrechtliche Stellung, 309–311 sowie Bensammar, Elisabeth: „La titulature de l'impératrice et sa signification", in: *Byzantion* 46(1976), 243.

seien,[3] hier grundlegend gefolgt wird, ist eine weitere Unterscheidung zu treffen, nämlich die zwischen „Selbstbezeichnung" in offiziellen Schreiben des Kaisers und „Fremdbezeichnung" auf Münzen, Inschriften zum einen und mit größter Variantenvielfalt in den literarischen Quellen zum anderen, weil lediglich erstere den Charakter von ‚offiziellen' Titeln hätten, Fremdbezeichnungen auf Münzen und Inschriften lediglich als „halboffizielle" Titel gelten könnten.[4] Anders als bei Rösch werden die Münzen hier allerdings in ihrer Qualität als Medium kaiserlicher Selbstdarstellung betrachtet, die durch ihre sehr normative Sprache ebenfalls die Züge eines offiziellen Dokumentes tragen. Bei den fraglichen Inschriften ist es hingegen nicht immer festzustellen, wer sie veranlaßt hat, so daß die Unterscheidung Selbst- oder Fremdbezeichnung beziehungsweise ‚offiziell', ‚halboffiziell' oder gar ‚inoffiziell' hier nur bedingt eine Rolle spielen kann; um so mehr, als die relativ häufigen Grenz- und Ausnahmefälle eine scharfe Trennung, wie sie von Rösch vorgenommen wurde, nicht leicht machen.

Die Bezeichnungen kaiserlicher Frauen in den literarischen Quellen, auch in Reden oder Briefen, folgen den Regeln des jeweiligen Autors, der je nach Absicht die Selbstbezeichnung reflektieren und also den ‚offiziellen' Titel als Fremdbezeichnung übernehmen, oder aber andere (Fremd-)Bezeichnungen für die kaiserlichen Frauen wählen konnte, deren Bandbreite von volkssprachigen Bezeichnungen für die Frauen des Herrscherhauses über lobbekundende Ausdrücke bis hin drastischen Schmähungen reichen konnte, wie besonders aus den Reden und Schriften von Johannes Chrysostomus und seinen Anhängern gegen Eudoxia hervorgeht.

In der öffentlichen Repräsentation wurden die Titulaturen der kaiserlichen Frauen verwendet; allen voran steht hier der *Augusta*-Titel, der, als Pendant zum männlichen *Augustus* von kaiserlichen Frauen in beiden Hälften des Imperium geführt, eindeutig die Qualität einer ‚offiziellen' Titulatur hatte. Das im Osten gebräuchliche *nomen* ‚Aelia', die im Westen übliche Anrede *domina nostra* erscheinen ebenfalls als ‚offizielle' Titulaturen, vor allem auf den Münzen. Analog zur lateinischen Anredeform begegnet ἡμῶν δέσποινα in griechischen Inschriften.[5] Während das lateinische *domina nostra* lediglich die weibliche Form der Kaisertitulatur war, bildete sich im Osten unabhängig von der Titulatur des Kaisers *Aelia*, das *nomen gentile* Flaccillas, als distinktives *nomen* für die Kaiserin, gewissermaßen als dynastischer Name heraus, das auf Münzen verwendet eine Kontinuität auch auf der weiblichen Seite des Kaisertums seit Theodosius I. beziehungsweise seiner Gattin Flaccilla betonte.[6] Besonders erstaunlich ist dabei die Tatsache, daß

3    Rösch, Gerhard: *Onoma Basileias. Studien zum offiziellen Gebrauch der Kaisertitel in spätantiker und frühbyzantinischer Zeit*, Wien 1978, 19.

4    Ebd. 20–22.

5    Daß der lateinische Titel durchaus auch im Osten in offiziellen Kontexten Verwendung fand, belegt die Inschrift auf dem Sockel der Eudoxia-Säule in Konstantinopel (*CIL* 3,736 [= *CIG* 8614]); möglicherweise Eudocia gewidmet war eine griechische Inschrift in Ephesus (*IEph* 317: ✠ Εὐδοκίας / τῆς εὐσεβεσ- / τάτης ἡμῶν / δεσποίνης).

6    Holum, Theodosian Empresses, 23; wie auch Schade, Kathrin: *Frauen in der Spätantike – Status und Repräsentation. Eine Untersuchung zur römischen und frühbyzantinischen Bildniskunst,* Mainz 2003; 46; James, Empresses and Power, 128.

*Aelia* auch über das Ende der theodosianischen Dynastie hinaus ‚offizieller‘ Titel der *Augustae* blieb: Marcians Tochter Marciana Euphemia trug ihn, was sich noch mit der Ehe ihres Vaters mit Pulcheria erklären ließe, ebenso wie in der zweiten Hälfte des 5. Jahrhunderts Verina, Ariadne und Zenonis (die Gattin des Usurpators Basilicus) und schließlich im 6. Jahrhundert – nachdem (Lupicinia?) Euphemia und Theodora ihn nicht erhalten oder nicht angenommen hatten – Sophia.

Daneben finden sich in literarischen Quellen, wie auch in Briefen als Anreden oder dort, wo über die Kaiserin gesprochen wird, weitere ‚inoffizielle‘, volkssprachige Titulaturen: βασιλίς, βασίλισσα[7] oder in der lateinischen Übersetzung *regina*,[8] die, wie es scheint, zwar nicht Selbstbezeichnung, aber Ausdruck der besonderen Würde kaiserlicher Frauen waren und in stärkerem Maße als die offiziellen Titulaturen ein Spiegel der politisch-sozialen Realität der Monarchie waren. Es ist aufgrund der eher spärlichen Datenlage schwierig, generelle Aussagen zu treffen. Wenigstens eine Inschrift in Athen allerdings ist sicher der offiziellen Repräsentation zuzuordnen, in der statt des *Augusta*-Titels die traditionell griechische Bezeichnung verwendet wurde: Es handelt sich um eine Widmung auf einem von Theodosius II. errichteten Standbild zu Ehren Eudocias, in dem die Kaiserin als βασιληΐς bezeichnet wird.[9] Wenn, wie Sironen annimmt, dieses Standbild anläßlich der Vermählung Eudocias mit Theodosius II. aufgestellt wurde, war Eudocia zu diesem Zeitpunkt noch nicht *Augusta*.[10] Dies wäre eine hinreichende Erklärung, warum hier nicht die offizielle Titulatur verwendet wurde. Denkbar wäre es allerdings auch, daß hier eine traditionell griechische Statusbezeichnung, noch dazu in einer poetischen Variante, – gewissermaßen als Ausdruck der Verneigung vor der attischen Tradition beziehungsweise dem kulturellen Umfeld, aus dem Eudocia stammte – dem ‚römischen‘ Titel vorgezogen wurde.

Wichtigster Titel der kaiserlichen Frau und der einzige, der in der hier betrachteten theodosianischen Epoche offiziell an sie verliehen wurde,[11] war freilich derjenige der *Augusta*. Seit der erste *princeps* die Aufnahme seiner Gattin Livia in das Geschlecht der Julier testamentarisch verfügt und ihr im gleichen Zug die weibliche Form seines Ehrennamens, *Augusta*, übertragen hatte, sollte sich das eigentliche *cognomen* ‚Augusta‘ in der Folgezeit als Titel der kaiserlichen Frauen etablieren.[12]

---

7 In byzantinischer Zeit trat βασίλις beziehungsweise βασίλισσα als sekundärer Titel neben den *Augusta*-Titel (dazu ausführlicher Bensammar, Titulature, 278–284). In der hier betrachteten Phase der Spätantike scheint dies noch nicht der Fall zu sein.

8 Auffällig ist vor allem die Verwendung von *regina* insbesondere als Anrede für Serena (vgl. S. 42 f. dieser Arbeit), die, so nahe sie dem Kaiserhaus stand, nie offiziell mit einem Titel gewürdigt worden war.

9 *SEG* 40,184 (= *IG* II/III² 13285): ε[ἵνε]κα φ[---] βασιληΐδος Εὐδ[οκίας ---] Θευδόσι[ος βασιλε]ὺς στῆσεν ἄγαλ[μα τόδε]; mit der Inschrift beschäftigt sich Sironen, Erkki: „An Honorary Epigram for the Empress Eudocia in the Athenian Agora", in: *Hesperia* 59 (1990), 371–374.

10 Sironen, Honorary Epigram, 374.

11 Hinweise auf eine offizielle Investitur finden sich u. a. in Olymp. fr. 33; Marc. com. a. 414; 424; *Chron. Gall. 511,* 599; *Chron. pasch.* 567; 571; 580; Agnellus, *Liber Pont.* 31.

12 Vgl. Kolb, A., Augustae, 15 f.; wann das *nomen* ‚Augusta‘ die Entwicklung zum Titel abgeschlossen hatte, ist nicht unumstritten (ebd. Anm. 23). So meint etwa Kuhoff, Wolfgang: „Zur Titulatur der römischen Kaiserinnen während der Prinzipatszeit", in: *Klio* 75(1993), 246, erst mit dem

Während der gesamten Kaiserzeit wurde es – bald traditionell, aber keineswegs regelmäßig – durch den Senat oder den Kaiser selbst an kaiserliche Frauen verliehen; in der Regel erfolgte die Verleihung des Titels an die Kaisergattinnen, oft nachdem sie legitime Nachfolger geboren hatten, oder an Kaisermütter, auch aber nicht ausschließlich von Kindkaisern, um deren Herrschaftsansprüche zu sichern, seltener auch an Kaisertöchter oder -großmütter.[13]

Wie häufig beobachtet, brachte der Titel einer kaiserlichen Frau keine konkreten Amts- oder gar Herrschaftsbefugnisse ein, ebensowenig waren mit ihm klar formulierte Aufgaben seiner Trägerin verbunden. Seine Verleihung erfolgte meist aus dynastischen, herrschaftssichernden und/oder -stabilisierenden Motiven.[14] Ein entscheidendes Moment als Voraussetzung für die Verleihung des Titels läßt sich bei näherer Betrachtung nicht identifizieren. Die Vergabepraxis setzte sich in der Spätantike fort.

In Diocletians politischem System der Tetrarchie spielten die kaiserlichen Frauen zunächst keine Rolle in der herrschaftlichen Repräsentation. Das Prinzip der Adoption der *Caesares* durch die *Augusti* schuf eine – wenn auch künstliche – verwandtschaftliche Nachfolge, welche die Geburt leiblicher Nachkommen und damit die Fertilität der Kaisergattin entbehrlich machten. Dennoch wurden Ehebündnisse auch unter den Tetrarchen und ihren weiblichen Verwandten geschlossen, die aber wohl vorrangig dem Zweck dienten, den Tetrarchen untereinander wechselseitige Loyalität zu sichern. Schon mit dem Rücktritt ihres Erfinders Diocletian begann die während seiner Amtszeit als oberster *Augustus* stabile Tetrarchie zu zerbrechen. Im Zuge der Auseinandersetzungen, die seinem Rücktritt folgten, erhob der von Diocletian als Nachfolger im Osten bestimmte Galerius 308 seine Gattin Valeria, die Tochter Diocletians, zur *Augusta* und ließ ihr zu Ehren auch Goldmünzen schlagen.[15] Es ist nur naheliegend anzunehmen, daß Galerius durch

Ende der julisch-claudischen Dynastie, „als keine Angehörigen der Familie des Augustus mehr vorhanden waren", könne der ursprüngliche Ehrenname tatsächlich als Titel aufgefaßt werden. Im Rahmen der vorliegenden Arbeit soll diese Debatte keine Rolle spielen. Entscheidend ist hier vielmehr, daß die Vergabe des *Augusta*-Titels an die Frauen der theodosianischen Dynastie einer Tradition folgte und die Assoziationen, die der Titel bei seinen Zeitgenossen weckte, daher nicht gänzlich neu waren und Veränderungen bei der Wahrnehmung seiner Trägerinnen als Konsequenz der nun christlich geprägten Auslegung des Kaisertums verstanden werden.

13    Vgl. den prospographischen Überblick „von Livia (14 n. Chr.) bis Theodora (548 n. Chr.)" in Kolb, A., *Augusta*, 23–35 und die dort aufgeführten Belege, der allerdings auch zweifelhafte *Augustae*, wie Marina Severa und Albia Domnica, listet. – Eine besondere Blüte erreichte die Vergabe von Titeln an kaiserliche Frauen zur Zeit der Severer, als dem *Augusta*-Titel häufig weitere Titulaturen beigeordnet wurden, welche die (im weitesten Sinne) ‚Mutterrolle' der *Augustae* betonten (*mater castrorum; mater Augusti et Caesaris; mater Augustorum; mater castrorum, senatus et patriae*) und die je legitimatorischen Absichten besonders deutlich machen (hierzu grundlegend die sehr ausführliche Untersuchung besonders der epigraphischen Quellen in Kettenhofen, Erich: *Die syrischen Augustae in der historischen Überlieferung*, Bonn 1979, 75–173).

14    Kettenhofen, Die syrischen Augustae, 15 f.; Kunst, Christiane: „Die Rolle der Römischen Kaiserfrau. Eine Einleitung", in: dies./Ulrike Riemer (Hgg.): *Grenzen der Macht. Zur Rolle der römischen Kaiserfrauen*, Stuttgart 2000, 2 f.

15    *RIC* 6,47; zu Valeria s. *PLRE* 1, s. v. „Galeria Valeria", 937; Bleckmann, Bruno: „Valeria 6", in: *DNP* 12,1 (2002), 1088 f.

die besondere Auszeichnung seiner Frau seine Ansprüche als nun ranghöchster der Tetrarchen betonen wollte. Sein Vorbild machte unter den übrigen Tetrarchen keine Schule. Es war bald nach dem Ende der Tetrarchie Constantin I., der die Tradition der Titelvergabe wieder aufgreifen sollte, als er seine Gemahlin Fausta und seine Mutter Helena zu *Augustae* erhob und beide zudem mit Münzprägungen in ihrem Namen ehrte;[16] eine Tradition von der seine Nachfolger zunächst wieder abweichen würden, bis Theodosius I. sich schließlich erneut dieser Praxis bediente, um seiner eigenen Dynastie ein sicheres Fundament zu schaffen.[17]

Die Vergabe des Titels folgte auch unter Theodosius I. wie gehabt dynastischen beziehungsweise legitimatorischen Motiven: Theodosius I. erhob seine erste Frau Flaccilla 383 zur *Augusta*, als oder wenigstens kurz nachdem er auch seinen ältesten Sohn Arcadius zum *Augustus* erhoben und auf diese Weise als Nachfolger designiert hatte. Damit hatte Theodosius klare dynastische Absichten bereits zu einer Zeit gezeigt, als er sich selbst noch als Kaiser in der oströmischen Reichshälfte zu etablieren hatte, und zudem die dynastische Thronfolge in beiden Reichshälften noch immer durch die valentinianische Dynastie hätte geregelt werden können. Diese Absichten des Theodosius machten sich nach dem Tode seiner Gattin Flaccilla umso deutlicher bemerkbar, als er sich – kaum hatte er ihren Tod betrauert – mit der Schwester seines wesentlich jüngeren Amtskollegen und *senior Augustus*, Galla, vermählte. Man kann darüber spekulieren, warum er seiner zweiten Gattin den Titel verwehrte. Im Interesse seiner Selbstdarstellung und seiner Legitimation als oströmischer Herrscher bedurfte es der Erhebung Gallas allerdings nicht. Denn zum einen war sie ohnehin Mitglied der herrschenden Dynastie, die nach dem Tode Gratians zunehmend von Theodosius abhängig zu sein schien, zum anderen hatte er inzwischen seine Qualität als Kaiser in Bürgerkriegen und Auseinandersetzungen mit den Nachbarn des Reiches mehrfach bewiesen.

Legitimatorischen Zweck hatte auch die Erhebung Galla Placidias zur *Augusta* durch ihren Halbbruder Honorius im Jahre 421: Selbst kinderlos hatte Honorius seinen General Constantius bereits 417 mit seiner Schwester verheiratet und verlieh vier Jahre später schließlich beiden die Kaiserwürde. Constantius III. hatte er auf diese Weise zu seinem Mitregenten und Thronfolger gemacht, die Verleihung des *Augusta*-Titels an seine Schwester Galla Placidia als dessen Ehefrau aber sollte dessen Nachfolge legitimieren und seine Regentschaft sichern. Dabei ist zu bemerken, daß Galla Placidia als Tochter Theodosius' I. und Gallas einer älteren Dynastie entstammte als Honorius selbst, nämlich der valentinianischen, und daß durch ihre Erhebung vielleicht auch möglichen Zweiflern an der Legitimität einer Thronfolge des Constantius III. begegnet werden sollte.

Zwar sollte Constantius' III. Einsetzung als Mitregent im Weströmischen Reich ausgerechnet von Honorius' oströmischem Amtskollegen und Neffen, Theodosius II., nicht anerkannt werden. Das dynastische Potential, über das Galla Placidia als letzte lebende Nachfahrin der valentinianischen und zugleich Mitglied der regierenden theodosianischen Dynastie verfügte, erkannte Theodosius II. aber sehr wohl:

16 Vgl. besonders Holum, Theodosian Empresses, 31; 33 f.
17 Ebd. 29–31.

Als nach dem Tode Constantius' III. und bald darauf des Honorius eine Zeit der Thronvakanz folgte, und der Usurpator Johannes sich im Westen erhoben hatte, mußte Theodosius II. die legitime Nachfolge in der westlichen Reichshälfte regeln. Für die Thronfolge kam nur der minderjährige Sohn Galla Placidias, Valentinian, infrage, und so installierte Theodosius II. diesen und dessen Mutter, deren Status als *Augusta* er nochmals bestätigte, als Regenten im Westen.

Seit der Begründung der theodosianischen Dynastie wurde die Verleihung des Titels an die Gattin oder auch an Schwestern des Kaisers im folgenden 5. Jahrhundert nun zur Regel; zunächst im Osten, wo Theodosius I. mit der Erhebung seiner Gattin Flaccilla an die Tradition angeschlossen hatte, dann erst 421 im Westen, als Galla Placidia durch ihren Bruder Honorius zur *Augusta* erhoben wurde. Im Osten sollte sich die wieder aufgenommene Praxis der Titelvergabe an die kaiserlichen Frauen unter den Nachfolgern Theodosius' I. schnell etablieren und zum Regelfall werden: Eudoxia, die Gattin seines Thronfolgers im Osten, Arcadius, erhielt den Titel im Jahre 400, nachdem sie bereits drei Töchter zu Welt gebracht hatte; ihre Tochter Pulcheria wurde 414, vielleicht als Belohnung für ihr Keuschheitsgelübde, durch ihren jüngeren Bruder Theodosius II. mit dem Titel geehrt, der 423 auch seine Frau Eudocia nach der Geburt einer Tochter zur *Augusta* erheben würde. Warum man im Westen des Reiches unter Honorius zunächst anders verfuhr, kann nicht hinreichend geklärt werden: Ein Brief des Honorius an seinen älteren Bruder Arcadius weist auf Vorbehalte des weströmischen Kaiserhofes gegenüber dieser ‚neuen' Praxis (von einem *novum exemplum* ist die Rede) hin, wobei nicht eindeutig aus dem Schreiben hervorgeht, ob diese Vorbehalte sich auf die Verleihung des Titels an Eudoxia überhaupt, oder lediglich auf die zu ihren Ehren in Umlauf gebrachten *laureatae* zu beziehen sind.[18] Daß nun vermutlich erstmals Bildnisse für die neuerhobene *Augusta* in die Provinzen des Reiches geschickt wurden, scheint im Westen allgemein als Ungeheuerlichkeit empfunden worden zu sein. Darüber hinaus störte Honorius sich vielleicht nicht zuletzt an der Tatsache, daß Eudoxias Ehrenbildnisse in seinem Herrschaftsbereich verbreitet und umhergetragen wurden, was ihm angesichts des ohnehin angespannten Verhältnisses zwischen den beiden Kaiserhöfen als Provokation erschienen sein könnte. Schließlich folgte auch die Verbreitung kaiserlicher Porträts legitimatorischen Aspekten, diente sie üblicherweise doch nicht zuletzt dem Zweck, die Erhebung eines neuen Kaisers anzuzeigen. Provokativ mag dies zumal vor dem Hintergrund gewirkt haben, daß Eudoxia 404 ihrem Gatten Arcadius bereits vier Kinder, darunter den Thronfolger Theodosius II., zur Welt gebracht hatte, während Honorius, mittlerweile in zweiter Ehe verheiratet, nach wie vor kinderlos und ohne möglichen Erben war.

Honorius wich von seiner Haltung ab, als es darum ging, selbst eine dynastisch legitime Nachfolgeregelung zu treffen, und er zu diesem Zweck Galla Placidia in den Stand einer *Augusta* erhob. Der Titel muß demzufolge eine legitimatorische und herrschaftsstabilisierende Qualität gehabt haben (zum dynastischen Potential weiter unten), worauf auch die betonte Wiedereinsetzung Galla Placidias als *Augusta* 424 durch Theodosius II., nachdem sie den Titel im Streit mit Honorius viel-

---

18    *Coll. Avell., Ep.* 38,1 (s. oben S. 53, Anm. 5).

leicht eingebüßt hatte, hindeutet: Die Erhebung Valentinians III. zum *Caesar* alleine reichte zwar aus, dessen Thronfolge im Westen zu signalisieren, dennoch wurde seine Mutter mit dem *Augusta*-Titel bedacht, bevor Valentinian selbst 425 in den Rang des weströmischen Kaisers erhoben wurde. Wenigstens im Osten waren bereits seit 423/424 Münzen im Umlauf, deren Umschrift die Kaiserinnentitulatur enthielt. Galla Placidias Name erinnerte an ihre, ebenso wie an Valentinians III. dynastische Herkunft. Sie frühzeitig wieder in den Rang der *Augusta* zu erheben, sicherte die wenig später erfolgte Erhebung ihres Sohnes ab, unterstrich doch vor allem ihr Name, (möglicherweise verstärkend hierzu) ihr Titel, aber auch ihre Vormundschaft für Valentinian III. eine kontinuierliche Fortführung der dynastischen Herrschaft im Westen.

Der *Augusta*-Titel hatte die besondere Eigenschaft einer herrschaftssichernden und -stabilisierenden Wirkung, insofern er den Untertanen beziehungsweise der relevanten Öffentlichkeit dynastische Kontinuität anzeigte und damit einhergehend eine gewisse Sicherheit versprach.[19] Vielleicht ist die im 5. Jahrhundert üblicherweise auf dem Revers von Kaiserinnenmünzen zu lesende Legende SALVS REI PVBLICAE in diesem Zusammenhang zu lesen. Der Titel war darüber hinaus Ausdruck der distinktiven Stellung seiner Trägerin, der sie nicht nur von allen anderen Frauen, sondern überhaupt von allen anderen Mitgliedern der römischen Gesellschaft, auch denjenigen der Oberschicht, unterschied. Seine Bedeutung geht daher über die rein dynastische und stabilisierende Funktion hinaus, ebenso über die einer besonderen Ehrenbekundung an die kaiserliche Frau, der er verliehen wurde.

Dies gilt umso mehr für die Spätantike und insbesondere für die theodosianische Zeit, in der nicht nur Mütter designierter Thronfolger mit dem Titel geehrt wurden, sondern auch kaiserliche Frauen, Gattinnen wie Schwestern, die keine Thronfolger geboren hatten. Freilich waren auch unverheiratete kaiserliche Frauen, wie etwa Pulcheria, die als Kaiserschwester Jungfräulichkeit gelobt hatte, Trägerinnen dynastischer Legitimität, und ihr dynastisches Potential konnte in Ermangelung eines direkten männlichen Nachkommen des Kaisers zum Einsatz gebracht werden. Anders als bei Kaisergattinnen waren aber Mutterschaft und Fertilität nicht diejenigen Eigenschaften, welche im Falle der kaiserlichen Schwestern im Vordergrund standen und es waren auch nicht die Kriterien, deren Erfüllung mit der Vergabe des *Augusta*-Titels belohnt wurde. Im Gegenteil scheint die Jungfrauenschaft für die Schwestern des Kaisers das wünschenswerte Lebenskonzept gewesen zu sein, das mit der Übertragung des Titels belohnt werden konnte, auch wenn sich hier, anders als bei den Kaisergattinnen, keine generelle Praxis feststellen läßt; um bei dem eben genannten Beispiel zu bleiben, hatten schließlich auch Pulcherias Schwestern, Arcadia und Marina, die Keuschheit gelobt, anders als Pulcheria waren diese beiden jedoch nie mit dem Titel oder mit Münzprägungen bedacht worden.[20]

Als traditionelles Pendant zum Kaisertitel war der *Augusta*-Titel die bedeutendste Titulatur der kaiserlichen Frauen. Es ist diejenige, deren Qualität als ‚offizieller' Titel in den antiken Dokumenten verschiedener Art am deutlichsten zum Aus-

19  Wie jüngst etwa Kolb, A., Augustae, 16 f.
20  Vgl. James, Empresses and Power, 102–104.

druck kommt: Der *Augusta*-Titel erscheint auf Münzen, die zu Ehren seiner Trägerin geprägt wurden, in Inschriften und offiziellen Schriftstücken, und er wurde zur
offiziellen Anrede seiner Trägerin verwendet. Während in den hier relevanten, zeitgenössischen literarischen Quellen, die über die Kaiserin berichten, bevorzugt andere Formulierungen wie βασίλισσα, *regina*, δέσποινα, oder auch einfach „die Frau
des Kaisers" gewählt wurden, richteten sich direkte Ansprachen, wie aus schriftlich
festgehaltenen Akklamationen[21] oder aber Briefen hervorgeht, in der Regel an die
*Augusta*. Üblicherweise wird die Titulatur als Anrede, wie auch βασίλισσα, *regina*
usw., von hochlobenden Superlativen (*gloriosissima, clementissmia, piissima,*
θεοφιλεστάτη, εὐπρεπεστάτη u. ä.) begleitet, die in erster Linie als standardisierte
und traditionelle Kaiserinnenattribute zu verstehen sind[22] und kaum auf die individuelle Selbstdarstellung der jeweiligen Kaiserin schließen lassen. *Clementia* und
*pietas* gehörten freilich zum Standardrepertoire der von den *Augustae* öffentlich
inszenierten, kaiserlichen Tugenden.

Briefe an und von kaiserlichen Frauen der theodosianischen Familie sind vor
allem im Zusammenhang mit den Konzilien von Ephesus 449 und Chalcedon erhalten. Diese zeigen, daß der Titel als offizielle Anrede an die *Augusta* genutzt und
auch in den Korrespondenzen von Familienmitgliedern untereinander verwendet
wurde: So richtete sich der römische Diakon Hilarius in seinem Schreiben mit den
Worte „domina splendidissima, atque clementissima Augusta" an Pulcheria,[23] wie
auch der römische Bischof sie ähnlich huldigend „gloriosissima Augusta" anre-
det.[24] Aus dem glcichen Kontext stammen einige Briefe von Mitgliedern der kaiserlichen Familie, in denen der Titel neben den Verwandtschaftsbezeichnungen
angeführt wird, welche weniger der Realität entsprechen als vor allem die Seniorität betonen.[25] So spricht Galla Placidia ihre Nichte Pulcheria als „*sanctissima atque
venerabilis filia Augusta*" an, ihren Neffen Theodosius II. entsprechend, obwohl als
Kaiser im Rang über ihr, mit „domine sacratissime fili, venerabilis imperator", während er sie „domina sacratissima mater et venerabilis Augusta" nennt.[26] Ebenso ti-
tuliert Theodosius II. seine Tochter Licinia Eudoxia in seinem Schreiben „domina,
sacratissima filia, venerabilis Augusta",[27] wobei das zum Ausdruck gebrachte Ver-
wandtschaftsverhältnis in diesem Fall tatsächlich das von Vater und Tochter ist.
Darüber hinaus fällt auf, daß die untereinander gewählten Titulaturen kaum variie-

---

21    Wie etwa *ACO* 2,3,2, 175–177 nr. 11 an Pulcheria.
22    Die attributive Überhöhung der *Augusta* folgt im 5. Jahrhundert einer langen Tradition:
      θεοφιλεστάτη als Attribut für die *Augusta* (in transkribierter Schreibweise) etwa findet sich
      bereits in Inschriften aus dem 3. Jahrhundert (z. B. *IGBulg* II,1,1384; *IGBulg* III,1,1071; *IG-
      Bulg* IV,1912); ebenso aus dem 3. Jahrhundert stammt eine Inschrift für die *piissimae Augustae*
      Ulpia Severina (*AE* 1930,150), wobei sich entsprechende lateinische Formulierungen wie *piis-
      sima ac clementissima, piissima ac venerabilis* dann im 4. Jahrhundert wieder gehäuft in In-
      schriften für Helena (*CIL* 6,1134; *CIL* 6,36950; *CIL* 10,1483 und Fausta (*CIL* 10,678; *CIL*
      12,668) finden.
23    Leo, *Ep.* 46 (PL 54, 839).
24    Leo, *Ep.* 60 (PL 54, 873); ebenso Leo, *Epp.* 79 (PL 54, 911); 84 (PL 54, 921); 95 (PL 54, 942).
25    Vgl. hierzu Rösch, Onoma Basileias, 97.
26    Leo, *Epp.* 48 (PL 54, 865); 51 (PL 54, 861); 63 (PL 54, 877).
27    Leo, *Ep.* 64 (PL 54, 877).

ren und lediglich als männliche Anredeform *imperator* dem Titel ‚Augustus' vorgezogen und auf diese Weise vielleicht eine funktionale Distinktion geschaffen
wurde:[28] ‚Augustus' und ‚Augusta' bezeichneten die soziale Position der Titelinha-
ber, die an der Spitze der spätrömischen Gesellschaft standen. ‚Imperator' hingegen
bezeichnete das Amt, das nur der männliche *Augustus* innehatte und die uneinge-
schränkte Befehlsgewalt desjenigen zum Ausdruck brachte, der über dem Gesetz
stand. Nicht zuletzt war es der Titel, der ihn als Oberbefehlshaber des römischen
Heeres kennzeichnete, eine Kompetenz, die der *Augusta* aufgrund ihres weiblichen
Geschlechts nicht zukam. Die *Augusta*, so hoch ihre soziale Stellung und daraus
resultierend ihre Macht auch waren, war eben nicht *imperatrix*.[29]

Auch wo in ‚offiziellen' Kontexten in Briefen oder etwa in dem weiter unten
zitierten Gesetz über die *Augusta* gesprochen wurde, fand der Titel Verwendung,
wie in Leos Schreiben nach dem Konzil von Chalcedon an den Bischof von Kos, in
welchem er noch einmal den Einsatz der *piissima Augusta*, Pulcheria, für den Glauben lobt, aber auch eine Warnung zur Übermittlung an die – dennoch – *clementissima Augusta* Eudocia ausspricht, sich wieder dem katholischen Glauben zuzuwen-
den.[30] In einem Schreiben der Synode von 451 an Leo steht „amica Christi Augusta" synonym für Pulcheria.[31]

In den für die hier betrachtete Epoche eher spärlich vorhandenen Inschriften
findet sich der Titel sowohl als Fremd- als auch als Selbstbezeichnung: Letzteres als
– soweit feststellbar – einziges Beispiel in der Weihinschrift Galla Placidias in der
von ihr gestifteten Johanneskirche in Ravenna, wobei hier auch alle verstorbenen
männlichen und alle lebenden Verwandten beider Geschlechter mit Titel aufgeführt
werden.[32] Dem von Eudocia verfaßten Epigramm in einem Bad in Hamat Gader
wurde Name und Titel Eudocias wohl nachträglich zugefügt, weil die Bewohner
der Stadt an dessen Urheberin erinnern wollten.[33] Eine Ehreninschrift aus Aphrodisias erinnert an Flaccilla, „[τ]ὴν αἰωνίαν καὶ θεοφιλε[σ]τάτην Αὐγούσταν [...] τὴν
δέσποιναν τῆς οἰκουμένης",[34] wie in ähnlichem Wortlaut eine allerdings an ent-

28 So auch in der Korrespondenz zwischen Valentinian III. und Theodosius II. (Leo, *Epp.* 55 [PL
   54, 857; 859]; 62 [PL 54, 875]). Im Griechischen steht für die Anrede *imperator* je βασιλεύς,
   wohingegen der weibliche Titel ‚Augusta' lediglich transkribiert erscheint (Αὐγούστα). – Zum
   gesamten Briefwechsel s. auch Rösch, Onoma Basileias, 94–97. Mit dem Problem, daß es sich
   bei der erhaltenen lateinischen Version nicht um die Originalfassungen der Briefe, sondern
   Rückübersetzungen aus dem Griechischen handelt, wobei davon auszugehen ist, daß die Origi-
   nale bereits in lateinischer Sprache verfaßt waren, hat sich ebenfalls Rösch auseinandergesetzt
   (ebd. 95 f.).
29 Die Verwendung der Titulatur *imperatrix et Augusta* bezugnehmend auf Pulcheria und ihre
   Anwesenheit auf der sechsten Sitzung des chalcedonischen Konzils in einem Schreiben des
   konstantinopolitanischen Patriarchen Anatolius an Leo I. stellt als Übersetzung von „βασιλίς
   καὶ Αὐγούστα" im griechischen Text (Leo, *Ep.* 101, 3 [PL 54, 979 f.]) ein Ausnahme dar.
30 Leo, *Ep.* 117 (PL 54, 1038).
31 Leo, *Ep.* 98 (PL 54, 955).
32 *CIL* 11,276.
33 *SEG* 32,1502; zu dieser Inschrift vgl. Green/Tsafrir, Greek Inscriptions; Habas (Rubin), A
   Poem by the Empress Eudocia (s. oben S. 138, Anm. 8).
34 *ILS* 9466.

scheidender Stelle fragmentierte aus Ephesus.[35] Die Kaiserinnentitulatur inklusive des vor allem im Westen gebräuchlichen *domina nostra* sowie des *nomen* ‚Aelia‘ findet sich darüber hinaus auf dem Sockel einer in Konstantinopel errichteten Eudoxia-Statue, die vielleicht Auslöser für den Streit der Kaiserin mit Johannes Chrysostomus war.[36]

Welche Bedeutung aber hatte der *Augusta*-Titel für seine Trägerin, für das Kaisertum, als dessen Stellvertreterin sie auftrat und wahrgenommen wurde und für die politische Realität der Spätantike, in der sich ein nicht zu leugnender Machtzuwachs der kaiserlichen Frauen und häufig tatsächliches Eingreifen kaiserlicher Frauen in die Politik feststellen lassen? Eine rechtliche Definition des Status der *Augusta* hatte bereits Ulpian formuliert, die Justinian schließlich in seine Gesetzessammlung aufnehmen würde:

> princeps legibus solutus est: augusta autem licet legibus soluta non est, principes tamen eadem illi privilegia tribuunt, quae ipsi habent.[37]

> Der Princeps ist nicht an die Gesetze gebunden: Es ist aber nicht möglich, daß die Augusta von den Gesetzen entbunden ist; die Principes gewähren ihr aber dieselben Privilegien, die sie selbst inne haben.

Diese Definition umreißt den juristischen Status der *Augusta*, wie Bensammar vor längerer Zeit bereits gezeigt hat: Anders als der Kaiser ist die *Augusta* dem Gesetz unterworfen „comme n'importe quel sujet de l'empire", und nur durch seine Gnade kann sie in den Genuß derselben Privilegien gelangen und wie der Kaiser von den Gesetzen entbunden werden.[38] Die ulpiansche Definition betont die völlige Abhängigkeit der *Augusta* vom Kaiser, dessen sie zwingend bedarf, um als „co-régnante" politisch wirkmächtig zu werden.[39] Tatsächlich könne aber nicht von einer faktischen Übertragung der Privilegien auf die *Augusta* die Rede sein, so Bensammar. Vielmehr handele es sich bei dem im Gesetz beschriebenen Akt „d'une extension à l'augousta d'une situation exceptionnelle, celle du seul empereur".[40] Mit anderen Worten: Indem der Kaiser den *Augusta*-Titel auf eine Frau aus seinem familiären Umfeld überträgt, weitet er seinen singulären gesellschaftlichen Status als *princeps* auf die *Augusta* aus. Das Gesetz besagt lediglich, daß sie nicht den gleichen juristischen Status erhalten kann wie der Kaiser, der als *imperator* als einziger über dem Gesetz steht. Der Titel aber definiert die „soziale Spitzenposition" der kaiserlichen Frau, er erhebt sie über alle anderen Mitgliedern der römischen Gesellschaft – unerheblich, ob weiblich oder männlich, denn über ihr steht einzig und allein der Kaiser – und unterscheidet sie in sozialer Hinsicht von diesen.[41]

Mit Bourdieu gesprochen handelt sich bei der Titelvergabe um einen sozial abgesicherten Einsetzungsakt, der eine kaiserliche Frau zur „autorisierten Spreche-

---

35   *IEph* 314 u. 315 (= *AE* 1966,434).
36   *CIL* 3,736 (= *CIG* 8614).
37   *Dig.* 1,3,31.
38   Bensammar, Titulature, 272 f.
39   Ebd. 273.
40   Ebd.
41   Kolb, A., Augustae, 15.

rin", also einer legitimierten Repräsentantin des Kaisertums macht,[42] der letztlich auch ihre politische und soziale Macht determiniert, indem er ihr die Anerkennung durch die Untertanen als Handlungsbefugte im Namen des Kaisertums sichert.[43] Der Titel *Augusta* schuf aber nicht nur eine soziale Distinktion zwischen seiner Trägerin und ihren Untertanen, sondern er unterschied sie auch von ihren weiblichen Verwandten, die den Titel nicht innehatten. Diese Unterscheidung hatte auch Auswirkungen auf die Außenwahrnehmung der *Augusta*, was insbesondere daran deutlich wird, daß die mit dem Titel geehrten kaiserlichen Frauen in den literarischen Quellen in umfänglicherem Maße präsent sind, als diejenigen, die den Titel nicht innehatten.

Prominentes Beispiel hierfür ist, wie oben bereits erwähnt, Pulcheria, die – und hier kommt es vor allem auf die zeitgenössischen Quellen an – doch sehr viel stärkere Beachtung fand, als ihre jüngeren Schwestern. Diese lebten zwar dasselbe Ideal der Keuschheit, und taten sich ebenfalls wie Pulcheria durch Stiftungen von Kirchen und karitativen Einrichtungen hervor, aber sie standen in der literarischen Reflexion ihrer Zeitgenossen weit hinter Pulcheria zurück.[44] Auch in den unmittelbaren Zeugnissen zu den kirchenpolitischen Debatten der 430er Jahre werden sie kaum individuell greifbar. Dennoch gehörten auch sie zur Institution des Kaisertums und waren mit angesprochen, wenn etwa in den Schreiben im Kontext des ephesenischen Konzils von 431 an den Kaiserhof ganz allgemein von den βασιλεῖς die Rede war,[45] wie auch die allgemeine Formulierung βασιλεύουσαι bei Sozomenus explizit alle drei Schwestern des Kaisers Theodosius II. meint.[46]

## 1.2 Attribute und Insignien

Sichtbar wurden Macht und sozialer Status kaiserlicher Frauen in der bildlichen Repräsentation, in der sie seit Beginn des römischen Kaisertums schon im frühen Prinzipat eine wesentliche Rolle spielten: Münzen wurden in ihrem Namen und mit ihrem Porträt emittiert und ihre Statuen standen an Plätzen des öffentlichen und politischen Lebens. Bildnisse kaiserlicher Frauen waren im römischen Kaiserreich immer präsent. Diese prägten ihr Ansehen in der öffentlichen Wahrnehmung, als tugendhafte *matrona* und Mutter kaiserlicher Nachkommen, als *diva Augusta*, als *mater patriae, mater senatus, mater castrorum*, je nachdem, was die Intention desjenigen Kaisers war, der sie im Rahmen der Repräsentation seines Kaisertums darstellen ließ.[47] In der Art der bildlichen Repräsentation läßt sich seit Theodosius I.

---

42 Bourdieu, Pierre: *Was heißt sprechen? Zur Ökonomie des sprachlichen Tausches*, 2. Aufl., Wien 2005, 103.
43 Ebd. 105–109.
44 Soz. 9,1,3 erwähnt Marina und Arcadia nur beiläufig.
45 So z. B. in einem Brief Cyrills, *ACO* 1,1,1, 42 nr. 7 (Oratio ad Theodosium, = PG 76, 1133–1200: De recta fide, ad Theodosium).
46 Soz. 9,3,2.
47 Aufgrund der Vielzahl von Studien zur Repräsentation kaiserlicher Frauen sei hier nur auf eine Auswahl verwiesen: Cenerini, Francesca: *Dive e Donne. Mogli, Madri, Figlie e Sorelle degli*

eine erstaunliche Entwicklung feststellen, bei der diejenige kaiserlicher Frauen eindeutig eine neue Qualität annahm: Das Münzporträt der *Augusta* Flaccilla (s. Abbildung 1) erscheint dem ihres Mannes gegenüber nahezu identisch (s. Abbildung 6).

Beide tragen ein am Hinterkopf verknotetes Diadem mit Stirnjuwel. Flaccillas Diadem besteht aus rosettenförmigen Gliedern und ist lediglich eine Variation des Perlendiadems ihres Gatten. Es scheint mit einigen Schmucknadeln in der aufwendigen Frisur festgesteckt zu sein. Vergleicht man die Münzen, die im Namen der Frauen der theodosianischen Dynastie geschlagen wurden, miteinander, stellt man leicht fest, daß auch die einfachere Variante des Diadems, die auf dem Münzbildnis Theodosius' I. zu sehen ist, von den *Augustae* getragen wurde (z. B. Eudoxia s. Abbildung 2). Flaccillas Diadem war mehr als der Schmuck einer adeligen Römerin. Das Diadem als ursprünglich orientalisch-hellenistisches Herrscherzeichen gehörte zu den wichtigsten Insignien des römischen Kaisers und wurde mit dem prägnanten Stirnjuwel besonders unter Constantin zum primären Kopfschmuck des *Augustus* auf Kaiserbildnissen.[48] Auch seine Mutter Helena und seine Gattin Fausta ließ Constantin mit einem Kopfschmuck abbilden, der seinem Diadem in der Form nicht unähnlich ist, aufgrund des nicht vorhandenen Stirnjuwels und der zumindest nicht sichtbaren Perlenschnüre, mit denen das Diadem am Hinterkopf verknotet wurde, jedoch nicht dem von ihm verwendeten Typus entspricht.[49]

Erst Flaccilla wurde auf Münzen und vielleicht auch als Statue[50] mit einem dem ihres Mannes gleichartigen beziehungsweise je nach Münztyp auch identischen Diadem mit Stirnjuwel abgebildet. Die unbestreitbare Neuerung auf den Münzbildnissen Flaccillas aber ist die Darstellung der *Augusta* im kaiserlichen

---

*Imperatori Romani da Augusto a Commodo*, Imola 2009 bietet eine allgemeine, aktuelle Überblicksdarstellung für die ersten zwei Jahrhunderte des römischen Kaisertums. Für die Frauen der Severer ist noch immer Kettenhofen, Die syrischen Augustae maßgeblich. Zur bildlichen Repräsentation kaiserlicher Frauen speziell auch Alexandridis, Anetta: „Exklusiv oder bürgernah? Die Frauen des römischen Kaiserhauses im Bild", in: Christiane Kunst / Ulrike Riemer (Hgg.), *Grenzen der Macht. Zur Rolle der römischen Kaiserfrauen*, Stuttgart 2000, 9–28; im selben Band auch Schade, Bildliche Repräsentation, 41–53; sowie für die Repräsentation kaiserlicher Frauen in der Spätantike dies., Frauen in der Spätantike. – Longo, Donne di potere beschäftigt sich speziell und sehr detailliert mit der Repräsentation kaiserlicher Frauen auf Münzen im 4. und 5. Jahrhundert. – Wie aktuell das Thema in der Forschung nach wie vor ist, zeigt auch der von Anne Kolb herausgegebene und hier bereits zitierte Tagungsband (*Augustae. Machtbewußte Frauen am römischen Kaiserhof? – Herrschaftsstrukturen und Herrschaftspraxis II. Akten der Tagung in Zürich 18.–20.09.2008,* Berlin 2010).

48  Delbrueck, Richard: „Der spätantike Kaiserornat", in: *Die Antike* 8(1932), 4; Alföldi: Repräsentation, 140; Restle, Marcell: „Herrschaftszeichen", in: *RAC* 14(1988), 951 f.; Kolb, F., Herrscherideologie, 76–79.

49  Vgl. Holum, Theodosian Empresses, 33; Angelova, Ivories, 3; zur Entwicklung des Haarschmucks kaiserlicher Frauen von Livia bis Theodora und ihrer Kronhaube Stout, Ann M.: „Jewelry as a Symbol of Status in the Roman Empire", in: Judith L. Sebesta / Larissa Bonfante (Hgg.), *The World of Roman Costume*, Madison, Wis. 1994, besonders 93.

50  Die kleine Statue einer *Augusta* in der Bibliothèque Nationale, Paris, die üblicherweise als Helena oder Flaccilla identifiziert wird, trägt ein entsprechendes Diadem, so daß zu vermuten ist, daß auch die Standbilder der *Augustae* sie im entsprechenden Ornat zeigten.

*Abb. 6: Theodosius I., Solidus aus Italien, ca. 379–388*
*(Münzkabinett, Staatliche Museen zu Berlin, 18201369).*

Purpurmantel,[51] der wie der Mantel des Kaisers, mit einer großen Prunkfibel zu-sammengehalten wird.[52] Diese Fibel, bestehend aus einem großen und von Perlen umrundeten Edelstein in der Mitte und drei an Ketten befestigten herabhängenden kleineren Edelsteinen,[53] war ebenfalls seit Constantin wie der Purpurmantel (auch dieser ein aus dem Orient stammendes Herrscherzeichen) exklusiv dem Kaiser vor-behalten.[54] Purpurmantel und Diadem bildeten zusammen seit Constantin die wich-tigsten kaiserlichen Insignien, deren Übergabe den entscheidenden Moment der Kaiserinvestitur markierte: So soll sich auch der Usurpator Petronius Maximus nach der Ermordung Valentinians III. dessen Diadems bemächtigt haben, um seine Machtübernahme anzuzeigen.[55]

Seit Flaccilla wurden die *Augustae* auf Münzen im vollen Kaiserornat abgebil-det; sie waren dem Kaiser also ikonographisch vollständig angeglichen. Daß sie Diadem und Purpurmantel auch als reale Gegenstände trugen, darauf verweist ins-besondere die Rede des konstantinopolitanischen Bischofs Johannes Chrysostomus im Anschluß an eine Reliquienprozession zu Beginn des 5. Jahrhunderts, an der die Kaiserin Eudoxia teilgenommen hatte. Mehrfach kommen in dieser Rede Diadem und Purpur der Eudoxia zur Sprache, die sie normalerweise trug (ἡ τὸ διάδημα περικειμένη καὶ τὴν πορφυρίδα περιβεβλημένη),[56] anläßlich der Prozession aber abgelegt hatte, um angesichts dieses sakralen Moments in das „Kleid der Demut" zu schlüpfen,[57] und wie Johannes erklärte, sich auf diese Weise über alle Kaiserin-nen vor ihr erhoben habe, die „nur Kleid und Diadem mit ihr gemeinsam hatten,"

---

51  Zum Problem der Unterscheidung von *Chlamys* und *Paludamentum* Gerszke, Walburga: „Die Chlamys in der Spätantike", in: *JbAC* 53(2010), besonders 104–109.
52  Holum, Theodosian Empresses, 34; Stout, Jewelry, 93; Angelova, Ivories, 3.
53  Für eine detaillierte Beschreibung mit Abbildungen Stout, Jewelry, 85–88.
54  Delbrueck, Kaiserornat, 5; Restle, Herrschaftszeichen, 963; Kolb, F., Herrscherideologie, 78.
55  Joh. Ant. fr. 293,1 (Roberto, = fr. 224 Mariev, = fr. 201 Müller).
56  Joh. Chrys., *Hom.* 2,1 (PG 63, 469).
57  Joh. Chrys., *Hom.* 2,2 (PG 63, 470): βασιλείαν μὲν καὶ διαδήματα καὶ τὸν ἐντεῦθεν ἅπαντα τῦφον μετὰ πολλῆς ῥίψασα τῆς περιουσίας, ἐνδυσαμένη δὲ τὴν τῆς ταπεινοφροσύνης στολὴν ἀντὶ τῆς πορφυρίδος.

und zwar, wie er weiter betonte, „auch in Bezug auf die kaiserliche Würde."[58] Man könnte diese Worte des Bischofs allein auf Eudoxias Demutsgeste bezogen verstehen: Eudoxia übertraf andere Kaiserinnen darin, daß sie sich während der Prozession demütig als ihresgleichen unter die Masse der Bürger Konstantinopels mischte und sich nicht nur den Heiligen, deren Reliquien hier begleitet wurden, sondern dem sakralen Ereignis als solchem unterwarf. Sie überragte alle vorherigen Kaiserinnen an Frömmigkeit und Gottgefälligkeit. Das Ablegen von Diadem und Purpur war aber auch ein demonstrativer Machtverzicht der Kaiserin, ein performativer Akt, der nur dann funktionieren und seine Wirkung entfalten konnte, wenn beide Insignien als Zeichen oberster weltlicher Autorität verstanden wurden.[59] Übertraf Eudoxia ihre Vorgängerinnen vielleicht auch darin, daß ihr sozialer Status als *Augusta* (ἡ βασιλικὴ δόξα) eine breite Anerkennung fand? Nicht zuletzt daraus resultierte auch die Macht einer *Augusta*, die – wie es zumindest die literarischen Quellen für Eudoxia schildern und wie letztlich auch ihr Konflikt mit dem Bischof zeigt, der sie hier noch so sehr gelobt hatte – erstaunlich eigeninitiativ handeln konnte.

Mit Eudoxia kam ein weiteres Attribut auf den Münzen hinzu, das das Bild der *Augusta* in der Öffentlichkeit beeinflußt haben wird. Es handelt sich dabei um die Hand Gottes, welche die Kaiserin von oben zu bekränzen scheint und die Vorstellung implizierte, daß die *Augusta* wie der Kaiser über die göttliche Gnade verfüge, ja wie dieser auch selbst von Gott erwählt worden sei.[60] Deutlich wird dies auch in dem Epigramm, das an Eudocias Gebet am Grab Christi erinnerte, wonach sie Christus den Thron und die Ehe mit Theodosius II. verdanke.[61]

Das im Osten des Römischen Reiches entstandene Bild der gottbegnadeten oder vielmehr göttlich legitimierten Kaiserin korreliert mit der in der griechischsprachigen literarischen Tradition wie auch der offiziellen Repräsentation in Inschriften, wonach die kaiserliche Frau traditionell und sehr häufig θεοφιλεστάτη ist. Es ist vielleicht diese Vorstellung, welche den Umstand begründete, daß den *Augustae* – soweit feststellbar – ausgehend von Eudoxia in zunehmendem Maße eine Autorität in religiösen Fragen zugestanden wurde, wie besonders daran deutlich wird, daß Vertreter religiöser Interessengruppen sich gezielt mit der Bitte an kaiserliche Frauen wandten, religionspolitische Entscheidungen zu beeinflussen oder erst herbeizuführen, wie es beispielsweise für Eudoxia und Pulcheria belegt ist. Pulcherias Einmischung in kircheninternen Angelegenheiten war offensichtlich nur für ihre politischen Gegner ein Problem, und für Sozomenus schien es in den 440er Jahren daher selbstverständlich, daß Eudoxia den aus Alexandria vertriebenen „Langen Brüdern" ohne vorherige Absprache mit dem Kaiser hatte versprechen können, sich persönlich um die Einberufung eine Synode zur Klärung ihres Anliegens zu kümmern („ἐμοὶ δὲ ἐν τάχει μελήσει συνόδου").[62]

---

58    Joh. Chrys. Hom. 2,2 (PG 63, 470): βασιλίδες μὲν γὰρ πολλαὶ πολλάκις ἐγένοντο, αἳ τῆς στολῆς καὶ τῶν διαδημάτων ἐκοινώνησαν μόνον, καὶ τῆς δόξης τῆς βασιλικῆς.
59    Vgl. Meier, Demut, 149 f. vermutet allerdings eine ungleich stärkere Wirkung, wenn der Kaiser selbst sich in dieser Weise erniedrigt.
60    Vgl. S. 63 f. dieser Arbeit
61    *Anth. Graec.* 1,105 (s. oben S. 156).
62    Soz. 8,13,5.

Neben den primären Insignien des Kaisers, Diadem und *paludamentum* beziehungsweise *chlamys*, tauchen in der bildlichen Repräsentation kaiserlicher Frauen auch sekundäre Herrscherattribute auf: Bereits für Eudoxia wurden Münzen emittiert, deren Rückseite die Kaiserin frontal thronend abbilden, die Hände vor der Brust verschränkt.[63] Ein Medaillon Galla Placidias zeigt auf dem Revers vermutlich die Kaiserin thronend, ihr Kopf von einem Nimbus umgeben, in der rechten Hand eher eine Buchrolle als eine *mappa*, die ikonographisch eigentlich den Konsul kennzeichnete.[64] Sicherer zu identifizieren ist ihre Schwiegertochter Licinia Eudoxia auf den im Westen in ihrem Namen geschlagenen Münzen als thronende *Augusta*, mit dem für sie typischen Diadem, von dem links und rechts an den Schläfen lange Perlenschnüre herabhängen, in der linken ein langes Kreuzszepter, in der rechten der *globus cruciger*.[65] Dieses Münzbildnis der Licinia Eudoxia erinnert stark an die üblicherweise als Ariadne identifizierte Kaiserin auf den beiden Elfenbeintafeln, von denen sich eine im Florentiner Bargello, die andere im Kunsthistorischen Museum in Wien befindet: Die erste zeigt die *Augusta* unter einem Baldachin stehend, mit einer reich verzierten Kronhaube und, wie Licinia Eudoxia, Szepter und Kreuzglobus in den Händen; die zweite zeigt anscheinend dieselbe *Augusta* unter einem Baldachin nun thronend, den *globus* hier in der linken, die rechte Hand geöffnet und nach außen gewandt. Die Darstellung der thronenden Kaiserin im Herrscherornat und mit Attributen und Insignien war also nicht ausschließlich auf ihre Repräsentation durch das Medium der Münzen beschränkt.

Als einziges dieser herrschaftlichen Zeichen stammte der *globus* nicht aus dem Orient, sondern hatte als Attribut der Stadtpersonifikation Roma und des *Genius populi Romani* eine römische, republikanische Tradition.[66] Als Insignie in der Hand des Kaisers versinnbildlichte sie dessen Anspruch, Weltherrscher zu sein.[67] Auch für die *Augusta* scheint diese Vorstellung gegolten zu haben: In griechischsprachigen epigraphischen Zeugnissen ist auch die Kaiserin „δέσποινα τῆς οἰκουμένης" – so etwa Flaccilla laut einer von Senat und Volk von Ephesus gestifteten, allerdings stark fragmentierten Inschrift[68] sowie auf einer Statuenbasis in Aphrodisias,[69] und schließlich Eudocia in dem oben zitierten Epigramm, das in der *Anthologia Graeca* verzeichnet ist. Eudocia, „die weise Herrin der Welt" (ἡ μὲν σοφὴ δέσποινα τῆς οἰκουμένης), wird hier für die Demut gelobt, die sie am Grabe Christi erwiesen habe. Durch göttliche Gnade, so heißt es im Epigramm weiter, sei Eudocia auf den Thron gelangt.

---

63 Vgl. *RIC* 10,77 f.; 80 f.; 83 f.; auch auf dem Rückseite erscheint über Eudoxia die sie krönende Hand Gottes.

64 In *RIC* 10,2009 als Valentinian III. identifiziert (s. oben S. 99, Anm. 85); zur *mappa* als Insignie s. Restle, Herrschaftszeichen, 957.

65 Etwa *RIC* 10,2023; vgl. S. 181 f. dieser Arbeit (mit Abbildung 5).

66 Restle, Herrschaftszeichen, 946; 957–959.

67 Ebd. 957.

68 *IEph* 315 (= *AE* 1966,434)

69 *ILS* 9466.

Die kaiserliche Frau auf dem Thron begegnet bereits seit der frühen Prinzipatszeit.[70] Erst unter Constantin allerdings wurde der Thron zum Sitz des Kaisers,[71] wenn sich auch in griechischen Quellen schon früh, spätestens seit Commodus, die Bezeichnung βασίλειος θρόνος, für die vor Constantin noch übliche *sella curulis* des Kaisers findet.[72] Auf die räumlich erhöhte *sella* in der Kurie hatte die *Augusta* keinen Anspruch, während ihr in der ikonographischen Repräsentation der Thron sehr wohl zugestanden wurde.[73]

Wenn die kaiserlichen Frauen der theodosianischen Dynastie also in der bildlichen Repräsentation auf dem Thron erscheinen, hatte dies durchaus eine Tradition, die sich bis auf die erste *Augusta* Livia zurückführen läßt. Auch in der literarischen Tradition erscheinen die spätantiken kaiserlichen Frauen – nicht ausschließlich die *Augustae* – auf dem Thron. Serena soll der jüngeren Melania als Zeichen ihrer Hochachtung Platz auf ihrem goldenen Thron gewährt haben,[74] und in ihrer repräsentativen Funktion als *Augusta* habe Eudocia ihre Rede in Antiochia auf einem ebenfalls goldenen Thron sitzend gehalten.[75] Es gibt Hinweise darauf, daß der Thron der kaiserlichen Frauen in Verbindung mit ihrer βασιλεία stand.

Flaccilla, heißt es bei Gregor von Nyssa, habe bei ihrer Erhebung eben diesen Thron bestiegen (ἐπὶ τὸν ὑψηλὸν θρόνόν τῆς βασιλείας ἀνάγεται).[76] Ende des 5. Jahrhunderts würde Zosimus die Trennung des Kaisers Honorius von seiner zweiten Gattin Thermantia mit ihrer Entfernung vom kaiserlichen Thron (βασίλειος θρόνος) umschreiben.[77] Zosimus war kein Zeitgenosse Thermantias, von der wir nicht wissen, ob sie eine nennenswerte Rolle am Kaiserhof ihres Gatten Honorius gespielt hatte. Ohnehin scheint die Rolle der kaiserlichen Frau im Weströmischen Reich sehr viel unbedeutender gewesen zu sein als im Osten. Zosimus – oder einer der Autoren seiner Quellen – könnte allerdings in der Retrospektive beziehungsweise aus oströmischer Perspektive das, was er aus eigener Beobachtung kannte, auf den Westen übertragen haben. Die Erhebung auf oder die Entfernung vom βασίλειος θρόνος steht bei Zosimus zumal häufig synonym für die Ein- oder Absetzung von Kaisern. Der Begriff des kaiserlichen Thrones impliziert daher wenigstens bei Zosimus die Möglichkeit einer Herrschaftsbeteiligung der jungen Kaisergattin Thermantia. – Unabhängig davon, ob Thermantia in irgendeiner Weise an der Herrschaft ihres Gatten partizipierte, gibt es Hinweise darauf, daß im Osten des Reiches, und besonders in der zweiten Hälfte des 5. Jahrhunderts, diese Vorstellung nicht abwegig war.

Dies deutet sich vor allem bei Priscus an, der eine merkwürdige Episode schildert, die sich um 449/50 am weströmischen Kaiserhof ereignet haben muß, und in der das Szepter der Kaiserschwester Honoria plötzlich zum Angelpunkt einer unge-

---

70  Zur Darstellung der Livia auf einem Thron s. etwa Angelova, Ivories, 6.
71  Kolb, F., Herrscherideologie, 79 f.
72  Alföldi, Repräsentation, 130; Restle, Herrschaftszeichen, 959.
73  Kolb, F., Herrscherideologie, 80.
74  *V. Mel.* 12.
75  *Chron. pasch.* 585; vgl. Evagr. 1,20.
76  Greg. Nyss., *in Flacillam* 478,16.
77  Zos. 5,35,3.

wöhnlichen Debatte wird. Es wurde bereits gezeigt, daß wenigstens die *Augustae* die primären kaiserlichen Insignien, Diadem und Purpur trugen, und es ist nicht auszuschließen, daß sie auch über die ‚sekundären' (*globus* und Szepter) verfügten, mit denen sie zumindest in der bildlichen Repräsentation des Kaiserhauses dargestellt wurden.[78] Das Szepter als herrschaftliches Symbol ist für das Altertum allgemein belegt, wobei es sich nicht um eine exklusive Kaiserinsignie handelte.[79] Seit dem ausgehenden 3. Jahrhundert aber gehörte es zum festen Bestandteil des Kaiserornats,[80] das im Oströmischen Reiches spätestens seit Flaccilla, im Weströmischen Reich feststellbar seit Galla Placidias Erhebung 421 auch die *Augusta* auszeichnete. Besondere Bedeutung erhält das Szepter in der bei Priscus geschilderten Episode um Honoria, in der die Insignie zum Dreh- und Angelpunkt einer merkwürdigen Debatte über möglicherweise erbrechtlich begründbare Ansprüche der Kaiserschwester wird.[81]

Einer heimlichen Liebschaft überführt und von ihrem Bruder bestraft, hatte Honoria Attila um Hilfe ersucht, was dieser als Heiratsgesuch auffaßte. Attila reagierte jedoch nicht sofort, sondern wohl erst im Herbst 450, nachdem er von Marcians Thronbesteigung erfahren hatte. Vielleicht war ihm erst jetzt die Tragweite von Honorias Hilfegesuch bewußt geworden.

Ging es Attila nur um Honorias Reichtümer, als er sich entschied, zuerst den Westen anzugreifen (ἐς τὴν ἑσπέραν στρατεύεσθαι, [...] ὥστε τὴν Ὀνωρίαν μετὰ τῶν χρημάτων λαβεῖν),[82] oder sollte er sich tatsächlich Hoffnungen gemacht haben, über eine Vermählung mit Honoria territoriale Besitzansprüche im Westen geltend machen zu können (παραχωρεῖν δὲ αὐτῷ τὸν Βαλεντινιανὸν καὶ τοῦ ἡμίσεως τῆς βασιλείας μέρους, ὡς καὶ τῆς Ὀνωρίας διαδεξαμένης μὲν παρὰ πατρὸς τὴν ἀρχήν)?[83] In Konstantinopel war ja gerade mit Marcian ein Mann auf den Kaiserthron gekommen, nachdem er sich mit der Schwester seines Vorgängers verheiratet hatte.

Es ist der Wortlaut der nach Priscus zwischen Attila und dem weströmischen Kaiserhof geführten Verhandlungen um Honoria, der in seiner Deutlichkeit einerseits überrascht, andererseits viele Fragen aufwirft. Denn hier wird plötzlich thematisiert, was bislang in keiner der überlieferten zeitgenössischen Quellen zu den kaiserlichen Frauen der theodosianischen Dynastie eine Rolle spielte, weil nicht thematisiert werden mußte, was bis zu diesem Zeitpunkt kein Problem darstellte, nämlich die erbrechtlichen Ansprüche einer Kaisertochter zum einen und zum anderen, was die βασιλεία einer *Augusta* eigentlich ausmachte, welche Befugnisse diese βασιλεία vielleicht beinhaltete oder eben nicht.

Vor seinem ersten Angriff noch habe Attila gefordert, heißt es bei Priscus, man solle Honoria das kaiserliche Szepter (τὰ τῆς βασιλείας σκῆπτρα) zurückgeben. Es

---

78  Zum Szepter als Götterattribut auf den Münzen der *Augustae* in der frühen und hohen Kaiserzeit s. Filippini, Iconografia monetale.

79  Restle, Herrscherzeichen, 956: Erst seit Justinian I. sei es als Zeichen des „ewigen Konsulats" ausschließlich dem Kaiser vorbehalten.

80  Alföldi, Repräsentation, 230; Anglova, Ivories, 4.

81  Vgl. Kapitel II.9 dieser Arbeit.

82  Prisc. fr. 20,1 (Blockley, = exc. 15 Carolla).

83  Prisc. fr. 20,3 (Blockley, = exc. 16 Carolla); hierzu auch Zecchini, Attila, 195 f.

ist dabei nicht so sehr relevant, ob es sich um ein reales Szepter handelte, oder allgemein die kaiserlichen Insignien (vielleicht daher die Verwendung des Plurals σκῆπτρα), zu denen, wie oben gezeigt, auch das Szepter gehörte. Möglicherweise ist das Szepter hier auch rein metaphorisch zu verstehen. Eine solche literarische Verwendung konnte aber nur funktionieren, wenn der Autor voraussetzen konnte, daß die Metapher von seinen Lesern verstanden wurde, wenn also mit dem Szepter eine klare Vorstellung von seiner Funktion und Bedeutung verbunden war. Besonders Roms Antwort auf Attilas Forderung impliziert diese Bedeutung ganz deutlich: Honorias Szepter war Zeichen kaiserlicher Herrschaft. Honoria gebühre das Szepter nicht, ließ Valentinian dem Hunnenkönig ausrichten, da ihr als Frau die Herrschaft über das römische Reich (ἡ τῆς Ῥωμαϊκῆς βασιλείας ἀρχή) nicht zustehe.[84] Attila wollte sich damit nicht zufrieden geben. Nach einer verlorenen Schlacht blieb er in der Sache weiter beharrlich. Valentinian III. solle ihm die Hälfte seines Reiches überlassen, schließlich habe Honoria, auf deren Hand Attila weiter Anspruch erhob, die ἀρχή von ihrem Vater geerbt.

Es wird kaum zu klären sein, inwieweit Priscus hier reale Dialoge wiedergibt oder vielleicht selbst durch Attila spricht, und diesem seine eigenen Überlegungen als Worte in den Mund legt. Denn erstaunlich ist neben dem, was und wie es in Priscus' Darstellung gesagt wird, auch, daß Priscus Attilas Auslegung der Bedeutung des kaiserliches Szepters der Honoria nicht als völlig abwegig abtat. Er stellte lediglich zwei Positionen gegenüber, ohne diese – nach dem, was wir überliefert vorfinden – zu kommentieren. Für Priscus scheint die Idee, daß Honoria als *Augusta* gewisse erbrechtliche Ansprüche habe, nicht gänzlich von der Hand zu weisen; die überlieferten Fragmente deuten zumindest an, daß nach Priscus' Ansicht die geerbte βασιλεία der Kaiserschwester sie wenigstens zu einer Teilhabe an der ἀρχή berechtigte.

Es ist wohl nicht ganz unbedeutend, daß Priscus die Verhandlungen zwischen Attila und dem weströmischen Kaiserhof mit der Thronbesteigung Marcians einleitete. Die Umstände dieser Kaisererhebung waren doch beispiellos: Theodosius II. war gestorben, ohne einen Thronfolger zu hinterlassen, im Westen regierte Valentinian III., der nun als *senior Augustus* einen neuen Kollegen in Konstantinopel hätte einsetzen können. Dort hatten aber Aspar und Pulcheria – sicher in gegenseitiger Absprache – die Angelegenheit selbst in die Hand genommen und, noch bevor irgendeine Reaktion aus dem Westen erfolgt war, Marcian zum neuen Kaiser bestimmt, dem das Amt (die ἀρχή) durch die jungfräuliche aber betagte Kaiserschwester Pulcheria übertragen wurde, als sie sich mit ihm vermählte. Im Westen wurde Marcian zunächst nicht anerkannt. Für Valentinian muß Marcians Thronbesteigung einer Usurpation gleichgekommen sein: Der zweite Hochverrat in der Familie in so kurzer Zeit! In Konstantinopel dagegen scheint niemand Marcians Erhebung und insbesondere deren Umstände infrage gestellt zu haben und von einigen politisch beziehungsweise religiös motivierten Schmähschriften[85] wurde Pulcherias Rolle dabei nicht infrage gestellt.

Wie war es zu erklären, daß Pulcheria zwar anscheinend nicht selbst in eigenem Namen regierende Kaiserin werden konnte, aber doch legitime Herrschaft auf einen

---

84    Prisc. fr. 20,1 (Blockley, = exc. 15 Carolla).
85    Dazu ausführlich Burgess, Accession of Marcian; vgl. oben S. 126, Anm. 90.

Mann, der außerhalb der Dynastie und der städtischen Hierarchie stand, hatte übertragen können? Es war vielleicht diese Frage, die Priscus umtrieb, als er seinen Bericht über Honoria verfaßte und die Brisanz der ganzen Geschichte zu erklären bemüht war. Letzten Endes waren die institutionelle Rolle der kaiserlichen Frauen und ihre rechtlichen Ansprüche nie klar definiert worden. Ihre Macht, ihre politischen Handlungsmöglichkeiten resultierten aus dem Maß an Freiheiten, die einerseits die je amtierenden Kaiser ihnen zugestanden, und aus ihrer gesellschaftlichen Anerkennung andererseits, welche determinierte, ob ihr politisches Handeln als legitim wahrgenommen wurde oder nicht.

Wir wissen zu wenig über Honoria und ihr öffentliches Ansehen besonders in Ravenna, wo sie einen Großteil ihres Lebens verbracht haben wird. Ihr Beispiel allerdings zeigt, daß deviantes Verhalten kaiserlicher Frauen zu einem ernsthaften Problem für den Kaiser werden konnte, gerade weil sie die Zeichen der Herrschaft, τὰ τῆς βασιλείας σκῆπτρα, trugen. In der offiziellen Repräsentation, besonders über das Medium der Münzen, erschienen zumindest die *Augustae* dem Kaiser durch das Ornat vollkommen angeglichen. Davon ausgehend, daß diese Repräsentation eine Wirkung auf ihre Empfänger hatte, daß diese zu Rezipienten der durch die Bildnisse der Kaiserin kommunizierten Botschaft wurden und sie verstanden und annahmen, scheint die *Augusta* entsprechend auch in der öffentlichen Wahrnehmung zunehmend dem Kaiser gleichgestellt worden zu sein. Was die *Augusta* auf politischer Ebene vom Kaiser unterschied, war allein die Tatsache, daß sie immer außerhalb der spätantiken Ämterhierarchie blieb, während der Kaiser als *imperator* an deren Spitze stand.

## 1.3 Exkurs: Legitimation und Eignung der Kaisergattin

Insbesondere bei jenen Frauen, die nicht Purpurgeborene waren und daher durch Herkunft über βασιλεία verfügten (dazu weiter unten), sondern die von Kaisern als Gemahlinnen erwählt worden waren, stellt sich Frage, was diese Frauen in besonderem Maße und gegenüber anderen römischen Frauen als Kaiserinnen legitimierte; welche Eigenschaften sie also mitbringen mußten, um als geeignete Kaisergattinnen zu erscheinen. Diese Merkmale sind nicht eindeutig in der offiziellen Repräsentation des Kaisertums feststellbar, aber es sind Eigenschaften, die in den literarischen Quellen die Entscheidung des Kaisers für eine Frau begründen, und denen daher ein qualifizierender Wert beigemessen worden zu sein scheint.

Auffällig häufig berichten die literarischen Quellen von der Schönheit der Kaisergattin, wenn sie dieses Merkmal auch nicht im Übermaße strapazieren.[86] Dennoch ist äußere Schönheit der künftigen Braut häufig das entscheidende Moment, welches die Wahl des Kaisers beeinflußt.[87] Aus späterer byzantinischer Zeit sind reichsweit angelegte Brautschauen bezeugt,[88] die es dem Kaiser ermöglichen sollten, die Schönste unter den Anwärterinnen auszuwählen, und die die Heirat des

---

86   James, Empresses and Power, 13.
87   Neri, Bellezza, 158.
88   Hans, Märchenprinz, 46–51.

Kaisers im Schein der „populären Romantik" der literarischen Folklore leuchten ließen.[89] Vorbild dieser Brautschauen waren möglicherweise Berichte über die Vermählung von Kaisern aus theodosianischer Zeit: Besonders ausführlich beschrieb Malalas die vergebliche Brautsuche Theodosius' II., und wie es dann der Zufall wollte, daß Athenaïs, die spätere Eudocia, ein besonders schönes Mädchen aus Athen, an den Kaiserhof von Konstantinopel kam, in das sich der Kaiser auf den ersten Blick verliebt habe (καὶ ἑωρακὼς αὐτὴν ἠράσθη αὐτῆς).[90] Diese märchenhaft anmutende Episode bei Malalas wurde von späteren Geschichtsschreiber immer wieder aufgegriffen und in ihrem Hergang wiederholt,[91] so daß die Schönheit Eudocias als qualifizierendes Merkmal erscheint, das ihre Eignung als Kaiserin nach außen sichtbar machte. Zwar ist gerade bei Eudocia recht auffällig, daß keiner der zeitgenössischen Schriftsteller ihre Schönheit erwähnt – der früheste Hinweis findet sich bei Theodor Lector (κάλλει διαπρεπής)[92] – allerdings findet Eudocia in den zeitgenössischen literarischen Quellen ohnehin sehr wenig Beachtung, was an ihrem schwierigen Verhältnis zum Kaiserhof seit den 440er Jahren gelegen haben mag. Hinzu kommt, daß Schönheit keine Eigenschaft ist, die typischerweise in Kirchengeschichten betont wird,[93] die für die fragliche Zeit, verfaßt von Socrates, Sozomenus und Theodoret, die wichtigsten literarischen Zeugnisse darstellen.

Daß der Schönheit der Kaisergattin dennoch Bedeutung beigemessen wurde, machen auch andere Beispiele deutlich: Die Wahl der Athenaïs-Eudocia durch Theodosius II. erinnert an die von Zosimus überlieferte Anekdote, wonach Theodosius' II. Vater, Arcadius, sich in das Bildnis seiner zukünftigen Gattin Eudoxia verliebt habe,[94] die sich ebenfalls durch besondere Schönheit ausgezeichnet haben soll. Neben dem Aspekt der Schönheit ist das unbemerkte Blicken auf die zu erwählende Braut eine weitere Parallele: Während in Malalas' Darstellung der junge Kaiser Theodosius II. versteckt hinter einem Vorhang seinen ersten, verstohlenen Blick auf Athenaïs wirft, bekommt Arcadius von seinem Diener ein Bild vorgelegt, das ihm die schöne Eudoxia zeigt. In beiden Fällen scheint es den Autoren wichtig zu betonen, daß die zukünftige Braut und Kaiserin sich im konkreten Moment der Situation nicht gewahr ist, in der sie gerade vom Kaiser beobachtet und ausgewählt wird. Dies mag damit zusammenhängen, daß – eine weitere Parallele zwischen den beiden Frauen – sie beide eine für Außenstehende je überraschende Wahl waren. Von Arcadius, so erklärt Zosimus, hatte die konstantinopolitanische Öffentlichkeit erwartet, daß er sich mit der Tochter seines Vormunds, dem Prätoriumspräfekten Rufinus, vermählen würde.[95] Eine Braut für Theodosius II. wurde zunächst in der hauptstädtischen Oberschicht gesucht, heißt es bei Malalas und den von seiner Chronik abhängigen Berichten.[96] Daß die Wahl schließlich auf Athenaïs fiel, die

89    Ebd. 51.
90    Malal. 14,3 f.
91    Vgl. etwa *Chron. pasch.* 575–578; Joh. Nik. 84,25–34; Zon., *Epit.* 13,22,1–13.
92    Theod. Lect. 316.
93    Cracco Ruggini, Auguste, 501.
94    Zos. 5,3,1–3.
95    Zos. 5,3,5.
96    Malal. 14,3.

Tochter eines vermutlich paganen Sophisten aus Athen, mag für nicht wenige außenstehende Beobachter überraschend gekommen sein und enttäuschte sicherlich einige der adeligen Familien, die Töchter im heiratsfähigen Alter hatten und sich bereits Hoffnungen auf eine familiäre Anbindung an das Kaiserhaus gemacht hatten.[97] So konnte die Suche nach der Schönsten im Reich dem Zweck dienen, besonders einflußreichen Familien die Möglichkeit zu nehmen, über die Vermählung ihrer Töchter mit einem Kaiser zu nah ans Zentrum der Macht zu gelangen.[98]

Schönheit ist ein Merkmal, das eine Frau unabhängig von ihrer gesellschaftlichen Qualifikation als Kaiserin legitimieren konnte. In den literarischen Quellen wurde sie daher betont, wie seit Constantin[99] im 4. und 5. Jahrhundert nicht selten auch die Schönheit des neuen *Augustus* als eine ihn auszeichnende Eigenschaft beschrieben wurde.[100] Was hier nicht entschieden werden kann, ist inwieweit – vielleicht geprägt von der antiken Lehre der Physiognomie – der äußeren Schönheit kaiserlicher Frauen im zeitgenössischen Verständnis eine moralische Komponente beigemessen worden sein könnte. So fehlen in den literarischen Quellen unmittelbare Hinweise, die darauf schließen ließen, daß die Schönheit kaiserlicher Frauen etwa mit einer charakterlichen Überlegenheit, einer besonderen Tugendhaftigkeit in Verbindung gebracht wurde, wobei dies keineswegs auszuschließen ist. Neri deutet die in den literarischen Quellen häufig erwähnte Schönheit kaiserlicher Frauen als Verweis auch auf die Fähigkeit des Kaisers, Schönheit anzuziehen und an sich zu binden, wobei die Überlegenheit der Kaiserin durch die mit ihrer Schönheit begründete Wahl des Kaisers zum Ausdruck komme.[101]

Die Schönheit kaiserlicher Frauen meint hier im Wortsinn ihre physische Attraktivität: So ist es in den beiden oben genannten Beispielen allein das äußere Erscheinungsbild der Eudoxia und der Athenaïs, das die Entscheidung der beiden Kaiser Arcadius und Theodosius II. für die beiden Frauen determiniert. Auch die erste Gemahlin des Honorius, Maria, wird von Claudian als schön beschrieben, und in seinem Hochzeitsgedicht ist es die Göttin Venus, die Maria für die bevorstehende Vermählung mit dem Kaiser einkleidet und ausstattet.[102] Marias Schönheit war es allerdings auch, die sie in den Augen des Hofdichters Claudian als Kaisergattin und *consors imperii* qualifizierte.[103]

Allerdings war die Schönheit der kaiserlichen Frau kein Merkmal, das prinzipiell positiv besetzt war. Der Bericht des Zosimus über den Hergang der Brautwahl des Arcadius ist letztlich auch Zeugnis für eine Intrige: Eudoxia wird in dieser Episode zwar nicht negativ dargestellt – ihre Schönheit ist nicht etwa Zeichen eines schlechten Charakters –, aber was hier vordergründig geschildert wird, ist der Konkurrenzkampf zwischen dem Eunuchen Eutropius und dem Prätoriumspräfekten Rufinus. Eutropius schaltet seinen Konkurrenten aus, indem er ihm die Gelegenheit

---

97  Vgl. S. 115 f.; S. 144 f. dieser Arbeit.
98  Hans, Märchenprinz, 44.
99  Kolb, F., Herrscherideologie, 85.
100  Neri, Bellezza, 133–150; 157.
101  Ebd. 160.
102  Claud., *Epithal.* 266–311.
103  Claud., *Epithal.* 277.

nimmt, seine Tochter mit dem Kaiser zu verheiraten, nachdem er dem Kaiser das Bild der schönen Eudoxia gezeigt hat. Gleichzeitig wird hier der Einfluß des Eunuchen auf Kaiser Arcadius aufgegriffen, was als gängiger Topos der Schwäche des Herrschers aufzufassen ist. Das Motiv der Zosimus'schen Darstellung ist daher ein grundsätzlich anderes, als das in Malalas' romantisierender Erzählung über Athenaïs-Eudocia und Theodosius II. Vielmehr hat Zosimus' Motiv hier wohl den gleichen Hintergrund wie in seinem Bericht über die Verlobung Theodosius' I. mit Galla,[104] wonach Justina, um die Schwäche des Kaisers wissend, bewußt ihre schöne Tochter eingesetzt habe, um seine politischen Entscheidungen zu beeinflussen. In beiden Fällen bediente sich der Profanhistoriker des Topos eines leicht beeinflußbaren Kaisers, welcher der körperlichen Attraktivität einer Frau verfällt.

Schönheit ist nicht das wichtigste Merkmal der Kaisergattin des 5. Jahrhunderts. Frömmigkeit und Philanthropie, die sich, wie unten noch zu zeigen sein wird, durch entsprechendes Verhalten öffentlich inszenieren ließen, waren Tugenden, die in den literarischen Quellen eine weit größere Rolle spielten und wohl auch die Erwartungshaltung der Untertanen an die kaiserlichen Frauen prägten. Als Kaiserin, besonders als *Augusta,* mußte die Frau diesen Erwartungshaltungen entsprechen, um eine gute Reputation zu erhalten. Dennoch war die Schönheit einer nicht der Dynastie entstammenden Frau eine Eigenschaft, welche die Tatsache legitimierte, daß sie überhaupt Kaiserin geworden war. War sie erst einmal Kaiserin, so erwartete die Öffentlichkeit von ihr, daß sie normative Verhaltensweisen an den Tag legte und bestimmte Aufgaben erfüllte. Zu den wichtigsten Aufgaben der Gemahlin des Kaisers gehörte die Geburt eines legitimen männlichen Erben für den Kaiser. Insofern ist auch der Hinweis auf Eudoxias Schönheit in der Vita des Porphyrius bemerkenswert, wonach Eudoxias Gesicht noch schöner als sonst gestrahlt habe, als Porphyrius ihr die baldige Geburt eines Thronfolgers prophezeite.[105]

Aufgrund fehlender beziehungsweise selten einer konkreten Person zuzuordnender ikonographischer Zeugnisse ist es schwierig zu ermessen, welche Rolle die Schönheit der kaiserlichen Frauen in der offiziellen Repräsentation des Kaiserhauses spielte: Bildliche Darstellung, wie etwa Statuen oder Münzporträts, waren nicht individualisiert, sondern stellten vielmehr allgemeine Vorstellungen von Macht symbolisch dar. Die wenigen erhaltenen Porträts zeigen die kaiserlichen Frauen, wie auch Neri feststellt, geradezu verhüllt von kostbarer Kleidung und Schmuck und, wie oben gezeigt, mit den Insignien kaiserlicher Macht ausgestattet; „la rappresentazione iconografica delle imperatrici riguarda sostanzialmente solo l'ambito pubblico e cerimoniale e dunque presenta un corpo sostanzialmente simbolico."[106]

Eine Eigenschaft, die besonders bei Athenaïs-Eudocia in den literarischen Quellen in ähnlichem Maße wie ihre Schönheit als Grund für ihre Erwählung als Kaisergattin betont wird, ist ihre ausgesprochen hohe, vor allem rhetorische

---

104 Zos. 4,44,1–4.
105 *V. Porph.* 42: Ἀκούσασα δὲ ἡ βασίλισσα τοῦ λόγου, ἐπλήσθη χαρᾶς καὶ ἐγένετο τὸ πρόσωπον αὐτῆς ἐρυθρὸν καὶ προσετέθη τῇ ὄψει κάλλος ὑπὲρ ὃ εἶχεν.
106 Neri, Bellezza, 161.

Bildung:[107] In der Darstellung des Malalas ist es Eudocias Eloquenz, mit der sie zunächst der Schwester des Kaisers Theodosius, Pulcheria, auffällt.[108] Redegewandt (ἐλλογίμως) weiß die junge Athenerin, als Bittstellerin an den Hof gekommen, der Kaiserschwester ihr Anliegen vorzutragen. Da Athenaïs-Eudocia überdies schön (εὐπρεπής) ist, arrangiert Pulcheria für ihren Bruder die Gelegenheit, aus einem Versteck heraus das schöne Mädchen aus Athen zu beobachten.[109] Während dem Kaiser möglicherweise die Schönheit des Mädchen genügt hätte, das ist nach Malalas schließlich die Bedingung, die er seiner Schwester für die Brautsuche gestellt habe,[110] ist es doch zunächst Eudocias rhetorische Ausbildung, mit der es ihr gelingt, die Kaiserschwester Pulcheria auf sich aufmerksam zu machen.

Eudocia ist nicht die einzige kaiserliche Frau, der eine hohe Bildung nachgesagt wird, und es ist sicher davon auszugehen, daß wenigstens Kaisertöchter eine entsprechende Erziehung genossen. Bei Claudian heißt es etwa, Serena, Ziehtochter Theodosius' I., habe die klassischen Autoren gelesen[111] und ihrer Tochter Maria vermittelt.[112] Serena war demnach in einem traditionellen Sinne docta, das heißt in dem Maße gebildet, wie es von einer Frau der Oberschicht erwartet wurde.[113] Von Flaccilla erfahren wir, daß sie Kenntnisse in der christlichen Lehre hatte,[114] wie dies grundsätzlich bei allen Frauen der theodosianischen Dynastie anzunehmen ist. Eudocias Bildung ging aber über die traditionelle παιδεία hinaus, jene Erziehung, die römischen Mädchen und Frauen zuteil wurde, und die auf eine charakterliche Entwicklung zielte, nicht aber dem Zweck einer Ausbildung zum Einsatz im öffentlichen Leben diente, wie dies bei der Erziehung von Jungen und Männern der Fall war. Als Kaiserin und Repräsentantin des Kaisertums trug Eudocia ihre Bildung nach außen und setzte sie zumindest bis 440 im Interesse ihres Gatten ein: Ihre rhetorischen Fähigkeiten ermöglichten es ihr, vor Publikum zu sprechen und im wörtlichen Sinne als ‚Sprecherin' des Kaiserhauses vor die Öffentlichkeit zu treten. Ihr Publikum wußte sie anscheinend ebenso zu begeistern, wie sie Pulcheria hatte von sich überzeugen können: Socrates rühmt sie als Dichterin anläßlich des römischen Sieges über die Sassaniden 422[115] und Evagrius erinnert an ihre eindrucksvolle, öffentlich dargebotene Rede in Antiochia.[116] Der Nachwelt blieb Eudocia zudem als Autorin von Werken christlichen Inhalts in klassischem Gewand im Gedächtnis.

Wenn man Malalas romantisierenden Bericht nicht gänzlich als topische Darstellung verwirft – Eudocias gute Bildung war keine Erfindung des Antiocheners, denn mindestens gute Homerkenntnisse muß sie als Verfasserin der sogenannten

---

107  Bereits Socrates bezeichnete sie als ἐλλόγιμος (7,21,8); vgl. u. a. Theod. Lect. 316; Malal. 14,4; Chron. pasch. 576; Theoph. AM 5911; Zon., Epit. 13,22,5.

108  Malal. 14,3.

109  Malal. 14,4.

110  Vgl. S. 142 dieser Arbeit.

111  Claud., Laus Serenae 140–159.

112  Claud., Epithal. 241–251.

113  Claud., Carm. min. 45,3.

114  Theodt. 5,19,1.

115  Socr. 7,21,8.

116  Evagr. 1,21.

*Homercentones*[117] besessen haben, und mit der Cypriansvita ist wenigstens ein weiterer Teil ihres literarischen Werks überliefert –, kann man fragen, ob nicht doch tatsächlich ihre Ausbildung eine entscheidende Rolle bei der Entscheidung Theodosius' II. gespielt hatte, sich mit ihr zu vermählen. Haffner vermutete, Eudocia könne vom Kaiser als Gattin erwählt worden sein, weil sie aufgrund ihrer hellenischen Herkunft nach ihrer Taufe „eine Identifikationsfigur sowohl für Heiden als auch für Christen" habe darstellen können.[118] Bedurfte das Kaiserum unter Theodosius II. einer Repräsentantin, die öffentliche Reden halten und neben dem Kaisertum auch ein „Kulturchristentum", wie Haffner annimmt, vertreten und vielleicht sogar propagieren konnte?[119] Bedurfte es ihrer als Rednerin zur Kommunikation mit der Öffentlichkeit oder bestimmten traditionell geprägten Eliten? Es ist nicht bekannt, wie regelmäßig sie vor die städtische Bevölkerung von Konstantinopel trat, ob sie etwa ihr Gedicht auf den Perserkrieg überhaupt öffentlich vortrug, und falls ja, ob dies nur eine Ausnahme war. Die literaturschaffende *Augusta*, die für ihre Reden gerühmt wurde, war zumindest im 5. Jahrhundert ein singuläres Phänomen. Ihre Schönheit legitimierte Eudocia als Kaisergattin, ihre rhetorische Ausbildung aber qualifizierte sie dazu, als Sprecherin des Kaisertums ihres Mannes aufzutreten.

---

117  Als Verfasserin der aus Homerversen zusammengestellten Passionsgeschichte kennen sie z.B. Phot., *Bibl. Cod.* 183 (128a); Zon., *Epit.* 13,23,38 f.
118  Haffner, Kaiserin Eudokia, 219.
119  Ebd. besonders 227.

## 2 DIE INSTITUTIONELLE ROLLE THEODOSIANISCHER KAISERFRAUEN

Der hier verwendete Begriff der „institutionellen Rolle"[1] ist nicht so zu verstehen, daß es eine klar definierte Rolle der kaiserlichen Frau oder der *Augusta* insbesondere gegeben hätte. Vielmehr ist von individuellen Rollen auszugehen, die kaiserliche Frauen einnehmen und die sie jeweils sehr unterschiedlich gestalten konnten. Nicht nur waren die Handlungsmöglichkeiten kaiserlicher Frauen von charakterlichen Eigenschaften, die weder festgestellt werden können noch sollen, sondern ebenso von persönlichen Konstellationen und den politischen Gegebenheiten abhängig, in denen kaiserliche Frauen jeweils wirkmächtig wurden. Dennoch zeichnen sich aus den vorangegangenen Einzeluntersuchungen bestimmte Handlungsmuster ab, die sich in der Reflexion der literarischen Quellen wiederholen, einander ähneln und denen in der zeitgenössischen Wahrnehmung kaiserlicher Frauen eine besondere Bedeutung beigemessen wurde.

Im folgenden werden daher diejenigen Aspekte öffentlichen Auftretens und politischen Agierens sowie bestimmte Verhaltensweisen und Aufgaben kaiserlicher Frauen betrachtet, die nach Ansicht der Zeitgenossen akzeptabel und einer kaiserlichen Frau angemessen schienen, weil sie entweder traditionell anerkannt waren oder sich – gestützt durch teils gewandelte Repräsentationsformen – im zeitgenössischen Diskurs hatten etablieren können. In gewissem Sinne handelt es sich hier um Erwartungshaltungen, mit denen sich kaiserliche Frauen seitens ihrer Untertanen einerseits, seitens der Interessen des Kaisertums als Institution andererseits konfrontiert sahen, und auf die sie zu reagieren hatten beziehungsweise denen sie entsprechen mußten, um ihrerseits in ihrer sozialen und auch politischen Rolle Anerkennung zu finden. Insofern sich die an die kaiserlichen Frauen herangetragenen Erwartungshaltungen aus ihrer jeweiligen Position am Kaiserhof und/oder dem Verhältnis, in dem sie zum Kaiser standen, ergaben, kann hier von einer „institutionellen Rolle" kaiserlicher Frauen gesprochen werden. Unter dem Begriff ist daher all das zu verstehen, was sich unmittelbar aus der Eigenschaft kaiserlicher Frauen ergibt, Angehörige des Kaiserhauses zu sein, und was – wie oben gezeigt – bei einigen der hier betrachteten Frauen offizielle Bestätigung durch den *Augusta*-Titel und die Übertragung der kaiserlichen Insignien an seine Trägerin fand, also ‚institutionalisiert' werden konnte (dynastisches Potential, Stellvertreterschaft beziehungsweise *consortium imperii*, repräsentative Aufgaben).

Die politische Rolle, die kaiserliche Frauen bisweilen einnehmen konnten, wurde – auch dies wurde oben gezeigt – nie durch ein Amt definiert und war wenigstens im 5. Jahrhundert nicht aufgrund einer juristischen Fügung bestimmt. Dennoch scheint es sehr klare Vorstellungen davon gegeben zu haben, welche konkreten Aufgaben kaiserliche Frauen kraft ihrer Stellung am Kaiserhof zu übernehmen

---

1    Der Begriff wird auch verwendet von Missiou, Dionyssia: „Über die institutionelle Rolle der byzantinischen Kaiserin", in: *JÖB* 32/2(1982), 489–498, die besonders die Aufgabe des Kindergebärens kaiserlicher Frauen betont.

hatten, welche Möglichkeiten politischer Einflußnahme sich ihnen boten und wie sie in bestimmten Situationen zu handeln hatten oder handeln konnten.

## 2.1 Fertilität, Keuschheit und dynastisches Potential

Eine traditionelle Aufgabe der Kaisergattin war es, dem Kaiser legitime Nachkommen zu gebären, also idealerweise einen männlichen Thronfolger zur Welt zu bringen. Es wurde in der modernen Forschung immer wieder diskutiert, ob die Geburt von Kindern die Vorraussetzung für die Erhebung kaiserlicher Frauen zur *Augusta* war. Für den hier betrachten Zeitraum kann in der Tat festgestellt, daß alle Frauen, die zu *Augustae* erhoben wurden, entweder Mütter kaiserlicher Nachkommen oder selbst purpurgeboren waren, was nach Missiou Bedingung für die Krönung kaiserlicher Frauen gewesen sei:[2] Die beiden Gemahlinnen des Kaisers Honorius blieben kinderlos und erhielten nie den Titel, anders als alle anderen hier betrachten Kaisergattinnen. Die beiden Schwestern Theodosius' II., Marina und Arcadia, waren jedoch ebenso purpurgeboren, wie ihre ältere Schwester Pulcheria, erhielten aber den Titel anders als diese nicht. Spätestens die Krönung Theodoras durch Justinian im Jahr 527 würde jeder Regel widersprechen, da Theodora selbst weder kaiserlicher Herkunft noch Mutter kaiserlicher Kinder war.

Dennoch war die Fertilität der Kaisergattin in sozialer wie politischer Hinsicht von großer Bedeutung für das Kaisertum. Entsprechend wird diese Fähigkeit der Kaisergattin, Kinder zu gebären, in den literarischen Quellen thematisiert; häufig berichten Chroniken von der Geburt besonders von Söhnen, aber bisweilen auch von Töchtern. Flaccilla war nach Gregor von Nyssa ein „Vorbild der Gattenliebe" (τῆς φιλανδρίας ὁ τύπος),[3] da sie – worauf Gregor etwas später zu sprechen kommt – dem Kaiser Theodosius I. drei Kinder geboren hatte: Die kurz vor ihr verstorbene Tochter Pulcheria sowie die beiden Thronfolger Arcadius und Honorius. Die direkt im Anschluß an ihre so bewiesene φιλανδρία von Gregor betonte σωφροσύνη der verstorbenen Flaccilla könnte in diesem Zusammenhang auch als sexuelle Mäßigung zu verstehen sein. Denn das in der spätantiken Gesellschaft so sehr verankerte Ideal einer dynastischen Herrschaft verlangte unbedingt nach einer Kaiserin, die über den Verdacht sexueller Untreue erhaben war. So war möglicherweise der Vorwurf des Ehebruchs der entscheidende Grund, warum Eudocia den Kaiserhof nach 440 verlassen mußte.

In der Rede für die verstorbene Flaccilla rechnete Gregor es ihrer φιλανδρία an, daß sie die beiden Söhne ihrem Gatten hinterlassen habe, „damit sie die Stützen seines Kaisertums seien" (ὥστε εἶναι αὐτοὺς τῆς βασιλείας ἐρείσματα);[4] die

---

2    Missiou, Institutionelle Rolle, 494; vgl. dagegen etwa James, Empresses and Power, 119–124 (aufschlußreich besonders die Tabelle 120–122, welche die oströmischen beziehungsweise byzantinischen kaiserlichen Frauen bis Theodote, der zweiten Gattin Constantins VI., listet und zeigt, daß weder alle *Augustae* Kinder hatten, noch alle kaiserlichen Frauen, die ihrem Kaisergemahl Kinder geboren hatten, den Titel trugen); dazu auch Kolb, A., Augustae, 17.

3    Greg. Nyss., *in Flacillam* 480,17.

4    Greg. Nyss., *in Flacillam* 488,19.

Tochter Pulcheria war kurz vor ihrer Mutter verstorben. Damit äußerte Gregor, warum die Fähigkeit der Kaisergattin zur Geburt legitimer Nachkommen von Bedeutung war: Sie garantierte den Fortbestand der Dynastie und versprach den Untertanen sowohl eine Kontinuität der Herrschaft als auch innere Stabilität:[5] Denn die Möglichkeit einer legitimen Thronfolge bot, wenn sie auch nicht immer ein Garant war,[6] so doch einen relativ sicheren Schutz vor Usurpationen und Thronstreitigkeiten ambitionierter Männer, die nicht der Dynastie angehörten: Erstaunlich stabil war die Herrschaft Theodosius' II. in der ersten Hälfte des 5. Jahrhunderts, obwohl er selbst noch als Kind seinem Vater auf den Thron gefolgt war, und auch 425 konnte die Usurpation des Johannes im Westen des Reiches unterbunden werden, als mit Valentinian III. erneut ein dynastischer Kaiser installiert worden war. Bevor dieser jedoch von Theodosius II. zum *Augustus* erhoben worden war, hatte der oströmische Kaiser zunächst die Mutter des jungen Valentinian als *Augusta* rehabilitiert und sie gemeinsam mit ihrem Sohn in den Westen gesandt, um die dortige Bevölkerung – die ja nun bald aufgefordert sein würde, einen sechsjährigen Kaiser und seine Mutter als stellvertretende Regentin anzuerkennen – an ihre Loyalität gegenüber der theodosianischen und valentinianischen Dynastie zu erinnern, denen Galla Placidia jeweils angehörte.[7]

Glaubt man den literarischen Quellen, war es besonders Eudoxia, die auf ihre Mutterschaft verwies, um ihre politischen Interessen durchzusetzen: Nach einem Streit mit dem Hofeunuchen Eutropius soll sie mit ihren beiden Töchtern Pulcheria und Arcadia vor den Kaiser getreten sein und geklagt haben, daß Eutorpius sie aus dem Palast werfen wolle und habe so dessen Sturz herbeigeführt.[8] Ebenso soll sie den Thronfolger Theodosius II. anläßlich seiner im Lichte der Öffentlichkeit ausgeführten Taufe eingesetzt haben, um ein Versprechen einlösen zu können, das sie einigen Mönchen aus Gaza gegeben hatte, auf das der Kaiser sich jedoch nicht hatte einlassen wollen.[9] Parallel berichten Socrates und Sozomenus von einer weiteren Szene, in der Eudoxia den hauptstädtischen Bischof Johannes Chrysostomus versöhnlich stimmen wollte, indem sie ihm erneut vor den Augen der Öffentlichkeit

---

5    Kolb, A., Augustae, 16 f.
6    Hier ist besonders daran zu erinnern, welche Schwierigkeiten Zeno nach dem Tod seines Sohnes Leo II. 476 hatte, sich auf dem Thron zu halten, wobei zu beachten ist, daß neben strukturellen Problemen, denen das römische Kaisertum nach dem Verlust der Herrschaft im Westen ohnehin ausgesetzt war, Zeno nicht selbst kaiserlicher Nachkomme war, sondern durch seinen minderjährigen Sohn zum Mitregenten ernannt worden war, als Isaurier zudem Akzeptanzprobleme in Konstantinopel hatte, und darüber hinaus seine Schwiegermutter, die Witwe eines Kaisers, ihm nicht loyal gegenüber stand, wie möglicherweise nicht einmal seine eigene Gattin Ariadne, Tochter und Mutter je eines verstorbenen Kaisers, s. dazu Meier, Ariadne, 278–284. Besonderes viele Usurpationen hatte auch Honorius während seiner Herrschaft zu verzeichnen, allerdings wenigstens keine in Italien. Daneben bestand im Westen neben den strukturellen Problemen, die vielleicht einen militärisch aktiven Kaiser verlangt hätten (ausführlich dazu Bleckmann, Bruno: „Honorius und das Ende der römischen Herrschaft in Westeuropa", in: *HZ* 265[1997], 561–595), möglicherweise auch die Schwierigkeit, daß Honorius Sohn eines oströmischen Herrschers war.
7    Vgl. S. 99 f. dieser Arbeit.
8    Philost. 11,6.
9    *V. Porph.* 48 f.

ihren Sohn Theodosius auf die Knie setzte.[10] Dies deutet darauf hin, daß die Kaisergattin, die Kinder geboren hatte, zusätzliche Autorität aus ihrer Mutterrolle beziehen konnte.

Dem Gebot der Fertilität der Kaisergattin stand als besonders markantes Phänomen zur Zeit der theodosianischen Dynastie die Keuschheit der Kaiserschwestern gegenüber. Diese hatte den aus dynastischer Sicht nicht unbedeutenden Nutzen, wie es bei Sozomenus über Pulcheria und ihren Schwestern heißt, potentiellen männliche Konkurrenten um den Kaiserthron die Möglichkeit zu nehmen, über die Vermählung mit einer Schwester des Kaisers dessen Kaisertum herauszufordern.[11] Die Ehe mit einer weiblichen Angehörigen des Kaiserhauses brachte dem angeheirateten Mann, wie weiter unten auszuführen sein wird, dynastische Legitimität ein, die sich gegen den amtierenden Kaiser einsetzen lassen konnte. Hier wurde daher, so deutet Sozomenus in seiner Äußerung zu Pulcheria und ihren Schwestern an, ein starkes Potential für Usurpationen gesehen. In einer Zeit, in der die Kaiser zudem regelmäßig bereits im Kindesalter den Thron bestiegen hatten, zum Zeitpunkt ihrer Erhebung also meist noch nicht über die biologische Reife verfügten, selbst einen Thronfolger zu zeugen, konnte die Vermählung der Kaiserschwester eine umso größere Gefährdung bedeuten. Der Mann einer Schwester des Kaisers war eine potentielle Bedrohung für dessen Kaisertum, beziehungsweise es hätten ein Schwager oder ein Neffe des Kaisers die Thronregelung im Interesse seines leiblichen Erben gefährden können. Es ist dies wohl der primäre Grund dafür, daß die Keuschheit der Kaiserschwester in der ersten Hälfte des 5. Jahrhunderts geradezu programmatisch wurde.

Keine Schwester eines Kaisers der theodosianischen Dynastie wurde verheiratet, solange die Möglichkeit der Geburt eines leiblichen Sohnes als Thronfolger des Kaisers bestand:[12] Als Honorius seine Schwester Galla Placidia 417 seinem Heermeister Constantius zur Frau gab, mag dies zum Dank geschehen sein, weil dieser sie aus der gotischen Gefangenschaft befreit hatte. Allerdings befand sich der kinderlose Honorius zu diesem Zeitpunkt hinsichtlich seiner Thronfolgeregelung längst in einer Situation, in der auf absehbare Zeit kein legitimer Erbe mehr zu erwarten war – schließlich hatte er sich nach der Trennung von seiner zweiten Gemahlin Thermantia nicht wieder verheiratet. Was immer seine Gründe waren, setzte er 416 offensichtlich bereits darauf, die Thronfolge über seine Schwester Galla Placidia zu regeln, die er 421 gemeinsam mit seinem inzwischen designierten Nachfolger und ihrem Ehemann, Constantius III., zur *Augusta* erhob und auf diese Weise zugleich demselben Constantius die für die Thronfolge nötige dynastische Legitimität verschaffte.

Bei Galla Placidia zeichnet sich für den hier betrachten Zeitraum daher in besonderem Maße das ab, was ich in Anlehnung an Stefan Priwitzer unter dem ‚dy-

---

10   Socr. 6,11,20; Soz. 8,10,6.
11   Soz. 9,1,3.
12   Eine Verlobung Galla Placidias mit dem Sohn des Stilichos und der Serena, Eucherius, läßt sich nicht belegen, und die Vermählung Galla Placidias mit Athaulf war sicher nicht im Sinne des Kaisertums. Was Honoria betrifft, wissen wir nicht sicher, ob sie mit Herculanus verheiratet wurde. Falls es so gewesen sein sollte, handelte es sich bei dieser Vermählung lediglich um eine Notlösung.

nastischen Potential' kaiserlicher Frauen verstehe: nämlich die Fähigkeit kaiserlicher Frauen legitime Herrschaft zu übertragen, wie es im Sommer 450 auch Pulcheria und 491 abmals Ariadne gelingen sollte. Ob hinsichtlich dieses Potentials ein Unterschied zwischen Kaiserschwestern oder -töchtern und den Ehefrauen der Kaiser bestand, kann aufgrund fehlender Daten hier nicht zweifelsfrei entschieden werden: Falls die Ehebruchsgerüchte um Eudocia, wie sie romantisiert bei Malalas anklingen, einen realen Hintergrund hatten, führte vielleicht der Verdacht, sie können ihrem Liebhaber den Thron verschaffen wollen, zu ihrer Verbannung. Verina – auch hier allerdings ist die Quellenlage nicht eindeutig – würde mit einem derartigen Vorhaben 475/6 scheitern.[13] Kaum zu klären ist, ob das dynastische Potential Serenas oder wenigstens das ihrer Tochter Thermantia, nachdem Honorius sich von dieser getrennt hatte, eine Rolle bei Serenas Hinrichtung spielte.

Wenn man aber Priscus' Überlegungen zu Honoria und die schwierige Situation, in die sie das Kaisertum um 450 gebracht haben soll, ernst nimmt, deutet sich an, daß die βασιλεία und die damit einhergehenden Ansprüche (möglicherweise anteilig auf ἀρχή) kaiserlicher Töchter erbrechtlich bedingt waren.[14] Das bedeutete zwar nicht, daß sie das Herrscheramt selbst, das heißt in eigenem Namen ausüben konnte – dagegen spricht noch immer die oben zitierte ulpianische Definition, nach der die *Augusta* nicht „legibus soluta" sein durfte, von der jedoch nicht mit Sicherheit festzustellen ist, inwieweit sie im 5. Jahrhundert überhaupt Gültigkeit besaß[15] (schließlich wurde die Formulierung erst unter Justinian als Gesetz in den Digesten aufgenommen). Es war kaiserlichen Frauen allerdings möglich das Herrscheramt weiterzugeben, weswegen das dynastische Potential im Falle der Honoria aufgrund ihrer vielleicht fehlenden Loyalität tatsächlich ein Gefahrenpotential für das Kaisertum ihres Bruders bedeutete.

Das dynastische Potential allerdings konnte mangels eines Thronfolgers, wie nach dem Tod Theodosius' II. 450 sowie des Zeno 491, auch gezielt zum Einsatz gebracht werden, um zum einen eine schnelle Thronfolge zu ermöglichen und in sozialer Hinsicht die dynastische Kontinuität zu gewährleisten und innere Unruhen aufgrund von Thronvakanzen zu verhindern, zum anderen eine von relevanten Akzeptanzgruppen oder breiten Bevölkerungsschichten getragene Politik (weiter) verfolgen zu können: So dürfte insbesondere die Thronerhebung Marcians, die aus (gewohnheits-)rechtlicher Perspektive problematisch war, im Osten auch deswegen akzeptabel gewesen sein, weil Marcian durch Pulcheria dynastisch legitimiert wurde, aber auch weil mit Hilfe Pulcherias, die in der Konstantinopolitanischen Stadtbevölkerung und dem ‚anti-miaphysitischen' Klerus im gesamten Imperium eine breite Akzeptanzbasis hatte, nun die Aussicht bestand, das Konzil von Ephesus 449 zu revidieren, das zuletzt für große Unsicherheit gesorgt hatte.

---

13    Leszka, Verina's Political Activity, 130–133; vgl. S. 15 f. dieser Arbeit.
14    Prisc. fr. 20,1; 3 (Blockley, = exc. 15; 16 Carolla).
15    Wobei zurecht Bosch, Ursula Victoria: „Fragen zum Frauenkaisertum", in: *JÖB* 32/2(1982), 499–503 darauf hingewiesen hat, daß die Interpretation des Gesetzes (*Dig.* 1,3,31) zu unterschiedlichen Zeiten auch verschieden ausgefallen sein dürfte.

## 2.2 Kaiserliche Frauen und Öffentlichkeit

Auffällig ist die häufige – auch persönliche – Präsenz der theodosianischen Kaiserfrauen in der städtischen Öffentlichkeit: Die literarischen Quellen berichten sowohl von ihren Standbildern an Orten des öffentlichen Lebens, die in gleicher Weise verehrt wurden wie die des Kaisers, von Bauten, die an sie erinnerten, wie von persönlichen Auftritten kaiserlicher Frauen vor der Stadtbevölkerung in Prozessionen und anderen religiösen Veranstaltungen, im Falle Eudocias auch als Rednerin.

Der Flaig'schen Prämisse folgend, daß das römische Kaisertum ein Akzeptanzsystem gewesen sei, das maßgeblich auf der Zustimmung seiner Untertanen beziehungsweise bestimmter Akzeptanzgruppen (nach Flaig Volk, Senat und Heer) beruhte,[16] hat Steffen Diefenbach anhand Konstantinopels als Modellstadt herausgearbeitet, wie sich durch Übernahme und Umwandlung kommunikativer Formen zwischen Kaiser und Öffentlichkeit, wie sie Flaig für das Prinzipat beschrieben hatte, das spätantike beziehungsweise christliche Kaisertum als „städtisches Kaisertum" hatte etablieren können.[17] Dieses kennzeichnete sich seit den Nachfolgern Theodosius' I. insbesondere dadurch, daß nicht mehr das militärische Charisma des Kaisers als Legitimationsgrundlage seiner Herrschaft betont wurde, sondern seine besondere Beziehung zu Gott, die von kaiserlicher Seite durch öffentlich inszenierte Frömmigkeitspraktiken regelmäßig betont wurde.[18]

Es war wohl diese ‚Entmilitarisierung' des Kaisertums unter den Erben Theodosius' I., die den kaiserlichen Frauen neue Handlungsmöglichen eröffnete, die seither verstärkt als Repräsentantinnen des nun im christlichen Sinne umgedeuteten Kaisertums in der Öffentlichkeit auftraten. Indem kaiserliche Frauen durch ihr Auftreten den Erwartungshaltungen ihrer Untertanen Rechnung trugen, beziehungsweise indem ihr Verhalten einem normativen Diskurs entsprach, trugen sie maßgeblich zur Akzeptanz eines in den städtischen Kontext eingebundenen Kaisertums bei. Dies läßt sich zumindest für Konstantinopel festhalten, das im fünften Jahrhundert exklusive Präsenzstadt des oströmischen Kaisertums war.

Bereits die erste Gattin Theodosius' I., Flaccilla, wurde für ihre besondere Frömmigkeit gelobt, die sie durch bestimmte Gesten und Praktiken nach außen demonstriert habe, wenn sie auch insgesamt weniger aktiv in Erscheinung getreten zu sein scheint als ihre Nachfolgerinnen in Konstantinopel. Flaccilla soll sich insbesondere der Armenfürsorge gewidmet[19] und bisweilen auch die Freilassung Gefangener erwirkt haben.[20] Ihre Aufmerksamkeit galt damit primär solchen Personengruppen, die zwar nicht zu den von Flaig identifizierten Akzeptanzgruppen im römischen Herrschaftssystem gehörten, vielmehr aufgrund ihrer sozialen Schwäche keine politische Relevanz hatten beziehungsweise die außerhalb der rö-

16  Dargelegt in Flaig, Den Kaiser herausfordern.
17  Ausführlich zum Konzept des „städtischen Kaisertums" s. Diefenbach, Liturgie und *civilitas*. Jüngst dazu auch: Pfeilschifter, Kaiser und Kontantinopel.
18  Diefenbach, Liturgie und *civilitas*, 21 f.; sowie ders.: „Frömmigkeit und Kaiserakzeptanz im frühen Byzanz", in: *Saeculum* 47(1996), 35 f.
19  Theodt. 5,19,2 f.; *Suda*, π 1685; vgl. Greg. Nyss., *in Flacillam* 487,13–17.
20  Greg. Nyss., *in Flacillam* 487,16 f.

mischen Gesellschaft standen, denen aber in der christlichen Lehre eine besondere Rolle zukam, wie Gregor von Nyssa in seiner Rede auf die verstorbene Kaiserin auch Witwen und Waisen unter den Trauernden besonders hervorhob.[21] Indem Flaccilla sich in besonderem Maße dieses Personenkreises annahm, bewies sie die vom Kaisertum traditionell geforderte Philanthropie und *civilitas*, Nähe und Fürsorge für ihre Untertanen. Indem sie sich in die Rolle einer Dienerin der Armen begeben habe, wie besonders Theodoret betonte,[22] persönlich Kranke pflegte und ihnen Speisen reichte, erniedrigte sie sich in ihrer sozialen Rolle als Kaiserin gänzlich, folgte zugleich aber dem christlichen Ideal der Nächstenliebe.

Demut war eine traditionell keinesfalls positiv besetzte Eigenschaft, insbesondere keine Herrschertugend, die aber durch das Christentum eine Aufwertung erfahren und spätestens seit Theodosius II. auch vom Kaiser selbst zum Zwecke seiner herrscherlichen Selbstdarstellung demonstriert werden sollte.[23] Zunächst aber war Demut eine Geste, welche besonders die kaiserlichen Frauen im Rahmen ihrer öffentlichen Selbstinszenierung und besonders im religiösen Ritual ausführten: Oben wurde in anderem Kontext bereits auf Eudoxias Auftritt vor der konstantinopolitanischen Öffentlichkeit verwiesen, bei dem sie sich im Büßergewand, ohne Leibwächter und Statussymbole unter die Menge der Prozessierenden gemischt hatte. Auch dies war eine Situation, in der die Kaiserin die vom Kaisertum geforderten Tugenden, *civilitas* und Frömmigkeit ebenso wie ihre im christlichen Sinne verstandene Demut vor der Öffentlichkeit bewies. Die Kaiserin trat hier in ein unmittelbares Nahverhältnis mit der Stadtbevölkerung. Im Anschluß an die Prozession wurde auch von auch Johannes Chrysostomus in seiner Rede betont, es sei normalerweise doch nicht einmal den Palasteunuchen gestattet, die Kaiserin zu sehen.[24] Eine solche völlige Abschottung der Kaisergattin (oder der kaiserlichen Frauen allgemein?) selbst vor den Bediensteten im kaiserlichen Palast, wie sie hier von Johannes behauptet wird, läßt sich für den hier untersuchten Zeitraum nicht durch andere Quellen verifizieren. Der Hinweis jedoch ist als unterstützender Aspekt der von Johannes betonten Singularität des Ereignisses zu lesen, durch den Eudoxias *civilitas*-Geste nochmals verstärkt wird.

Daß zwischen *civilitas* und *humilitas* (ταπεινοφροσύνη) „unter funktionalen Gesichtspunkten […] kein prinzipieller Unterschied" besteht, darauf hat Diefenbach ausdrücklich hingewiesen: Zwar sei die eine Geste sozial, die andere religiös begründet, aber „beide sind einerseits geeignet, herausragenden Status zu demonstrieren, und erfüllen andererseits die Funktion, Distanzen abzubauen und affektive Nahbeziehungen zur städtischen Bevölkerung zu stiften."[25]

Regelmäßig berichten die literarischen Quellen über die Stiftertätigkeit kaiserlicher Frauen, wobei unter die Stiftungen kaiserlicher Frauen, von denen die literarischen Quellen berichten, nicht nur Bauten fallen, sondern häufiger auch kleinere, bewegliche Objekte, wie etwa die silbernen Kerzenleuchter, die Eudoxia zu einer

---

21  Greg. Nyss., *in Flacillam* 480,24–481,2.
22  Theodt. 5,19,2 f.
23  Ausführlich dazu Meier, Demut.
24  Joh. Chrys. *Hom.* 2,1 (PG 63, 469).
25  Diefenbach, Liturgie und *civilitas*, 39.

von Johannes Chrysostomus gegen die ‚Arianer' organisierten Prozession beigesteuert haben soll,[26] oder der von Pulcheria anläßlich ihres Keuschheitsgelübdes gestiftete Altarschmuck.[27] Zeitgenössische Berichte über Baustiftungen sind selten konkret: Sozomenus etwa erklärt Pulcheria habe unzählige Kirchen und Armenhäuser sowie Mönchssiedlungen gestiftet und deren Versorgung sicher gestellt, ohne eine einzige beim Namen zu nennen.[28] Gelegentlich ist es zumindest möglich, anhand von Inschriften oder Ziegelstempeln die Stifterin zu identifizieren. Die Tatsache aber, daß in den literarischen Quellen auf die Stiftertätigkeit kaiserlicher Frauen verwiesen wurde, drückt vor allem die Erwartungshaltung aus, daß kaiserliche Frauen sich in dieser Funktion hervortun sollten: Zwar soll bereits Eudoxia den Bau einer Kirche in Gaza finanziert haben,[29] eine regelrechte Praxis des Kirchen- oder Klosterbaus unter den kaiserlichen Frauen der theodosianischen Dynastie, besonders im hauptstädtischen Kontext, läßt sich erst seit den 420er Jahren mit Pulcheria in Konstantinopel und parallel dazu mit Galla Placidia in Ravenna feststellen.

Bauten dieser Art hatten in mehrerer Hinsicht eine bedeutende repräsentative Funktion für das christliche Kaisertum insgesamt, wie für seine Stifterin selbst. Kaiserliche Frauen konnten sich auf diese Weise dauerhafte Monumente schaffen, die an ihre persönliche Frömmigkeit beziehungsweise Gottgefälligkeit erinnerten. Als im weitesten Sinne gemeinnützige Bauten dienten sie kaiserlichen Frauen auch dazu, sich selbst der Stadtgemeinde als Euergetinnen zu präsentieren.[30] Insofern sind diese Gebäude auch als Mittel der Selbstdarstellung kaiserlicher Frauen zu betrachten, welches ihre eigene Anerkennung als Repräsentantinnen der christlichen Herrschaft stärkte und damit letztlich ihre individuelle Macht vergrößern konnte. Als Vertreterinnen des Kaisertums als Institution bewiesen kaiserliche Frauen durch ihre Stiftertätigkeit aber auch das Bestreben der christlichen Herrschaft, den Willen Gottes auf Erden zu erfüllen, was den Konsens mit der kaiserlichen Herrschaft stärken konnte. Insbesondere Pulcheria sicherte durch den Bau von Klöstern und Stiftungen für Mönchssiedlungen darüber hinaus die Loyalität von Personengruppen, mit deren Unterstützung ihr sowohl in den Auseinandersetzungen um Nestorius in den 430er Jahren als auch im Kontext von Chalcedon 451 die Durchsetzung ihrer Position gelang.[31]

Wie ebenfalls Diefenbach gezeigt hat, blieb die Etablierung eines städtischen Kaisertums im spätrömischen Reich auf Konstantinopel beschränkt.[32] Im Westen gab es spätestens mit Galla Placidias Einsetzung als stellvertretende Regentin sicherlich Ansätze, die sich als Versuche werten lassen, ein städtisches Kaisertum auch im Westen zu etablieren: So lassen sich unter Galla Placidia besonders in Ra-

---

26    Socr. 6,8,6.
27    Soz. 9,1,4.
28    Soz. 9,1,10; Theod. Lect. 363 nennt zumindest vier Kirchenstiftungen Pulcherias.
29    *V. Porph.* 75–78; 84; 92.
30    Zum Konzept des Euergetismus grundlegend: Veyne, Paul: *Le pain et le cirque. Sociologie historique d'un pluralisme politique*, Paris 1976.
31    Hierzu auch Diefenbach, Frömmigkeit und Kaiserakzeptanz, 55 f.
32    Diefenbach, Liturgie und *civilitas*, 45.

venna, bereits seit 402 kaiserliche Residenzstadt, Maßnahmen feststellen, die an die Repräsentationsformen des Kaisertums in Konstantinopel erinnern: Dies sind vor allem Maßnahmen, welche die bauliche Gestaltung der Stadt als Kaiserstadt betreffen. So ist der Name der Stadt Ravenna eng mit Galla Placidia als Stifterin vor allem sakraler Bauten verbunden. Daneben gibt es wenigstens in der Vita des gallischen Bischofs Germanus den Hinweis, daß Galla Placidia in ähnlicher Weise, wie dies aus Berichten über das Verhalten kaiserlicher Frauen im liturgischen Kontext in Konstantinopel hervorgeht, über öffentlich inszenierte Demuts- und *civilitas*-Gesten eine Nahbeziehung zur städtischen Bevölkerung herzustellen bemüht war,[33] was, wie Diefenbach in seinen Arbeiten zum städtischen Kaisertum deutlich gemacht hat, die Integration des Kaisertums in das städtische Umfeld Konstantinopels ermöglicht hatte.

Da Galla Placidia sich vor ihrer Rückkehr in den Westen in Konstantinopel aufgehalten hatte, ist es vorstellbar, daß sie sich von den Interaktionsformen des dort ansässigen Kaisertums ihres Neffen Theodosius II. hatte inspirieren lassen. Tatsächlich deutet eine allerdings späte lateinische Quelle Galla Placidias Bautätigkeit in Ravenna als Versuch, die kleine Hafenstadt an der Adria anstelle Roms als neue Hauptstadt des Weströmischen Reiches zu etablieren.[34] So ist es nicht auszuschließen, daß die weströmische Kaiserin darum bemüht war, das Kaisertum ihres Sohnes nach dem Vorbild Konstantinopels in den städtischen Kontext von Ravenna zu integrieren.

Rom, die traditionelle und auch in der Spätantike ideologisch noch immer bedeutsame Hauptstadt des römischen Reiches – auch darauf hat Diefenbach bereits hingewiesen – war schon aufgrund der Tatsache, daß die kaiserlichen *civilitas*-Gesten dort an „traditionelle Formen und Orte" gebunden waren, nicht dazu geeignet, mit Hilfe neuer Praktiken eine neue Kaiserideologie zu kommunizieren umso mehr, als die christlich-sakralen und für Interaktion des christlichen Kaisertums mit der stadtrömischen Öffentlichkeit im liturgischen Kontext nutzbaren Orte eher außerhalb der traditionellen Interaktionsräume lagen.[35] Auch mag die im 5. Jahrhundert bereits lange Abwesenheit des Kaisertums von Rom dazu beigetragen haben, daß sich dort inzwischen soziale Strukturen herausgebildet hatten, die das Kaisertum als identitätsstiftenden Faktor entbehrlich machten – für die christianisierten Bevölkerungsgruppen mag etwa das römische Bischofsamt diese Lücke ausgefüllt haben. Dennoch waren Galla Placidia und wohl in kleinerem Rahmen auch ihre Schwiegertochter Licinia Eudoxia in Rom als Bauherrinnen und Stifterinnen tätig, was immerhin dafür spricht, daß man von kaiserlicher Seite her weiter um die Stadt Rom bemüht war und sie als traditionelles politisches Zentrum nicht vernachlässigen konnte. Tatsächlich wurde 449 die Kaiserresidenz wegen des äußeren Druck durch die Hunnen wieder dorthin verlegt. Feste Residenzstadt des spätantiken weströmischen Kaisertums wurde Rom allerdings auch über die theodosianische Dynastie hinaus nicht mehr.

---

33   *V. Germ.* 7,35.
34   Agnellus, *Liber Pont.* 40.
35   Diefenbach, Liturgie und *civilitas*, 45.

Bau- und Stiftertätigkeit kaiserlicher Frauen sowie ihre persönliche Präsenz konzentrierten sich für gewöhnlich auf die Öffentlichkeit und das Umfeld der kaiserlichen Residenzstädte, wobei es Beispiele für kleinere Projekte auch außerhalb der politischen Machtzentren gibt, wie etwa die oben erwähnte Kirche, die Eudoxia in Gaza hatte errichten lassen, oder Galla Placidias Bau einer Kirche für den Erzmärtyrer Stephanus in Rimini.[36]

Insofern stellt die Gattin Theodosius' II., Eudocia, eine besonders beachtenswerte Ausnahme dar, da sie das Kaisertum ihres Mannes im Rahmen ihrer Pilgerreise vor allem außerhalb Konstantinopels repräsentierte. Ihre erste Reise ins Heilige Land dürfte Eudocia, wie es eine zeitgenössische Quelle andeutet, noch im Auftrag ihres Mannes unternommen haben,[37] bevor sie in den frühen 440er Jahren erneut nach Palästina reiste, um dort – nun vielleicht in eigener Sache – als Bauherrin und Wohltäterin aktiv zu werden. Auf dem Weg nach Jerusalem 438/9 habe sie verschiedene Städte besucht und reich beschenkt, erklärt der Kirchenhistoriker Socrates.[38] Erinnert wurde besonders ihre Station in Antiochia[39] – der wohl erste Besuch eines Mitglieds der kaiserlichen Familie seit 387, als im Zuge eines Aufstandes die Statuen der Familie Theodosius' I. umgestürzt worden waren.[40] Mit Begeisterung soll die antiochenische Öffentlichkeit auf Eudocias Rede vor dem Senat reagiert und ihr zu Ehren eine Statue errichtet haben.[41] Möglicherweise nahm diese Reaktion Bezug auf eben diesen vergangenen Konflikt mit Theodosius I., und das Errichten der Eudocia-Statue geschah zum Zeichen des wiederhergestellten Konsens mit der kaiserlichen Herrschaft in Konstantinopel, gewissermaßen als Zeichen der Aussöhnung. Dies ist umso wahrscheinlicher, als Eudocia in ihrer Rede ihre Identifikation mit der Stadt zum Ausdruck gebracht haben soll, indem sie ihre Rede mit einem bei Evagrius notierten Homerzitat („ὑμετέρης γενεῆς τε καὶ αἵματος εὔχομαι εἶναι") schloß:[42] Auch hier wurde eine Nahbeziehung zwischen der Repräsentantin des Kaisertums mit der städtischen Öffentlichkeit hergestellt, die unter Flaig'scher Prämisse als konsensstiftende Maßnahme zu verstehen ist. Im Gegenzug für die Ehrungen, die man seiner Gattin in Antiochia entgegengebracht hatte, belohnte Theodosius II. die Bevölkerung der Stadt mit der Erweiterung der Befestigungsanlagen und bestätigte auf diese Weise die Konsensbekundung der Antiochener und zeigte sich wiederum seinerseits ebenfalls versöhnlich.

Es ist nicht bekannt, in welchen Städten Eudocia sich auf ihrer Reise sonst noch aufhielt; ihre Rückreise führte sie mindestens noch über Caesarea.[43] In jedem Fall scheint sie ihre Reise dazu genutzt zu haben, sich als wohltätige und fromme Kaiserin zu inszenieren. Durch die Lebensbeschreibung der beiden Heiligen, Melania und Petrus Iberus, sind besonders Eudocias Aktivitäten in Jerusalem belegt, an die

36  Agnellus, *Liber Pont.* 42.
37  Socr. 7,47,1 f.
38  Socr. 7.47,3.
39  Evagr. 1,20 f.; *Chron. pasch.* 585.
40  Lib., *orat.* 20,3 f.; 22,8; Soz. 7,23,1; Theodt. 5,20,2.
41  Evagr. 1,20 f.
42  Evagr. 1,20.
43  *V. Mel.* 59.

auch spätere Geschichtsschreiber noch regelmäßig erinnerten. Allerdings differenzieren diese in der Regel nicht mehr zwischen ihrer Pilgerreise und ihrem Exil und gedenken ihrer nur allgemein als Wohltäterin und Stifterin in Palästina. Eudocias Selbstinszenierung im Heiligen Land scheint eindrucksvoller gewesen zu sein, als die Gründe, die sie ins Exil geführt hatten und zu denen die Geschichtsschreiber nur spekulative Andeutungen machen.

Eudocias erste Reise nach Jerusalem kann fraglos als ‚Promotion-Tour' im Interesse des Kaisertums verstanden werden: Die oben erwähnten Viten machen deutlich, daß Eudocia sich – vielleicht orientiert an Konstantins Mutter, der Pilgerin Helena, wenn es auch in den literarischen Quellen keinen direkten Vergleich mit ihr gibt – der sonst im hauptstädtischen Kontext verankerten Interaktionsformen zwischen Kaisertum und Öffentlichkeit auf ihrer Reise nach Jerusalem wie auch vor Ort bediente. So besuchte sie die von Melania in Jerusalem errichteten Klöster, um sich dort segnen zu lassen,[44] stattete ein von Melania errichtetes Martyrium mit Kostbarkeiten aus[45] und nahm mehrfach an Bestattungen von Märtyrerreliquien teil,[46] wobei sie eigens für die des Stephanus eine kleine Kirche nördlich von Jerusalem erbauen ließ und den anwesenden alexandrinischen Bischof Cyrill um die liturgische Begleitung der dort stattfindenden Niederlegung der Stephanusreliquien gebeten haben soll.[47] Auch wenn die genannten Quellen nicht darüber berichten, ist es doch wahrscheinlich, daß diese Prozessionen jeweils im Beisein einer größeren regionalen Öffentlichkeit veranstaltet wurden, vor der Eudocia sich vielleicht in ähnlicher Weise in Szene setzte wie ihre Schwiegermutter Eudoxia bei der von Johannes Chrysostomus begleiteten Reliquientranslation nach Drypia. Einen Teil der Reliquien des Erzmärtyrers Stephanus führte Eudocia auf ihrer Rückreise nach Konstantinopel mit sich, um sie der Kaiserstadt zum Geschenk zu machen,[48] und auch hier ist eine entsprechende öffentlichkeitswirksame Prozession zu vermuten, bei der Eudocia möglicherweise erstmals im Rahmen der religiösen Selbstdarstellung des Kaisertums im konstantinopolitanischen Kontext eine Hauptrolle einnehmen konnte. Dieser Bereich scheint bis dahin doch eher von ihrer Schwägerin Pulcheria besetzt worden zu sein.

An Eudocias Gebet am Grabe Christi schließlich sollte gar eine Inschrift erinnern.[49] Daß Eudocia sich in Jerusalem außerdem besonders der Armenfürsorge gewidmet habe, berichtet darüber hinaus die ansonsten tendenziell feindselige und in der Datierung unsichere Vita des syrischen Archimandriten Barsauma,[50] mit dem Eudocia nach einer Unterredung die Umhänge getauscht habe, um den seinen als Reliquie nach Konstantinopel zu überführen, den ihren aber als Altartuch zu stiften.[51]

---

44   *V. Mel.* 58; Joh. Ruf., *V. Petr. Iber.* 49.
45   Joh. Ruf., *V. Petr. Iber.* 49.
46   Joh. Ruf., *V. Petr. Iber.* 49; vgl. *V. Mel.* 58.
47   Joh. Ruf., *V. Petr. Iber.* 49.
48   Marc. com. a. 439 berichtet, daß Eudocia die Stephanusreliquien nach Konstantinopel überführt habe.
49   *Anth. Graec.* 1,105.
50   *V. Barsauma, ROC* 19(1914), 116.
51   *V. Barsauma, ROC* 19(1914), 117.

Eudocia als Exilantin ist im Hinblick auf die von ihr geübten Formen von Selbstdarstellung und Euergetismus schwieriger zu deuten als Eudocia in ihrer Rolle als Pilgerin und Repräsentantin des Kaisertums ihres Mannes. Was der genaue Anlaß für ihr Exil seit Beginn der 440er Jahre war, ist nicht restlos zu klären. Welche konkrete Absicht sie mit der Fortsetzung ihres Bauprogramms und ihrer Stiftertätigkeit in Palästina verfolgte, bleibt ebenso undurchsichtig. Aus diffusen Quellen erfahren wir, daß die Kaiserin sich im Exil weiter als Bauherrin und Euergetin hervortat, wobei sie sich wohl nicht nur im kirchlichen und monastischen,[52] sondern auch im zivilen Bereich betätigte. So wird in späteren Quellen die Finanzierung des Wiederaufbaus eines Teils der Stadtmauer von Jerusalem Eudocia zugeschrieben.[53] Als Kirchenstifterin vergütete sie das von ihr engagierte Personal sogar aus ihren eigenen finanziellen Mitteln, heißt es bei Johannes Rufus.[54]

Das große Vermögen, über das Eudocia offensichtlich weiter verfügte, ermöglichte es ihr, in Palästina als Patronin aufzutreten und innerhalb der dort ansässigen Bevölkerung Ansehen zu gewinnen. Besonders übernahm sie die Patronage für Anhänger der miaphysitischen Lehre, und soll in dieser Funktion sogar Marcian zu einem Gnadenakt bewegt und die Rückkehr einiger von ihm in die Verbannung geschickter Mönche nach Palästina bewirkt haben.[55] Daher ist es erstaunlich, daß die Position, die Eudocia im Heiligen Land eingenommen hatte, auch nach der Thronbesteigung Marcians und nach dem Konzil von Chalkedon von kaiserlicher Seite nicht weiter angetastet wurde.[56]

### 2.3 Zugänglichkeit und persönliche Patronage

Die Kaiserin Eudocia tat sich vor allem in Palästina durch Patronage hervor, indem sie als Stifterin und Gönnerin von kirchlichen und monastischen Einrichtungen und Kommunen auftrat, vornehmlich also eine Form „religiöser Patronage" sowie das Patronat über städtische Gemeinden ausübte,[57] aber wohl auch – darauf deuten zumindest einige Quellen hin – persönliche Klientelbeziehungen unterhielt: So ging etwa der römische Bischof Leo I. davon aus, daß Eudocia auf bestimmte Personen in ihrem Umfeld im Heiligen Land unmittelbar einwirken könnte und ihr Einfluß möglicherweise sogar groß genug war, um die Unruhen im Palästina zu beenden, die dort nach dem Konzil von 451 entstanden waren.[58] Daß kaiserliche

---

52    Vgl. etwa Joh. Ruf., *Plerophoriae* 11 (PO 8,1, 27); *V. Petr. Iber.* 166; Cyrill. Scyth., *V. Euthymii* 35; Malal. 14,8; Evagr. 1,21 f.; *Chron. pasch.* 585; Joh. Nik. 87,21; Theoph. AM 5947; Zonar., *Epit.* 13,23,36.

53    Malal. 14,8; Evagr. 1,21; *Chron. pasch.* 585; Joh. Nik. 87,22. Die Tatsache, daß Eudocia und nicht ihr Gatte Theodosius mit diesem Projekt in Verbindung gebracht wird, könnte ein Hinweis darauf sein, daß diese Unternehmung erst nach ihrem Bruch mit dem Kaiserhaus von Eudocia in Angriff genommen wurde.

54    Joh. Ruf., *V. Petr. Iber.* 166.

55    Joh. Ruf., *de ob. Theod.* 8 f.; vgl. *Plerophoriae* 25 (*PO* 81, 62 f.).

56    Vgl. S. 168 f. dieser Arbeit.

57    Dazu auch ausführlich James, Empresses and Power, 148–159.

58    Vgl. S. 164 f. dieser Arbeit.

Frauen sich durch persönliche Patronage hervortaten und in politischen Netzwerken bewegten, war an sich nichts Besonderes.[59] Lediglich die Unabhängigkeit, mit der Eudocia anscheinend in Palästina agieren konnte, kann hier überraschen umso mehr, als sie augenscheinlich einer religionspolitischen Linie folgte, die derjenigen des Kaisertums in Konstantinopel zuwiderlief.

Vielfach werden in den literarischen Quellen Situationen geschildert, die nicht nur zeigen, daß kaiserliche Frauen selbstverständlich Patronage auch für Einzelpersonen übernahmen, sondern auch, daß es im zeitgenössischen Verständnis geradezu als ihre Aufgabe betrachtet wurde, daß sie in bestimmten Kontexten Patronage übten und sich als Fürsprecherinnen von Bittstellern beim Kaiser für deren Belange einsetzten. So lobte bereits Gregor von Nyssa die Kaiserin Flaccilla für ihre Zugänglichkeit,[60] während Olympiodor es Galla Placidia zum Vorwurf macht, daß Petitionen an den Kaiser Honorius ihretwegen gescheitert seien.[61]

Aus den literarischen Quellen geht hervor, daß tatsächlich häufig kaiserliche Frauen die erste Anlaufstelle waren, wenn es darum ging, ein Anliegen vor den Kaiser zu bringen. Ihre besondere Nähe zum Kaiser machte es für die Frauen aus seinem familiären Umfeld, insbesondere für seine Gattin, leicht, direkt auf den Kaiser einzuwirken. Melania und Pinian beschlossen, sich an die Schwiegermutter des Honorius, Serena, zu wenden, als sie wegen ihrer Entscheidung, ihren Besitz aufzugeben, den harschen Widerstand ihrer senatorischen Verwandtschaft erfuhren.[62] Nachdem die junge Griechin Athenaïs – so will es wenigstens die Legende nach Malalas – von ihren Brüdern verstoßen worden ist, ist es Pulcheria, die Schwester des Kaisers Theodosius II., vor die sie ihre Klage bringt.[63]

Wenn in Bezug auf die institutionelle Rolle der *Augustae* die Frage lautet, welche konkreten, gewissermaßen ‚funktionellen‘ Aufgaben kaiserliche Frauen am Hof erfüllten, so scheint zumindest der Empfang von persönlich oder auch schriftlich vorgetragenen Anliegen eine der wichtigeren gewesen zu sein. In der Regel berichten die literarischen Quellen nur über positive Reaktionen kaiserlicher Frauen auf Bittgesuche. Solche waren letztlich Gesten, durch die kaiserliche Frauen unmittelbar *caritas* und *civilitas* demonstrieren und in ihrer Funktion als Repräsentantinnen des Kaisertums bei ihren Zeitgenossen deren Zustimmung zu der kaiserlichen Herrschaft hervorrufen konnten.

Üblicherweise wandten sich Bittsteller an kaiserliche Frauen, damit diese für sie beim Kaiser vermittelten: So soll beispielsweise Serena ihren Schwiegersohn Honorius davon überzeugt haben, Melania und Pinian gegen ihre senatorischen

---

59  Allgemein zum politischen Handeln kaiserlicher Frauen innerhalb und mit Hilfe von Netzwerken vgl. Späth, Thomas: „*Augustae* zwischen modernen Konzepten und römischen Praktiken der Macht", in: Anne Kolb (Hg.), *Augustae. Machtbewußte Frauen am römischen Kaiserhof? Herrschaftsstrukturen und Herrschaftspraxis II*, Berlin 2010, 293–308; sowie im gleichen Band über die Patronage von Kaiserinnen der frühen und hohen Kaiserzeit s. Kunst, Christiane: „Patronage/Matronage der *Augustae*", in: ebd. 145–161.

60  Greg. Nyss., *in Flacillam* 480,18.

61  Olymp. fr. 37.

62  *V. Mel.* 8–10; die eigentliche Begegnung erfolgt in *V. Mel.* 12.

63  Malal. 14,4.

Verwandten zu unterstützen,[64] und die Schreiben, welche Cyrill und Leo I. im Kontext der beiden Konzilien von Ephesus und dem von 451 an die kaiserlichen Frauen um Theodosius II. beziehungsweise Marican sandten,[65] zielten ebenfalls auf die Fürsprache der Adressatinnen beim Kaiser, wie Leo I. 449 sogar die gesamte Familie des Kaisers Theodosius II. in Rom dazu bewegt hatte, auf den oströmischen Kaiser einzuwirken.[66]

Eine Episode aus der Vita des Porphyrius beschreibt, wie Eudoxia dem Bischof Porphyrius das Versprechen gegeben habe, ein paganes Heiligtum in Gaza zerstören zu lassen,[67] ein Anliegen, das bei Kaiser Arcadius anfänglich jedoch auf Ablehnung stößt.[68] Daher arrangiert Eudoxia es, daß es bei der Taufprozession ihres Sohnes Theodosius II. den anwesenden Zuschauern so erscheint, als gebe der neugeborene Thronfolger der Bitte des Bischofs statt.[69] Die vermeintliche Zustimmung des gemeinsamen Sohnes und die Einbindung der hauptstädtischen Öffentlichkeit als unmittelbare Zeugin des Geschehens bewegen nun Arcadius, die Petition der Mönche doch abzusegnen.[70] Auf dem Grund des so zerstörten Tempels in Gaza ließ Eudoxia eine Kirche errichten,[71] für die sie reich gestiftet habe[72] und die zur Erinnerung an die Stifterin *Eudoxiana* genannt worden sei.[73]

Daß die kaiserliche Frau zugänglich für die Belange ihrer Untertanen war und für diese beim Kaiser das Wort ergriff, wurde regelrecht erwartet. Die erfolgreiche Unterstützung durch die kaiserliche Frau wurde mit der Erinnerung an ihre Hilfe belohnt. Es geht nicht eindeutig aus den Quellen hervor, wie selbständig kaiserliche Frauen auf die an sie herangetragenen Bitten reagieren konnten. Die Befehlsgewalt lag letztlich ausschließlich beim Kaiser und wie obige Beispiele zeigen, bedurfte es der Zustimmung des Kaisers, wenn dem Antrag eines Bittstellers stattgegeben werden sollte. Eine bei Sozomenus geschilderte Szene, in der sich einige ägyptische Mönche, die vom alexandrinischen Bischof Theophilus als Origenisten verfolgt wurden, an Eudoxia wenden, die ihnen sogleich zusagt, sich um die Einberufung einer Synode zu kümmern, ohne daß dabei ein Wort über Notwendigkeit einer Zustimmung des Kaisers fällt,[74] läßt eine gewisse Selbstständigkeit der *Augusta* erahnen. Die Szene impliziert zumindest, daß Eudoxia, die sich bei ihrem Gatten Arcadius für die Mönche verwenden wollte, zuversichtlich sein konnte, daß dieser ihrer Bitte bereitwillig nachkommen würde.

---

64   *V. Mel.* 12. Vgl. S. 50 f. dieser Arbeit.
65   Vgl. S. 119 Anm. 59; S. 123 f. dieser Arbeit.
66   Vgl. S. 107 f.; S. 184 dieser Arbeit.
67   *V. Porph.* 39. Vgl. S. 66–68 dieser Arbeit.
68   *V. Porph.* 41.
69   *V. Porph.* 46.
70   *V. Porph.* 48 f.
71   *V. Porph.* 75.
72   *V. Porph.* 84.
73   *V. Proph.* 92.
74   Soz. 8,13,4.

## 2.4 Die Augusta als *consors imperii*

Wie oben gezeigt wurde, erschien die *Augusta* der theodosianischen Dynastie in der bildlichen Repräsentation dem Kaiser gleichgestellt, und ihre Kleidung und ihr Ornat, die sie bei Auftritten in der Öffentlichkeit trug, transportierte die Botschaft an ihre Untertanen, daß die Kaiserin ihnen als Vertreterin der kaiserlichen Herrschaft begegnete. Besonders das oben zitierte Beispiel von Eudoxias Auftritt vor der Öffentlichkeit Konstantinopels im Rahmen einer Reliquientranslation macht deutlich, daß die Tracht der *Augusta* die Funktion hatte, sie optisch als Repräsentantin des Kaisertums und im spezifischen Kontext als Stellvertreterin ihres Mannes, der erst für den nächsten Tag erwartet wurde, erkennbar zu machen. Bedenkt man die Bedeutung, die Johannes Chrysostomus in seiner Rede Eudoxias Purpur und Diadem und noch mehr dem situativen Ablegen derselben beimaß, kann durchaus von einer Amtstracht oder einem „Dienstkostüm"[75] der *Augustae* gesprochen werden, das im repräsentativen Kontext eine kennzeichnende Funktion erfüllte.

Die Aufwertung der *Augusta* in der bildlichen Repräsentation des Kaisertums seit Theodosius I. folgte wohl einer Konzeption, welche die institutionelle Rolle der Kaiserin im Bezug auf das Kaisertum ihres Mannes stärken sollte. In der Rede, die Gregor von Nyssa bei der Bestattung der Kaiserin Flaccilla gehalten hatte, findet diese ihren Ausdruck an der Stelle, an der Gregor erklärte, Flaccilla sei ihrem Mann in der Gemeinschaft (κοινωνία) nicht nur des Lebens, sondern auch der βασιλεία verbunden (εἰς βίου τε καὶ βασιλείας κοινωνίαν συναρμοσθεῖσα) und ihm „Helferin zu allem Guten" (βοηθὸς αὐτῷ πρὸς πᾶν ἀγαθὸν γινομένη).[76] Es ist vielleicht auch im Hinblick auf die Vorstellung einer ‚Gottauserwähltheit' der *Augusta*, die seit Eudoxia bildlich in Form der *manus Dei* auf den Münzen der Kaiserinnen symbolisch darstellt wurde, nicht unerheblich, daß Gregor sich hier auf den alttestamentlichen Schöpfungsbericht (1. Mose 2,18) bezog, wonach Gott Eva dem Adam als Helferin zur Seite gestellt habe. Das später von Priscus in Bezug auf Honoria reflektierte Verhältnis von βασιλεία und ἀρχή der *Augusta* hatte Gregor klar in Worte gefaßt: Flaccilla lenkt zusammen mit dem Kaiser die Herrschaft (συνηνιοχοῦσα τῷ μεγάλῳ βασιλεῖ τὴν τοσαύτην ἀρχήν).[77]

Gregors Rede ist voll des Lobes für die verstorbene Kaiserin und im Sinne theodosianischer Herrschaftspraxis zu lesen. Bedenkt man die sonstigen Repräsentationsformen kaiserlicher Frauen, scheint die κοινωνία von Kaiser und *Augusta* zum theodosianischen Herrschaftsideal gehört zu haben. Wendungen, die Gregors Wortlaut (τῆς βασιλείας κοινωνία) entsprechen, finden sich auch in anderen Reden ähnlicher Natur: Johannes Chrysostomus erklärte von Eudoxia, sie habe die βασιλεία ihres Mannes geteilt (κοινωνεῖ τῆς βασιλείας αὐτῷ)[78] und auch im Westen scheint die Vorstellung existiert zu haben, daß die Kaisergattin an der Herrschaft ihres Mannes teilhaben konnte: Maria, die ältere Tochter des Stilicho und der Se-

---

75  Wessel, Insignien, 475.

76  Greg. Nyss., *in Flacillam* 478,20–479,1; ähnlich beschrieb auch Kaiser Julian das Verhältnis der Eusebia zu ihrem Mann Constantius II. (Julian., *Encom.* 5,16–20).

77  Greg. Nyss., *in Flacillam* 488,7 f.

78  Joh. Chrys., *Hom.* 2,3 (PG 63, 472).

rena, wird durch die Vermählung mit dem weströmischen Kaiser Honorius zu dessen *consors imperii*.[79] Sie wurde allerdings nie *Augusta*. *Consors imperii* aber hatte noch in tetrarchischer Zeit den mit dem Titel *Caesar* versehenen, designierten Nachfolger des *Augustus* bezeichnet, wie es auch für frühere Mehrkaisertümer seit Hadrian nachweisbar ist.[80] Die Vorstellung von der Teilhaberschaft kaiserlicher Frauen am Kaisertum ihres Mannes läßt sich jedoch schon für die frühe Prinzipatszeit feststellen, wobei sich sowohl der Begriff des *consortium imperii*, wie auch andere Wendungen, die ein solches Verhältnis von *Augusta* und *Augustus* implizierten, nachweisen lassen.[81]

Bedauerlicherweise fehlen für den Westen zeitgenössische narrative Darstellungen, wie sie für den Osten vorhanden sind, in denen, wie aus den vorangegangenen Kapitel hervorgegangen ist, kaiserliche Frauen häufig als aktiv handelnde Persönlichkeiten beschrieben wurden, und die darauf schließen lassen, daß wenigstens die *Augustae* in bestimmten Bereichen der kaiserlichen Politik handlungsbefugt waren und in dieser Rolle wahrgenommen und akzeptiert wurden. Was die Situation im Westen betrifft, müssen wir häufig auf Material aus dem griechischsprachigen Raum zurückgreifen und nicht immer ist daher klar, ob reale Begebenheiten beschrieben wurden, oder lediglich die Vorstellung des im Oströmischen Reich Bekannten auf den Westen übertragen wurde. Dies gilt besonders für die Frauen um Honorius, das heißt Serena und Galla Placidia, denn die beiden Gattinnen des Kaisers, Maria und Thermantia, fanden nahezu keinerlei Beachtung bei den oströmischen Geschichtsschreibern. Lediglich Serena scheint, vor allem aufgrund der Jugendlichkeit des Kaisers Honorius, zeitweise an der kaiserlichen Politik beteiligt gewesen zu sein.[82] Für Galla Placidias Ehe mit Constantius III. bleibt Olympiodors Werk die einzige zeitgenössische Quelle. Dessen Absichten als Autor sind allerdings nicht ganz geklärt, und er ließ Galla Placidia nicht im besten Licht erscheinen.[83] Als ‚Mitregentin‘ beziehungsweise stellvertretende Regentin trat sie spätestens seit der Erhebung ihres noch minderjährigen Sohnes Valentinian III. 425 durch Theodosius II. in Erscheinung. Als Mutter wird sie mindestens bis zu seiner

---

79    Claud., *Epithal.* 277.
80    Kolb, Frank: *Diocletian und die Erste Tetrarchie. Improvisation oder Experiment in der Organisation monarchischer Herrschaft*, Berlin/New York 1987, 8.
81    Zu ähnlichen Formulierungen für die kaiserlichen Frauen der julisch-claudischen Dynastie bereits seit Livia s. Kornemann, Ernst: *Doppelprinzipat und Reichsteilung im Imperium Romanum*, Leipzig/Berlin 1930, besonders 35–37. In flavischer Zeit seien kaiserliche Frauen nur „in ehrender Form" zu *Augustae* erhoben worden, ohne daß sie die Rolle von Mitregentinnen gespielt hätten (ebd. 67 f.). Erst die Severerinnen hätten als Vormünderinnen jugendlicher *Augusti* wieder eine ‚Mitregentschaft‘ innegehabt, wobei der Begriff des *consortium imperii* (Tac. *Ann.* 14,11 hier in Bezug auf Agrippina) in Bezug auf die kaiserlichen Frauen danach verschwunden und nur noch auf die den *Augusti* nachgeordneten *Caesares* angewandt worden sei (Kornemann a. O. 190).
82    Zu denken ist vor allem an ihre Patronage für Melania und Pinian (vgl. S. 50 f. dieser Arbeit); in der späten Darstellung bei Zosimus erscheint Serena als zwar einflußreich, aber doch primär von ihren eigenen Machtinteressen geleitet. Nach Zosimus scheitert Serena letztlich an ihrer Überheblichkeit.
83    Vgl. Zecchini, Aezio, 23 f.; 113.

Volljährigkeit die Amtsgeschäfte für Valentinian III. ausgeführt haben; doch auch hier bleibt das Bild sehr unscharf, und möglicherweise war das politische Gewicht der miteinander konkurrierenden Heermeister größer.[84]

In besonderem Maße wird den Frauen um Theodosius II. eine Herrschaftsbeteiligung nachgesagt.[85] Zumindest von Pulcheria schrieb ein zeitgenössischer Bewunderer, sie habe die Verantwortung für das Kaisertum ihres jüngeren Bruders übernommen[86] und zahlreiche Briefe, die besonders im Kontext der drei großen Konzilien von 431, 449 und 451 an sie verfaßt wurden, belegen, daß sie als einflußreiche und tatsächlich wirkmächtige Person am Kaiserhof galt, welche im Stande war, der kaiserlichen Politik eine Richtung zu weisen. Es ist freilich nicht zu leugnen, daß Gleiches 431 auch noch für ihre Schwestern und ihre Schwägerin gegolten haben könnte, insofern der alexandrinische Bischof Cyrill sich im gleichen Zuge auch an sie wandte.[87] In einem weiteren Schreiben aber, das Cyrill an Theodosius II. sandte, wies er Kaisergattin und Kaiserschwester je klare Rollen zu: Eudocia ist diejenige, welche die Kinder des Kaisers zur Welt bringt und auf diese Weise den Fortbestand seiner Dynastie ermöglicht (ἡ μὲν ταῖς εὐκταιοτάταις ὑμῖν ἐπαυχοῦσα γοναῖς καὶ τῆς εἰς ἀεὶ διαμονῆς τὰς ἐλπίδας τοῖς σκήπτροις εἰσφέρουσα), während es Pulcheria ist, die Sorge für sein Kaisertum trägt (ἡ δὲ [...] τὰς τῆς εὐκλεεστάτης ὑμῶν βασιλείας οἰκειουμένη φροντίδας).[88] In Cyrills Brief an Theodosius wird deutlich die Ansicht geäußert, daß eher Pulcheria als Eudocia an der faktischen Herrschaft beteiligt sei. Das entspricht dem, was die literarischen Quellen zumindest implizit tradieren, wenn sie Eudocias Aktivitäten vor allem außerhalb der oströmischen Hauptstadt hervorheben. Vielleicht stand Eudocia am Kaiserhof hinter Pulcheria zurück, was ihren Anteil an der politischen Praxis betraf. Eudocias späteres Engagement in Jerusalem legt die Vermutung nahe, daß es nicht mangelndes Interesse war, sondern sich ihr in der Hauptstadt neben Pulcheria vielleicht nicht die entsprechenden Handlungsmöglichkeiten und -spielräume boten, aktiv an der kaiserlichen Politik und der Selbstdarstellung des Herrscherhauses mitzuwirken.

Die Frage, ob es sich bei Pulcherias Verhältnis zu Theodosius II. um κοινωνία handelte, wie Gregor von Nyssa es für Flaccilla im Sinne gehabt hatte, der ihre Position gegenüber Theodosius I. als das einer Helferin beschrieb, die mit ihrem Mann ein gemeinsames Interesse verfolgte, muß wohl verneint werden: Pulcheria handelte zu unterschiedlichen Zeitpunkten durchaus autonom und vertrat bisweilen auch offen andere Positionen als der Kaiser. Es war aber möglicherweise das Ideal der κοινωνία, die Vorstellung, daß die kaiserliche Frau Teilhaberin an der βασιλεία war, die ihr ein vom Kaiser unabhängiges Handeln gerade erst ermöglichte. Gleiches gilt für Eudocia, die ihre erste Reise nach Jerusalem noch im Auftrag ihres

---

84 Vgl. S. 101–103 dieser Arbeit.

85 Grundlegend hierzu Holum, Theodosian Empresses.

86 Soz. 9,1,5.

87 *ACO* 1,1,5, 26–61 *Ep.* 149 (= PG 76, 1336–1420) an Pulcheria und Eudocia; *ACO* 1,1,5, 62–118 *Ep.* 150 (= PG 76, 1201–1336) an Arcadia und Marina.

88 *ACO* 1,1,1, 42–72 *Ep.* 7 (hier 44, = PG 76, 1133–1200, hier 1139 f.); vgl. Holum, Theodosian Empresses, 178.

Gatten durchgeführt haben wird und unterwegs als seine Stellvertreterin in seinem Interesse das Kaisertum repräsentierte.

Κοινωνία zwischen Kaiser und Kaiserin wurde schließlich durch das Auftreten von Pulcheria und Marcian auf der sechsten Sitzung des chalcedonischen Konzils von 451 ostentativ zum Ausdruck gebracht, die sich als „neue Helena" und „neuer Constantin" feiern ließen und – wie sie durch ihre Präsenz demonstrierten – als Kaiserpaar gemeinsam die Entscheidung dieser sechsten Sitzung trugen.[89] Möglicherweise sind auch die Münzen anläßlich ihrer Vermählung 450 in diesem Sinne zu deuten, die in Anlehnung an die für Valentinian III. und Licinia Eudoxia emittierten Hochzeitsprägungen gestaltet worden waren, und die Kaiser und Kaiserin als nun aber von Christus zusammengeführtes Brautpaar zeigen. Diese Münzen wurden Vorbild für spätere Emissionen,[90] und vielleicht Vorläufer der unter Justin II. (565–578) emittierten Münzen, die das kaiserliche Ehepaar als Herrscherpaar abbildeten: Auf dem Avers zeigen diese den Kaiser und seine Frau Sophia beide thronend und im kaiserlichen Ornat, wobei Sophia an der Stelle sitzt, an der früher der männliche Mitregent des Kaisers seinen Platz hatte.[91]

---

89    Vgl. S. 131 f. dieser Arbeit.

90    Mit dem anläßlich der Vermählung Ariadnes mit Anastasius geschlagenen Hochzeitsmedaillon beschäftigt sich R.-Alföldi, Ein rechtgläubiger Christ (s. oben S. 128, Anm. 104).

91    Vgl. Sommer, Andreas Urs: *Katalog der byzantinischen Münzen. Münzsammlung der Georg-August-Universität Göttingen im Archäologischen Institut*, Göttingen 2003, Nr. 168–258.

# IV SCHLUSS:
## KAISERLICHE FRAUEN IM HERRSCHAFTSDISKURS
## DES 5. JAHRHUNDERTS

Als Ariadne nach dem Ableben ihres Mannes Zeno am 10. April 491 im Hippodrom in Konstantinopel vor die wartende Menge trat, erschien sie dem jubelnden Publikum nicht nur als Vertreterin des Kaisertums als Institution, sondern auch als Inhaberin von βασιλεία und Trägerin von ἀρχή. Ariadne verfügte als Tochter, Ehefrau und Mutter dreier inzwischen verstorbener Kaiser über dynastisches Potential, das es ihr im zeitgenössischen Verständnis erlaubte, den neuen Thronfolger zu bestimmen. Vielmehr erwartete die konstantinopolitanische Stadtbevölkerung sogar, daß unter Ariadnes Mitwirkung ein neuer Kaiser erhoben würde. Daher lautete die erste Forderung, welche die Menge im Hippodrom an die Witwe des verstorbenen Kaisers richtete und auf die Ariadne in dieser Situation positiv reagieren würde, einen römischen und orthodoxen Kaiser zu finden – beides Eigenschaften, die bei ihrem verstorbenen Gatten Zeno in Zweifel gezogen worden waren. Die *Augusta* gab ihrem Publikum zu verstehen, die Kaiserwahl sei bereits vorbereitet und sollte traditionell durch Senat und Militär erfolgen; zur Feststellung der Orthodoxie des neuen Kaisers – dies war ein neues Element – würde auch der hauptstädtische Bischof an der Wahl teilhaben.

Da die so bestimmten Vertreter laut Protokoll sich nicht einigen konnten, trugen auch sie es schließlich Ariadne an, einen Kaiser zu bestimmen.[1] Sie gaben also ihre traditionellen Rechte bei der Kaiserwahl zugunsten einer dynastischen Lösung auf, die die Vermählung Ariadnes mit dem neuen Thronfolger beinhaltete. Möglich, daß der neue Kaiser Anastasius schon im Vorfeld bestimmt worden war. Wir wissen nicht, ob eine Thronfolge, die nicht über Ariadne dynastisch legitimiert worden wäre, überhaupt diskutiert wurde. Der Großteil der hauptstädtischen Öffentlichkeit, die konstantinopolitanische Stadtbevölkerung, scheint die dynastische Thronregelung erwartet zu haben und wandte sich mit dieser Forderung im Hippodrom an Ariadne. Sie allein war es in dieser Situation der Thronvakanz, die dynastisch legitimierte ἀρχή, das Herrscheramt, übertragen konnte. Wie war es bis dahin gekommen, daß die Kaiserwitwe im April 491 zu einer Schlüsselfigur für die Zukunft des Reiches geworden war?

Die Entwicklung dahin verlief weder linear, noch verlief sie in beiden Teilen des Reiches parallel: Während im Osten des Reiches jedoch ein stetiger Zuwachs von Handlungsmöglichkeiten kaiserlicher Frauen bis hin zu einer gewissen Autonomie zu beobachten ist, die sich darin äußerte, daß kaiserliche Frauen nicht zwangsläufig nur im Einklang mit dem Kaisertum ihres Gatten, Bruders oder – im Falle Verinas – Schwiegersohns handlungsfähig waren, hatte im Westen, der 491 ohnehin keine nennenswerte Bedeutung mehr für das oströmische Kaisertum ge-

---

1 Const. Porph., *de cer.* 1,92 (Reiske, 421,20–422,6).

habt haben dürfte, wohl lediglich Galla Placidia über ähnlich ausgedehnte Handlungsspielräume verfügt. Dies allerdings war vor allem ihrer besonderen Situation als Vormund eines minderjährigen Regenten geschuldet. Im Herrschaftsdiskurs der Spätantike spielten die kaiserlichen Frauen eine wesentliche Rolle, die sich unter den theodosianischen Kaiserfrauen zunehmend auch begrifflich fassen läßt, wenn die Kaisergattin als *consors imperii* bezeichnet oder ihr Verhältnis zum Kaiser als Amtsträger als κοινωνία τῆς βασιλείας beschrieben wird: Spätestens seit Pulcheria nach dem Tod ihres Bruders Theodosius II. den ehemaligen Soldaten Marcian zum Kaiser erhoben hatte, mußte danach gefragt werden, was eigentlich die politische Rolle der kaiserlichen Frau war, ob ihre dynastische Legitimation auch eine juristische beinhaltete, und in welchem Verhältnis die βασιλεία einer kaiserlichen Frau und ihre Ansprüche auf ἀρχή zueinander standen. Die Frage, ob sie als Trägerin des σκῆπτρον über erbrechtlich bedingte Herrschaftsansprüche verfügte, die sie hätte geltend machen können, bleibt unbeantwortet.[2]

Seit Theodosius I. seine erste Frau Flaccilla in den Rang einer *Augusta* erhoben und sie zum Zweck seiner eigenen kaiserlichen Selbstdarstellung in die bildliche Repräsentation seines Kaisertums eingebunden hatte, erlangten die kaiserlichen Frauen zunehmend Beachtung in den literarischen Quellen. Die Autoren dieser Quellen nahmen insbesondere die nachfolgenden *Augustae* als aktiv handelnde Persönlichkeiten des öffentlichen Lebens und Inhaberinnen kaiserlicher Macht wahr. Kaiserliche Frauen, die nicht mit dem Titel geehrt worden waren, spielen in den literarischen Quellen in der Regel eine sehr viel geringere Rolle. So wird die zweite Gattin Theodosius' I., Galla, mit der der Kaiser sich nach dem Tod Flaccillas zum Zwecke der dynastischen Anbindung an die valentinianische Dynastie vermählt hatte, von den spätantiken Quellenautoren kaum beachtet, wie auch die beiden Ehefrauen seines jüngeren Sohnes Honorius und die beiden Schwestern Theodosius' II. und Pulcherias nur oberflächlicher Erwähnung wert schienen.

Als Personen mit direktem Zugang zur kaiserlichen Macht und als Angehörige des Kaiserhauses konnten sie aber bisweilen wichtige Mittlerfunktionen für ihre Untertanen einnehmen, wie insbesondere das Beispiel Serenas zeigt, Schwiegermutter des weströmischen Kaisers Honorius, an deren Patronage die *Vita Melaniae* erinnert. Serenas Rolle als Unterstützerin des hilfesuchenden Paares Melania und Pinian findet darin durch die inoffizielle, literarisch verwendete Titulatur Serenas als *regina* beziehungsweise βασίλισσα Anerkennung, die in der griechischen Form in den literarischen Quellen üblicherweise synonym für die *Augusta* verwendet wurde. Durch ihre Nähe zum Kaiser wurden auch kaiserliche Frauen ohne offiziell verliehenen Titel als Personen wahrgenommen, die einen gewissen Einfluß auf dessen Politik ausüben konnten.[3] Bedenkt man aber, welche vergleichsweise grö-

---

2    Vgl. die Diskussion um Honoria bei Prisc. fr. 17 (Blockley, = fr. 62 Carolla); 20,1; 3 (Blockley, = exc. 15 f. Carolla), die vermutlich von Pulcherias Rolle bei Marcians Erhebung beeinflußt war.

3    So richtete der alexandrinische Bischof im Vorfeld des ersten ephesinischen Konzils auch ein Schreiben an die beiden Schwestern Theodosius' II., Arcadia und Marina (*ACO* 1,1,5, 62–118 *Ep.* 150 (= PG 76, 1201–1336); daß es anerkannte politische Praxis war, wenn kaiserliche Frauen persönlich auf den Kaiser einwirkten, zeigt auch Millar, Greek Roman Empire, 36.

ßere Aufmerksamkeit denjenigen Frauen in den literarischen Quellen zuteil wurde, deren gesellschaftlicher Status als Angehörige des Kaiserhauses durch die offizielle Verleihung des *Augusta*-Titels sanktioniert und damit einhergehend durch ihre Einbindung in die Repräsentation des Kaisertums institutionalisiert wurde, muß davon ausgegangen werden, daß der Titel nicht nur eine Distinktion der so ausgezeichneten kaiserlichen Frau zu ihren Untertanen schuf, sondern ihr auch innerhalb der kaiserlichen Familie eine herausragende Position zuwies.

Ausgestattet mit dem Titel und den Insignien kaiserlicher Macht traten die *Augustae* als Repräsentantinnen des Kaisertums in die Öffentlichkeit, wo sie durch ihr Handeln, Auftreten und ihr Interagieren mit ihren Untertanen als Vertreterinnen der Macht wahrgenommen wurden und Anerkennung fanden. Titel und Ornat kommunizierten ihre institutionalisierte Rolle als Inhaberinnen von βασιλεία. Diese Rolle, die sie in der Öffentlichkeit zu erfüllen hatten, beinhaltete es, die Idee des christlichen Kaisertums nach außen zu tragen, das bedeutete, auch auf die Erwartungshaltung der Untertanen zu reagieren. Durch bestimmte Gesten, wie Armenfürsorge oder das Stiften von gemeinnützigen Einrichtungen, aber auch durch die Fürsprache für Bittsteller vor dem Kaiser und besonders durch persönliche Teilnahme an wichtigen zeremoniellen Ereignissen demonstrierten kaiserliche Frauen *civilitas* und Philanthropie. Öffentlichkeitswirksam inszenierte Frömmigkeitspraktiken konnten als Zeichen persönlicher Nähe zu Gott oder je nach Auslegung als Zeichen von Orthodoxie gewertet werden, verwiesen aber auch auf das Bestreben des Kaiserhauses als dessen Vertreterinnen die *Augustae* auftraten, dem Willen Gottes auf Erden zu folgen.

Das öffentliche Agieren kaiserlicher Frauen im (meist haupt-)städtischen Kontext diente sowohl der Repräsentation des Kaisertums des jeweils regierenden Herrschers insgesamt, wie auch der eigenen Selbstdarstellung. Das heißt, die *Augustae* konnten durch ihr Auftreten im öffentlichen Raum nicht nur einen Beitrag zum Konsens ihres Publikums mit dem Kaisertum leisten, sondern erfuhren auch aufgrund ihrer persönlichen Leistungen Anerkennung: Berichte in den literarischen Quellen beispielsweise über besondere Auftritte oder Wohltaten kaiserlicher Frauen für die Ökumene, bisweilen auch Inschriften im inoffiziellen Kontext, erinnerten an ihre Leistungen; besonders für Pulcheria sind Akklamationen bezeugt, die ihren Einsatz gegen Nestorius und für die Wahrung der Orthodoxie lobten. Es ist gerade dieses Beispiel der Pulcheria, das beweist, daß die *Augustae* vor allem im religiösen Bereich über reale Macht im Weber'schen Sinne verfügten. Durch ihre spezifische Selbstdarstellung nach dem Vorbild der Heiligen Jungfrau war es Pulcheria vielleicht mehr als anderen kaiserlichen Frauen vor ihr gelungen, sich als religiöse Autorität zu inszenieren und eine Reihe von Persönlichkeiten in ihrem Umfeld zu gruppieren, die ihre Interessen auf den Synoden von Ephesus 431 und Chalcedon 450 durchsetzten. Ohnehin war die *Augusta* spätestens seit Eudoxia, über deren Haupt auf Münzbildnissen die Hand Gottes abgebildet war, in den Augen ihrer Zeitgenossen wie der Kaiser gottbegnadet.

Woher aber kam die Macht der *Augusta*, woher die Bereitschaft ihrer Untertanen oder wenigstens größerer Personengruppen, ihre Macht und ihre besondere gesellschaftliche Stellung anzuerkennen? Anscheinend ging es um etwas anderes als

ihre bloße Nähe zum Kaiser, über die auch diejenigen kaiserlichen Frauen verfügten, die nicht mit dem Titel geehrt worden waren. Mit Bourdieu kann man die Verleihung des *Augusta*-Titels als Sanktionierung ihrer distinktiven Stellung betrachten, der sie zur „autorisierten Sprecher[in]" der Dynastie beziehungsweise des Kaiserhauses macht. Als solche kann sie durch Worte oder Gesten auf andere Akteure
im politischen Feld oder auf die Umstände selbst einwirken, „weil in [ihrem] Wort
das symbolische Kapital konzentriert ist, das von der Gruppe" – im spezifischen
Kontext hier die Dynastie – „akkumuliert wurde," deren Repräsentantin oder nach
Bourdieu „Bevollmächtigt[e]" sie ist.[4] Ihre Macht, ihr politisches Handeln kann
demnach als legitim anerkannt und empfunden werden, weil sie – wie Titulaturen
und Insignien als „stereotype Symbolik" kaiserlicher Macht demonstrieren – als
„Träger[in] eines Mandats," handelt.[5] Daher bedurfte die *Augusta* auch keiner juristischen Sanktionierung ihrer Macht, um handlungsfähig und politisch wirkmächtig
zu sein, solange die Öffentlichkeit bereit war, ihre durch den Titel institutionalisierte βασιλεία anzuerkennen.[6]

Wesentlicher Bestandteil ihrer Rolle als Kaiserin war ihr dynastisches Potential. Durch die Geburt eines Thronfolgers, aber auch durch Vermählung konnten
kaiserliche Frauen legitime Herrschaft, ἀρχή, weitergeben. Über dynastisches Potential verfügten nicht ausschließlich die *Augustae*. Eine dynastische Anbindung
erfolgte auch, als Theodosius I. sich mit Galla vermählte und Honorius seine
Schwester Galla Placidia mit seinem Heermeister Constantius verheiratete. Ein Unterschied zum dynastischen Potential der *Augusta* scheint dennoch insofern bestanden zu haben, als Theodosius I. bereits legitimer Herrscher war, als er Galla heiratete, und Honorius seine Schwester in den Rang einer *Augusta* erhob, als er Constantius III. zu seinem Thronfolger erklärte. Um keine Konkurrenzsituation zwischen dem Kaiser und potentiellen Schwägern entstehen zu lassen, gelobten die
Kaiserschwestern Jungfräulichkeit. Pulcheria und vermutlich Honoria wurden für
dieses Gelöbnis mit dem *Augusta*-Titel belohnt, die beiden jüngeren Schwestern
Theodosius' II. allerdings wurden nicht in diesen Rang erhoben. Man könnte überlegen, ob Pulcheria im Gegensatz zu ihren Schwestern deswegen den Titel erhielt,
um im Falle eines frühzeitigen Ablebens des Kaisers Theodosius II. ausschließlich
über sie eine legitime Thronfolge zu ermöglichen, und ob der *Augusta*-Titel dem
dynastischen Potential seiner Trägerin vielleicht doch größeres Gewicht verlieh als
dem der anderen kaiserlichen Frauen, die ihn nicht innehatten. Dazu lassen sich
allerdings kaum gesicherte Aussagen treffen: Arcadia und Marina, die besagten
Schwestern, verstarben noch vor ihrem Bruder Theodosius II., und so war es tatsächlich Pulcheria, die nach dem Tod des Bruders Marcian als neuen Kaiser legitimierte, indem sie sich mit ihm vermählte.

Kurz zuvor war die Herrschaft des weströmischen Kaisers Valentinian III.
durch das dynastische Potential seiner Schwester Honoria herausgefordert worden.
Möglicherweise unter dem Einfluß der ungewöhnlichen Thronerhebung Marcians

---

4     Bourdieu, Sprache und politische Macht, 102.
5     Ebd. 107.
6     Ebd. 109–113.

reflektierte wenig später der griechischsprachige Profanhistoriker Priscus in seinem Werk, welche erbrechtlichen Ansprüche die *Augusta* vielleicht hatte. Sie verfügte wie der Kaiser über βασιλεία. Honoria wie auch Pulcheria waren Töchter von Kaisern und als *Augustae* daher bereits durch ihre Herkunft legitimiert. Wie aber stand es um ihren Anspruch auf ἀρχή, die sie wohl nicht in eigenem Namen ausüben, aber durch Heirat auf einen Mann übertragen konnten? Wie sollte man es verstehen, daß die *Augusta* darüber hinaus mit den äußeren Zeichen kaiserlicher Herrschaft ausgestattet, Trägerin des kaiserlichen Szepters war?

Priscus' Reflexionen machen deutlich, daß in den 450er Jahren nicht ganz eindeutig war, wie die Rolle der *Augusta* zu verstehen sei, und die Betonung ihrer Macht in der offiziellen Repräsentation möglicherweise als Widerspruch zur politischen Realität empfunden wurde. Pulcheria, obwohl ausgestattet mit allen Symbolen kaiserlicher Macht und als Hüterin der ‚Orthodoxie' anerkannt, hatte dennoch nicht selbst den Kaiserthron besteigen können. Durch die Wahrung ihres Virginitätsgelübdes sollte Marcian zugleich die Möglichkeit zur Gründung einer eigenen Dynastie verwehrt bleiben. Offensichtlich bedurfte es aber eines männlichen Regenten. Doch konnte die *Augusta* im Falle der Thronvakanz nicht mehr übergangen werden. Besonders deutlich sollte dies wieder im April 491 werden, als abermals keine direkte dynastische Thronregelung möglich war und es von der Kaiserwitwe Ariadne abhing – und sie von der hauptstädtischen Öffentlichkeit sogar ausdrücklich dazu aufgefordert wurde –, einem Mann auf legitimem Wege das Herrscheramt zu übertragen.

# V. STAMMBAUM

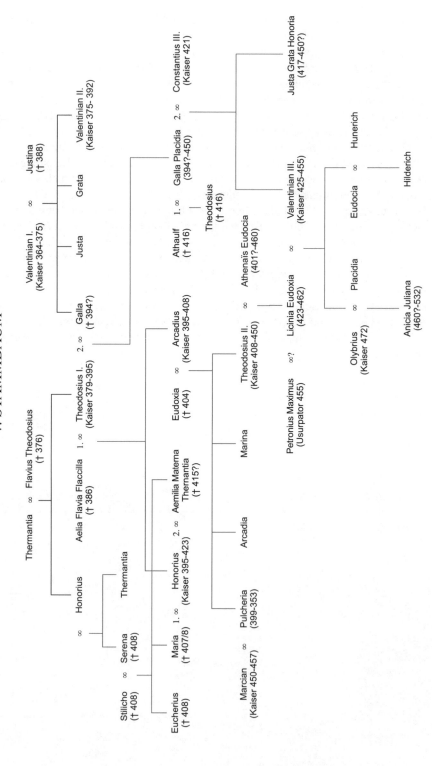

# VI BIBLIOGRAPHIE

## 1 QUELLEN

*Acta Conciliorum Oecumenicorum. Tomus 1: Concilium universale Ephesenum; – Tomus 2: Concilium universale Chalcedonense*, Schwartz, Eduard (Hg.), Berlin 1927–1936.

Aelius, *Brief an Cosmas* – aus dem Syrischen übers. von Nau, François: *La lettre à Cosme*, Paris 1917 (Patrologia Orientalis; 13,2), 275–286.

Agnellus, *Liber pontificalis ecclesiae Ravennatis* – Nauerth, Claudia (Hg.): *Agnellus von Ravenna. Liber Pontificalis – Bischofsbuch*, Freiburg im Breisgau 1996 (Fontes Christiani; 21,1).

Ambrosius – *Sancti Ambrosii Mediolanensis episcopi Opera omnia*, Bd. 2,1, Paris 1880 (Patrologia Latina; 16).
   *Epistulae extra collectionem* – Zelzer, Michaela (Hg.), „Sancti Ambrosii epistulae extra collectionem traditae", in: *Sancti Ambrosii opera*, Bd. 10, Wien 1982 (Corpus scriptorum ecclesiasticorum latinorum; 82,3), 145–311.

Ammianus Marcellinus, *Historia Romana* – Seyfarth, Wolfgang (Hg.): *Ammianus Marcellinus Römische Geschichte*, 3. Aufl., Darmstadt 1986.

*Annee Épigraphique*, Paris 1888 ff.

*Annales Ravennatenses* –1.) Holder-Egger, Oswald (Hg.): „Untersuchungen über einige annalistische Quellen zur Geschichte des fünften und sechsten Jahrhunderts", in: *NA* 1(1876), 214–367 (darin seine Rekonstruktion der Ravennater Annalen 347–367); – 2.) Bischoff, Bernhard/Wilhelm Koehler (Hgg.): „Eine illustrierte Ausgabe der spätantiken Ravennater Annalen", in: *Medieval Studies in Memory of A. Kingsley Porter* 1(1939), 125–138 (Kommentierung, Transkription und Abbildungen der Merseburger Handschrift).

*Anthologia Graeca* – Beckby, Hermann (Hg.): *Anthologia Graeca*, 4 Bde., 2. Aufl. München 1965–1968.

Atticus (Bischof von Konstantinopel) – aus dem Syrischen übers. von Brière, Maurice: „Une Homélie inédite d'Atticus de Constantinople", in: *ROC* 29(1933–34), 160–186.

Augustinus, *Confessiones* – Martin Skutella (Hg.), *S. Aureli Augustini Confessionum libri XIII*, Stuttgart 1996 (Bibliotheca scriptorum graecorum et romanorum Teubneriana).

Barhadbešabba – aus dem Syrischen übers. von Nau, François: *Barhadbesabbe Arbaia, Histoire Ecclésiastique seconde partie*, Paris 1913 (Patrologia Orientalis; 9,5).

Cassiodor, *Chronica* – Mommsen, Theodor (Hg.): „Cassiodori senatoris chronica", in: *Chronica minora saec. IV. V. VI. VII.*, Bd. 2, Berlin 1894 (MGH Auctores antiquissimi; 11), 109–161.
   *Variae* – Mommsen, Theodor (Hg.): *Cassiodori Senatoris Variae*, Berlin 1894 (MGH Auctores antiquissimi; 12).

*Chronica Gallica von 452 u. 511* – Mommsen, Theodor (Hg.): „Chronica Gallica a. CCCCLII et DXI", in: *Chronica minora saec. IV. V. VI. VII.*, Bd. 1, Berlin 1892 (MGH Auctores antiquissimi; 9), 615–666.

*Chronicon paschale* – Dindorf, Ludwig (Hg): *Chronicon paschale*, Bonn 1832 (Corpus scriptorum historiae Byzantinae; 14).

Claudius Claudianus – 1.) Platnauer, Maurice (Hg.): *Claudian*, 2 Bde., London 1922 (ND Cambridge/Mass. 1956) (The Loeb Classical Library; 135/6); – 2.) Ricci, Maria Lisa (Hg.): *Claudii Claudiani Carmina minora. Introduzione, traduzione e commento*, Bari 2001 (Quaderni di „Invigilata Lucernis"; 12).

*Collectio Avellana* – Günther, Otto (Hg.): *Epistulae imperatorum pontificum aliorum. Avellana quae dicitur collectio*, Bd. 1, Prag/Wien/Leipzig, 1895 (Corpus scriptorum ecclesiasticorum latinorum; 35).

Constantinus VII. Porphyrogenitus, *de Cerimoniis aulae Byzantinae* – Reiske, Johann J. (Hg.): *Constantini Porphyrogeniti imperatoris de cerimoniis aulae Byzantinae libri duo*, Bonn 1829 (Corpus scriptorum historiae Byzantinae).

*Corpus Inscriptionum Latinarum*, Berlin 1862 ff.

Cyrillus Scythopolitanus, *Vita Euthymii* – Schwartz, Eduard (Hg.): *Kyrillos von Skythopolis*, Leipzig 1939 (Texte und Untersuchungen zur Geschichte der Altchristlichen Literatur; 49,2), 3–84.

*Digesta* – Mommsen, Theodor (Hg.), *Digesta Iustiniani Augusti*, 2 Bde., Berlin 1850.

ps-Dionysius – aus dem Syrischen übers. von Chabot, Jean-Baptiste: *Chronicon Pseudo-Dionysianum vulgo dictum*, Bd. 1, Louvain 1949 (Corpus scriptorum christianorum orientalium; 121).

Eudocia Augusta, *De Sancto Cypriano* – 1.) Ludwich, Arthur (Hg.): *Eudociae Augustae, Procli Lycii, Claudiani carminum Graecorum reliquiae*. Leipzig 1897, 24–79; – 2.) Bevegni, Claudio: „Eudociae Augustae Martyrium S. Cypriani I, 1–99", in: *Prometheus* 8(1982), 249–62 (enthält den bei Ludwich fehlenden Anfang des ersten Buches) – 3.) Vollständig übers. u. kommentiert ders. (Hg.): *Eudocia Augusta. Storia di San Cipriano*, Mailand 2006 (Piccola Biblioteca; 541).

Evagrius – Hübner, Adelheit (Hg.): *Evagrius Scholasticus. Historia ecclesiastica – Kirchengeschichte*, 2 Bde., Turnhout 2007 (Fontes Christiani; 57).

Gaudentius – Glueck, Ambrosius (Hg.): *Gaudentii Episcopi Brixensis Tractatus*, Leipzig/Wien 1934 (Corpus scriptorum ecclesiasticorum latinorum; 68).

Gennadius, *De viris illustribus* – Bernoulli, Carl Albrecht (Hg.): *De viris illustribus*, Freiburg im Breisgau u. a. 1895 (ND Frankfurt 1968).

Georgius Cedrenus – Bekker, Immanuel (Hg.): *Georgius Cedrenus Ioannis Scylitzae opera*, 2 Bde., Bonn 1838–1839 (Corpus scriptorum historiae Byzantinae; 32).

Georgius Monachus – de Boor, Carl (Hg.): *Georgii monachi chronicon*, 2 Bde., Leipzig 1904.

Gregor von Nyssa – Spira, Andreas (Hg.): *Gregorii Nysseni opera*, Bd. 9,1, Leiden u. a. 1967.

Hydatius Lemicus – Mommsen, Theodor (Hg.): „Hydatii Lemici Continuatio Chronicorum Hieronymianorum", in: *Chronica minora saec. IV. V. VI. VII.*, Bd. 2, Berlin 1894 (MGH Auctores antiquissimi; 11), 1–36.

*Inschriften von Ephesos*, Bonn 1979–84 (Inschriften griechischer Städte aus Kleinasien; 11–17).

*Inscriptiones Graecae*, Berlin 1815 ff.

*Inscriptiones Latinae Selectae*, Dessau, Heinrich (Hg.), Berlin 1892 ff.

Johannes von Antiochia – 1.) Roberto, Umberto (Hg.): *Ioannis Antiocheni Fragmenta ex Historia chronica. Introduzione, edizione critica e traduzione*, Berlin/New York 2005 (Texte und Untersuchungen zur Geschichte der altchristlichen Literatur; 154.); – 2.) Mariev, Sergei (Hg.): *Ioannis Antiocheni Fragmenta quae supersunt omnia*, Berlin/New York 2008 (Corpus Fontium Historiae Byazantinae; 47).

Johannes Chrysostomus – *Tu en hagiois patros hemon Ioannu tu Chrysostomu ta heuriskomena panta*, Paris 1859–1863 (Patrologia Graeca; 47–64).

Johannes Malalas – Thurn, Johannes (Hg.): *Ioannis Malalae Chronographia*, Berlin 2000 (Corpus Fontium Historiae Byzantinae; 35).

Johannes von Nikiu – aus dem Äthiopischen übers. von Charles, Robert Henry: *The Chronicle of John, Bishop of Nikiu*, London 1916.

Johannes Rufus, *Plerophoriae* – aus dem Syrischen übers. von Nau, François: *Jean Rufus. Plérophories. Témoignages et révélations contre le concile de Chalcédoine*, Paris 1911 (Patrologia Orientalis; 8,1).
　　*Vita Petri Iberi* – aus dem Syrischen übers. von Horn, Cornelia B./Robert R. Phenix (Hgg.): *John Rufus. The lives of Peter the Iberian, Theodosius of Jerusalem, and the Monk Romanus*, Atlanta 2009 (Writings from the Greco-Roman World; 24), 2–281.
　　*De obitu Theodosii* – aus dem Syrischen übers. von Horn, Cornelia B./Robert R. Phenix (Hgg.): *John Rufus. The lives of Peter the Iberian, Theodosius of Jerusalem, and the Monk Romanus*, Atlanta 2009 (Writings from the Greco-Roman World; 24), 282–301.

Johannes Tzetzes, Chiliades – Leone, Pietro Luigi (Hg.): *Ioannis Tzetzae historiae*, Neapel 1968 (Pubblicazioni dell'Istituto di Filologia Classica; 1).

Jordanes – Mommsen, Theodor (Hg.): *Iordanis Romana et Getica*, Berlin 1882 (MGH Auctores antiquissimi; 5,1).

Julianus Augustus, *Encomium auf Eusebia* – Bidez, Joseph (Hg.), *L'empereur Julien. Oeuvres complètes*, Bd. 1, Paris 1932, 73–105.

*Koptische Akten zum Ephesinischen Konzil vom Jahre 431* – aus dem Koptischen übers. von Kraatz, Wilhelm, Leipzig 1904 (Texte und Untersuchungen zur Altgriechischen Literatur N. F.; 11,2).

Leo I. (Bischof von Rom) – *Sancti Leonis Magni Romani pontificis Opera omnia*, Bd. 1, Paris 1846 (Patrologia Latina; 54).

Marcellinus Comes – Croke, Brian (Hg.): *The Chronicle of Marcellinus*, Sydney 1995 (Byzantina Australiensia; 7).

ps-Martyrius – 1.) van Ommeslaeghe, Florent (Hg): *De Lijkrede voor Johannes Chrysostomo Toegeschreven aan Martyrius van Antiochie. Tekstuitgave met Commentaar. Hoofdstukken uit de Historische Kritiek*, Diss. Louvain 1974; – 2.) Wallraff, Martin/Cristina Ricci (Hgg): *Oratio Funebris in Laudem Sancti Iohannis Chrysostomi. Epitaffio attribuito a Martirio di Antiochia* (BHG 871, CPG 6517), Spoleto 2007 (Quederni della Rivista di Bizantinistica; 12).

Nestorius, *Liber Heraclides* – aus dem Syrischen übers. von Nau, François: *Le livre d'Héraclide de Damas*, Paris 1910.

Nicephorus Callistus – *Nicephori Callisti Xanthopuli ecclesiasticae historiae libri XCIII*, Paris 1865 (Patrologia Graeca; 145–147).

Orosius – Zangemeister, Karl (Hg.): *Historiarum adversum paganos libri VII*, Wien 1882 (ND Hildesheim 1967) (Corpus scriptorum ecclesiasticorum latinorum; 5).

Olympiodor – Blockley, Roger C. (Hg.): T*he Fragmentary Classicising Historians of the Later Roman Empire. Eunapius, Oympiodorus, Priscus and Malchus 2: Text, Translation and Historiographical notes*, Liverpool 1983 (Arca; 10).

*Parastaseis Syntomoi Chronikai* – Cameron, Averil/Judith Herrin (Hgg.): *Constantinople in the Early Eighth Century. The Parastaseis Syntomoi Chronikai*, Leiden 1984 (Columbia Studies in the Classical Tradition; 10).

Petrus Chrysologus – *Sancti Petri Chrysologi archiepiscopi Ravennatis opera omnia*, Paris 1846 (Patrologia Latina; 52).

Philostorgius – Bidez, Josef/Friedhelm Winkelmann (Hgg.): *Philostorgius, Historia Ecclesiastica. Mit dem Leben des Lucian von Antiochien und den Fragmenten eines arianischen Historiographen*, Berlin 1981 (Die griechischen christlichen Schriftsteller der ersten Jahrhunderte; 21).

Priscus – 1.) Blockley, Roger C. (Hg.): *The fragmentary classicising historians of the Later Roman Empire. Eunapius, Oympiodorus, Priscus and Malchus 2: Text, Translation and Historiographical Notes*, Liverpool 1983 (Arca; 10); – 2.) Carolla, Pia (Hg.): *Priscus Panita Excerpta et Fragmenta*, Berlin 2008 (Bibliotheca scriptorum graecorum et romanorum Teubneriana; 2000).

Prosper Tiro – Mommsen, Theodor (Hg.): „Prosperi Tironis Epitoma Chronicon", in: *Chronica minora saec. IV. V. VI. VII.*, Bd. 1, Berlin 1892 (MGH Auctores antiquissimi; 9), 342–486.

Procopius von Caesarea – Haury, Jacob (Hg.): *Procopii Caesariensis Opera omnia*, 4 Bde., Leipzig 1905–1913 (ND Leipzig 1962–1964).

*Roman Imperial Coinage*, Mattingly, Harold u. a. (Hgg.), London 1923–1994.

Sliba, *Hymnos* – aus dem Syrischen übers. von Nau, François, Paris 1917 (Patrologia Orientalis; 13,4), 289–316.

Socrates, *Historia Ecclesiastica* – Hansen, Günther Christian (Hg.): *Sokrates Kirchengeschichte*, Berlin 1995 (Die griechischen christlichen Schriftsteller der ersten Jahrhunderte N. F.; 1).

Sozomenus, *Historia Ecclesiastica* – Hansen, Günther Christian (Hg.): *Sozomenos. Kirchengeschichte*, 4 Bde., Turnhout 2004 (Fontes Christiani; 73).

Sulpicius Severus – Halm, Karl Felix (Hg.): *Sulpicii Severi Libri qui supersunt*, Wien 1866 (Corpus scriptorum eccesiasticorum latinorum; 1).

*Suda* – Adler, Ada (Hg.): *Suida Lexicographi Graeci*, 5 Bde., Stuttgart 1928–1938.

*Supplementum Epigraphicum Graecum*, Leiden (u. a.) 1923 ff.

Synesius von Cyrene, *Epistulae* – Hercher, Rudolf (Hg.): *Epistolographi Graeci*, Paris 1873 (ND Amsterdam 1965), 638–739.

Symeon Stylites, *Epistulae* – aus dem Syrischen übers. von Torrey, Charles C.: „The Letters of Simeon the Stylite", in: *JAOS* 20(1899), 253–276.

Theodoret, *Historia Ecclesiastica* – Parmentier, Léon/Felix Scheidweiler (Hgg.): *Theodoret, Kirchengeschichte*, Berlin 1954 (Die griechischen christlichen Schriftsteller der ersten Jahrhunderte; 44). *Epistulae* – Azéma, Yvan (Hg.): *Théodoret de Cyr. Correspondance*, Bd. 2, Paris 1964 (Sources chrétiennes; 98).

Theodor Lector – Hansen, Günther Christian (Hg.): *Theodoros Anagnostes. Kirchengeschichte*, Berlin 1971 (Die griechischen christlichen Schriftsteller der ersten Jahrhunderte; 57).

Theophanes – de Boor, Carl (Hg.): *Theophanis Chronographia*, 2 Bde., Leipzig 1883–1885 (ND Hildesheim 1963).

*Vita Barsauma* – aus dem Syrischen exzerpiert u. teilweise übers. von Nau, François: „Résumé de Monographies Syriaques. Histoire de Barṣauma de Nisibie", in: *ROC* 18(1931), 207–276; 379–389; 19(1914), 113–134; 278–289.

*Vita Danielis Stylitae* – Delehaye, Hippolyte (Hg.): Les saints stylite, Brüssel 1923, 1–94.

*Vita Dioscuri* – aus dem Syrischen übers. von Nau, François: „Histoire de Dioscore, patriarche d'Alexandrie, écrite par son disciple Théopiste", in: *Journal Asiatique* Ser. 10, 1(1903), 241–310.

*Vita Epiphanii* – *Sancti Epiphanii Vita*, Paris 1858 (Patrologia Graeca; 41).

*Vita Germani* – Borius, René (Hg.): *Constance de Lyon. Vie de Saint Germain d'Auxerre*, Paris 1965 (Sources chrétiennes; 112).

*Vita Melaniae* – 1.) griech. Text: Gorce, Denys (Hg.): *Gerontius. Vie de Sainte Mélanie*. Paris 1962 (Sources chrétienne; 90); – 2.) lat. Text: Laurence, Patrick (Hg.): *Gérontius – La Vie Latine de sainte Mélanie*, Jerusalem 2002 (Studium Biblicum Franciscanum Collectio Minor; 41).

*Vita Petri Iberii* – s. Johannes Rufus

*Vita Porphyrii* – 1.) Usener, Herrmann (Hg.): *Marci Diaconi Vita Porphyrii Episcopi Gazensis*, Leipzig 1895 (Bibliotheca scriptorum graecorum et romanorum Teubneriana; 196); – 2.) Grégoire, Henri/Marc-Antoine Kugener (Hgg.): *Marc le Diacre. Vie de Porphyre, évèque de Gaza*, Paris 1930.

*Vita Simeonis Stylitae* – aus dem Syrischen übers. von Lent, Frederick: „The Life of St. Simeon Stylites: A Translation of the Syriac Text in Bedjan's Acta Martyrum et Sanctorum, Vol. IV", in: *JAOS* 35(1915), 103–198.

ps-Zacharias – Greatrex, Geoffry/Robert R. Phenix (Hgg.): *The Chronicle of Pseudo-Zachariah Rhetor. Church and War in Late Antiquity*, Liverpool 2011 (Translated Texts for Historians; 55).

Zonaras, *Epitome historiarum* – Pinder, Moritz (Hg.): *Ioannis Zonarae Epitomae historiarum libri XIII–XVIII*, Bonn 1897 (Corpus scriptorum historiae Byzantinae; 45,3).

Zosimus, *Historia Nea* – Paschoud, François (Hg.): *Zosime. Histoire Nouvelle,* 3 Bde., Paris 1971–1989.

# 2 LITERATUR

Abaecherli Boyce, Aline: „Eudoxia, Eudocia, Eudoxia. Dated Solidi of the Fifth Century", in: *American Numismatic Society. Museum Notes* 6(1954), 131–142.

Alexandridis, Anetta: „Exklusiv oder bürgernah? Die Frauen des römischen Kaiserhauses im Bild", in: Christiane Kunst/Ulrike Riemer (Hgg.), *Grenzen der Macht. Zur Rolle der römischen Kaiserfrauen*, Stuttgart 2000 (Potsdamer altertumswissenschaftliche Beiträge; 3), 9–28.

Alföldi, Andreas: *Die monarchische Repräsentation im römischen Kaiserreiche*, Darmstadt 1970 (erstmals erschienen in: Mitteilungen des Deutschen Archäologischen Instituts, Abt. Rom 49[1934/5], 1–118).

Amici, Angela: „Ideologia dinastica nell'impero romano d'Occidente. Il figlio di Galla Placidia Theodosius nobilissimus puer", in: Marcello Rotili (Hg.), *Tardo antico e alto Medioevo. Filologia, storia, archeologia, arte*, Neapel 2009, 43–50.

Angelidi, Christine: *Pulcheria. La castità al potere (c. 399–c. 455)*, Mailand 1996 (Donne d'Oriente e d'Occidente; 5).

Angelova, Diliana: „The Ivories of Ariadne and Ideas about Female Imperial Authority in Rome and Early Byzantium", in: *Gesta* 18(2004), 1–14.

Barnes, Timothy D.: „Merobaudes on the Imperial Family", in: *Phoenix* 28 (1974), 314–319.

Bauer, Walter/Kurt Aland/Barbara Aland (Hgg.): *Wörterbuch zum Neuen Testament*, 6. Aufl., Berlin/New York 1988.

Beck, Hans-Georg: „Eudokia", in: *RAC* 6(1966), 844–847.

Becker-Piriou, Audrey: „De Galla Placidia à Amalasonthe, des femmes dans la diplomatie romano-barbare en Occident?", in: *Revue historique* 310(2008), 507–543.

Benrath, Henry: *Die Kaiserin Galla Placidia*, München 1978.

Bensammar, Elisabeth: „La titulature de l'impératrice et sa signification", in: *Byzantion* 46(1976), 243–291.

Berger, Peter L./Thomas Luckmann: *Die gesellschaftliche Konstruktion der Wirklichkeit*, 23. Aufl., Frankfurt 2010.

Bevegni, Claudio: „Eudociae Augustae Martyrium S. Cypriani I, 1–99", in: *Prometheus* 8(1982), 249–62.

Ders. (Hg.): *Eudocia Augusta. Storia di San Cipriano*, Mailand 2006 (Piccola Biblioteca; 541).

Bidez, Josef/Friedhelm Winkelmann (Hgg.): *Philostorgius, Historia Ecclesiastica. Mit dem Leben des Lucian von Antiochien und den Fragmenten eines arianischen Historiographen*, Berlin 1981 (Die griechischen christlichen Schriftsteller der ersten Jahrhunderte; 21).

Bleckmann, Bruno: „Honorius und das Ende der römischen Herrschaft in Westeuropa", in: *HZ* 265(1997), 561–595.

Ders.: „Valeria 6", in: *DNP* 12,1(2002), 1088 f.

Blockley, Roger C.: „The Ending of Eunapius' History", in: *Antichthon* 14(1980), 170–176.

Ders.: *The Fragmentary Classicising Historians of the Later Roman Empire. Eunapius, Olympiodorus, Priscus and Malchus*, Bd. 1, Liverpool 1981 (Arca; 6).

Borowski, Miroslaw Joseph: *Pulcheria, Empress of Byzantium. An Investigation of the Political and Religious Aspects of her Reign (414–453 A.D.)*, Diss. Kansas 1974 (Ausgabe als Mikrofilm: Ann Arbor 1983).

Bosch, Ursula Victoria: „Fragen zum Frauenkaisertum", in: *JÖB* 32/2(1982), 499–505.

Bourdieu, Pierre: *Was heißt sprechen? Zur Ökonomie des sprachlichen Tausches*, übers. Hella Beister, 2. Aufl., Wien 2005.

Brakmann, Heinzgerd/Ute Wagner-Lux: „Jerusalem I", in: *RAC* 17(1996), 631–718.

Brandes, Wolfram: „Familienbande? Odoaker, Basiliskos und Harmatios", in: *Klio* 75(1993), 407–437.

Breukelaar, Adriaan: „Orosius", in: *BBKL* 6(1993), 1277–1282.

Brottier, Laurence: „L'impératrice Eudoxie et ses enfants", in: *Revue des sciences religieuses* 70(1996), 313–332.

Burgess, Richard W.: „The Accession of Marcian in the Light of Chalcedonian Apologetic and Monophysite Polemic", in: *ByzZ* 86/87(1993/1994), 47–68.

Burman, Julia: „The Christian Empress Eudokia", in: Jacques Y. Perreault (Hg.), *Les femmes et le monachisme byzantin. Actes du symposium d'Athens, 28–29 mars 1988 (= Women and Byzantine Monasticism)*, Athen 1991, 51–59.

Dies.: „The Athenian Empress Eudocia", in: Paavo Castrén (Hg.), *Post-Herulian Athens. Aspects of Life and Culture in Athens A. D. 267–529*, Helsinki 1994 (Papers and Monographs of the Finnish Institute at Athens; 1), 63–87.

Bury, John B.: „Justa Grata Honoria", in: *JRS* 9(1919), 1–13.

Ders.: *History of the Later Roman Empire. From the Death of Theodosius I. to the Death of Justinian*, Bd. 1, London 1923.

Caffin, Philippe: *Galla Placidia. La dernière impératrice de Rome*, Paris 1977 (Collection Historique).

Cameron, Alan: „Theodosius the Great and the Regency of Stilicho", in: *Harvard Studies in Classical Philology* 73(1969), 247–280.

Ders.: *Claudian. Poetry and Propaganda at the Court of Honorius*, Oxford 1970.

Ders.: „The Empress and the Poet. Paganism and Politics at the Court of Theodosius II", in: *Yale Classical Studies* 27(1982), 217–289.

Ders./Jaqueline Long: *Barbarians and Politics at the Court of Arcadius*, Berkeley/Los Angeles 1993 (The Transformation of the Classical Heritage; 19).

Cenerini, Francesca: *Dive e Donne. Mogli, madri, figlie e sorelle degli imperatori romani da Augusto a Commodo*, Imola 2009 (Lezioni di Storia).

Chew, Kathryn: „Virgins and Eunuchs: Pulcheria, Politics and the Death of Emperor Theodosius II", in: *Historia* 55(2006), 207–227.

Clark, Elizabeth A.: „Claims on the Bones of Saint Stephen. The Partisans of Melania and Eudocia", in: *Church History* 51(1982), 141–156.

Dies.: *The life of Melania, the Younger. Introduction, Translation, and Commentary*, Lewiston/Lampeter/Queenstone 1984 (Studies in Women and Religion; 14).

Dies.: Rezension zu Kenneth G. Holum, Theodosian Empresses, *Church History* 53(1984), 82 f.

Clauss, Manfred: „Die Frauen der theodosianischen Familie", in: Hildegard Temporini-Gräfin Vitzthum (Hg.), *Die Kaiserinnen Roms. Von Livia bis Theodora*, München 2002, 340–436

Clover, Frank M. (Hg.): *Flavius Merobaudes. A Translation and Historical Commentary*, Philadelphia 1971 (Transactions of the American Philosophical Society, New Series; 61,1).

Consolino, Franca Ela: „‚Sur des pensers nouveaux faisons des vers antiques': Claudiano e il panegirico di Serena", in: dies. (Hg.), *Claudiano. Elogio di Serena*, Venedig 1986 (Il Convivio), 9–38.

Dies.: „Galla Placidia imperatrice cristiana", in: *Fililogia Antica e Moderna* 7(1994), 17–33.

Dies.: „La ‚santa' regina da Elena a Galla Placidia nella tradizione dell'Occidente latino", in: Renato Raffaeli (Hg.), *Vicende e figure femminili in Grecia e a Roma. Atti del convegno di Pesaro 28–30 aprile 1994*, Ancona 1995, 467–492.

Dies.: „Poesia e propaganda da Valentiniano III ai regni romanobarbarici (Secc. V–VI)," in: dies. (Hg.), *Letteratura e propganda nell'Occidente latino da Augusto ai regni romanobarbarici. Atti del Convegno Internazionale Arcavacata di Rende 25–26 maggio 1998*, Rom 2000, 181–227.

Constas, Nicholas P.: „Weaving the Body of God. Prolcus of Constantinople, the Theotokos, and the Loom of the Flesh", in: *Journal of Early Christian Studies* 3(1995), 169–194.

Cooper, Kate: *The Virgin and the Bride. Idealized Womanhood in Late Antiquity*, Cambridge, Mass./London 1996.

Dies.: „Contesting the Nativity. Wives, Virgins, and Pulcheria's imitatio Mariae", in: *Scottish Journal of Religious Studies* 19(1998), 31–43.

Cracco Ruggini, Lellia: „Le Auguste nelle ‚Storie Ecclesiastiche'", in: *Mediterraneo Antico* 5(2002), 477–501. – s. auch Ruggini

Cristo, Stuart: „Some Notes on the Bonifacian Eulalian Schism", in: *Aevum* 51(1977), 163–167.

Croke, Brian: „Arbogast and the Death of Valentinian II.", in: *Historia* 25(1976), 235–244.

Delbrueck, Richard: „Der spätantike Kaiserornat", in: *Die Antike* 8(1932), 3–21.

Ders.: *Spätantike Kaiserporträts*, Berlin/Leipzig 1933 (ND 1978) (Studien zur Spätantiken Kunstgeschichte; 8).

Delgado Jara, Inmaculada: „Los últimos años del episcopado de san Juan Crisóstomo", in: *Helmantica* 54(2003), 269–294.

Demandt, Alexander: Rezension zu Kenneth G. Holum, Theodosian Empresses, in: *Gnomon* 57(1985), 487–489.

Ders.: *Geschichte der Spätantike. Das Römische Reich von Diocletian bis Justinian 284–565 n. Chr.*, München 1998 (Handbuch der Altertumswissenschaft. Abteilung 3: Alter Orient, Griechische Geschichte, Römische Geschichte; 6).

Ders./Guntram Brummer: „Der Prozeß gegen Serena im Jahre 408 n. Chr.", in: *Historia* 26(1977), 479–502.

Demougeot, Emilienne: „L'évolution politique de Galla Placidia", in: *Gerión* 3(1985), 183–210.

Diefenbach, Steffen: „Frömmigkeit und Kaiserakzeptanz im frühen Byzanz", in: *Saeculum* 47(1996), 35–66.

Ders.: „Zwischen Liturgie und *civilitas*. Konstantinopel im 5. Jahrhundert und die Etablierung eines städtischen Kaisertums", in: ders. (Hg.), *Bildlichkeit und Bildorte von Liturgie. Schauplätze in Spätantike, Byzanz und Mittelalter*, Wiesbaden 2002, 21–49.

Diehl, Charles: *Figures Byzantines*, 2 Bde, Paris 1906–1908.

Dürr, Edeltraud: „Kaiserin", in: *RAC* 18(2001), 1057–1104.

Enßlin, Wilhelm: „Placidia 1" in: *RE* XX,2(1918), 1910–1931.

Ders. „Pulcheria 2", in: *RE* XXIII,2(1959), 1954–1963.

Ders.: „Thermantia 3", in: *RE* V A,2(1934), 2390 f.

Ders.: *Gottkaiser und Kaiser von Gottes Gnaden*, München 1943 (Sitzungsberichte der Bayerischen Akademie der Wissenschaften 1943/6).

Farioli Campanati, Raffaella, „Ravenna imperiale all'epoca di Galla Placidia", in: *Ravenna. Studi e Ricerche* 1994, 177–188.

Filippini, Erica: „Iconografia monetale del potere femminile: l'attributo dello scettro", in: Maria Caccamo Caltabiano/Carmela Raccuia/Elena Santagati (Hgg.), *Tyrannis, basileia, imperium. Forme, prassi e simboli del potere politico nel mondo greco e romano. Atti delle giornate seminariali in onore di Sebastiana N. Consolo Langher (Messina, 17–19 dicembre 2007)*, Messina 2010 (Pelorias; 18), 477–485.

Flaig, Egon: *Den Kaiser herausfordern. Die Usurpation im Römischen Reich*, Frankfurt/New York 1992 (Historische Studien; 7).

Frend, William H. C.: *The Rise of the Monophysite Movement. Chapters in the History of the Church in the Fifth and Sixth Centuries*, 2. Aufl., Cambridge 2008.

Gerszke, Walburga: „Die Chlamys in der Spätantike", in: *JbAC* 53(2010), 104–135.

Glei, Reinhold F. „Der Kaiserin neue Kleider: Die Homercentonen der Eudocia", in: Bernd Effe/Reinhold F. Glei/Claudia Klodt (Hgg.): *„Homer zweiten Grades". Zum Wirkungspotential eines Klassikers*, Tier 2009 (Bochumer Altertumswissenschaftliches Colloquium; 79), 227–248.

Gračanin, Hrvoje: „The western Roman embassy to the court of Attila in A. D. 449", in: *ByzSlav* 61(2003), 53–74.

Greatrex, Geoffrey/Jonathan Bardill: „Antiochus the ‚Praepositus': A Persian Eunuch at the Court of Theodosius II", in: *DOP* 50(1996), 171–197.

Green, Judith/Yoram Tsafrir: „Greek Inscriptions from Hammat Gader. A Poem by the Empress Eudocia and Two Building Inscriptions", in: *Israel Exploration Journal* 32(1982), 77–96.

Grégoire, Henry/Marc-Antoine Kugener: *Marc le Diacre. Vie de Porphyre, évêque de Gaza*, Paris 1930.

Gregorovius, Ferdinand: *Athenaïs. Geschichte einer byzantinischen Kaiserin*, Leipzig 1882 (Orbis historicus; 1).

Grierson, Philip/Melinda Mays: *Catalogue of Late Roman Coins in the Dumbarton Oaks Collection and in the Whittemore Collection. From Arcadius and Honorius to the Accession of Anastasius*, Washington D. C. 1992.

Groß-Albenhausen, Kirsten: *Imperator christianissimus. Der christliche Kaiser bei Ambrosius und Johannes Chrysostomus*, Frankfurt 1999 (Frankfurter Althistorische Beiträge; 3).

Guarducci, Margherita: „Licinia Eudoxia imperatrice d'Occidente", in: *Bullettino della Commissione Archeologica Comunale di Roma* 93(1989/90), 41–52.

Habas (Rubin), Ephrat: „A Poem by the Empress Eudocia: A Note on the Patriarch", in: *Israel Exploration Journal* 46(1996), 108–119.

Haffner, Medard: „Die Kaiserin Eudokia als Repräsentantin des Kulturchristentums", in: *Gymnasium* 103(1996), 216–228, = ders.: „Tradition und Neuerung in der spätantiken Kultur. Eudokia – Kaiserin zwischen Paganismus und Christentum", in: *Phasis* 1(1999), 64–73.

Hans, Lisa-Marie: „Der Kaiser als Märchenprinz. Brautschau und Heiratspolitik in Konstantinopel", in: *JÖB* 38(1988), 33–52.

Hansen, August: *De Vita Aetii*, Diss. Tartu 1840.

Harries, Jill: „Men without Women. Theodosius' Consistory and the Business of Government", in: Christopher Kelly (Hg.), *Theodosius II. Rethinking the Roman Empire in Late Antiquity*, New York 2013 (Cambridge Classical Studies), 67–89.

Hartmann, Martina: *Die Königin im frühen Mittelalter*, Stuttgart 2009.

Häuptli, Bruno W.: „Palladius von Helenopolis", in: *BBKL* 24(2005), 1149–1154.

Herrin, Judith: „The Imperial Feminine in Byzantium", in: *Past&Present* 169(2000), 3–35.

Hirschfeld, Yizar: „A Church and Water Reservoir Built by Empress Eudocia", in: *Studii Biblici Franciscani liber annuus* 40(1990), 287–94.

Holum, Kenneth G.: „Pulcheria's Crusade A. D. 421–422 and the Ideology of Imperial Victory", in: *GRBS* 18(1977), 153–172.

Ders.: *Theodosian Empresses. Women and Imperial Dominion in Late Antiquity*, Berkeley/Los Angeles/London, 1982 (Transformation of the Classical Heritage; 3).

Ders./Gary Vikan: „The Trier Ivory, Adventus Ceremonial and the Relics of St. Stephen", in: *DOP* 33(1979), 115–133.

Honigmann, Ernst: *Le couvent de Barṣaumā et le patriarcat jacobite d'Antioche et de Syrie*, Louvain 1954 (Corpus scriptorum christianorum orientalium; 146).

Horn, Cornelia B.: „Empress Eudocia and the Monk Peter the Iberian: Patronage, Pilgrimage and the Love of a Foster-Mother in Fifth-century Palestine", in: *ByzF* 28(2004), 197–213.

Hülsen, Christian: *Le chiese di Roma nel Medio Evo*, Florenz 1927.

Hunt, Edward D.: *Holy Land Pilgrimage in the Later Roman Empire AD 312–460*, Oxford 1982.

Ilski, Kazimierz: „Die weibliche Frömmigkeit am Hofe von Theodosius II.", in: Karl H. Schneider (Hg.), *Geschlechterrollen in der Geschichte aus polnischer und deutscher Sicht*, Münster 2004 (Politik und Geschichte; 5), 77–89.

Janin, Raymond: „Les églises Saint-Euphémie à Constantinople", in: *Èchos d'Oriente* 31(1932), 270–283.

James, Liz: *Empresses and Power in Early Byzantium*, London/New York 2001 (Women, Power and Politics).

Jones, Arnold H. M./John R. Martindale/John Morris: *The Prosopography of the Later Roman Empire I. A. D. 260–395*, Cambridge u. a. 1971; – *II. A. D. 395–527*, Cambridge u. a. 1980.

Jülicher, Adolf: „Barsuma 1", in: *RE* III,1(1895), 29.

Kelly, Christopher: *Attila the Hun. Barbarian Terror and the Fall of the Roman Empire*, London 2008.

Kelly, John N. D.: *Golden Mouth. The Story of John Chrysostom. Ascetic, Preacher, Bishop*, Ithaca, New York 1995.

Kettenhofen, Erich: *Die syrischen Augustae in der historischen Überlieferung*, Bonn 1979 (Antiquas; 3,24).

Koenen, Ulrike: „Symbol und Zierde auf Diadem und Kronreif spätantiker und byzantinischer Herrscher und die Kreuzauffindungslegende bei Ambrosius", in: *JbAC* 29(1996), 170–199.

Kolb, Anne (Hg.): *Augustae. Machtbewußte Frauen am römischen Kaiserhof? – Herrschaftsstrukturen und Herrschaftspraxis II. Akten der Tagung in Zürich 18.–20.09.2008*, Berlin 2010.

Dies.: „Augustae – Zielsetzung, Definition, prosopographischer Überblick", in: dies. (Hg.), *Augustae. Machtbewußte Frauen am römischen Kaiserhof? – Herrschaftsstrukturen und Herrschaftspraxis II. Akten der Tagung in Zürich 18.–20.2008*, Berlin 2010, 11–35.

Kolb, Frank: *Diocletian und die Erste Tetrarchie. Improvisation oder Experiment in der Organisation monarchischer Herrschaft*, Berlin/New York 1987 (Untersuchungen zur antiken Literatur und Geschichte; 27).

Ders.: *Herrscherideologie in der Spätantike*, Berlin 2001 (Studienbücher Geschichte und Kultur der Alten Welt).

Kornemann, Ernst: *Doppelprinzipat und Reichsteilung im Imperium Romanum*, Leipzig/Berlin 1930 (ND Stuttgart 1968).

Krautheimer Richard: „S. Pietro in Vincoli and the Tripartite Transept in the Early Christian Basilica", in: *Proceedings of the American Philosophical Society* 84(1941), 353–429.

Kuhoff, Wolfgang: „Zur Titulatur der römischen Kaiserinnen während der Prinzipatszeit", in: *Klio* 75(1993), 244–256.

Kunst, Christiane: „Die Rolle der Römischen Kaiserfrau. Eine Einleitung", in: dies./Ulrike Riemer (Hgg.): *Grenzen der Macht. Zur Rolle der römischen Kaiserfrauen*, Stuttgart 2000 (Potsdamer Altertumswissenschaftliche Beiträge; 3), 1–6.

Dies.: „Patronage/Matronage der Augustae", in: Anne Kolb (Hg.), *Augustae. Machtbewußte Frauen am römischen Kaiserhof? – Herrschaftsstrukturen und Herrschaftspraxis II. Akten der Tagung in Zürich 18.–20.09.200*, Berlin 2010, 145–161.

Dies./Ulrike Riemer (Hgg.): *Grenzen der Macht. Zur Rolle der römischen Kaiserfrauen*, Stuttgart 2000 (Potsdamer Altertumswissenschaftliche Beiträge; 3).

Lacam, Guy: „La main de Dieu. Son origine hébraïque, son symbolisme monétaire durant le Bas Empire romain", in: *Rivista Italiana di Numismatica* 94(1992), 143–161.

Lampe, Geoffry W. H. (Hg.): *Patristic Greek Lexicon*, Oxford 1961.

Leppin, Hartmut: *Von Constantin dem Großen zu Theodosius II.: Das christliche Kaisertum bei den Kirchenhistorikern Socrates, Sozomenus und Theodoret*, Göttingen 1996 (Hypomnemata; 110).

Ders.: „Das Bild der kaiserlichen Frauen bei Gregor von Nyssa", in: Hubertus R. Drobner/Albert Viciano (Hgg.), *Greogry of Nyssa. Homilies on the Beatitudes. An English Version with Commentary and Supporting Studies Proceedings of the Eighth International Colloquium on Gregory of Nyssa*, Leiden/Boston 2000, 487–506.

Ders.: *Theodosius der Große*, Darmstadt 2003 (Gestalten der Antike).

Ders./Werner Portman (Hgg.): *Themisitos Staatsreden*, Stuttgart 1998 (Bibliothek der griechischen Literatur; 46).

Leszka, Miroslaw Jerzy: „Empress-Widow Verina's Political Activity during the Reign of Emperor Zenon", in: Waldemar Ceran (Hg.), *Mélanges d'histoire byzantine offerts à Oktawiusz Jurewicz à l'occasion de son soixante-dixième anniversaire*, Łódź 1998, 128–136.

Liddell, Henry G./Robert Scott/Henry St. Jones (Hgg.): *A Greek-English Lexicon*, 9. Aufl., Oxford 1996.

Liebeschuetz, John H. W. G.: „The Fall of John Chrysostom", in: *Nottingham Medieval Studies* 29(1985), 1–31.

Ders.: Rezension zu Kenneth G. Holum, Theodosian Empresses, in: *The Classical Review* 35(1985), 146 f.

Littlewood, Anthony R.: „The Symbolism of the Apple in Byzantine Literature", in: *JÖB* 23(1974), 33–59.

Livrea, Enrico: „La slogatura di Eudocia in un'iscrizione paflagone", in: *Zeitschrift für Parpyrologie und Epigraphik* 113(1996), 71–76.

Ders.: „L'imperatrice Eudocia Santa?", in: *Zeitschrift für Papyrologie und Epigraphik* 119(1997), 52 f.

Ders.: „L'imperatrice Eudocia e Roma. Per una datazione del de S. Cypr.", in: *ByzZ* 91(1998), 70–91.

Löhr, Winrich Alfred: „Theophilus", in: *TRE* 33(2002), 364–368.

Longo, Katia: „Le *Augustae* e il cerimoniale di corte", in: Maria Caccamo Caltabiano/Daniele Castrizio/Mariangela Puglisi (Hgg.), *La tradizione iconica come fonte storica. Il ruolo della numismatica negli studi di iconografia*, Reggio Calabria 2004, 491–495.

Dies.: „I tipi monetali con le sacre nozze e la coppia imperiale", in: Carmen Alfaro/Carmen Marcos/Paloma Otero (Hgg.), *Acta del XIII Congreso Internacional de Numismática. Madrid 2003*, Bd. 1, Madrid 2005, 771–776.

Dies.: *Donne di potere nella tarda antichità. Le Auguste attraverso le immagini monetali*, Reggio Calabria 2009 (Semata e Signa; 5).

Ludwich, Arthur: „Eudokia, die Gattin des Kaisers Theodosios II., als Dichterin", in: *Rheinisches Museum für Philologie* 37(1882), 206–225.

McClanan, Anne: *Representations of Early Byzantine Empresses. Image and Empire*, New York 2002.

McEvoy, Meaghan A.: *Child Emperor Rule in the Late Roman West, AD 367–455*, Oxford 2013 (Oxford Classical Monographies).

Mackie, Gillian: „The Mausoleum of Galla Placidia. A possible occupant", in: *Byzantion* 65(1995), 396–404.

Magnani, Alberto: *Serena. L'ultima romana*, Mailand 2002 (Donne d'Oriente e d'Occidente; 12).

Mango, Cyrill: „A Fake Inscription of the Empress Eudocia and Pulcheria's Relic of Saint Stephen", in: *Νέα Ῥώμη* 1(2004), 23–34.

Manmana Giuffrida, Claudia: *Alla corte dell'imperatore. Autorità civili, militari ed ecclesiastiche nella tarda antichità*, Catania 2008 (Testi e Studi di Storia Antica; 20).

Marchetta, Antonio: *Orosio e Ataulfo nell'ideologia dei rapporti romano-barbarici*, Rom 1987 (Istituto Storico Italiano per il Medio Evo. Studi Storici; Fasc. 174–7).

Maslev, Stefan: „Die staatsrechtliche Stellung der byzantinischen Kaiserinnen", in: *ByzSlav* 27(1966), 308–343.

Mauskopf Deliyannis, Deborah: „‚Bury Me in Ravenna?'. Appropriating Galla Placidia's Body in the Middle Ages", in: *Studi Medievali* 42(2001), 289–299.

Dies.: *Ravenna in Late Antiquity*, Cambridge 2010.

Mayer, Wendy: „Constantinopolitan Women in Chrysostom's Circle", in: *Vigiliae Christianae* 53(1999), 265–288.

Dies.: „Doing Violence to the Image of an Empress. The Destruction of Eudoxia's Reputation", in: Harold Allen Drake (Hg.), *Violence in Late Antiquity. Perceptions and Practices*, Aldershot u. a. 2006, 205–213.

Mazzarino, Santo: *Serena e le due Eudossie*, Rom 1946 (Donne di Roma antica; 7).

McGuckin, John Anthony: „Nestorius and the Political Factions of Fifth-Century Byzantium. Factors in his Personal Downfall", in: *Bulletin of the John Rylands University Library* 78(1996), 9–21.

McVey, Kathleen E.: „Ephrem the Syrian's Theology of Divine Indwelling and Aelia Pulcheria Augusta", in: *Studia Patristica* 35(2001), 458–465.

Meier, Mischa: „Die Demut des Kaisers. Aspekte der religiösen Selbstinszenierung bei Theodosius II. (408–450 n.Chr.)", in: Andreas Pečar/Kai Trampedach (Hgg.), *Die Bibel als politisches Argument. Voraussetzung und Folgen biblizistischer Herrschaftslegitimation in der Vormoderne*, München 2007, 135–158.

Ders.: *Anastasios I. Die Entstehung des Byzantinischen Reiches*, Stuttgart 2009.

Ders.: „Ariadne – Der ‚Rote Faden' des Kaisertums", in: Anne Kolb (Hg.), *Augustae. Machtbewußte Frauen am römischen Kaiserhof? Herrschaftsstrukturen und Herrschaftspraxis II*, Berlin 2010, 277–291.

Meischner, Jutta: „Das Porträt der Galla Placidia im Museo dell'Alto Medioevo, Rom", in: *Latomus* 50(1991), 861–864.

Metcalf, William E.: „A Nummus of Honoria and a Decanummium of Constans II from the Excavations at Carthage", in: *The Numismatic Chronicle* 141(1981), 154–156.

Millar, Fergus: *A Greek Roman Empire. Power and Belief under Theodosius II (408–450)*, Berkeley/Los Angeles/London 2007 (Sather Classical Lectures; 64).

Motta, Daniela: „L'imperatrice Eudocia nella tradizione agiografica", in: *Salesianum* 67(2005), 895–916.

Nagl, M. Assunta: *Galla Placidia*, Paderborn 1908 (ND 1967) (Studien zur Geschichte und Kultur des Altertums; 2,3).

Nauert, Claudia: „Maria/Marienfrömmigkeit VI: Ikonographie", in: *TRE* 22 (1992), 157–161.

Neri, Valerio: *La bellezza del corpo nella società tardoantica. Rappresentazioni visive e valutazioni estetiche tra cultura classica e cristianesimo*, Bologna 2004 (Studi di storia; 10).

Oost, Stewart Irvin: „Some Problems in the History of Galla Placidia", in: *CPh* 60(1965), 1–10.

Ders.: „Galla Placidia and the Law", in: *CPh* 63(1968), 114–121.

Ders.: *Galla Placidia. A Biographical Essay*, Chicago/London, 1968.

Paschoud, François (Hg.): *Zosime, Histoire Nouvelle. Tome III (Livre V)*, Paris 1986.

Peeters, Paul: „La vie géorgienne de Saint Porphyre de Gaza", in: *AnBoll* 59(1941), 65–216.

Pekáry, Thomas: *Das römische Kaiserbildnis in Staat, Kult und Gesellschaft. Dargestellt anhand der Schriftquellen*, Berlin 1985 (Das römische Herrscherbild; 3, 5).

Pfeilschifter, Rene: *Der Kaiser und Konstantinopel. Kommunikation und Konfliktaustrag in einer spätantiken Metropole*, Berlin/Boston 2013 (Millenium Studien; 44).

Plant, Ian Michael: *Women Writers of Ancient Greece and Rome. An Anthology*, London 2004.

Priwitzer, Stefan, „Dynastisches Potential von Kaiserfrauen im Prinzipat am Beispiel der Faustina minor – Tochter, Ehefrau und Mutter", in: Anne Kolb (Hg.), *Augustae. Machtbewußte Frauen am römischen Kaiserhof? – Herrschaftsstrukturen und Herrschaftspraxis II*, Berlin 2010, 237–251.

Radnoti-Alföldi, Maria: „Ein rechtgläubiger Christ, ein Römer, einer mit allen herrscherlichen Tugenden soll gewählt werden", in: Gabriele Seitz (Hg.), *Im Dienste Roms. Festschrift für Hans Ulrich Nuber*, Remshalden 2006, 27–33.

Rebenich, Stefan: „Gratian, a Son of Theodosius, and the Birth of Galla Placidia", in: *Historia* 34(1985), 372–385.

Ders.: „Gratianus Redivivus", in: *Historia* 38(1989), 376–379.

Restle, Marcell: „Herrschaftszeichen", in: *RAC* 14(1988), 938–966.

Ricci, Maria Lisa: „I doni di Serena (Claudiano, Carm. min. 46–48 Hall.)", in: *Invigilata Lucernis* 10(1988), 263–277.

Dies. (Hg.): *Claudii Claudiani. Carmina minora*, Bari 2001 (Quaderni di „Invigilata Lucernis"; 12).

Rösch, Gerhard: *Onoma Basileias. Studien zum offiziellen Gebrauch der Kaisertitel in spätantiker und frühbyzantinischer Zeit*, Wien 1978 (Byzantina Vindobonensia; 10).

Ruggini, Lellia: „Fonti, problemi e studi sull'età di Galla Placidia", in: *Athenaeum* 40(1962), 373–391. – s. auch Cracco Ruggini.

Schade, Kathrin, „Die bildliche Repräsentation der römischen Kaiserin zwischen Prinzipat und Byzanz", in: Christiane Kunst/Ulrike Riemer (Hgg.), *Grenzen der Macht. Zur Rolle der römischen Kaiserfrauen*, Stuttgart 2000 (Potsdamer Altertumswissenschaftliche Beiträge; 3), 41–53.

Dies.: *Frauen in der Spätantike – Status und Repräsentation. Eine Untersuchung zur römischen und frühbyzantinischen Bildniskunst*, Mainz 2003.

Scharf, Ralf: „Die ‚Apfel-Affäre‘ oder gab es einen Kaiser Arcadius II.", in: *ByzZ* 83(1990), 435–450.

Schwartz, Eduard: „Die Kaiserin Pulcheria auf der Synode von Chalkedon", in: *Festgabe für Adolf Jühlicher*, Tübingen 1927, 203–212.

Scott, Roger: „From Propaganda to History of Literature. The Byzantine Stories of Theodosius' Apple and Marcian's Eagles", in: Ruth Macrides (Hg.), *History as Literature in Byzantium. Papers from the Fortieth Spring Symposium of Byzantine Studies, University of Birmingham, April 2007*, Farnham 2010 (Society for the Promotion of Byzantine Studies; 15), 115–131.

Seeck, Otto: „Honoria", in: *RE* VIII,2(1913), 2292.

Ders.: „Serena", in: *RE* II A,2(1923), 1071 f.

Ders./Leopold Cohn: „Eudokia", in: *RE* VI(1909), 906–912.

Sirago, Vito Antonio: „Funzioni di Serena nella Vita Melaniae", in: *Vetera Christianorum* 22(1995), 381–386.

Ders.: *Galla Placidia e la trasformazione politica dell'Occidente*, Louvain 1961 (Receuil de Travaux d'Histoire et de Philologie; Ser. 4, Fasc. 25).

Ders.: *Galla Placidia la nobilissima (392–450)*, Mailand, 1996, (Donne d'Oriente e d'Occidente; 1).

Sinogowitz, Bernhard: „Die Begriffe Reich, Macht und Herrschaft im byzantinischen Kulturbereich", in: *Saeculum* 4(1953), 450–455.

Sironen, Erkki: „An Honorary Epigram for the Empress Eudocia in the Athenian Agora", in: *Hesperia* 59 (1990), 371–374.

Sivan, Hagith: *Galla Placidia. The last Roman Empress*, New York 2011 (Women in Antiquity).

Sommer, Andreas Urs: *Katalog der byzantinischen Münzen. Münzsammlung der Georg-August-Universität Göttingen im Archäologischen Institut*, Göttingen 2003.

Sophocles, Evangelinus A. (Hg.): *Greek Lexicon of the Roman and Byzantine Periods from B. C. 146 to A. D. 1100*, 2 Bde, 3. Aufl., New York 1957.

Späth, Thomas: „*Augustae* zwischen modernen Konzepten und römischen Praktiken der Macht", in: Anne Kolb (Hg.), *Augustae. Machtbewußte Frauen am römischen Kaiserhof? Herrschaftsstrukturen und Herrschaftspraxis II*, Berlin 2010, 293–308.

Speck, Paul: „Eudoxia-Säule und Pittakia", in: *Hellenika* 22(1969), 430–435.

Stein, Ernst: *Geschichte des spätrömischen Staates 1. Vom römischen zum byzantinischen Staate 284–476 n. Chr.*, München 1998 (erstmals Wien 1928).

Ders.: „Der Verzicht der Galla Placidia auf die Präfektur Illyricum", in: *Wiener Studien* 14(1936), 344–347.

Stickler, Timo: *Aëtius. Gestaltungsspielräume eines Heermeisters im ausgehenden Weströmischen Reich*, München 2002 (Vestigia. Beiträge zur Alten Geschichte; 54).

Storoni Mazzolani, Lidia: *Galla Placidia*, Mailand 1975 (Gli Italiani).

Dies.: „Una donna tra mondo antico e Medio Evo. Galla Placidia", in: Renato Uglione (Hg.), *Atti del convegno nazionale su studi della donna nel mondo antico. Torino 21-22-23 Aprile 1986*, Turin 1987, 195–205.

Stout, Ann M.: „Jewelry as a Symbol of Status in the Roman Empire", in: Judith L. Sebesta/Larissa Bonfante (Hgg.), *The World of Roman Costume,* Madison, Wis. 1994 (Wisconsin Studies in Classics), 77–100.

Teitler, Hans C.: Rezension zu Kenneth G. Holum, Theodosian Empresses, in: *Mnemosyne* 39(1986), 533–538.

Teja, Ramón: „Figure di imperatrici fra Oriente e Occidente", in: *Ravenna da capitale imperiale a capitale esarcale. Atti del XVII Congresso internazionale di studio sull'alto medioevo. Ravenna 6–12 Giugno 2004*, Spoleto 2005, 87–99.

Tiersch, Claudia: *Johannes Chrysostomus in Konstantinopel (398–404). Weltsicht und Wirken eines Bischofs in der Hauptstadt des Oströmischen Reiches*, Tübingen 2000 (Studien und Texte zu Antike und Christentum; 6).

Usher, Mark David: „Prolegomenon to the Homeric Centos", in: *AJPh* 118 (1997), 305–321.

Uthemann, Karl-Heinz: „Porphyrius", in: *BBKL* 7(1994), 848–854.

van Deun, Peter: „The Poetical Writings of the Empress Eudocia. An Evaluation", in: Jan den Boeft (Hg.), *Early Christian Poetry. A Collection of Essays*, Leiden/New York/Köln 1993, 273–282 (Supplements to Vigiliae Christianae; 22).

van Ommeslaeghe, Florent: „Jean Chrysostome en conflit avec l'imperatrice Eudoxie. Le dossier et les origines d'une légende", in: *AnBoll* 98(1979), 131–159.

van Nuffelen, Peter: „Sozomenos und Olympiodor von Theben oder wie man Profangeschichte lesen sollte", in: *JbAC* 47(2004), 81–97.

Veyne, Paul: *Le pain et le cirque. Sociologie historique d'un pluralisme politique*, Paris 1976 (Universe historique); – dt. übers. v. Laermann, Klaus: *Brot und Spiele. Gesellschaftliche Macht und politische Herrschaft in der Antike*, München 1994.

Viaggini, Maria Carmen: „La Vita di S. Melania iuniore di Geronzio. Tra storia e agiografia", in: *Maia* 61(2009), 324–344.

von Lepel, Felix: *Eudoxia (Athenais). Eine vergessene Tragödie am byzantinischen Kaiserhof. Geschichtliche Studie nebst Kommentaren zu den griechischen Quellen*, Dresden 1932.

Weber, Gregor/Martin Zimmermann: „Propaganda, Selbstdarstellung und Repräsentation. Die Leitbegriffe des Kolloquiums in der Forschung zur frühen Kaiserzeit, in: dies. (Hgg.), *Propaganda – Selbstdarstellung – Repräsentation im römischen Kaiserreich des 1. Jhs. n. Chr.*, Stuttgart 2003 (Historia Einzelschriften; 164), 11–40.

Weber, Max: *Soziologische Grundbegriffe*, 6. Aufl., Tübingen 1984 (= Sonderausgabe aus Max Weber, Wirtschaft und Gesellschaft, Tübingen 1921, 1–30).

Wessel, Klaus: „Insignien", in: *RBK* 3(1978), 369–498.

Wessel, Susan: *Cyril of Alexandria and the Nestorian Controversy. The Making of a Saint and of a Heretic*, Oxford 2004 (Oxford Early Christian Studies).

Wirth, Gerhart: *Attila. Das Hunnenreich und Europa*, Stuttgart/Berlin/Köln 1999.

Woods, David: „The Constantinian Origin of Justina (Themistius, OR. 3.43b)", in: *CQ* 54(2004), 325–327.

Wortley, John: „The Trier Ivory Reconsidered", in: *GRBS* 21(1980), 381–394.

Zecchini, Giuseppe: *Aezio. L'ultima difesa dell'Occidente romano*, Rom 1983 (Monografie/Centro Ricerche e Documentazione sull'Antichità Classica; 8).

Ders.: „Attila in Italia. Ragioni politiche e sfondo ‚ideologico' di un'invasione", in: *Aevum* 67(1993), 189–198.

# 3 ONLINE-RESSOURCEN

*Der Interaktive Katalog des Münzkabinetts Berlin*, http://www.smb.museum/ikmk/(Münzkabinett, Staatliche Museen zu Berlin – Stiftung Preußischer Kulturbesitz).

*Epigraphic Database Rome (EDR)*, http://www.edr-edr.it/index.php (Eagle. Electronic Archive of Greek and Latin Epigraphy. International Federation of Epigraphic Databases under the Patronage of Association International d'Épigraphie Greque et Latine, AIEGL); – Anm.: Die Datenbank befand sich während der Erstellung der Dissertation in Revision.

# VII REGISTER

## 1 PERSONENREGISTER

## 2 BEGRIFFS-, SACH- UND ORTSREGISTER